本书获中央高校基本科研业务费专项资金资助

系2013年度国家社会科学基金青年项目（13CZW047）、2013年度山东省高等学校人文社会科学研究计划项目（J13WD54）阶段性成果。

清初贰臣词人研究

刘萱 著

中国社会科学出版社

图书在版编目(CIP)数据

清初贰臣词人研究 / 刘萱著. —北京：中国社会科学出版社，2014.5

ISBN 978 - 7 - 5161 - 4204 - 2

Ⅰ.①清…　Ⅱ.①刘…　Ⅲ.①诗人 - 人物研究 - 中国 - 清前期　Ⅳ.①K825.6

中国版本图书馆 CIP 数据核字(2014)第 078201 号

出 版 人　赵剑英
责任编辑　任　明
特约编辑　乔继堂
责任校对　石春梅
责任印制　李　建

出　　版　中国社会科学出版社
社　　址　北京鼓楼西大街甲 158 号（邮编 100720）
网　　址　http://www.csspw.cn
　　　　　中文域名：中国社科网　　010 - 64070619
发 行 部　010 - 84083685
门 市 部　010 - 84029450
经　　销　新华书店及其他书店

印刷装订　北京市兴怀印刷厂
版　　次　2014 年 5 月第 1 版
印　　次　2014 年 5 月第 1 次印刷

开　　本　710 × 1000　1/16
印　　张　18.5
插　　页　2
字　　数　310 千字
定　　价　55.00 元

凡购买中国社会科学出版社图书，如有质量问题请与本社联系调换
电话：010 - 64009791

序

刘萱，一位纤细清丽安详的北国女子。2004—2007年间，我协助师弟张锦池指导她读博。四年时光，她单纯内敛的格调和博学慎思的潜质，给师友们留下温暖清切的记忆。

刘萱像极了20世纪50年代的勤勉书生。纷繁嘈杂的环境似乎不曾干扰到她。她气定神闲，从容淡泊，日复一日地沉浸在多读、细读、熟读的生存状态中。

或许是良好的阅读品性帮助了她，她撰写学位论文的整个过程异乎寻常的流畅。没有懵懂，没有犹豫，没有自虐或自我膨胀。由此，锦池和我也就异乎寻常的省心省力了。

记得，其“开题报告”《清初北京词人群体研究》几乎是在悄无声息中完成的，只是视域有宽泛之嫌。答辩中，受到邹进先教授等的启迪，爽快地收束了范畴，决意抽出“清初贰臣词人”现象，着力开掘。用她的话说，祈望借助凿实的文献考辨、文本爬梳、形态扫描与文化衡估，“还原贰臣词人的真实自我”。

“还原”的目标，激荡起她恒定的热情，也凝聚着她的理性精神。

一切让材料说话。这是刘萱第一位的思维惯性。对相关词人的生平、阅历、交游、创作活动，特别是代表性词人的年谱补遗、词作系年的考证与认定，自然是不遗余力狠下了一番笨功夫的。可喜的是，近年间，再次修订学位论文以待付梓过程中，她再次考辨了清代贰臣词人的定位及佚作状貌，并参照王兆鹏、刘尊明教授关于“词人”的界定①，将原稿中的24位词人调整为18人，将词作数量从原稿中的1461首调整为1386首。真可谓，发掘材料犹如竭泽而渔，辨识材料则是锱铢必较了。这是刘萱研

---

① 见王兆鹏、刘尊明《历史的选择……宋代词人历史地位的定量分析》，《文学遗产》1995年第4期。

究品质的根。

人文与社会科学研究，离不开纵剖横剖方法。对此，年轻的刘萱也能慎择约取，详博可据，甚至还显敞得活泼灵动，张弛有度。比如，在对顺、康二朝数十位词人进行多角度多层面剖析之后，着力描述贰臣词人的政治性、地域性与遭际独特性所酿就的个别性；着力辨识清代与金代贰臣词人词作之间、清代贰臣词人悼亡词与两宋词人悼亡词之间、清代南方贰臣词人与北方贰臣词人之间的精微差异。不论是自知还是不自知，刘萱已经舒卷自如地把词人们置放到时空交集的天平上，去纵横观照，客观考量，撷长弃短了。从而，对清代贰臣词人难以言说的词品及其词史地位的把握，就一步步贴近着原生态，贴近着恰切与允当。

“所有性格学的研究都是由外向内的。”① 贰臣词人的生命状貌更是一首无尽挣扎纠结的灵魂诗。刘萱沉静地追寻他们的心灵轨迹，沉静地描述贰臣词人人格对词作风格的影响。从“从咏史怀古词看贰臣心志”，“从男女情爱词看贰臣词的新变”，“曹溶的‘倦’情结及与浙西词派关系考辨”，“‘热’与‘圆’——龚鼎孳的人格与创作”等章节中，可以读出刘萱探求心灵奥秘的执着，还有她的谨严、细密和明澈。

最后，忍不住借助白纸黑字，向关注刘萱的朋友透露一个信息：刘萱是理工出身的文学博士。大学期间，她读的是电气自动化专业。毕业后曾在某大学教育研究所任职两年。纯属是志趣的驱动，才先后报考并脱产攻读了中国古代文学硕士与博士的。直白地说，她的本科专业，是当下高校用人法则中明令排斥的。刘萱的学历与实绩，是否对当下高校“查三代”用人法则是一种有力反驳？在通常情况下，在具有正常思维能力的学子身上，文理学养的互渗互补，自然会生发出某种特别的智能与优长。退一万步说，也绝非戕害研究潜能的硬伤啊！刘萱的理性构建能力，逻辑推理能力，以及文字表述的简约通透等，与其理工女出身，风马牛吗？

姑为序。

刘敬圻
2013 年 8 月于冰城

① 荣格：《探索心灵奥秘的现代人》，社会科学文献出版社 1987 年版，第 71 页。

目　　录

绪　论

贰臣与贰臣文学

一

“贰”，两属也①。“贰臣”，即指“一生中出仕两个或两个以上政权的官吏”②。贰臣现象肇自远古，遍布中外，然而时至今日，谈论它依然很具难度。舆论界关于这一群体的争论从未停息过，评价的差异是那样的巨大，有些用“天壤之别”来形容亦不过分。造成分歧的原因除了事件本身的错综复杂外，还有：

（1）时代因素。不同的时代有不同的价值观。在中国先秦，君臣之间是一种双向选择关系，孟子有言：“君之视臣如手足，则臣视君如腹

① （先秦）左丘明《左传·隐公元年》云：“既而大叔命西鄙北鄙贰于己。”唐人杜预注：“贰，两属。”见孔颖达等《春秋左传正义（下册）》，上海古籍出版社 1990 年版，第 37 页。

② 《辞海》、《辞源》等工具书对贰臣的定义是“王朝易代之际，兼仕两朝的大臣”。王宏志、张仲谋都采纳这一说法，马大勇在博士论文《清初金台诗群研究》（江苏大学，2001 年）一文中认为这一定义不够周密。理由是：“第一，贰臣并非专指大臣而言。以明清之际而论，汾阳朱之俊系明天启二年（1622）进士，入清官至侍读；作《海右陈人集》的德州程先贞在明以祖荫任工部员外郎，入清以原官用；桐城马之瑛系崇祯十三年（1640）进士，入清官终定陶知县；云间宋征璧系崇祯十六年（1643）进士，入清官至潮州知府。以上人物皆不可谓‘大臣’，然又不可不谓之‘贰臣’。其他类此者尚夥，不必枚举。第二，贰臣以王朝易代之际为最多，然如贰臣群体人格样板之一的李陵即系西汉武帝时出征被俘而入北的；金国著名诗人宇文虚中、吴激亦由南宋出使被留而成为贰臣；某种意义上说，庾信亦应属于此类。第三，贰臣以兼仕两朝者为多，然如六朝时颜之推历仕梁、北周、北齐、隋四朝，五代时冯道历仕四姓十君，明清之际亦颇多明臣先受大顺政权官职又入清者，可见徒指两朝为不确。”并给出了新的定义：“一生中出仕两个或以上政权的官吏”是为贰臣。本书从马说。关于“贰臣”这一名称的文献出处，张仲谋认为是“距今不过二百年余的乾隆年间所编的《贰臣传》”。见张仲谋《贰臣人格》，长江文艺出版社 1996 年版，第 12 页。

心；君之视臣如犬马，则臣视君如国人；君之视臣如土芥，则臣视君如寇仇。”① 诸子游说列国被认为合情合法；时人钦佩伯夷、叔齐的采薇首阳，亦欣赏仕周的微子、箕子；赞扬申包胥的秦庭之泣，亦理解借吴伐楚的伍子胥。持论渐严始于君权神化的西汉，李陵兵败降匈奴，武帝族其家，陇西士大夫皆以李氏为愧。李陵的悲剧不仅出于君主的暴虐，舆论导向也起了推波助澜的作用。此后，愈是民族矛盾激化之际，贰臣之名声愈恶，至明清易代时已是登峰造极。《小腆纪年附考》“顺治元年五月十八日”条云：“先是北京之变，诸生檄讨其缙绅授伪职者，奸人因之，焚劫以为利，项煜、钱位坤、宋学显、汤有庆四家荡洗无遗。又焚（王）时敏家，三代四棺俱毁。”② 《南渡录》云：“或假忠义名荼毒从逆诸姓，苏、松、常、镇为最。”又云：“（史）可程，督辅可法弟。南归后，子蔚、青，弟可遵与妇父韩大忠六人皆被杀。”③ 《清史列传》云：“顺治三年（1646），（李元鼎）疏言：‘吉安一郡，只臣一人受职盛朝。负固之兵，视臣家为仇雠；倡乱之众，以臣家为鱼肉。致臣弟逼死，臣母惊病。家口流离，尽皆散失。’”④ 舆论之苛、惩治手段之酷、株连之广皆为前代所无。近现代以来，对贰臣的讨论日益增多，学者们运用各种思想武器，道出了许多令人耳目一新的观点，但在相当多的人心中依然存在着“贰臣 = 十恶不赦”的思维定式。

（2）文化因素。受诸多因素影响，世界上各个不同民族之间的文化差异极多。大而言之，可区分出东、西方两大阵营来。东方人强调“以民为本”，“民”，是一个整体概念，讲求的是集体利益；西方人以“以人为本”为执政方向，“人”，意指个人，关注的是个人利益。在这种背景下，西方对旧朝旧代的情感浓度要淡于东方，民族观念与国家观念均与东方有异。公元 1806 年，拿破仑大败普鲁士和萨克森联军，进入耶拿城，没有受到太多敌视，反而得到了众多文学家、艺术家、哲学家的欢迎。歌德曾专程去爱尔福特拜会拿破仑，并声称自己不恨法国人，文明和野蛮之

---

① （先秦）孟轲：《孟子·离娄下》，见金良年《孟子译注》，上海古籍出版社 1990 年版，第 170 页。

② （清）徐鼒：《小腆纪年附考》卷六，中华书局 1957 年版，第 177 页。

③ （清）李清：《南渡录》，续修四库全书本。

④ 清国史馆编：《贰臣传乙·李元鼎传》，《清史列传》卷七十九，台北明文书局 1985 年影印本。

分才是最重要的；黑格尔称拿破仑为雄踞于马背上的世界精神；贝多芬为拿破仑献上了《英雄交响曲》；马克思和恩格斯也对拿破仑抱有很大期望，恩格斯在文章中几次称入侵了自己祖国的拿破仑是“伟大的征服者”，并说：“法国的革命军队进入了德国的心脏地带，把法国的国境线移到了莱茵河上，并且到处宣传自由平等。他们赶走了成群的贵族、主教和修道院长，也赶走了在这样漫长的时期中在历史上只起了傀儡作用的全部小王公。……他在德国是革命的代表，是革命原理的传播者，是旧的封建社会的摧毁人。诚然，他的行动表现出来是暴虐的……在法国已完成其任务的恐怖统治，拿破仑以战争的形式把它搬到了其他国家，这种恐怖统治，德国是十分需要的。”① 上述言行在大多数东方国家是不可想象的。由于君权神化，使得政权与国家概念混淆，民众往往视一个政权的灭亡为国家的灭亡。当异族入侵时，东方人的感情倾向不是在文明与野蛮上摇摆，而是怀有一种本能的敌意。但若细而言之，东方国家之间也有着文化观念上的差异。在近代，中、日等亚洲国家都遭受过欧美文明与武力的侵袭，如中国的“鸦片战争”、日本的“黑船事件”。在当时，两国民众的反应基本相同，都视之为耻辱。可是到了现在，却产生了分歧。中国基本上仍延续着过去的观点，称鸦片战争为“国耻”，是失败；而日本却年年要举行“黑船祭”，感谢美国给其带来的文明与发展。

（3）阶级因素。不同阶级在评价同一人物时往往持有不同立场，四百年间，对于施琅评价的忽褒忽贬就是力证。掌握国家机器的封建统治者为了维护自己的神圣地位不被动摇，十分重视忠节观建设，对贰臣的态度多是不善的。北宋开国之初，南唐臣杜著、薛良来献平南策，太祖“疾其不忠，命斩著于下蜀市，良配隶庐州牙校”②。明太祖厌恶危素身仕两朝，对其百般侮辱。清初顺、康二帝虽为异族，对贰臣同样心怀猜疑③，但由于还有利用价值，故一直隐忍不发；至乾隆年间，弘历敕编《贰臣

① ［德］弗·恩格斯：《马克思恩格斯全集》第2卷，人民出版社1995年版，第631—653页。

② （元）脱脱等：《太祖纪》，《二十五史·宋史》卷一，上海古籍出版社1986年版，第1页。

③ 清主对贰臣的猜忌由洪承畴身上即可知。承畴号称“开清第一功臣”，顺治为镇压各路反清势力，对之加以高官，并颁诏曰：“总督军务，兼理粮调，听择扼要处所驻扎。应巡历者随便巡历，抚镇以下听其节制，兵马粮饷听其调发。一应抚剿事宜，不从中制，事后报闻。”表面看来这是极高的信任，背地里顺治却派人暗中监视其一举一动。满军总督巴山就曾两次上疏密告洪承畴与抗清者牵连之事。其他贰臣之境遇多类于此。

传》，方对降清的前明官员进行整体盘点，诏书措辞严厉，几近谩骂：“若而人者皆以胜国臣僚，乃遭际时艰，不能为其主临危授命，辄复畏死幸生，觍颜降附，岂得复谓之完人？即或稍有片长足录，其瑕疵自不能掩。若既降复叛之李建泰、金声桓，及降附后潜肆诋毁之钱谦益辈，尤反侧佥邪，更不足比于人类矣。”①

被统治者可分为士、民两个阶层。民对贰臣的评价标准十分简单，能为其带来利益则褒之，反之则贬之。清初，江南民众饱受清军蹂躏，是以视贰臣为帮凶，对之评价极恶，但如果某一贰臣做了为民请命之事，百姓是从来不吝于赞誉的，身份反而不重要。龚鼎孳仕清后曾谪居江南，余杭人视之为人妖，但当他冒死为“奏销案”中的万千受害者求情时，天下颂之。一抑一扬，差距虽大，却同出于评价者对自身利益的考虑。

士为民之秀，明清之际的有识之士对贰臣的评价是建立在对君主、国家、民族关系的思考之上的。顾炎武曰：“国家兴亡，肉食者谋之；天下兴亡，匹夫有责。”② 黄宗羲云：“天下之治乱，不在一姓之兴亡，而在万民之忧乐。”③ 都跳出了爱国等于忠君的封建窠臼，闪烁着民主的火花。在此基础上，对贰臣的评价自然更见洞察力。④ 陈确著有《出处异同议》、《使子弟出试议》、《死节论》，力辩：“若夫以道范身，终食勿失，穷通一揆焉耳，又何出与不出之异之有。”⑤ 王夫之亦云：“士之不幸，天所弗求全也。……欧阳永叔伤五代无死节之臣，而不念所事之何君也。亦过矣。”⑥ 可谓通达。

以上评价的差异可归结为视角原因，切入点有别，结论亦千差万别。历史原本是客观的，对历史的认识却带有很强的主观性。任何评说都像是双面的镜子，洞察的是他人，反射的是评论者的胸怀气度、知识体系、道德标准，以及他所处社会的种种。如此一来，一家之言的偏颇，感情用事

① 《清高宗实录》卷一〇二二，乾隆四十一年十二月庚子条，中华书局1985年影印本。

② （清）顾炎武：《日知录》卷十三“正始”，甘肃民族出版社1997年版，第592—593页。

③ （清）黄宗羲：《原臣》，《明夷待访录》，丛书集成初编本。

④ 在明清之际的生死问题上，赵园的《明清之际士大夫研究》（北京大学出版社1999年版）有着精彩的论述。

⑤ （清）陈确：《出处异同议》，《乾初先生遗集》卷六，续修四库全书本。

⑥ （清）王夫之：《三国》，《读通鉴论》卷十，台北世界书局1936年版，第198—199页。

的激愤，各取所需的混乱都时有发生，对贰臣这种有争议的话题来说更是如此。为了更接近于事实本身，有必要持多维度的批评标准①。在本文今后的论述中，笔者力图把握以下几点原则：

（1）在政治本位、道德本位的评价体系上更重视人文向度的历史人物批评②。么书仪先生说："'贰臣'这一概念的出现，本来就是对臣子在道德上的苛求，而于帝王的责任、德行委曲求全的观念的体现。"③ 本书将视贰臣为一个活生生的人，一个复杂的、有着七情六欲的人；而不仅仅是好人抑或坏人，贴着政治标签的失节者抑或钉在道德耻辱柱上的卑鄙灵魂。窃以为对我辈治古代文学者而言，以揭示人性为宗旨要比立意惩恶扬善更有意义。

（2）不文过饰非，亦不脱离当时的社会现实而苛求古人。章学诚言："敬非修德之谓者，气摄而不纵，纵必不能中节也。恕非宽容之谓者，能为古人设身而处地也。嗟乎，知德者鲜，知临文之不可无敬恕，则知文德矣。"④ 对于孔有德、耿仲明等贪图富贵、屠杀同胞者，应予以谴责；对于李陵这样的"逼叛"者，君子当谅其志⑤；对于钱谦益等复杂人物，当功过分明。例如，钱谦益以书招降苏州四郡，应肯定其确实使万千百姓免于屠戮，也应明确此举在一定程度上瓦解了汉人的反清斗志。就本书所研究的这批贰臣词人来说，在明季多系位卑官小，他们的出处与大明江山的存亡关联不大，不亦过分夸大。如果非要说出卖，他们不过出卖了自己。

（3）区分封建社会的贰臣与日伪时期汉奸的不同性质。中国是一个多民族的大家庭，无论是宋金战争、宋元战争，还是满汉战争，皆是兄弟民族为了争夺统治权的斗争，属于国家内部矛盾。李陵、钱谦益等贰臣由一家一姓投向了另一家一姓的怀抱，也并非背叛祖国。而中日之战是一国

① 郑师渠在《近些年来近代史人物评价的若干问题》中认为，"对历史人物要做历史的、全面的、具体的、实事求是的分析，这个历史唯物主义的科学的原则，应当说是明确的。惟其如此，非要提出一个人物评价的统一标准来，这是不科学也是不可能和不必要的。"见《北京师范大学学报》1997 年第 1 期。

② 参见马大勇的博士论文《清初金台诗群研究》绪论《人文化的社会——历史批评论纲：从"知人论世"和"以意逆志"说起》，苏州大学，2001 年。

③ 么书仪：《元代文人心态》，文化艺术出版社 1993 年版，第 282 页。

④ 章学诚：《文史通义·文德》，古籍出版社 1956 年版，第 60 页。

⑤ 李零在《汉奸发生学》中视李陵为"逼叛"，被逼叛变之意。见《读书》1995 年第 10 期。

对另一国的侵略，属于外部矛盾，汪精卫等人在日本人的授意下创建伪国民政府，则是不折不扣的卖国行径。

二

有学者说："有一类作品，一直有着广泛的读者，但谈论它的人却很少。悄悄的风行，却又不敢大胆的言谈，这是唯有中国才有的现象。"① 这类作品就是贰臣文学，由贰臣所创作的文学。贰臣文学之称始于今人黄裳，却拥有十分悠久的历史。像《李陵诗》的悲愤、庾信《哀江南赋》的憔悴、赵孟頫《罪出》的自伤、吴伟业《临终诗》的悔恨都已深深地印在了世人心中。不能否认，此类文学有种特殊的魅力。然而文人一旦成了贰臣，再好的文章在评论家笔下，也不过是"文人无行"的注脚。全祖望读庾信的《哀江南赋》，大骂："甚矣，庾信之无耻也！失身宇文而犹指鹑首赐秦为天醉，信则已先天而醉矣，何以怨天？后世有裂冠毁冕之余，蒙面而谈，不难于斥新朝颂故国以自文首，皆本天醉之说也。"② 此语堪称代表。

贰臣文学遭逢灭顶之灾是在清代，乾隆帝在敕编《四库全书》的同时，也禁毁了大量他认为有悖伦理纲常、不合名教、讥贬满族先世、危及皇朝统治地位的著述，其中不乏贰臣之作。在查禁钱谦益诗集时，乾隆特下谕旨："钱谦益本一有才无行之人。在前明时身跻朊仕，及本朝定鼎之初，率先投顺，洊陟列卿。大节有亏，实不足齿于人类。……今阅其所著《初学集》、《有学集》，荒诞悖谬，其中诋谤本朝之处，不一而足。夫钱谦益果终为明朝，宁死不变，即以笔墨腾谤，尚在情理之中；而伊既为本朝臣仆，岂得复以从前狂吠之语，列入集中？其意不过欲借此以掩其失节之羞，尤为可鄙可耻！"③ 由人及文，人文俱废。朝廷既有如此文化政策，民间敢不翕然从之？一直到清末，蒋子宣编《昭代词选》还以此为标准："吴梅村、龚芝麓、曹秋岳、梁苍岩诸人词，俱名家，然取冠本朝，殊乖教忠之道。一概置而不录，于体为宜。"④

---

① 孙郁：《关于周作人》，《南方文坛》2006 年第 2 期。

② （清）全祖望：《题〈哀江南赋〉后》，见《鲒埼亭外编》卷三十三，续修四库全书本。

③ 《清高宗实录》卷一〇二二"乾隆四十一年十二月庚子"条，中华书局 1987 年影印本。

④ （清）谢章铤：《赌棋山庄词话》卷八，见唐圭璋《词话丛编》，中华书局 1986 年版，第 3428 页。

以上关于贰臣文学的三则批评实际上都是“诗品如人品”这一古老命题的延伸，强调的是作家的立身品节、道德修养对文学作品的思想内涵、外在风貌的决定作用。这是儒家正统诗教观念，具有浓重的政治教化性质和鲜明的道德训诫色彩。然而，此命题本身却存在着一些漏洞。有些品行在不同的时代有着不同的界定。而在文学史上，“心声心画总失真，文章宁复见为人”（元好问《论诗三十首》之六）的情况也极其普遍，端人而作放荡语，轻薄人反写道学文都是客观存在的。许学夷就指出：“《传》言（温）庭筠薄于行，执政鄙其为人。今观其七言律，格虽晚唐，而清逸闲婉，殊无尘俗之态，何也？曰：摩诘、应物所谓有德者必有言，庭筠之诗则有言者未必有德也。”[①] 文学固然不能完全脱离政治、道德而存在，但简单地以政治或道德为衡量文学价值的唯一标准显然是不科学的。孔子曰：“君子不以言举人，不因人废言。”[②] 不能因贰臣有过失节行为，就否定其全部品格，进而否定其文学创作。

前文提到，贰臣文学自有一种动人心魄处，细细品来，应是其中遍布华林的悲剧意味感染了读者。叔本华认为悲剧有三种类型：一是恶人挑拨的悲剧，如《奥赛罗》；二是盲目的悲剧，如《俄狄浦斯王》；三是剧中人地位和关系使然的悲剧，如《哈姆莱特》、《浮士德》等。贰臣的悲剧属于第三类，是由“道德”和“生存”的冲突所造成的不幸。“道德”不能完全说是正义的化身，“生存”也不是邪恶的代表，二者各自有其合理性与存在的理由，都有其吻合真理与人性的一面，但是若想顾全道德就必将损害生命，反之亦然[③]。这是两难的选择，做任何一种决定都将导致难以挽回的后果。这才是最为极致的一种悲剧。

悲剧的力量是巨大的，贰臣们以文学为媒介把个人在命运面前的渺小与无奈充分地展现出来，说的是一己悲欢，却具有人生的普遍意义。《汉书》记载，苏武归汉，李陵作歌相送：

---

① （明）许学夷：《诗源辨体》卷三十，四库全书本。

② （先秦）孔子：《论语·卫灵公第十五》，见（宋）朱熹《论语集注》，齐鲁书社 1992 年版，第 160 页。

③ 或许有人会说，他们还可以选择做遗民，岂不是道德与生存并获。考清初史实，李自成进北京后，手段强硬，摆在士大夫面前的只有两条路：或死或降，不降即死，选择余地远不如江南等地士大夫宽广。故当日滞留北京的前明官员罕有为遗民者，即便如方以智之慷慨奇节，也不免降闯。

经万里兮度沙幕，为君将兮奋匈奴。路穷绝兮矢丸摧，士众灭兮名已隤。老母已死，虽欲报恩将安归！

这大概是最早的贰臣诗，语言质朴，不加一丝矫饰，情感浓厚，感人至深。

前人有诗："江淹犹匪恨，庾信始为愁。"① 南北朝时期的庾信掀起了贰臣文学的第一次高潮，他本人也几成"贰臣"的代名词。《庾子山集》中咏叹失节之悲的作品极多，倪璠云："子山入关而后，其文篇篇有哀。"② 与李陵的率直相比，这些诗赋吞声咽泣，低回曲折，为后世建立起贰臣文学的主基调。《小园赋》记述"仕北"的暗淡心理：

荆轲有寒水之悲，苏武有秋风之别。关山则风月凄怆，陇水则肝肠断绝。龟言此地之寒，鹤讶今年之雪。百灵兮倏忽，光华兮已晚。不雪雁门之踦，先念鸿陆之远。非淮海兮可变，非金丹兮能转。不暴骨于龙门，终低头于马坂。谅天造兮昧昧，嗟生民兮浑浑。

重重典故掩不住郁勃的情感，千载之下读之仍有戚戚之意。

贰臣文学的第二次高峰在南宋初年。"靖康之耻"后，宋朝使者多被金国羁留，一些人重新出仕，遂形成了一个贰臣群体。这些人多是文学之士，他们聚合在一起，经常发出集体悲吟，声势远过前代，贰臣文学也随之空前繁荣。金贰臣的作品以故国之思为主。如宇文虚中《和高子文秋兴》之一云：

沙碧平犹涨，霜红粉已多。驹年惊过隙，凫影倦随波。散步双扶老，栖身一养和。羞看使者节，甘荷牧人蓑。

高士谈的五律《不眠》云：

不眠披短褐，曳杖出门行。月近中秋白，风从半夜清。乱离惊昨

① （元）方回：《偶题五言绝句》五首，《桐江续集》卷二六，四库全书本。

② （清）倪璠：《注释庾集题辞》，《庾子山全集注》，中华书局 1980 年版，前言第 4 页。

梦，飘泊念平生。泪眼依南斗，难忘去国情。

吴激的《人月圆》云：

南朝千古伤心事，犹唱后庭花。旧时王谢，堂前燕子，飞向谁家？　恍然一梦，仙肌胜雪，宫髻堆鸦。江州司马，青衫泪湿，同是天涯。

均饱含惘惘不甘之情。

清初无疑是贰臣文学发展的最高阶段。这主要体现在如下方面：(1) 人数众多。清朝入关后，对前明官员照单全收，据粗略统计有数百人之多，远超前代。其中不乏名士，如钱谦益、吴伟业、龚鼎孳、曹溶、周亮工、陈名夏、陈之遴、方拱乾等都是明清文坛上赫赫有名的人物。(2) 以多种文体来表现贰臣情怀。在清前，贰臣文学一直以诗体为主，吴激等人偶尝试以词作，毕竟未能蔚然成风。清代的贰臣文学却是遍地开花，诗自不必说了，词作亦不胜枚举，著名的有吴伟业的《贺新郎·病中有感》、龚鼎孳的《蓦山溪·登吴山吊伍子胥，用秋岳乌江渡韵》、曹溶的《青衫湿·田戚畹家姬东哥，甲申后为教师，遇之，有感》等。文方面有钱谦益的《与族弟君鸿论求免庆寿诗文书》、吴伟业的《与子暻疏》、龚鼎孳的《报吴梅村书》等。戏剧方面有吴伟业的《通天台》、《秣陵春》、《临春阁》等。(3) 忏悔之情至深。张仲谋先生在《贰臣人格》一书中说："中国的忏悔文学，直到十七世纪的吴伟业才成气候。"[①]此说诚有见地。明清之际民族矛盾激烈，士人严守"夷夏之大防"，崇尚死节。在这种文化背景下，贰臣的负罪感普遍多于前朝，他们在诗文中不断鞭挞自己的灵魂。钱谦益自责道：

濒死不死，偷生得生。绛县之吏不记其年，杏坛之杖久悬其胫。此天地间之不祥人，雄虺之所憖遗，鸺鹠之所接席者也。[②]

① 张仲谋：《贰臣人格》，长江文艺出版社 1996 年版，第 40 页。

② （清）钱谦益：《与族弟君鸿论求免庆寿诗文书》，《牧斋有学集》卷三十九，上海古籍出版社 1996 年版，第 1339—1343 页。

吴伟业的《临终诗》云：

忍死偷生廿载余，而今罪孽怎消除？受恩欠债须填补，总比鸿毛也不如。

这些真诚的忏悔是贰臣文学最精华的部分。

三

“清初贰臣词”是贰臣文学的重要组成部分。就心灵史而言，它是易代变乱中一个特殊族群命运、心态的折射和缩影；就词学史而言，它连接着明清两代词坛，更在相当程度上左右了一代词风走向；至于其与清代文学、文艺理论的互动价值更是不容忽视。

关于清初贰臣词人的研究在顺康年间就已经开始了[①]。顾贞观在《栩园弃稿序》中论述了贰臣词人之于清词中兴的贡献：“自国初辇毂诸公尊前酒边借长短句以吐其胸中，始而微有寄托，久则务为谐畅，香严、倦圃领袖一时。唯时戴笠故交，担簦才子，并与宴游之席，各传酬和之篇，而吴越操觚家闻风竞起，选者、作者，妍媸杂陈。”[②] 丁澎的《梨庄词序》则探讨了贰臣词人与稼轩风之间的关系：“古今词人无虑千百家，迨北宋为极盛，苏子瞻、陆放翁诸君，特以遒丽纵逸取。至辛稼轩，其度越人也远甚，余子瞠乎后矣。三百余年以词名家者，文成、孟载而下，不可概见。钱宗伯牧斋、周司农栎园不为词，娄东、合肥诸先辈始倡宗风，皆侧身苏、陆之间，于稼轩之绪，乃徐有得也。”[③] 其他词论如陆次云的《见山亭古今词选自序》、彭孙遹的《金粟词话》、邹祗谟的《远志衷词话》、王士祯的《花草蒙识》、沈雄的《古今词话》、张台柱的《词论》，或对

① 关于贰臣词的研究现状笔者参阅了中国知网、OAI 博硕士论文联邦查询系统、高等学校中英文图书数字化国际合作计划、中国国家图书馆的各个数据库、林玫仪的《词学论著总目：1901—1992》（“中央研究院”中国文哲研究所图书卡文献专刊，1995 年 6 月）、华东师范大学中文系所辑的《词学研究论文集：1949—1979》（上海古籍出版社 1983 年版）、陈水云的《明清词研究史》（武汉大学出版社 2006 年版）、《清代词学发展史》（学苑出版社 2005 年版）、朱惠国和刘明玉的《明清词研究史稿》（齐鲁书社 2006 年版）。

② （清）顾贞观：《栩园弃稿序》，见陈聂恒《栩园词弃稿》，清康熙且朴斋刻本。

③ （清）丁澎：《梨庄词序》，见周在浚《梨庄词》，清康熙刻本。

作家作品进行点评，或对题材、风格进行分析，均表现出一定的学术价值。遗憾的是，清初论者多囿于传统的批评模式，篇幅短小，有论点而无论据，类似于随笔，未能深入、系统地论证。

乾隆朝以后，贰臣的作品多被禁毁，相关评论也几近于无，一直到清末才略有好转。谢章铤在《赌棋山庄词话》中提到了贰臣于清词中兴之功绩："诸公在国初实开宗风，不独提倡之功不可忘，而流派之考更不可没。"① 这番论述虽也缺乏理性的分析，但仅从观点上讲就已表现出独到的眼力与非凡的魄力。

20世纪前期，新文学运动兴起，学术界对词学研究的热情不高，贰臣词研究的格局很是萧条。王国维的《人间词话》深受西方文艺思想影响，表现出一种全新的研究视角和思维模式，是近代一部影响深远的词学著作。但其中关于清词的评析很少，主要集中在纳兰性德身上，对贰臣词人则不置一喙。这不能不说是一种遗憾。此后的胡适对清词大加讨伐，将其称为"鬼影时代"的作品，并由此引发了一场学术论争②，陈子展、胡云翼、胡先骕等前辈学人纷纷参战，清词反倒因此进入了人们的研究视野，贰臣词研究也迎来了一片曙光。在词集整理方面，陈乃乾的《清名家词》置李雯的《蓼斋词》、吴伟业的《梅村词》、曹溶的《静惕堂词》、龚鼎孳的《定山堂词》、梁清标的《棠村词》于卷首，使这些被禁毁的词作重见天日。叶恭绰的《全清词钞》也收录了不少贰臣作品。在作者考订方面，有金鹤冲的《钱牧斋先生年谱》、董迁的《龚芝麓年谱》、日本学人铃木虎雄的《吴梅村年谱》。这些基础性建设对于今后的贰臣词研究具有重要意义。但在词学批评方面，情况依然不尽如人意。刘大杰的《中国文学发展史》（复旦大学出版社2006年版）、胡云翼的《中国文学史》（北新书店1947年版）、《中国词史大纲》（北新书店1933年版）、龙榆生的《中国韵文史》（上海古籍出版社2002年版）都不曾提及贰臣词人；吴梅的《词学通论》和徐珂的《清代词学概论》论及清词发展走向，都援引了顾贞观《栩园弃稿序》之原文，却删去了"香严、倦圃领袖一

---

①（清）谢章铤：《赌棋山庄词话》卷八，见唐圭璋《词话丛编》，中华书局1986年版，第3428页。

② 胡适《唐宋词三百首序》云："三百年的清词，终逃不出模仿宋词的境地。所以这个时代可说是词的鬼影的时代，潮流已去，不可复返，这不过是一点之回波，一点之浪花飞沫而已。"见《胡适选唐宋词三百首》，东方出版社1995年版，第3页。

时”这一句，显而易见，在他们心中并不认为贰臣词人能有如此突出的地位。柯绍忞主编的《续修四库全书总目提要》点评了龚鼎孳、吴伟业、曹溶、梁清标四家词，但其中的观点多是沿袭前人成说。王易的《词曲史》将贰臣词人置身于词史的发展流程中予以分析，并突破了因人废言的传统批评思路，然而寥寥数语，难以勾勒出贰臣词之全貌。

新中国成立以后的三十年时间里，国内受“左”的思想路线和庸俗社会学影响，评论界奉行“政治标准第一，艺术标准第二”的原则，直接导致了词学研究的不景气。在当时，孔孟尚且被批，像贰臣词人这等“民族败类”更是连被批的资格都没有。从 1949 年到 1979 年，关于贰臣的论文仅有俞平伯的《吴梅村绝笔词质疑》（《光明日报》1962 年 2 月 24 日）一篇论文。港台、海外的清词研究也不景气，无人涉足贰臣词人。

改革开放之后，情况有所好转，据各大数据库统计，截至 2013 年 6 月，贰臣词方面的研究论著数量在百篇上下，研究类型主要分为群体与个体两个方面。群体研究的开山之作当属严迪昌的《清词史》。严先生是清代文学研究方面的大家，曾主持编修《全清词》，对清词有着整体的观照与把握。《清词史》一书“以词风流变为主脉，以词派消长和各时期重大词创作活动及群体实践为骨干，从而经纬以大家、名家创作成就的论评”[①]。其中对贰臣词多有论述，充分肯定了贰臣词人在清词中兴进程中的献替之功，并将龚鼎孳、吴伟业、曹溶、梁清标等重要人物放在相关流派和群体活动中加以评价。洞隐烛微，功不可没。2005 年，顾世严在硕士论文《清初贰臣词研究》中首次统计了贰臣词人的数量、词作情况，但由于作者不了解明清科举制度，也未能对词人出处进行细致考证，致使统计结果存在极大误差。另有平志君、曹秀兰等人的期刊论文以词作为对象，总结了贰臣的群体心态。

个体研究主要集中于知名贰臣。在研究数量上，排名前三位的依次是曹溶、龚鼎孳、吴伟业，其他词人则很少进入研究者视野。曹溶与浙西派的关系是一个热点，张宏生、陈水云、孙克强、曹秀兰、陈雪军等学者认为曹溶对浙西派有重大影响，严迪昌、李康化、唐碧红以及笔者则持否定意见，认为影响是有限的。此外，曹秀兰还出版了专著《曹溶词研究》（安徽大学出版社 2010 年版），王星慧、唐先进、唐碧红、郭锐分别以曹

① 严迪昌：《清词史》，江苏古籍出版社 1990 年版，第 5 页。

溶为研究对象取得了硕士学位。关于龚鼎孳词作的研究数量有10余篇，其中影响因子最高的是张宏生、冯乾的《〈白门柳〉：龚顾情缘与明清之际的词风演进》（《中国社会科学》2001年第3期）和马大勇的《龚鼎孳与清初词坛的风云际会》（《西北师范大学学报》2000年第6期）等。二人分别从不同角度论述了龚鼎孳对清词中兴的促进作用。吴伟业于清初词名极大，但近世词名却被其他成就所掩，相关研究论文不及诗文及史学数量多。视点主要集中在两个方面：其一是吴伟业的心态对词风的影响。如朱则杰的《读吴伟业的诗词曲》（《浙江大学学报》1994年第1期）、徐江的《梅村词论略》（《中国文化研究》1999年夏之卷）、姜爱烟的《身世之感使然——论吴梅村词》（《南京师范大学学报》1992年第2期）等。其二是吴伟业的词史观与词史创作。如笔者的《吴伟业的词史观及词史创作》（《山西师范大学学报》2010年第2期）、陈泠西的硕士论文《论吴梅村的词史意识及其表现》（重庆师范大学，2012年）等。关于梁清标的研究论文共计2篇，王音的《浅论梁清标之〈棠村词〉》（《社会科学论坛·学术研究卷》2005年第6期）和何丽娟的硕士论文《梁清标及其词研究》（西南大学，2012年）。陈之遴、李元鼎也是清初词坛名家，但评论者往往是在研究其夫人徐灿、朱中楣时才捎带着谈起他们。至于熊文举、程康庄、赵进美、高珩等贰臣，目前尚处于研究空白阶段。

以上成果为本书提供了基础，但也存在着许多不足：

其一，群体研究欠缺。仅一篇硕士论文和数篇期刊论文，根本没有厘清清初贰臣的群体风貌，对其词坛影响力的论述基本承袭严迪昌的《清词史》，千人一面，缺乏新意。

其二，个体研究的范围狭窄。除了龚鼎孳、吴伟业、曹溶三人外，其他词人很少进入研究视野。其实诸如李元鼎、熊文举、梁清标等人都极负词名，其词学活动关系着词坛动向，不可忽略。

其三，缺乏系统研究与整体观照。相对于清词的平均研究数量，贰臣词人不足百篇，数量无疑偏少。另外，贰臣在清初极具影响力，可挖掘之处甚多，应该有数部专著方能承担起来，但当前的研究形式主要是期刊和硕士论文，力度还显薄弱。

造成这种状况的原因，一则是由于清词一直不是显学，贰臣词又曾遭禁毁，鲜为人知；二则中国文学批评长期以来受政治、道德评价标准影响，对贰臣文学怀有先天的排斥。

研究现状的不容乐观，既是本书的困难所在，也意味着将有一片广阔的天空。在下文，笔者将重点探讨以下五个问题。其一，失节，不是一般人能经历的事件，从清流到贰臣，面对这种人生转折，词人们作何心曲？在词作中有何表现？其二，清贰臣与同时代的非贰臣作家之间有何交往，在创作上有何异同？其与前代贰臣词人之间又有何关联？其三，同是贰臣，他们有何共性？词作中有何相同的特点？作为不同的个体，他们有何个性？词作中又有何独特之处？其四，贰臣多是南方人，他们在北方为宦，不同的地理环境，对创作有何影响？其五，在清词史乃至整个词史中，贰臣词人的地位如何？

第一章

清初贰臣词人概述

正名，是一切研究开始的应有之义。“清初”是一个时间范畴，不同的学者根据实际需要有着不同的界定。在本书，它指的是顺治一朝及康熙前期，也就是贰臣入清以后的岁月[①]。至于“贰臣词”，却不是贰臣所有的词作，而是专指词人具备了贰臣身份后所作之词。如梁云构的词作皆产于明亡前[②]，因此，其人是贰臣，其词却不属于贰臣词。本书将主要考察其人在清初词坛的地位、作用。对于像龚鼎孳、吴伟业这类创作年限跨越两朝的词人，其入清后的词作是本书的重点研究对象。当然一个人的前后创作是有连续性的，如果行文需要，那些作于明季的词亦会被作为辅助材料而用之。

第一节　贰臣词人的生存背景及生存状态

孟子曰：“颂其诗，读其书，不知其人可乎？是以论其世也，是尚友也。”[③] 在对清初贰臣词人进行宏观扫描前，有必要先了解词人们所生活的时世。

学术界普遍认为，明王朝之衰始于万历中叶[④]。阶级矛盾和民族矛盾

---

① 尽管最后一个贰臣词人高珩卒于康熙三十六年（1697），但大多数人的活动时空是在康熙十八年间（1679）之前。

② 梁云构词见其《豹陵集》（四库未收书辑刊本），该集作于明亡前，故可知其词亦作于明季。

③ （先秦）孟轲：《孟子·万章下》，见金良年《孟子译注》，上海古籍出版社1996年版，第229页。

④ （清）陈田云：“万历中叶以后，朝政不纲，上下隔绝，矿税横征，缙绅树党，亡国之象，已兆于斯。”见《明诗纪事》庚签卷八，贵阳陈氏听诗斋刻本。（清）傅山《书神宗御书后》

从这时起日益尖锐。其亡国之象不仅在于朝政不纲、上下隔绝、矿税横征、缙绅树党、大盗横行、群奸当政，更在于世风的淫靡败坏。明人余继登序《交河县志》云："盖予览志感事而有杞人之忧焉。予闻诸长老云：'弘、正以前，俗尚敦朴，士以志行相高，野无惰农，市无淫商，贾无绮靡之奉，下不敢干上，少不敢僭长。'今何如矣？美衣偷食，即诵法孔氏者犹然，无论商贾。农弃业为贾，贾弃业为游食，轻纤之适，声伎之娱，即无担石者犹然，无论豪富。"① 当时，王学左派思想被片面夸大，流衍为对物欲赤裸裸的追求。一批"公然宣扬露骨的色情，怂恿'诲淫导欲'、伤风败俗的作品出笼，使文学陷入了非道德、非理性的泥淖之中"②。

为了对抗江河日下的世风、士风、文风，一些有识之士纷纷拿起了"复古"的武器，讲求经世致用。复社的出现即与此有关。陆世仪的《复社纪略》记载了张溥的就职宣言：

> 自世教衰，士子不通经术，但剽耳绘目，几幸弋获于有司。登明堂不能致君，长郡邑不知泽民，人材日下，吏治日偷，皆由于此。溥不度德，不量力，期与四方多士共兴复古学，将使异日者务为有用。③

通过张溥之言可知，复社不仅要在文学一途上"兴复古学"，更要经国为民，起世之衰，重现上古大同之治。④

云："追论朝事者，率谓天下之弊酿于万历间。"见《霜红龛集》卷十七，山西人民出版社 1985 年版，第 511 页。《明史·光宗本纪》云："论者谓明之亡，实亡于神宗云云。"（清）赵翼《万历中矿税之害》云："论者谓明之亡，不亡于崇祯，而亡于万历。"见《廿二史札记》卷三十五，世界书局 1936 年版，第 502 页。

① （明）余继登：《淡然轩集》卷五，四库全书本。

② 袁行霈：《中国文学史》，高等教育出版社 1999 年版，第 11 页。

③ （清）陆世仪：《复社纪略》卷一，续修四库全书本。

④ 关于复社之名，小野和子有一番独到的论述："复社的'复'是《易》卦之一，这从关于孙淳等开始的复社，有曰：（吴曾羽）与同志孙淳等四人创成复社，义取'复剥穷'（杨凤苞《秋室集》五）的说法中就可明白。所谓'剥穷而复'，是《易》的'剥'卦的解说，也就是归于根本、复古的意思。所谓'剥'，是说剥卦：'不利有攸往。'正如由该卦可知的那样，阴盛了，阳只有一，是小人荣耀，君子困穷的状况。对此'复'卦是说：'出入无疾。朋来无咎。反复其道。七日来复。利有攸往。''剥'落的君子之道开始复活，朋友相集活动，达到这样的新时代。"见［日］小野和子《明季党社考》，上海古籍出版社 2006 年版，第 251—252 页。

复社是末世光景中最灿烂的一抹晚霞。它是全国性的组织，具有非常大的政治影响力，当时海内名彦十之八九都曾入社，这其中既有日后因明亡而自尽的魏学濂、吴继善、王章，因反清复明而殉难的陈子龙、夏允彝、夏完淳，成了名遗民的黄宗羲、孙奇逢，也有成了名贰臣的龚鼎孳、吴伟业、陈名夏等人。

尽管这些人性格各异，以后的出处也不同，但在明末这段时间里却属于同一类人——清流。让我们简要了解一下贰臣词人在明末的所作所为：龚鼎孳因参劾奸相误国而被下狱；王铎拒修《三朝会典》，为魏忠贤所忌恨；曹溶在南京与复社诸子一同抨击阮大铖；宋征璧在江南与陈子龙、夏允彝捐赀招募水师，保家卫国；彭而述在熊文灿幕中多有奇计；周亮工为潍县令，击退了清军的数次进犯；吴伟业不附温体仁，疏劾蔡奕琛，“直声动朝右”①；……相信如果没有甲申之变，这些人是不难在青史上留下个美名的。

然而历史不容假设，伴随着闯军的进京，八旗的入关，明王朝轰然倒下，士人分化成遗民与贰臣两大阵营。关于变节，有人是迫不得已，有人是实现他的追求。像龚鼎孳、熊文举等人是寻死不成，强授官职；陈名夏是千难万险逃回南京，却被弘光朝通缉，走投无路，被迫降清；钱谦益、梁云构、王铎等人是知事不可为，主动迎降；吴伟业、宋征璧是被清廷征召，被逼出山；方大猷、陈之遴等人是为了获取新的政治资本，自愿入新朝为官……情况千差万别，不可一概而论。

清初的三十年，是由乱及治的岁月。在一系列政治风暴中，处处都有贰臣的身影。顺治之初，南明政权尚在，江南的各路反清势力一直没有放弃努力，即使是被清军占领的属地也频频发生汉人起义事件。一部分贰臣词人暗暗期盼着复明的成功，钱谦益为郑成功筹集军费，不惜破家；曹溶为“通海”的魏耕传递着情报；龚鼎孳奋力营救着“科场案”、“奏销案”中的落难士子、反清的各路义士；梁清标身为兵部尚书，却在己亥之役中表现得极为消极，并公然反对收复台湾。另一群贰臣却在为虎作伥，方大猷先是随王鳌永招抚山东，随后又多次镇压农民起义军；陈之遴则向清廷献计，请发明皇陵以泄王气。

① （清）顾湄：《吴梅村先生行状》，见吴伟业《吴梅村全集》附录一，上海古籍出版社1999年版，第1405页。

在动荡不安的时局中，贰臣们有着不同的反应，也就有着不同的遭遇。钱谦益的反清之举不能公之于世，是以始终不见容于天下人悠悠之口；龚鼎孳为民请命的奏章，却“天下诵之”；梁清标以其老练、稳重赢得了顺治的信任，步步高升；周亮工、李元鼎却在官场斗争中动辄得咎，几濒于死；熊文举、高珩无心仕进，辞官归里，得尽天年；陈名夏、陈之遴、巴结北人，显赫一时，却终为所害，一被处绞，一谪死于东北雪域。

乱世造就了贰臣，贰臣又用他们的悲剧人生点缀着这个乱世。

第二节　贰臣词人的身份构成

一　贰臣词人考辨

根据贰臣身仕两朝的传统定义，可以确定大多数贰臣词人的身份，但还有一些特殊人物需要甄别。

其一，在明进士及第未授官，入清为官者。崇祯癸未科（1643）进士入清为高官者不少，有词作传世的有陈名夏、梁清标、宋征璧、高珩、白胤谦、王崇简等六人。按明制，一甲进士直接授官，状元授翰林院修撰，榜眼、探花授编修。二甲、三甲进士中才干优长者，选入翰林院任庶吉士，三年期满考试合格方正式授官。其余均观政于六部诸司。陈名夏为一甲第三名，授编修，宋征璧授中书舍人，其余四人皆选庶吉士。庶吉士并非官职，但食七品、八品俸禄。从严格意义上讲，梁清标等四人并未授官，算不得明朝臣子。然贰臣不仅是一个政治上的概念，同时也是道德规范与文化心理上的概念，对之的认定还需参照时代舆论。乾隆帝御修《贰臣传》，收两朝为官者百二十人，陈名夏、梁清标名入乙编，而王崇简等未入编，邓之诚先生认为乃“体例之疏也”。诚如其言。今观王崇简等人的文集，颇多贰臣心绪；考其生前所言，亦有直承自己是贰臣者。据清初遗民诗人钱澄之言：“公（崇简）为人笃根本，敦故旧，不为已甚之行，亦无违心之语。名节所在，辨别分明，未尝少自恕，亦不肯以恕人。时与老友谈及往事，俯仰今昔，辄呜咽流涕者久之。”① 故本书纳梁清标、

① （清）钱澄之：《田间文集》卷十四，清康熙二十九年斟雉堂刻本。

高珩、白胤谦、王崇简等四人于贰臣词作者之列。

其二，被大顺政权授官，入清不仕者。此类人物有词作传世者仅史可程一人。可程，字赤豹，号蘧庵，史可法从弟，著有《观槿词》。他是崇祯十六年（1643）进士，选庶吉士，十七年（1644），李自成陷北京，授以原官。《明季北略》云："贼逼写家书于部院史公，遇兵急，不果。"① 嗣后，乘间逃回南京。弘光朝治"从贼"之狱，仿唐制六等定罪，可程名入"另存再议"之列。可法疏请归之司寇，弘光有旨："卿宣力于外，不遑将母，卿弟可程准居私第，侍奉甘旨，静听处分，不必引咎。"② 入清后隐居宜兴，不复出仕。从上述记载可知，可程并未主动降附李自成，二者实未产生真正意义上的君臣关系。故本书将史可程排除出贰臣之列。

其三，在明有功名，入清赠官者。《全清词·顺康卷》之《郑侠如小传》云："郑侠如，字士介，号休园。先世由歙徙扬，隶籍江都。郑元勋弟。明崇祯十二年（1639）人贡，授工部司务。辞归，筑休园，以著述自娱。清康熙间，以子为光贵，赠翰林院庶吉士。有《休园词》。"考侠如后人郑庆祜所撰《扬州休园志》，卷首有《迁扬世系》，所言与小传基本一致。明清封赠制度，乃朝廷推恩于大臣重臣，授官爵于本人父母。父母存者称封，没者称赠。侠如被赠庶吉士，是其身后之事，其人实未在清朝为官。其实，侠如本是明遗民，据《敕封征仕郎翰林院庶吉士任工部司务崇祀乡贤俟庵郑公暨敕封孺人元配汪太孺人合葬墓志铭》言，侠如于南明时守钟阜门，力抗清军。"兴朝定鼎，公遂乞骸骨。督师洪公知公才强，留之，不可。于是公素负经济，未尽展布，抑郁里居，惟课平读书，日夕不少。"③ 事实俱在，不可以贰臣目之。

其四，出处记载矛盾者。《全清词·顺康卷》之《吴刚思小传》云："吴刚思，字德乾，一字见止，号修蟾，江苏武进人。明崇祯十六年（1643）进士，官知县。有《远山阁词五刻》。"小传对刚思仕宦情况语焉不详。《明季北略》"从逆诸臣"条云："吴刚思，南直武进人，伪兵政府从事。"④《明史》载南明"治从贼之狱，仿唐制六等定罪"，"五等应徒

① （清）计六奇：《明季北略》卷二十二，中华书局1984年版，第607页。

② （清）应喜臣：《青磷屑》卷下，南京大学图书馆藏窗云居士编《明季稗史汇编》本。

③ （清）郑庆祜：《扬州休园志》卷五，四库全书禁毁书丛刊本。

④ （清）计六奇：《明季北略》卷二十二，中华书局1984年版，第640页。

拟赎者：通政司参议宋学显，谕德方拱乾，工部主事缪沅，给事中吕兆龙、傅振铎，进士吴刚思，检讨方以智、傅鼎铨，庶吉士张家玉及沈元龙十人也。”① 《北渠吴氏族谱》云：“刚思，字德乾，号见止，别号修焕，崇祯乙卯举人，癸未进士馆选副卷第一，授吏科给事中。清顺治年间举任江西饶州府司理，补任湖广武昌府知事。著有《远山阁集》。”② 据上述史籍可知刚思既曾降闯又曾降清，理应入贰臣之列。《全清词·顺康卷》关于金镇、陈轼的小传也有错误。《金镇小传》云：“金镇，字又镳，号长真，浙江山阴人。生于明天启二年（1622），崇祯十五年（1642）进士。入清授山东曹县令，补河南阌乡令，入为文林郎，累官至刑部郎中。出为汝宁知府，改补扬州知府。复由江宁驿传盐法道副使，升江南提刑按察使，诰授通议大夫。康熙二十三年（1684）引疾退，明年卒。著《清美堂集》。”崇祯十五年（1642）并未开科取士，崇祯十六年（1643）进士名录中亦无金镇之名。《绍兴县志》云：“金镇，字长真，原籍绍兴山阴，入籍顺天宛平，明末举人。顺治初授曹县知县，丁忧服满，补阌乡县知县，改銮仪卫经历，升刑部郎中。”③ 《晚晴簃诗汇》云：“金镇，字又镳，号长真，宛平人。明崇祯壬午举人。入国朝，历官江南按察使。”④ 由是可知金镇为崇祯十五年（1642）举人，在明无功名，算不得贰臣。《全清词·陈轼小传》云：“陈轼，字静机，福建侯官人。明崇祯十三年（1640）进士。入清，官广西苍梧道。有《道山堂集》。”实则陈轼官广西苍梧道是在桂王时，入清后“葺道山故居，著书一室以终”，并非贰臣。相关考证，陆勇强先生在《〈四库全书总目提要〉订补》一文中言之甚详⑤，不再赘述。

根据上文的考证辨析，笔者在《全明词》、《全明词补编》、《全清词》、《全清词补编》四部词集中共检索出贰臣词作者28人，分别是：钱谦益、王铎、梁云构、李元鼎、方大猷、熊文举、霍达、陈名夏、陈之遴、吴伟业、周亮工、曹溶、龚鼎孳、梁清标、朱之俊、彭尔述、宋征璧、高珩、程康庄、赵进美、沈捷、嵇宗孟、张恂、白胤谦、李森先、陈

---

① （清）张廷玉等：《明史》卷二百七十五，中华书局1974年版。

② （清）吴一清等纂修：《北渠吴氏族谱》卷首，清光绪三十二年木活字本。

③ 绍兴县地方志编纂委员会：《绍兴县志》，中华书局1999年版。

④ 徐世昌：《晚晴簃诗汇》，华东师范大学出版社2009年版。

⑤ 陆勇强：《〈四库全书总目提要〉订补》，《暨南学报》2003年第6期，第103—104页。

衍虞、吴刚思、王崇简。并于四部词集之外检索到贰臣高尔俨也有词作传世。二者合计 29 人。

然“词作者”与“词人”并非一个概念。王兆鹏、刘尊明两位先生在《历史的选择——宋代词人历史地位的定量分析》一文中曾说：“‘词作者’是‘业余性’的，‘词人’则是‘专业性’的。词学研究的主要对象是词人，正如文学史研究的主要对象是作家，而不是一般的作者一样。”① 因此，本书所要研究的是贰臣词人，而非贰臣词作者。

关于贰臣词人的界定，本书仿效《历史的选择——宋代词人历史地位的定量分析》中的界定办法，以有词集传世与词作数量不低于 10 首作为基本条件。去除钱谦益（存词 6 首）、嵇宗孟（存词 6 首）、朱之俊（存词 4 首）、王崇简（存词 3 首）、霍达（存词 1 首）、陈名夏（存词 1 首）、周亮工（存词 1 首）、沈捷（存词 1 首）、张恂（存词 1 首）、李森先（存词 1 首）、白胤谦（存词 1 首）等 11 位作者，得贰臣词人 18 人。其中方大猷与吴刚思词作数量虽不足 10 首，但有词集行世，故也算作词人。详见表一。

表一

	姓名	籍贯	生卒年	在明功名	在清功名	贰臣传	词集	存词（首）
1	梁云构	河南兰阳	1584—1649	侍郎	左侍郎	乙编		125
2	王　铎	河南孟津	1592—1652	尚书	尚书	乙编	拟山园词集	16
3	李元鼎	江西吉水	1595—1672	光禄寺少卿	侍郎	乙编	文江词、随草诗余	39
4	方大猷	浙江乌程	1597—1660	进士	按察使	乙编	涂鸦词	6
5	熊文举	江西新建	1599—1669	郎中	侍郎	乙编		14
6	宋征璧	江苏奉贤	1602—1672	中书舍人	知府		三秋词、歇浦唱和词	55
7	陈衍虞	广东海阳	1603—1688	主事	知县			10
8	陈之遴	浙江海宁	1605—1666	编修	大学士	乙编		99
9	高尔俨	直隶静海	1606—1655	编修	大学士	乙编		18
10	彭尔述	河南邓州	1606—1665	知县	布政使			21
11	吴伟业	江苏太仓	1609—1671	少詹事	祭酒	乙编	梅村词	118

① 王兆鹏、刘尊明：《历史的选择——宋代词人历史地位的定量分析》，《文学遗产》1995 年第 4 期，第 47—54 页。

续表

	姓名	籍贯	生卒年	在明功名	在清功名	贰臣传	词集	存词（首）
12	高　珩	山东淄川	1612—1697	庶吉士	侍郎			40
13	程康庄	山西武乡	1613—1675	别驾	知府		衍愚词	46
14	曹　溶	浙江秀水	1613—1685	御史	布政使	甲编	静惕堂词	287
15	龚鼎孳	庐州合肥	1615—1673	给事中	尚书	乙编	香严词	212
16	赵进美	山东益都	1619—1692	给事中	按察使		清止阁诗余	20
17	梁清标	直隶真定	1620—1691	庶吉士	大学士	乙编	棠村词	377
18	吴刚思	江苏武进	不详	给事中	知事		远山阁词	8

注：排序按作者生年，同龄者以卒年在先者居前。

二　贰臣词人的身份构成

一个社会人总是拥有多重身份，贰臣词人也不例外，他们除了“贰臣”这一醒目的标签之外，还有其他身份。

（一）年龄结构

贰臣词人在明代平均生活了38.71年，入清后平均生活了28.12年，是名副其实的“两截人”。这决定其于明清词史的过渡地位，既沿袭了明代词学之余绪，又对清初词坛产生了新的影响。

贰臣词人多是万历年间生人，甲申之变（1644）时，年龄在20岁至40岁间的有10人，40岁至50岁间的有5人，50岁以上的有2人，另有1人生年不详。根据这一结果可以推知，贰臣词人易代时的年龄结构是以青壮年为主的，他们入清后逐渐由壮及老，因此贰臣词也可以说是中老年文学，理性取代了感性，其中不再有少年人的轻狂与浮躁，反倒多了一份成熟与深沉。

关于卒年，可考者共计17人，其中卒于康熙十八年（1679）前的有12人，占了总数的70.6%；卒于康熙十八年以后的有5人，占了29.4%。也就是说，大多数贰臣词人的活动范围在顺治一朝及康熙前期。这是一个变乱纷纭的时代，不但政局如此，词坛乃至心灵世界都是如此。从这一角度来说，贰臣词是种乱世文学。康熙十八年是清初历史以及文化史的一个转折点，“博学鸿辞科”的诏开与明史馆的重开瓦解了汉人的斗志，朝野上下开始走向融和。与政治相协调，朱彝尊等人倡导的浙西词风一统天下，温柔敦厚之旨取代了家国文物之感，已显露“盛世”之相。此时，贰臣词人已基本退出了舞台。曹溶与梁清标虽仍健在，但显然已无法与浙西诸君子争锋了。

（二）职位官爵

“贰臣”中的那个“臣”字就表明了其不同草野的身份属性。金、元贰臣大多在翰林院供职，属于御用文人；清贰臣词人尽管在明季的政治资历甚浅，入清后却官运亨通，堪称社稷重臣。在18位词人中，三品以上官员共计13人，占总数的72.22%。其中有大学士3人、尚书3人、侍郎3人、布政使2人、按察使2人。中下层官员5人，占27.78%，其中，知府2人、祭酒1人，皆为从四品；知事1人、知县1人，皆为正七品。这是一个高官创作集群，尽管词人有感于身世，不主颂扬[①]，但作品的内容、格调都与畸人寒士有异。如同是写还乡，如皋遗民薛斑写道：“漂蓬千里，恰归来，又是残冬时节。羞涩空囊从鬼笑，只剩登山双屐。歧路逢君，饥寒趋我，共叹家徒壁。清宵相对，空怜三月离别。”（《念奴娇·吴门返棹，过三塘晤周格人，见示何铁画扇并词，即次原韵》）而户部尚书梁清标奉诏出使岭南，功成回京，作《洞庭春色·归舟》：“万里河梁，五羊归棹，夹路春风。……抛却南天烟月暖，喜北望长安紫气重。骊歌里，听兰桡笳鼓，惊起鼍宫。”一寒伧落魄，一志得意满，不可同日而语。再如写功名，半生困顿晚年方得一翰林的陈维崧说：“买臣自分难通显，又谁知、此生真见，禁林春扁”（《贺新郎·戊申……》），开府别塞的曹溶却说：“马蹄踏遍阳关道，便腰悬侯印终何取。”（《贺新郎·答右吉》）一喜一倦，境界自是不同。

在文学传播过程中“途易者”从来都拥有更多的优势。昔人云：“有位者，稍知文学，即易成名，是犹顺风而呼也。”[②] 贰臣词人虽不至于此，然其于顺、康词坛之大名也有一部分是借了势位之重。在词学活动中，其高官身份充分发挥了作用。他们有着较为雄厚的经济实力以及众多追随者，一呼百应，容易成事，有能力组织大型唱和活动。而寒士就困难得多了，黄宗羲说得好：“一二穷退无力之徒，唱之未必能和，和之而竟亦莫能解也，安望其传之广乎。”[③] 贰臣又好奖掖后进，顾贞观、陈维崧、朱彝尊得龚鼎孳金口一赞遂名扬天下，普通士人又哪有这样的号召力？再说

① 袁行云《清人诗集序录·梁清标》云：“《贰臣传》名辈，风雅好士，不主颂扬，当日风气盖如此。”文化艺术出版社1994年版，第206页。

② （清）王夫之等撰，丁福保编：《清诗话》，上海古籍出版社1978年版，第904页。

③ （清）黄宗羲：《半山先生诗集序》，《黄宗羲全集》第十册，浙江古籍出版社，第14页。

收集词集、文献，也需要有相当的财力作后盾，朱彝尊编《词综》，资料来源出自周亮工、曹溶、明珠诸家，皆高官也。

表一之中，有11人被收入《贰臣传》，占了总人数的61.11%。这说明该群体不但是贰臣，而且是较具典型性的贰臣。《贰臣传》撰于乾隆四十一年（1776），有甲编、乙编之分。甲编所收之人，“虽不能克终于胜国，实能效忠于本朝”，乙编之人不但“进退无据”、“觍颜持禄”，而且“乃敢于诗文阴行诋毁（本朝）”①。贰臣词人中仅有1人名列甲编，占9%；其余10人皆隶属乙编，占了91%。也就是说，在清朝统治者眼中，大多数贰臣词人都未能达到“效忠本朝”的标准，而这个结论又多是从其诗文中演绎而来的。如果顺着这一思路推导，贰臣词必然隐含着某些既仕新朝，又难忘前朝的隐约心迹。

（三）里籍分布②

据魏斐德统计，《贰臣传》以北人居多，在125人中有100名出自长江以北。贰臣词人却是南方略多于北方。南方籍词人共有10人，其中南京省4人，浙江省3人，江西省2人，广东省1人。北方词人共计8人，其中河南3人，山东2人，山西1人，直隶2人。这一数据与明末科举、辞赋状况大体统一③。

在词学成就上南方词人亦占优，南方籍贰臣共有词848首，北方663

① （清）《贰臣传乙·钱谦益传》，见王钟瀚点校《清史列传》卷七十九，中华书局2005年版。

② 道光人李淦在《燕翼篇·气性》中将天下分为三个区域：北方、东南、西南。北方包括北直、山东、山西、河南、陕西等省；东南包括江南、浙江、江西、福建、湖广等省；西南包括四川、广东、广西、云南、贵州等省。本书大体依据这一划分标准。由于西南仅有1名贰臣词人，因此本书不将西南单列，径称南方、北方。

③ 明代进士分布表。转引自沈登苗《明清全国进士与人才的时空分布及其相互关系》，《中国文化研究》1999年冬之卷（总第26期）。

省份	浙江	江西	江苏	福建	山东	河南	河北	四川	山西	安徽	湖北	陕西	广东	湖南	广西	云南	甘肃	贵州	辽东
进士	3697	3114	2977	2374	1763	1729	1621	1369	1194	1169	1009	870	857	481	207	122	119	32	23
名次	1	2	3	4	5	6	7	8	9	10	11	12	13	14	15	16	17	18	19

明代各省词人地理分布表。转引自余意的博士论文《“词学吴中”与明代词学之重建》，华东师范大学，2006年。

省份	江苏	浙江	江西	福建	湖广	河南	四川	京师	山东	广东	山西	云南	陕西	广西	贵州
词人	563	385	59	48	43	30	21	20	20	20	14	11	9	3	2
名次	1	2	3	4	5	6	7	8	8	8	11	12	13	14	15

首，二者相差近二百首。江南词人如龚鼎孳、吴伟业、曹溶、宋征璧等都有着不凡的创作与词坛影响力，北方则缺乏此类名家。受地域影响，南方贰臣的词创作带有一定的南方文化色彩，温软纤秾；北方贰臣则多数风格刚健。但后来伴随着环境、心境的变迁，词风也有所改变。如南人龚鼎孳、吴伟业之少作取法南唐、北宋，谢章铤品评道："昔陈大樽以温、李为宗，自吴梅村以逮王阮亭翕然从之。"① 及至晚年却倾向于稼轩风。

第三节　贰臣词人与清词中兴

尽管清政府发动的文字狱耸人听闻，但学术并未因此而沉寂，"道不谈虚，学贵实效"的经世致用思想取代了盛行于明末的空疏学风②，渗透至各个领域，焕发出新的生机。文学更没有沉寂，各种文体都发出了低沉而愤懑的呼声，新的形态正在酝酿之中。

以长短句而论，冷峻的社会现实与词体特殊的抒情传统相碰撞，遂生成了"清词中兴"的辉煌③。严迪昌先生充满感情地论述了这一契机："诗文，特别是诗所构成的文字狱，历来就多，血的现实和令人心怵的史实，使诗人文士们愈益谨慎从事。但是，歌哭唱叹之窗又怎能紧闭双扉，心绪情波务须有能抽发流荡之时。于是，从来被人们视为'小道末技'的词却正好在清廷统治集团尚未及关注之际应运而起，雕红琢翠、软柔温馨的习传观念恰恰成为一种掩体，词在清初被广泛地、充分地作为吟写心声的抒情诗之一体而日趋繁荣了。"④

---

① （清）谢章铤：《赌棋山庄词话续编》卷三，见唐圭璋《词话丛编》，中华书局 1986 年版。

② 清初人对王学末端大加讨伐，言论举不胜举。顾炎武在《日知录》中的一番话很有代表性："不习六艺之文，不考百王之典，不综当代之务，举夫子论学、论政之大端一切不问，而曰'一贯'，曰'无言'，以明心见性之空言，代修己治人之实学。股肱惰而万事荒，爪牙亡而四国乱，神州荡覆，宗社丘虚。"见《日知录集释》，岳麓书社 1994 年版，第 240 页。

③ 关于清词中兴，周绚隆认为是由多方面的因素相互撞击、共同触发而形成的。"一是与明代词坛的长期沉寂和明末江浙词坛的开始崛起有关；二是与明季的历史现实有关；三是由于清初的社会现实和词体特有的抒情功能相契合；四是缘于清代学术风气发生彻底变化的背景；五是基于清初词坛上作家群体的形成和壮大。"见《论清词中兴的原因》，《东岳论丛》1997 年第 6 期。

④ 严迪昌：《清词史》，江苏古籍出版社 1999 年版，第 9 页。

关于“清词中兴”之轮廓，是“经由‘云间’词风的消长，‘阳羡’词派的崛起和‘浙西’词派的张扬这样一个过程”[①]。“云间派”领袖群伦是在晚明，至顺治四年（1647），陈子龙、夏完淳相继殉难，李雯也客死京都，这一派已是烟消云散。而“阳羡”、“浙西”二派宗风大盛是康熙年间之事，二者相差了二十余年。在这段时间里，难道词坛是沉寂的吗？当然不是，其间活跃着的是由明入清的词人。赵尊岳曾说：“明代亡国时，词人特多，尤极工胜，以视南宋末年，几有过之，殊无不及。”[②]国变使他们分化成遗逸之辈（如王夫之、屈大均、金堡等）、贰臣（如龚鼎孳、吴伟业、曹溶等）、新朝官吏（如宋琬、曹尔堪、王士禄等）三个群体。遗民词因其所具的爱国主义精神而照耀千古，一向为人所重[③]；曹尔堪等新科进士的词学活动亦渐为人知[④]；唯独贰臣词人的词学地位、词史特征还不明晰。

上述三类词人在同一时空亮相于词坛，创作上各有不俗的表现，很难说谁统领谁，谁“先行”谁。但如仅就词坛影响力而言，身居辇毂之下的贰臣词人无疑要比蛰居草莽的遗民词人与位卑官小的新进士群体更具优势。在时人眼中，他们是执词坛牛耳者。蒋景祁云：“自济南王阮亭先生官扬州，倡倚声之学，其上有吴梅村、龚芝麓、曹秋岳诸先生主持之。”[⑤]顾贞观亦云：“自国初辇毂诸公尊前酒边借长短句以吐其胸中，始而微有

---

① 诸如严迪昌的《清词史》（江苏古籍出版社 1990 年版）、刘尊明的《老树春深更著花——清词“中兴”鸟瞰》（《乐山师范高等专科学校学报》1999 年第 2 期）、张宏生的《朱彝尊的咏物词及其对清词中兴的开创作用》（《文学遗产》1994 年第 6 期）都作如是说。

② 赵尊岳：《惜阴堂汇刻明词纪略》，见《明词汇刊》，上海古籍出版社 1992 年版，附录第 1 页。

③ 赵尊岳云：“盖甲申之变，内乱外患，相迫而来。忠义之流，势穷力促，或挥鲁阳之戈，或励薇葛之巾，而要多托于变徵之音，其人固大节凛然，其词自亦纯金璞玉矣。”见《明词汇刊》，上海古籍出版社 1992 年版，附录第 1 页。

④ 相关著述有：严迪昌《清词史》第二章第二节“柳洲词派·曹尔堪·三子‘江村’唱和词事”（江苏古籍出版社 1999 年版，第 44—55 页），张世斌、刘崇德的《曹尔堪与明末清初词风演变》（《北方论丛》2005 年第 10 期），徐华的《宋琬诗词研究》（河北大学硕士论文，2006 年）。

⑤ （清）蒋景祁：《陈检讨词钞序》，见陈维崧《迦陵词选》，江西人民出版社 1986 年版，附录。

寄托，久则务为谐畅，香严、倦圃领袖一时。”[①] 从这一角度出发，视其为清词中兴中的关键人物并不过誉。

贰臣词人这种领袖地位的形成，一则是因其突出的创作实绩，二则得益于积极的词学活动，三则借重了其在词风嬗变中的功绩。下面分而言之。

一　创作实绩

贰臣词人的创作一向为时人所推崇，沈雄《古今词话》引顾豹文之语：“钱塘令君梁冶湄，欲合吴祭酒《梅村稿》、龚司马《香岩词》与其家司农《棠村词》，汇梓行世。夫祭酒骀宕，司马惊挺，司农起恒朔间，而有柳欹花亸之致。彼河北、河南，代为雄视，未若三公之旨之一也。”[②]

据《全清词·顺康卷》、《全明词》、《全清词·顺康卷补编》、《全明词补编》统计，贰臣词人不光人数众多，而且词作数量亦十分可观，17人共有词作1386首[③]，远较金元贰臣为多[④]。其中，梁清标有词377首，曹溶287首，龚鼎孳212首，排在前三甲。这一数字在整个词学史上也是名列前茅的。

贰臣词在清初的各色词选中还有着很高的入选率：

---

① （清）顾贞观：《顾梁汾先生书》（后人呼之为《栩园词弃稿序》、《答秋田论词书》，以下引文称《栩园弃稿序》），见陈聂恒《栩园词弃稿》，清康熙且朴斋刻本。

② （清）沈雄《古今词话》云此语出自汪懋麟之口。但据李康化考证，沈雄记载有误，此语应是出自顾豹文的《柳村词序》。见李康化《明清之际江南词学思想研究》，巴蜀书社2001年版，第316页。

③ 以上数据还参考了王兆鹏《〈全清词·顺康卷〉前5册漏收词补目》（《中山大学学报》2006年第1期），张宏生《〈全清词·顺康卷〉失收词别集补遗》（《江海学刊》2005年第1期），冯乾《〈全清词·顺康卷〉失收词别集补遗》（《江海学刊》2005年第1期），裴喆《全清词·顺康卷拾补》（《南阳师范学院学报》2005年第4期），陆勇强《〈全清词·顺康卷〉拾遗》（《南阳师范学院学报》2005年第4期），仲爽《〈全清词·顺康卷〉失收词别集补遗》（《江海学刊》2007年第4期），沙先一《〈全清词·顺康卷〉失收词别集补遗》（《江海学刊》2005年第4期），张雁《〈全清词·顺康卷〉失收词别集补遗》（《江海学刊》2005年第5期），袁美丽《〈全清词·顺康卷〉指瑕与补遗》（《徐州教育学院学报》2005年第2期），潘承玉、吴艳玲《雕琢未周、瑕疵明显的大工程——〈全明词〉、〈全清词·顺康卷〉疏误综检》（《求索》2004年第7期），陆勇强《〈全清词·顺康卷〉补遗》（《学术研究》2003年第9期）。

④ 金代贰臣词人共有5人，词作103首，其中吴激10首、蔡松年86首、刘著1首、宇文虚中2首、高士谈4首；元贰臣词人共计2人，词作4首，其中杨果3首、曹居一1首。

孙默所辑《国朝名家诗余》共收17家词，其中吴伟业《梅村词》2卷，梁清标《棠村词》3卷，龚鼎孳《香严词》2卷，程康庄《衍愚词》1卷。

聂先、曾王孙所辑《百名家词钞》共收108家词，置吴伟业《梅村词》、龚鼎孳《香严词》、曹溶《寓言集》、李元鼎孳《文江酬唱集》、梁清标《棠村词》于卷首。

陈维崧所辑《今词苑》共收词家110人，词作462首。其中龚鼎孳词31首（排名第一），吴伟业词21首（排名第四），彭而述词3首。

纳兰性德、顾贞观所辑《今词初集》收184人，词616首。其中龚鼎孳词27首（排名第二），曹溶16首（排名十一），吴伟业13首（排名十二），梁清标8首，赵进美6首，熊文举4首，彭而述、宋征璧各1首。

宗元鼎所辑《诗余花钿集》收77人，词493首。其中龚鼎孳词24首（排名第二），吴伟业、梁清标各15首（排名并列第七），熊文举3首，李元鼎2首。

邹祗谟、王士祯所辑《倚声初集》收384人，词1914首。其中龚鼎孳词60首（排名第六），吴伟业21首（排名十六），赵进美19首，熊文举11首，宋征璧9首，李元鼎4首，程康庄2首。

侯文灿所辑《亦园词选》收词家200余人，词作923首。其中梁清标词15首（排名第十），曹溶、龚鼎孳各7首（排名二十）。

这些数字从一个侧面说明了贰臣词的质量以及词人的尊崇地位。

二　词学活动

贰臣词人经常宴集雅聚，诗酒酬唱，谈词论调，品评鉴赏，于清词之繁荣不无功劳。其词学活动具体包括：（1）撰写词评。龚鼎孳有《广陵唱和词序》，曹溶有《古今词话序》，梁清标有《扶荔词序》，陈之遴有《拙政园诗余序》、《寓言集序》，高珩有《珂雪词序》、《大雅堂词序》、《钟一士词序》，宋征璧有《倡和诗余序》、《倡和诗余再序》。（2）参订、评点词集。在清初词集、词选中，贰臣的评点经常可见，余怀的《秋雪词》中就收有龚鼎孳和吴伟业的两家评语。曹溶是留有词评最多的贰臣词人，他参阅过陆进、俞世彪所辑的《西园词选》，评点过严绳孙的《秋水词》、赵吉士的《万青词》、陈大成的《影树楼词》、佟世南的《东白词》、李天馥的《容斋诗余》、汪士式的《梦花窗词》、汪森的《碧巢词》、宋荦的《枫香词》、顾贞观的《弹指词》、何采的《南涧词选》。（3）收集词集。朱彝尊云："往者三百年祀，词学失传，（曹）先生搜辑南宋遗集，尊曾表而出之。"[①] 这是事实。据《佳趣堂书目》记载，曹溶编选过《梅溪词》一卷、《稼轩词》四卷[②]。还为《词综》的编撰提供过资料[③]。（4）主持词唱和。蒋景祁曾说："钱尚书牧斋、吴祭酒梅村、陈黄门大樽、龚宗伯芝麓、曹侍郎秋岳、宋宗承辕文、李舍人舒章，一时唱和，特绝千古。"[④] 贰臣词人于顺治之初的天庆寺唱和还是封闭性的，参与者龚鼎孳、曹溶、熊文举等皆是贰臣，内容以悼念亡国为主。其后的唱和渐呈开放性特点，已不仅限于贰臣圈子，其他身份者也参与进来，声势更为浩大。顾贞观云："唯时戴笠故交，担簦才子，并与宴游之席，各传酬和之篇。"[⑤] 乃为实录。龚鼎孳与流寓京师的陈维崧、陈维岳兄弟，曹溶与朱彝尊、俞汝言、唐济武、杨香山等人，梁清标与其弟子徐釚、汪懋麟等人都有过唱和。发生在康熙十年（1671）的"秋水轩唱和"更是号称"词场一时之盛"。当时的主持者是龚鼎孳，参与者众多，既有纪映钟等遗民，又有周在浚、曹尔堪等新朝官吏，唱和之篇累百，"一时名流相与争奇斗险"[⑥]。不但推进了词艺的发展，更调动了词人的创作积极性，进而鼓起了遍及全国的填词之风。据李渔记载：当时"一唱百和，未几成风，无论一切诗人皆变词客，即闺人稚子，估客村农，凡能读数卷书、识里巷歌谣之体者，尽解作长短句"[⑦]。可以说，清词百花齐放的壮观场面与这些由贰臣词人倡导的唱和活动有着密切关系。

三　词风演进

清词之所以能扭转明词俚俗、浮靡的风气，是一代人共同努力的结

---

① （清）朱彝尊：《静惕堂词序》，见陈乃乾《清名家词》第一卷，上海书店出版社 1982 年影印本，第 98 页。

② 转引自唐圭璋《词学论丛》之《宋词版本考》，上海古籍出版社 1986 年版，第 138、145、146 页。

③ （清）朱彝尊《词综发凡》，《词综》卷首，上海古籍出版社 1976 年版。

④ （清）蒋景祁：《刻瑶华集述》，《瑶华集》卷首，中华书局 1982 年版。

⑤ （清）顾贞观：《栩园弃稿序》，见陈聂恒《栩园词弃稿》卷首，清康熙且朴斋刻本。

⑥ （清）汪懋麟：《秋水轩唱和词序》，转引自严迪昌《清词史》，江苏古籍出版社 1999 年版，第 126 页。

⑦ （清）李渔：《笠翁余集自序》，《笠翁一家言·笠翁余集》，上海文会堂石印本。

果，贰臣词人于此亦有功劳。在晚明，“云间派”以“花”、“草”为宗，善写小令；至清初，浙西、阳羡，一宗姜张，一宗苏辛，皆以长调为主。这种体制的转变与贰臣词人有一定关系。他们在明季走的也是云间路线，好以小令写相思、爱慕之情，造语绮艳。后来改朝换代，小令已难以抒写心中激荡澎湃的感情，于是贰臣们改填长调。这在当时应属较早的转型，有彭孙遹之言为证：“长调之难于小调者，难于语气贯串，不冗不复，徘徊宛转，自然成文。今人作词，中小调独多，长调寥寥不概见，当由兴寄所成，非专诣耳。唯龚中丞（鼎孳）芊绵温丽，无美不臻，直夺宋人之席。熊侍郎（文举）之清绮，吴祭酒（伟业）之高旷，曹学士（尔堪）之恬雅，皆卓然名家，照耀一代，长调之妙，斯叹观止矣。”① 斯时是顺治十七年（1660）之前的情景。由于贰臣的倡导，词人逐渐习惯了以长调填词，且蔚然成风。蒋景祁在康熙二十六年（1687）所作的《刻瑶华集述》中说：“昔人论长调染指较难，然今作者率多工长句。”②

不唯体式如此，贰臣词风亦表现出过渡性特征。易代之后，心态因素、地域因素都促使贰臣逐渐远离了“云间派”的纤婉词风，词境变得更为宽广，亡国之痛、失节之羞，无事不可入词；词风也日趋硬朗，丁澎云“娄东、合肥诸先辈”皆“侧身苏、陆之间，于稼轩之绪，乃徐有得也”③。这给年轻词人提供了一种范式，原来词可以这么写。

清初词学中的许多动向都可以在贰臣词中找到某些先行启示，盛极一时的稼轩风，就是在贰臣词人的身体力行、大力揄场下才兴起的④。从这一意义来说，贰臣词人称得上是衔接“云间”与“浙西”、“阳羡”二派的一座桥梁。

综上所述，贰臣词人于清初词坛确实有着相当重要的地位和作用，忽略他们，清词中兴的进程将是不完整的。

---

① （清）彭孙遹：《金粟词话》，见唐圭璋《词话丛编》，中华书局 1986 年版，第 724—725 页。

② （清）蒋景祁：《刻瑶华集述》，《瑶华集》卷首，中华书局 1982 年版。

③ （清）丁澎：《梨庄词序》，见周在浚《梨庄词》，清康熙刻本。

④ 详见严迪昌《清词史》关于“秋水轩唱和”的论述（江苏古籍出版社 1999 年版，第 125—137 页），以及本书第四章。

第二章

从咏史怀古词看贰臣心态

原本，要了解贰臣的心事，从咏怀词中寻找线索是最直接的办法。但清初文网高张，词人们如履薄冰，直抒胸臆的词作数量有限，却发展出借咏史怀古以写心声的抒情方式来。严迪昌先生云："清初出仕新朝的一班大吏借史事舒展隐蔽心态的作品甚多，此亦一个时代带有特异色彩的文学现象。"[①] 与咏怀词的明了相比，这样的抒情方式尽管幽微曲折，但却更为真实，更少粉饰，更容易暴露作者的潜意识活动[②]。

贰臣词人均有为数不少的历史题材作品，按照出发点的不同，可分为咏史与怀古两种。怀古词是通过历史遗址，或某一地点、地域间接歌咏与之有关的古人古事，咏史词则是直接由古人古事的材料发端来歌咏的。[③]在数量上，贰臣的咏史词略多于怀古词，但在传递幽情隐曲方面则齐头并进。下面具体言之。

第一节　咏史词中的贰臣心路

据刘文忠先生分析：诗歌以咏史名篇者，始于班固，到了西晋的左思，才打破了咏史诗的传统写法，开创了"名为咏史，实为咏怀"的先河[④]。咏史重在议论，而词体句式参差，更适合抒情，因此文学史上咏史

---

① 严迪昌：《清词史》，江苏古籍出版社 1999 年版，第 120 页。

② 作为不同的个体，贰臣的心态千差万别；但作为身份相同的群体，他们必然有一些共性的心态。这是本章所要讨论的内容。至于个体间的差异将在下编详细论述。

③ 关于咏史与怀古的界定参见降大任的《古代咏史诗初探》（《晋阳学刊》1983 年第 5 期），但有时二者之间的界限并不是泾渭分明的，也会有所交叉。

④ 刘文忠：《咏史词散论》，《江淮论坛》2001 年第 3 期。

诗远多于咏史词。

贰臣的咏史词集中在帝王霸主、贰臣、隐士与才士身上，在吟咏中，贰臣入清后的心路历程逐渐显现。

一　帝王霸主

帝王霸主是咏史词中比较常见的题材，然而，不同的作者有着不同的出发点。贰臣词人在吟咏中，不经意地流露出对帝王人格的构想。这是一种直观、感性的构想，他们所咏的帝王集中在楚汉之交、三国、南北朝、五代十国，皆乱世英雄也。无论是正是邪，最终是成是败，均具有一种刚毅果决、发扬蹈厉的霸气。如曹溶写李存勖，满是阳刚之气：

> 殿宿莓苔，冈平赑，虚寝遥控帘钩。义儿成队，左右列松楸。谁放沙陀雁影，盘仙李、飞入并州。收京阙、赤心家世，长拱紫宸楼。
>
> 英雄夸亚子，提刀百战，囊矢前驱。渐司香遗庙，埋玉荒丘。事云棠梨浸落，滹沱化，泪点长流。金凫出、优伶天下、麦饭一时休。
>
> ——《满庭芳·李晋王墓下作》

李存勖，本西突厥沙陀族人。继父李克用为晋王，据太原。后梁龙德三年称帝，仍号唐，史称后唐。同年灭梁，都洛阳，改元同光。四年邺都兵乱，命成德节度使李嗣源往讨，嗣源反攻洛阳，存勖被杀。《旧五代史·庄宗纪》批评他："骄于骤胜，逸于居安，忘栉沐之艰难，狥色禽之荒乐。外则伶人乱政，内则牝鸡司晨。靳吝货财，激六师之愤怨；征搜舆赋，竭万姓之脂膏。大臣无罪以获诛，众口吞声而避祸。夫有一于此，未或不亡。矧成有之，不亡何待。"曹溶的评说并未脱出《旧五代史》的范围，但侧重点有所不同。作者看重的是存勖"提刀百战，囊矢前驱"的骁勇，而对其身败之事则一笔带过。

曹溶写项羽、写孙权同样虎虎有生气。《蓦山溪·乌江渡》云："支手易侯王，霸西楚、纵横如意。兴阑神尽，何必讳天亡。"失败的楚霸王依然是气势逼人。《望海潮·黄鹤楼上吊孙权》云："雄蟠水域，身老兵年。拔剑捻髭，满城佳气故宫前。能招幕府英贤，向荆门握槊，吴会投鞭。白面戎师，青云霸器，曾云生子当然。"割据江东的孙权虽是守成之主，但能力拒曹操八十万大军，自非寻常人物。

吴伟业好说宋武帝刘裕。途经蒜山时，他写道："白面书生成底用，萧郎裙屐偏轻敌。笑风流、北府好谈兵、参军客。"（《满江红·蒜山怀古》）刘裕昔日是北府名将刘牢之的参军，曾在蒜山以八百疲惫之师惊走了孙恩的十万之众。在《满江红·重阳感旧》一词中伟业又写道："把酒登高，望北固、崩涛中断。还记得、寄奴西伐，彭城高宴。饮至凌歊看马射，秋风落木堪传箭。叹黄花、依旧故宫非，江山换。"词中的刘裕形象虽不及辛弃疾的"金戈铁马，气吞万里如虎"雄壮，但意趣相同，都是乱世思明主，渴望安邦定乱型的人物出现。

很明显，贰臣词人向慕的是强势的帝王人格，这或许是基于"时王"的软弱无能。龚鼎孳在《望海潮·过钱武肃王祠，用秋岳坐黄鹤楼吊孙吴韵》中，就将二者的差距明显化了：

银涛喧鼓，铜牙披帐，雄开王气之先。虎步凤峦，鹰扬蜃国，登时拥上凌烟。冠剑锦山传。有金符玉册，踵武英贤。吴越高门，尉陀台接鹧鸪前。　　千秋舞榭歌筵。赖麾江指海，勇敌秦鞭。余耳韩彭，纷纷灰烬，曾闻伟伐岿然。风景逐时迁。顿鼍潮息澥，艮岳输燕。公等无如，空言南渡是何年。

一个是"虎步凤峦，鹰扬蜃国，雄开王气之先"的吴越国王，一个是"鼍潮息澥，艮岳输燕，空言南渡是何年"的南渡诸帝，优劣昭然若揭。这南渡诸帝不光指宋高宗等人，作者的真正所指是南明三个朝不保夕的小皇帝。

弘光诸帝自然不是理想君王，清初诸帝虽是异族，却符合标准。多尔衮能征善战，为大清打下了半壁江山；顺治虽享寿不永，但"英明天纵，宽仁大度"①，巩固了清朝基业；康熙"经文纬武，智勇天锡"②，开创了康熙盛世，更是中国历史上难得一见的明君。贰臣词人津津乐道于前代霸主的强势人格，换一个角度看，即是对清帝隐隐的欣赏。这是一种超越了民族感情的欣赏，有这种心理基础，贰臣才能对新主由排斥厌憎逐渐转化为接受认可。

---

① 《清世祖实录》卷一四四，中华书局1985年影印本。

② 赵尔巽等：《圣祖本纪九》，《清史稿》卷九，浙江古籍出版社1998年版。

贰臣所标举的众霸主尽管强势，却都果于诛杀，有的还有篡位嫌疑，称不上一个“仁”字。与之生活在同一时代的遗民思想家也思考过理想的帝王人格，却有着不一样的结论。在他们心中，贤明的统治者应具备“仁”与“公”的特征，唐甄曰：“天子者，天下之慈母也。”① 黄宗羲曰：“（人君）以天下万民为事。”“其人之勤劳必千万于天下之人”，又引苏氏之言曰：“自汉高祖、光武、唐太宗及宋太祖四君能一天下者，皆以不嗜杀人致之。”② 吕留良曰：“三代以上圣人制产明伦，以及封建、兵刑许多布置，虽纤微久远，无所不尽，都只为天下后世人类区别个妥当，不曾有一事一人，从自己富贵及子孙世上起一点永远占定、怕人夺取之心。”③ 这就是二者的不同，遗民思想家的论断有着浑厚的儒教根源，他们认为，理想的君王应是圣贤，推行的是“王道”，圣贤难求，于是他们坚定的“待后王”④；贰臣则更实际一些，圣人不在，霸主亦可；王道不行，霸道亦可。于是他们改仕新君。

二 贰臣

前文提到，贰臣词人借历史题材以写心声，具有幽微隐曲的特点。唯有一种情况感情最为明豁，那就是贰臣谈论贰臣的时候，更像是自述。

伍子胥是贰臣咏史作品中出现频率很高的一个名字，曹溶、吴伟业、龚鼎孳、钱谦益等人都提到过他，各有不同的反应。关于伍子胥以楚臣伐楚之事，在其生前，申包胥就表示过否定：“子之报仇，其以甚乎！吾闻之，人众者胜天，天定亦能破人。今子故平王之臣，亲北面而事之，今至于僇死人，此岂其无天道之极乎！”⑤ 但后世多给予了谅解。司马迁曰：“悲夫！方子胥窘于江上，道乞食，志岂尝须臾忘郢邪？故隐忍就功名，非烈丈夫孰能致此哉？”苏轼在《论子胥种蠡》一文中更是说：“父受诛，子复仇，礼也。生则斩首，死则鞭尸，发其至痛，无所择也。是以昔之君

---

① （清）唐甄：《潜书·室语》，北方妇女儿童出版社2006年版，第148页。

② （清）黄宗羲：《明夷待访录·原臣》，《孟子师说》。

③ （清）吕留良：《吕晚村先生四书讲义》卷二十九，续修四库全书本。

④ 参见孔定芳的《明遗民的“后王”理想及其恢复期待》，《西南师范大学学报》（人文社会科学版）2006年第3期。

⑤ （汉）司马迁：《伍子胥列传》第六，《史记》卷六十六，岳麓书社2004年版，第972页。

子皆哀而恕之。”元大德三年（1299），成宗还加封子胥为忠孝威惠显圣王。[①] 至清初，“忠义”鼎盛，子胥的行为也受到了一些质疑，顾炎武就作有《子胥鞭平王尸辨》，认为罪于枯骨，有违人伦。

吴伟业虽是贰臣，却没有为子胥辩护。其《伍员》一诗云：“投金濑畔可安居？覆楚亡吴数上书。手把镯镂思往事，九原归去愧包胥。”以为子胥死后自觉羞愧，无颜去见申包胥，原是诗人想象，但诗中流露出来的负罪感却是属于吴伟业的。伟业曾经是遗民中的一面旗帜，清廷为了瓦解汉人的反抗意识，逼其出山。当时，侯方域等遗民皆以为不可，但伟业抵抗不住政府的高压，违心出仕。他入京即患大病，可见心理压力之大。该诗作于入都之后[②]，作者谴责伍员，其实等于自挞其面，从中可见深切的痛楚。这种忏悔之情在贰臣中很具普遍性，可以说是萦绕一生的心绪。而伟业所假设的这个遗民与贰臣相逢的场景，正是激起贰臣自惭自愧、自怨自艾情绪的最佳燃媒。陈名夏有《送沈元子南归兼寄泗上诸君》：“清秋慷慨送君归，仍是江南老布衣。中散论交应绝我，右军闻角漫开扉。自充行囊三千牍，肯让云门第一机。若遇大风台畔客，伤心何敢怨相非。”“大风台畔客”指的是著名遗民阎尔梅，明亡后阎与陈绝交。[③] 在面对遗民故友时，名夏不能不自愧有加。如此心态在贰臣诗文中俯仰皆是。

失节是压在贰臣心头的一块铅，但人生并没有结束，失节之后该怎么活，成了亟待解决的问题。吴伟业无法从耻辱中走出来，在自我否定中度过了下半生；更多的贰臣则是在失节的阴影下寻找新的精神归宿。

龚鼎孳的《蓦山溪·登吴山吊伍子胥，用秋岳乌江渡韵》、曹溶的《满江红·钱塘观潮》都体现了另一种人生态度。现以龚词为例进行说明：

银戈白马，跌宕人豪意。歌扇缕金裙，粉军容，江东绝技。水犀甲士，不上采莲船。雄略烬，老臣殂，一剑西风泪。　　吴箫楚墓，

---

① （清）赵翼：《伍子胥神》，《陔馀丛考》卷三十五，河北人民出版社 1990 年版，第 620 页。

② （清）靳荣藩评曰：“此首是读《伍子胥传》而作，非过投金濑也，盖梅村时已入都矣。”见《吴诗集览》卷十七下，四部备要本。

③ 张升：《陈名夏与阎尔梅、龚鼎孳绝交考》，见《顾诚先生纪念暨明清史研究论文集》，中州古籍出版社 2005 年版。

炼就冰霜器。郢树矗青天，违君父、岂同儿戏。倒行鸣怨，七尺等浮云。生有为，死何难，溅血非谗忌。

全词的筋节在“生有为，死何难”上，这也是鼎孳的夫子自道。在他看来，一死容易，濡忍的活下来以图有所作为，才是不容易的。这或许是为自己的贪生恶死找借口，但也有其合理性。王夫之就曾说：“屈身逆乱之廷，隐忍以就社稷，人臣之极致也。”但他话锋一转，又言：“两处于有余之地，以存其身与禄位，而遽许之为行权以济险，则名义之途宽，而忠孝之防裂，君子所必为之辨者也。”[①] 其实这种辨析是很难的。不过，“有所为”倒是贰臣的一致心声。龚鼎孳努力为汉人、为天下百姓多做些善事；钱谦益与郑成功暗通声气，以谋求复国；王铎散家财赈灾；曹溶等人或治史，或收集金石书画，以保存汉文化，等等。都是一种自赎。

三 遗士与才士

贰臣与隐士一出一处，一动一静，形成鲜明的对比。贰臣词人笔下的隐士有汉严光和宋林逋。《后汉书》关于严光的传记不过五百字，但后世一直喜言其高蹈不仕以及与光武帝的君臣际合[②]。至明初，太祖朱元璋却有一段异论，他在《严光论》中大骂子陵不肯为国效力，并称：“朕观当时之罪人，罪之大者，莫过严光、周党之徒。不止忘恩，终无补报，可不恨欤?”朱元璋站在统治者的角度，否定一切不为其所用者。《明史·刑法志》记载：“贵溪儒士夏伯启叔侄断指不仕，苏州人才姚润、王漠被征不至，皆诛而籍全家。寰中‘人士不为君用之科’由设也。”可以想见，严光如生在明初，定与姚润等人一个下场。然而，屠刀并不能真正威逼出士人的用世之心，反生识字之恨，因此有明一代士风甚靡；直到晚明，内忧外患的现实才唤起了知识分子的社会责任感，东林、复社诸君子均以天下为己任，渐开经世致用之滥觞。上文中，龚鼎孳、钱谦益等贰臣力求有所作为，也是经世思想的一种表现。

---

① （清）顾炎武：《宋论》，中华书局 1964 年版，第 175 页。

② 历代咏严子陵的诗赋不计其数，著名者如李白的《古风》、范仲淹的《严子陵祠堂记》，均对子陵的高风亮节大为欣赏。

在这种心理驱动下，贰臣的隐士之咏较之前代多了些进取的味道。龚鼎孳咏林和靖，只说“我欲扶醉访高坟”，绝无归隐之意。曹溶咏严子陵，更是对其有才却不被世所用报以惋惜。《水调歌头·钓台》云：

> 行过富春渚，绝壁倚青天。披裘男子高卧，安取客星悬。手弄桐庐烟雾，秋水不随人老，花覆打鱼船。青史几兴废，竿影至今圆。　摘松鬣，摩藓石，恨高寒。谢家如意偏到，山顶泣婵娟。欲起云台将相，罗拜先生床下，汉鼎定千年。旧事休深论，溪畔且安眠。

词中颇有兴亡之感。作者设想，如果严光能出将入相，汉人的天下或许会更长远些。言下之意是不赞同这种绝圣弃智的做法。他自己尽管罢职后拒绝了东山再起的机会，却一直没有忘世，依然通过治史等途径继续关注着世道人心。而他所结交的顾炎武、金堡、傅山等遗民，也都是身隐心不隐形的。

或问：既然曹溶等人有用世之心，为何不再出仕，以使自己的价值得到更大发挥？这涉及贰臣的政治理想破灭的问题。清朝统治者占领北京之后，任用了大批前明降臣，清初二帝又都表现出向慕汉朝文化的态度，这令贰臣们看到了一丝希望，以为可以实践儒家理想，开创一个新时代。但实际情况令人失望，朝政被满人把持，汉人并无实权，皇帝也不信任他们，党争依旧，时有无妄之灾从天而降，百姓依然在战火饥荒中挣扎。朝代虽然更迭了，但国计民生却没有太大的起色。终于，贰臣们疲惫了。有的人辞官而去，不对朝廷再抱幻想；有的人仍苦苦支撑，但心底里积郁了不少愤懑与悲凉。如龚鼎孳在《贺新郎》中感慨道：“身世多艰难自料，老泪苍生频泫。怕滚滚、沸汤投茧。”高珩《沁园春·杂感》云：“已矣命穷，嗟哉缘薄，博得蜗名调转迟。成何济，有半生感慨，午夜凄其。”高尔俨《宦况》云：“不脱愁酸似蠹鱼，闭门曾草太玄书。京华喧闹伤罗雀，簪笏追随叹索居。优孟有歌羞拙吏，侏儒能饱厌长驱。旧来惯识穷滋味，比似山园未得如。”均流露出理想落空的失望乃至绝望。

从咏史词的三个主题中，我们能看出贰臣词人对清朝君主及政权由排斥到认可，由积极用世到最终失望的心路历程。

第二节　怀古词中的遗民情怀

怀古诗的题名由初唐陈子昂最先标明，但实际上南朝时期已经有了怀古诗①。唐代是怀古诗的蓬勃发展期，经过李白、杜甫、杜牧、李商隐等人的不懈努力，怀古题材日趋成熟。晚唐五代，倚声兴起，词人们借鉴诗歌中的经验，开始创作怀古词。如牛峤的《江城子》、欧阳炯的《江城子》，都将六朝历史与吴越遗迹浑化为一。至北宋，王安石、苏轼、柳永等人以慢词怀古，扩大了容积与表现力，尤值一提。南宋的怀古词，有陆游、辛弃疾等巨擘支持，词人善将历史与当下时局结合起来，或借古讽今，或以古喻今，为后世创立了典范。

清初贰臣词人对南宋怀古传统多有取法，他们的感发对象多是两京（北京、南京）及周边地区，从这一点上即可看出现实指向。

一　燕京怀古

北京是燕赵重镇，元、明、清三朝皆建都于此。元贰臣不曾为此地留下怀古之词，清贰臣却对北京怀有十分复杂的情感，毕竟这里连接着新旧两个王朝，他们的前半生在此结束，后半生在此开始。

吴伟业有《风流子·掖门感旧》一词：

> 咸阳三月火，新宫起、傍锁旧莓墙。见残甓废砖，何王遗构，荒荠衰草，一片斜阳。记当日、文华开讲幄，宝地正焚香。左相按班，百官陪从，执经横卷，奏对明光。　至尊微含笑，尚书问大义，共退东厢。忽命紫貂重如，天语琅琅。赐龙团月片，甘瓜脆杏，从容晏笑，拜谢君王。十八年来如梦，万事凄凉。

靳荣藩评曰："《大清一统志》云：'紫禁城南曰午门，左曰左掖门，右曰右掖门。'此首与《宫扇》同意，是梅村不忘旧恩也。"② 伟业于崇

① ［日］宇野直人著，张海鸥、羊昭红译：《柳永论稿》，上海古籍出版社1998年版。

② （清）靳荣藩：《吴诗集览》卷二十下，四部备要本。

祯十年（1637）时为东宫讲读官，十八年后正是顺治十二年（1655），此时他已仕清一载矣。重入掖门不由得想起昔日崇祯帝亲临经筵旧事，不胜感慨。

这种对前明的怀念同样出现在彭而述的《金人捧露盘·燕台怀古》：

记燕台，行乐地，满残红。正西山、烟雨蒙蒙。承天门外，绣袍锦带马如风。名姬买醉旗亭北，细吐雕龙。　几何时，成雪鬓，铜驼在，荆棘中。乌衣巷，无复江东。五侯七贵，西风一叶响梧桐。海青嘹呖笳声起，泪湿英雄。

而述是崇祯十三年（1640）进士，入清历官贵州巡抚、云南左布政使，乃是贰臣中的显贵。失节者的身份并没有影响亡国之恨的抒发，名曰怀古，实际上说的都是当下时局。“乌衣巷，无复江东”是说南明未能保住偏安之局，“五侯七贵”云云是说世家王孙在战乱中的流离，“海青”云云暗喻清朝当国。结句言“泪湿”，也并非一句空话，通读全词能感受到作者深切的悲情。

为了说明贰臣对故国亦抱有深厚感情，再标举高珩的一首咏怀词《南歌子·读友人写怀诗》：

烟雨暗神州。渔唱三更燕子愁。披发天阍天亦泣，啾啾。妖血冬青晕未收。　梦破数春秋。江海常催日月流。一枕凉飔千古恨，悠悠。直化无情恨始休。

高珩，字葱佩，别字念东，山东淄川人。崇祯十六年（1643）进士，入清，累官至刑部左侍郎。该词是其入清之后，对甲申之变的追忆。尽管已是“梦破数春秋”，人也做了新朝人，但亡国隐痛丝毫未少，或许直到物化的那一刻才能终止。

以上三词或缠绵悱恻，或悲愤感伤，均体现出对前明难以割舍的眷恋，而这种真情是伪装不来的。得出这样的结论多少令人意外，在传统思维中，只有遗民才会写出如此椎心泣血之篇，难道贰臣也怀有与遗民相似的感情？为了使问题更具普遍意义，本书将考察更多的怀古词。

二 金陵怀古

金陵作为六朝古都，积淀着不少历史文化记忆，金陵怀古也是词人们常拈的一个题目。北宋王安石作《桂枝香·金陵怀古》，一时同题之作多达三十余家，周邦彦的《西河·金陵怀古》亦好评如潮。但王、周二人未经历过世变的洗礼，词作不过空言兴亡，感触不深，不及南宋人李纲的《六么令·次韵和贺方回〈金陵怀古〉，鄱阳湖上作》、元人萨都剌的《满江红·金陵怀古》植根于现实，寄慨遥深。清初词人的金陵怀古之题最多，且皆有强烈的现实感。这是因为明代最初的国都建于此，朱元璋的孝陵就坐落在钟山。在他们心中，南京比北京更能代表故国。

且看以下几首怀古词：

熊文举《大酺·金陵怀古》

一片淮清波底月，迢递钟山何处。飞烟迷燕幕。有百种呢喃，差池相妒。桂子三秋，荷花十里，曾忆当年事否。更结绮临春，况雨汛糟丘，风喧歌管，泪干丝絮。　　飘零如逆旅。看魂梦、千里随烟渡。宁知道、花晨月夕，地角天涯，乌啼更有谁回顾。春去几多时，烦问取、怎么留住。恨芳草、斜阳路。青山相忆，见说高门如故。鲍照芜城欲赋。

曹溶《大酺》

看楚云飞，吴烟远，良约都因春误。红楼听雨罢，又匆匆无定，意如飘絮。幔锁荷香，梁招乳燕，知是怀人深处。填词付歌管，正陈隋旧梦，寓情琼树。恨三幅江帆，一双山屐，撰成离绪。　　沉沉丝雨暮。乱流急、翘首迷前渡。且近觅、投簪狂客，负局先生，解征衣、酒边同住。自古谁豪举。身与世、总成羁旅。更休叠、阳关句。浮樽相属，西子夜来传语。停舟镜湖待汝。

余怀《望海潮·金陵怀古》

长江天堑，龙盘虎踞，千秋铁锁金陵。结绮楼中，瓦棺阁外，空留吊客青蝇。钟打六朝僧。看莫愁湖水，鹭起沙汀。搔首成隅，降旛一片晚烟凝。　　伤心往事无凭。恨猘儿不见，鼠子纵横。花发后庭，草深废井，何人泪洒新亭。聊欲记吾曾。闻旧时王谢，燕子巢倾。只有淡烟斜日，缥缈露孤灯。

彭孙贻《桂枝香·金陵怀古，用半山韵》

春芜没目，问何处三分，公瑾鲁肃。惟见长矶碧销，落霞红簇。鹧鸪飞上南朝殿，看三山、白云晴矗。画楼天角，锦帆江尾，雨花风足。　柳阴外、雕鞍共逐。问吴宫晋寝，碑断难续。未到景阳，多少粉残花辱。几番兴废荒台院，随烧痕，一夜都绿。多情游女，庭花才唱，颦眉才曲。

前两首词出自贰臣之手。熊文举仕清后官至吏部左侍郎兼兵部右侍郎，曹溶官至山西按察副使，皆是三品大员。后两首词的作者余怀、彭孙贻是遗民界中的著名人物。余怀（1616—1696），字澹心，一字无怀，号漫翁，福建莆田人。入清不仕，往返于广陵、吴门，文采风流，有声于时，其《板桥杂记》三卷借烟花往事伤铜驼荆棘之恨，影响极大。彭孙贻（1615—1673），字仲谋，号羿仁，浙江海盐人。明太仆彭期生次子。拔贡生。甲乙之际，父死难赣州，求遗骸不得，归益发愤著书，清静自守。擅山水，工墨兰。卒于清康熙初，其乡人私谥孝介先生。

尽管出处各异，但这四首词皆对南明的一段痛史感慨万千，怒其不争，哀其不幸。在叙述态度、评价方式上，四人是保持一致的，熊、金二词所具有的感伤深度、批判力度丝毫不弱于那两首遗民词。如果掩去作者，根本无法分辨哪首词是遗民所作，哪首词属于贰臣。

本书一共列举了五位贰臣的怀古词，无一例外，均具有遗民式的黍离之悲，类似的例子如果继续找下去，还有不少。如此，我们可以有把握地说，在面对故国时，贰臣有一种近似遗民的感情。赵园先生说："如若你承认了遗民情怀以故明之思、明亡之恨为表征，那么大可认为，此种情怀是其时士人普遍的精神取向。你甚至不难在失节者如钱谦益、吴伟业、龚鼎孳等人的文字中读出此种情怀。""具有讽刺意味的是，遗民情境、遗民情怀，由钱谦益一类'伪遗民'（钱氏确常以'遗民'、'遗老'自我指称）写来，有时像是更充分，更淋漓尽致；钱谦益、吴伟业较之某些正牌遗民，其文字也像是更足以令人认识'士之处易代之际'。"[①] 这实在是个耐人寻味的问题。

① 赵园：《明清之际士大夫研究》，北京大学出版社 1999 年版，第 476 页。

第三节 混乱的身份认同

通过上文，我们发现贰臣词人在咏史怀古的过程中，时而做遗民话语，时而做贰臣表述，表现出一种混杂的、错乱的、不确定的身份认同。要解释这个问题应从其因明清易代而导致的身份归属的焦虑说起。

一 身份危机

只有在身份出了问题的地方，身份的建构才成为被强烈意识到的问题。甲申（1644）五月，清军入主北京，建立了大清王朝。这不是普通的朝代更替，更是满汉两种异质文化的冲突与碰撞。对于大明臣民来说，固有的生存方式受到严重威胁，身份的内在统一性与稳定性被打破，“我是谁?”“我们是谁?”——这种自我或集体的界义与归属变得复杂、急迫甚至残酷起来。

王学玲先生说：“对被殖民者来说，身份危机感往往与殖民者的统治政策有着密不可分的关系。”① 清初统治者为了削弱汉人的民族认同感，实行了一系列暴政：他们利用武力血腥镇压反清势力，将最不肯驯服的人群除掉；通过剃发易服摧毁被殖民者的民族尊严，使其逐渐忘记祖先；将满语定为国语，朝廷政令一律用满文撰写，紫禁城所有匾额均写上满汉两种语言，汉族官员必须学习满语，以占据文化上的优势。这些民族压迫对汉人的心灵冲击十分巨大，当他们长辫胡服，向异族人行三叩九拜大礼时，对自我身份的焦虑已经十分强烈了。

可以说身份危机在每一个汉人身上都存在，但处理方式各有不同。遗民执著于自己的旧身份，他们或隐居以避秦，或暗中从事复明运动，均显示出与清朝政权决绝的态度。新科进士尤其是生年较晚者走向了另一个极端，他们认可自己的新身份，自寻消弭国仇家恨之道。唯有贰臣徘徊在新旧身份之间，无所归依。前文提到，贰臣词人入清时的平均年龄是38.71岁，已届中年，性格、情感、信仰等人生指标已经定型，种族、民族、国

---

① 王学玲：《日据时期“皇民论述”的身份认同策略：以陈火泉〈道〉为主的讨论》，台北《中外文学》第30卷第10期。

家等身份属性也已根深蒂固。但如今他们二朝为臣，固有的一切均面临着颠覆，认同的焦虑成为其最大的隐衷，面对着失去归属感的精神家园，他们着实做过一番努力。

二　对旧身份的眷恋与挽留

在满汉两种文化的冲突中，贰臣词人毫不犹豫地站在本民族一方。顺治二年（1645）六月，清军下剃发令，限汉人十天之内，一律剃头，“留头不留发，留发不留头”。当时嘉定人民反抗最为强烈，于是有“嘉定三屠”。尽管政治气候极其恐怖，贰臣还是纷纷抗议，陈名夏因主张“留发复衣冠”而被处绞，熊文举等人上疏力争，几罹不测，最终金之俊提出了“十从十不从”的方案，好歹为汉人争取到了一点点权益。当时目睹此状的西方传教士十分诧异为何“曩者为保守头颅柔顺如羊之汉人，今则因保守其发而奋起如虎”①，对于贰臣而言，他们是不愿放弃自己的民族身份。

虽然仕清了，但贰臣与故明之间血脉相连的关系却没有因此切断。在“伪太子”一案中②，许多贰臣皆不顾自身安危，仗义执言。为此，朱徽等人俱遭严谴，赵开心因奏疏中有“太子若存，明朝之幸”之语而被处死，钱凤览与多尔衮当廷争辩，且言“太子存，我亦存；太子亡，我亦亡”，因被绞死。③ 对于各路反清势力，贰臣亦隐隐地支持着。钱谦益为郑成功、瞿式耜出谋划策、提供军饷，已是公开的秘密；梁清标身为兵部尚书，在对郑成功作战时却表现得极其消极，日后又反对朝廷收复台湾，其隐衷可知；曹溶偷偷为通海的义士魏耕通风报信；龚鼎孳不断庇护反清志士，钱谦益赠诗云：“长安三布衣，累得合肥几死。”其实何止三布衣，

---

① ［日］桑原骘藏著，苏干英译：《中国辫发史》，《东方杂志》1934 年 2 月第 31 卷第 3 号。

② 关于“伪太子”一案，《清史稿》、《清实录》、《东华录》、《明季南略》、《阅世编》等书均有记载。

③ （清）叶梦珠《纪闻》云：“钱凤览，字子瑞，浙江会稽人，以祖父文贞公象坤荫，任中书，升主事，仕本朝授原职。”凤览与多尔衮的一番交锋，慷慨激昂，今录之以存其人，兼证贰臣之中亦不乏良心不昧者：“凤览言太子既真，当早有着落。摄政王曰：‘着落不着落，与你何干？’凤览曰：‘人各为其主耳！’摄政王词气甚厉，呵凤览曰：‘你投诚后，即我家人矣，若说各为其主，尚有二心，此何说也？’凤览曰：‘今日之事，太子存，我亦存；太子亡，我亦亡，我意只救太子为是，那管一心二心。’以是触摄政王怒，因绞死。”见《阅世编》卷十，上海古籍出版社 1981 年版。

鼎孳任都察院左都御使时，“多所平反，所活人不下数千百计”[①]。以上种种皆可看出这群人决非大清“忠臣”、“顺民”，他们并没有淡忘自己曾是明臣的身份。在怀古词中所体现的黍离之悲，也是发自肺腑，与遗民一般无二。有些贰臣甚至否定自己的贰臣身份，公然以“遗老”自居。钱谦益就自号东涧遗老，其《西湖杂感》云：“冬青树老六陵秋，恸哭遗民总白头。”曹溶也云：“自令轩冕异，踪迹共遗民。”

然而，身份并不是某种主观幻觉支配下的随意构设，“它是一种被环境所激发的认识和被认识所促动而表达在一定环境中的互动行为”[②]。尽管贰臣不愿放弃过去的自我，并为之挣扎、努力，但失节的事实却使他们无法回归从前。在外人眼中，他们是叛变者，其汉人身份、明臣身份都受到了质疑，尤其是受到了遗民界的质疑。钱谦益虽自称“遗民”，但真正的遗民却视他为“两朝领袖”。顾炎武讥之云：“今有颠沛之余，投身异姓，至摈斥不容，而后发为忠愤之论，与夫名污伪籍而自托乃心，比于康乐、右丞之辈，吾见其愈下矣。”[③] 夏完淳被捕后，洪承畴出于民族感情想宽释他，完淳却不领情，且曰：“亨九先生死于王事已久，天下莫不闻之。曾经御祭七坛。天子亲临，泪满龙颜，群臣呜咽。汝河等逆徒，敢伪托其名以污忠魂！”[④] 这番话无情地宣告了贰臣旧身份的死亡。其实，不待落入外人口实，贰臣自己也感觉到旧身份的支离破碎，他们在面对遗民时难掩羞愧之情。史载：“丙戌（1646），（李雯）以父丧归葬，道过淮安，故人万孝廉寿祺以僧服见。李子望之泣下，曰：‘李陵之罪，上通于天。’”[⑤] 陈名夏在方文面前“涕流被面，曰：‘子责我良是，独不能谅我乎？’”[⑥] 这些悔恨的眼泪其实是为自己未能保留住旧身份而流的。

三　新身份的难以建构

在难以以旧身份示人后，贰臣为了解决身份焦虑，为了寻找存在价

① 事见《贰臣传·龚鼎孳传》、杜浚《祭龚太夫人文》、陈寅恪《柳如是别传》。

② 钱超英：《身份概念与身份意识》，《深圳大学学报》（人文社会科学版）2000 年第 2 期。

③ （清）顾炎武：《日知录》卷十九《言辞欺人》，四库全书本。

④ （清）屈大均：《皇明四朝成仁录》，四库禁毁书丛刊本。

⑤ 王植善：《重刻云间三子新诗合稿序》，见《云间三子新诗合稿、幽兰草、倡和诗余》，辽宁教育出版社 2000 年版，序文第 2 页。

⑥ （清）朱书：《方余山先生传》，转载自李圣华《方文年谱》，人民文学出版社 2007 年版，第 192 页。

值，必须构筑一个新身份。贰臣首先要做的是对“何以不死”做一辨析，以求证“生”的合理性。每个人都有站得住脚的理由，吴伟业的挡箭牌是亲情、孝道，他反复陈说“我因亲在何敢死”、“脱屣妻子非易事”；龚鼎孳、熊文举、陈名夏等是“至已死而不死者”，有过一次“死节”行为，连遗民史学家计六奇都说“君子当谅其志”①，更有资格活下来。

有了“不必死”的理由，贰臣也就有了进一步回旋的余地，他们开始辨析“仕”的合理性与必要性。当然，这种话题不便公开来讲，但从他们所认同的历史人物中还是表露出来。孔定芳先生分析，明遗民以历代遗民义士为心理原型，致力于“意义世界”的自我寻求②。贰臣也以前代风流人物为支点来建构新的身份，倒并未局限于贰臣之中。不同的人心中有着不同的历史原型。钱谦益在仕清之初选择王维作为自己的人格先行者③，他将自己入清后的诗集命名为《秋槐集》，金鹤冲解释道：“盖取王维拘菩提寺‘秋槐落叶空宫里’句，以王维自况也。”④意思是说他同王维一样是被迫接受伪职的。后来牧斋秘密从事反清运动，好以南宋朱胜非自拟，欲为中兴功臣。他曾对馆宾沈明伦说：“子忆朱胜非事乎？未知得为朱胜非否？”⑤龚鼎孳另有一番计较，他初降清时是想做程婴的，其《送曹古遗给谏归殡汾阳十四首》一诗云：“知子全归好，知余濡忍难。……鲍叔人千载，程婴事一端。”后来见复明无望，便心仪魏征⑥，欲起世之衰，干出一番事业来。这种心理很有代表性，易代之际以程婴自期者大有人在，李雯云：“甲申之难，陈子（名夏）怀程婴之志焉，事失而与方子俱南。”《明季北略》云：“公（魏学濂）

① （清）计六奇：《明季北略》卷二十二，中华书局1984年版，第610页。

② 孔定芳：《明遗民的身份认同及其符号世界》，《中国社会科学院研究生院学报》2005年第3期。

③ 参见张仲谋《贰臣人格》，长江文艺出版社1996年版，第241页。

④ 金鹤冲：《钱牧斋先生年谱》“隆武二年，鲁监国元年、顺治三年（1646）丙戌”条，广德钱氏排印本1941年版。

⑤ （清）顾苓：《东涧遗老钱公别传》，见金鹤冲《钱牧斋先生年谱》，广德钱氏排印本1941年版，附录第2页。

⑥ 据清国史馆编《贰臣传乙·龚鼎孳传》记载，龚鼎孳弹劾冯铨，反被讥以“流贼御史”，鼎孳辩解道：“岂止鼎孳，何人不曾归顺。魏征亦曾归顺太宗。”见《清史列传》卷七十九，台北明文书局1985年影印本。

出，遇陈名夏、吴尔埙、方以智于金水桥，且曰：‘我侪图一死，所以报先帝。’公曰：‘死易尔，愿事有可为者，我不以有用之身，轻一掷也。’”入清之后，随着对满人的敌对情绪有所缓和，贰臣的功名之心又起，像曹溶、梁清标、陈名夏、陈之遴等人都公开表示要大有一番作为。

然而命运捉弄，贰臣的新身份终究未能如愿建构起来。钱谦益生前不被人理解，死后犹遭乾隆痛斥，著作焚毁，遭际之惨远过王维；他最为期盼的大明复兴日渐无望，朱胜非之想也化为泡影。龚鼎孳等人的魏征梦也很快破灭了。前文提到贰臣在朝中既无实权，又不被清帝信任，始终处于边缘地位。以洪承畴功勋之大，尚处处受满人监视，其他贰臣的境遇就更可想而知了。

贰臣的人生其实很可悲，他们失落了旧身份，在对新身份的追寻过程中又失败了，最终沦为“新旧认同之间无所归依的异乡客”。[①] 他们的症结不在于缺乏身份，而在于同时拥有多重身份，哪一种身份又都不纯粹。说到底，他们是患人格分裂症的一群人，时而以贰臣面目出现，为新朝献计献策；时而以遗民形象现身，为故国旧君落泪。两种自我都是真实的，而且势均力敌，这就造就了他们的矛盾与痛苦[②]。吴伟业临终时说：“我一生遭际，万事忧患，无一刻不历艰难，无一境不尝辛苦，实为天下大苦人。吾死后，敛以僧装，葬吾于邓尉、灵岩相近，墓前立一圆石，题曰：‘诗人吴梅村之墓。’勿作祠堂，勿乞铭于人。”[③] 这实在是太具贰臣特色的遗嘱。不能着明装，又不愿着清服；不能署上明朝的官职，也不愿镌刻清朝的官职，充分表现出其身份的迷失。以圆石取代方碑，正是对自己一生的彻底否定。而“天下大苦人”的自我形容则说明了失去归属感的贰臣所面临的精神折磨。伟业复有《临终诗》四首，乃是其遗嘱的注脚，第一首“忍死偷生”云云前文已引，兹录第三首观之：“胸中恶气久漫漫，触事难平任结蟠。块垒怎消医怎识，惟将痛苦付汍澜。”失路者的痛

① 王学玲语，参见《明清之际辞赋书写中的身份认同》，辅仁大学中国文学系博士论文，1990学年度。

② 关于贰臣的双重人格参见张仲谋的《贰臣人格》，长江文艺出版社1996年版，第20—27页。

③ （清）顾湄：《吴梅村先生行状》，见吴伟业《吴梅村全集》，上海古籍出版社1999年版，第1406页。

苦如斯，而受此煎熬者绝非伟业一人。王铎降清后“颓然自放”[1]，易箦之际“遗命用布素殓，垄上无得封树”，也是以一个无名无分的形象结束了生命。

---

① （清）钱谦益：《皇清宫保大学士孟津王公墓志铭》，《牧斋有学集》卷三十上，上海古籍出版社1996年版，第1103—1106页。

第三章

从男女情爱词看贰臣词的新变

贰臣词的主题分布有所失衡：男女情爱词所占比例最大，在60%左右；怀古感旧词与四季风物词各占15%；题画、咏物、谈艺、观剧、酬酢等主题共占10%①。

王昶在《词雅序》中说："国初词人辈出，其始犹沿明之旧。"②从表面上看确是如此。明词好写男欢女爱，以为正宗；贰臣的恋情词亦占有绝对优势。但若细究其根底，就会发现无论是在内容、情旨，还是写法上都已较之前人有所差异。这种变化在赠妓词、夫妻词、悼亡词中都有体现。

第一节　赠妓词：对《草堂诗余》模式的扬弃

一　晚明赠妓词与《草堂诗余》

晚明政局尽管内忧外患、风雨飘摇，但世风之奢侈淫靡，流连声色，较以往更甚。据余怀所言，选拔官吏的场所南都贡院与声妓之渊薮秦淮旧院仅有一河之隔，"逢秋风桂子之年，四方应试者毕集，结骊连骑，选色征歌"③。侯方域与李香君、陈子龙与柳如是、孙克咸与葛嫩、冒襄与董小宛、龚鼎孳与顾媚、吴伟业与卞赛、钱谦益与柳如是等才子佳人的风流韵事脍炙人口。这种狎妓之风极大刺激了赠妓词的创作。孙康宜先生在

---

① 这一主题划分是综合而论，在具体词人身上则是各有偏重。如赵进美的题画词较多，曹溶与龚鼎孳均有为数不少的酬酢词。

② （清）王昶：《词雅序》，《春融堂集》卷四十一，续修四库全书本。

③ （清）余怀：《雅游》，《板桥杂记》上卷，上海古籍出版社2000年版，第13—14页。

《陈子龙柳如是诗词情缘》一书中甚至认为几社才子陈子龙与名妓柳如是之间的唱酬影响了清词走向①。

无论是陈子龙等云间词人还是贰臣，其明季赠妓词均带有《草堂诗余》的韵味。

《草堂诗余》是明代最为流行的词选，词家莫不奉以为宗②。毛晋描述盛况云："宋元间词林选本，几屈百指，唯《草堂》一编，飞驰几百年来，凡歌栏酒榭，丝而竹之者，无不拊髀雀跃。及至寒窗腐儒，挑灯闲看，亦未尝欠伸鱼睨，不知何以动人一至此也。"③《草堂》以香艳婉约为宗④，但所选之词并非徒写男女风情，在翠谑红笑、粉怨珠啼的背后常隐藏着言外之意、韵外之旨。以秦观为例，其词就是"将身世之感打并入艳情"⑤。然而，《草堂》乃为征歌而设，编者对入围词作分别题以"闺情"、"闺思"、"四时景"等名，这就使原本有寄托的词作沦为娱情宴乐之歌词。⑥ 明词人仿效之，遂形成了一种俗艳、柔靡、少寄托、少言外之意的创作风格与体例，本书称之为"《草堂》模式"。可以说，《草堂》所选多名家名词，并无可讥，但它这种剥离原作情旨，强加以香艳之名的作法却流毒无穷。直接影响了明词格调，致使当时"才士模情，辄寄言

---

① ［美］孙康宜著：《陈子龙柳如是诗词情缘》，李奭学译，陕西师范大学出版社 1998 年版。

② 《花间》、《草堂》往往相提并论，然而在明代《草堂》远比《花间》受欢迎。吴承恩《花草新编序》云："选词众矣，唐则称《花间集》，宋则《草堂诗余》。然近代流传，《草堂》大行，而《花间》不显。"陈耀文《花草粹编自序》也说到这种情况："唐则有《花间集》，宋则《草堂诗余》。……然世之《草堂》盛行，而《花间》不显……余自牵拙多暇，尝欲拴粹二集，以备一代典章。"基于这种现象，本书着重以辨析《草堂》的影响为主。

③ （明）毛晋：《草堂诗余跋》，《类编草堂诗余》四卷，汲古阁《词苑英华》本。

④ （明）何良俊《草堂诗余序》言："《草堂诗余》所载，如周清真、张子野、秦少游、晏叔原诸人之作，柔情曼声，摹写殆尽，正词家所谓当行、所谓本色者也。"见武陵逸史编次《类编草堂诗余》，明嘉靖顾汝所刻本。

⑤ （清）周济《宋四家词选》评秦观《满庭芳》，丛书集成初编本。

⑥ （清）宋翔凤《乐府余论·论令引慢》云："《草堂诗余》一集，盖以征歌而设，故别题春景、夏景等名，使随时即景，歌以娱客。题吉席庆寿，更是此意。"见唐圭璋《词话丛编》，中华书局 1986 年版，第 2500 页。王国维曾力言其弊："诗之三百篇、十九首，词之五代、北宋，皆无题也。非无题也，诗词中之意，不能以题尽之也。自《花庵》、《草堂》每调立题，并古人无题之词亦为之作题。如观一幅佳山水，而即曰此某山某河，可乎？诗有题而诗亡，词有题而词亡。"见《人间词话》卷上，上海古籍出版社 2000 年版，第 14 页。

于闺闱；艺苑定论，亦揭橥于香奁”①。清人之所以痛诋《草堂》，也是因为这一点②。

贰臣词人在明季初学填词多是从艳情词入手。熊文举尝自云：“忆少时爱香奁，间有吟咏。”③ 吴伟业亦云：“余少喜学词，每自恨香奁艳情，当升平游赏之日，不能涉思巧句，以规摹秦柳。”④ 龚鼎孳为其第一部词集《白门柳》题辞曰：“‘暂出白门前，杨柳可藏乌。欢作沉水香，侬作博山炉。’靡曼相倾，江南金粉奉为艳宗。吾所云然，不惴斯谓。”⑤

这些赠妓词风格秾艳，基本是冶游生活的真实写照。崇祯十六年（1643），复社才子吴伟业与名妓卞赛相识于虎丘。赛“与鹿樵生（吴）一见，遂欲以身许。酒酣，拊几而顾曰：‘亦有意乎？’生固若弗解者。长叹凝睇，后亦竟弗复言”⑥。尽管伟业不敢与卞赛订白头之约，却与之缠绵多日，有《西江月》、《醉春风》为证⑦。《醉春风》共有二首，乃联章词，一名“春思”，一名“春情”，正是《草堂》前集春景类常用题目⑧：

春思

门外青骢骑。山外斜阳树。萧郎何事苦思归，去、去、去。燕子无情，落花多恨，一天憔悴。　　私语牵衣泪。醉眼偎人觑。今宵微雨怯春愁，住、住、住。笑整鸾衾，重添香兽，别离还未。

① 吴梅：《词学通论》，华东师范大学出版社1996年版，第139页。

② 清人不满《草堂诗余》者甚多，姑以朱彝尊之语为代表：“词人之作，自《草堂诗余》盛行，屏去《激楚》、《阳阿》，而巴人之唱齐进矣。周公谨《绝妙好词》选本虽未全醇，然中多俊语。方诸《草堂》所录，雅俗殊分。”见《书绝妙好词后》，《曝书亭集》，四库全书本。

③ （清）熊文举：《书香奁逸韵》，《侣鸥阁文集》卷二，四库禁毁书丛刊本。

④ （清）吴伟业：评《余怀〈秋雪词〉》，见聂先、王曾孙《百名家词钞·秋雪词》，清康熙绿荫堂刻本。

⑤ （清）龚鼎孳：《白门柳题辞》，《全清词》，中华书局1994年版，第1110页。

⑥ （清）吴伟业：《过锦树林玉京道人墓并传》，《吴梅村全集》卷十，上海古籍出版社1999年版，第250—252页。

⑦ 据冯其庸、叶君远《吴梅村年谱》“崇祯十六年”条，江苏古籍出版社1990年版，第130页。

⑧ 洪武本《草堂诗余》前集分春景类、夏景类、秋景类、冬景类，后集分节序类、天文类、地理类、人物类、人事类、饮馔器用类、花禽类。其中春景类又具体分为初春、早春、芳春、赏春、春思、春恨、春闺、送春等主题。

春情

眼底桃花媚。罗袜钩人处。四肢红玉软无言，醉、醉，醉。小阁回廊，玉壶茶暖，水沉香细。　　重整兰膏腻。偷解罗襦系。知心侍女下帘钩，睡、睡、睡。皓腕频移，云鬟低拥，羞眸斜睇。

前首是“将别而挽留之”（靳荣藩语）。作者用简约之笔勾勒出一个戏剧性的离别场面，女主人公不同于任人攀折的章台柳，她敢于追求自己的所爱，上阕“萧郎”一句娇语留客，声容并肖，而凄苦若不自胜；下阕挽留成功，乃破涕为笑。“笑整鸾衾，重添香兽”两个动作极为传神，写出其喜不自胜。后首描画出一个完美的春宵：室内陈设雅致，幽香细细，侍女精心服侍；最重要的是帐中人似玉。一切都无可挑剔。这两首词均以女性的容貌、情怀为主，是传统的代言之体，也是《花间》、《草堂》的传统写法。

龚鼎孳的《白门柳》有词59首，记述的是他与顾媚之间的情爱。其中有十余首是追和《草堂诗余》之作，如《念奴娇·中秋得南鸿喜赋》和的是苏轼的《念奴娇·中秋》，《玉女摇仙佩·中秋至都门，距南鸿初来适周岁矣》和的是柳永《玉女摇仙佩·佳人》，《兰陵王·冬仲奉使出都，南辕已至沧州，道梗复还》和的是周邦彦的名词《兰陵王·柳》，《风中柳·复闻渡江泊京口》和的是孙夫人《风中柳·闺情》，《祝英台近·闻暂寓清江浦，用辛稼轩春晚韵》和的是辛弃疾同调词《春晚》，《东风第一枝·楼晤》和的是史达祖的同调词《春雪》，等等。

和词是一种学习方法，况周颐曾说：“初学作词，最宜联句、和韵。始作，取伴而已，毋存藏拙嗜胜之见。久之，灵源日浚，机栝日熟，名章后语奋交，衡有进益于不自觉者矣。”① 明代词乐失传，初学者填词无据，便开始模仿前人词作②。《草堂诗余》由于流传最广，往往被视为蓝本，“江东陈铎大声，尝和《草堂诗余》，几及其半”③，张仲谋先生以为“陈

① （清）况周颐：《蕙风词话》卷一，见唐圭璋《词话丛编》，中华书局1986年版，第4414—4415页。

② 有感于明词之失范，明人开始对编撰词谱，张綖作有《诗余图谱》、程明善作有《啸余谱》，但二书影响力有限，问世时间也较晚。

③ （清）陈霆：《渚山堂词话》卷二，见唐圭璋《词话丛编》，中华书局1986年版，第365页。

铎的追步唐宋词人，有如诗人摹拟汉魏古诗，作为一种入手训练，符合一般所谓‘取法乎上’或‘路头须正’的说法”①。龚鼎孳用意也是如此。下面通过《祝英台近·闻暂寓清江浦，用辛稼轩春晚韵》一词来看他都从辛词中学到了什么：

辛弃疾《祝英台近·春晚》：

宝钗分，桃叶渡。烟柳暗南浦。怕上层楼，十日九风雨。断肠点点飞红，都无人管。倩谁唤、流莺声住。　鬓边觑。试把花卜归期，才簪又重数。罗帐灯昏，哽咽梦中语。是他春带愁来，春归何处，却不解带将愁去。

龚鼎孳《祝英台近·闻暂寓清江浦，用辛稼轩春晚韵》

绿烟横，兰桨渡。金犊偃淮浦。细草春寒，过尽断肠雨。望中雀扇云衣，温存无据。枕边心、关山留住。　莫轻觑。柳外无尽长亭，朝朝背人数。河上双鱼，听否咒花语。更愁香梦来寻，重添离处。却也遣、病魂随去。

辛词名满天下，无人不知，龚词仿之而作，相似处良多。如：二词均为怀人之作，均用到了“雨”、“断肠”、“梦”等意象；龚词“金犊偃淮浦”的句构与辛词“烟柳暗南浦”如出一辙；最终都归结于梦境。最为难得的是辛词结句别出心裁，为全词词眼。龚词结句亦致力翻新，“香梦”句一波三折，怕意中人入梦又盼其入梦，可谓无理而妙。

龚、吴之赠妓词深受《草堂》影响，殆无可疑，惜其未能超越。以辛弃疾《春晚》一词而言，黄苏读出了“借闺怨以抒其志”之内涵②；

---

① 张仲谋：《明词史》，人民文学出版社2002年版，第153页。

② （清）黄苏《蓼园词选》：“按此闺怨词也。史称稼轩人材，大类温峤，陶侃、周益公等抑之，为之惜。此必有所托，而借闺怨以抒其志乎！言自与良人分钗后，一片烟雨迷离，落红已尽，而莺声未止，将奈之何乎？次阕言问卜，欲求会而间阻实多，而忧愁之念将不能自已矣；意致凄婉，其志可悯。史称叶衡入相，荐弃疾有大略，召见提刑江西，平剧盗，兼湖南安抚，盗起湖、湘，弃疾悉平之。后奏请于湖南设飞虎军，诏委以规划。时枢府有不乐者，数阻挠之，议者以聚敛闻，降御前金字牌停住。弃疾开陈本末，绘图缴进，上乃释然。词或作于此时乎？”见唐圭璋《词话丛编》，中华书局1986年版，第3060页。

张惠言以为“与德佑太学生二词用意相似”[①]；龙榆生品出了“寓君臣离合的隐痛”[②]。而在龚鼎孳所作的和词中却看不到这些意蕴。其实顾媚之所以暂寓清江浦，就是因为壬午清兵入塞所致。鼎孳在填词的同时还写有《秋夜省中赋怀》一诗，对兵戎之事有所透露：“天涯约梦到长安，□□□□□□□。今夜凤凰池畔梦，依稀同作来年看。”据孟森考证，所缺之句就是指清兵入侵，山东路阻一事。[③] 为何龚诗中可语及此军国大计，词中却丝毫不见踪影呢？盖在其心中诗词异趣，诗可言志，词重缘情，不宜掺入政治。[④] 这是明人在《草堂》词学观作用下的一般认识。

二 易代对艳词传统的冲击

艳词传统上迄晚唐五代，下至清末，一直有着旺盛的生命力，自有其存在之道。[⑤] 张宏生先生对贰臣的明季赠妓词评价甚高，认为其中所体现的创作观、表现手法均是“《花间集》以来的艳词传统在明清之际的深化和发展，它对清词的复兴起到了重要的推动作用”[⑥]。此论诚是。但随后爆发的甲申之变却对其有着不小的冲击。

1. 创作环境的变迁

艳词多繁荣于世风淫靡的时代。明代诸帝荒淫好色者居多，《明实

① （清）张惠言《张惠言词选》：“此与德佑太学生二词用意相似，点点飞红，伤君子之弃；流莺，恶小人得志也；春带愁来，其刺赵、张乎？”见唐圭璋《词话丛编》，中华书局1986年版，第1614—1615页。

② 龙榆生：《词学十讲》，北京出版社2005年版，第121页。辛弃疾此词另有为吕正己女而作之说，然邓广铭甚疑之，见《稼轩词编年笺注》卷一。朱丽霞在《稼轩〈摸鱼儿·晚春〉的诠释历程》一文中以为“凡涉及与朝廷当权者的冲突，或表达对议和的愤懑与不满之情时，稼轩的笔锋则会发生逆转，由向外的呼号变为向内的迂回而委婉的表述”。见《名作欣赏》2004年第12期。综合以上观点，本书认为此词有所寄托。

③ 孟森：《横波夫人考》，《心史丛刊》，中华书局2006年版，第136页。

④ 顾媚从秦淮起程赴京，所行不顺，频遇兵火，一年方至。鼎孳共有六首词记顾媚之行，仅在《兰陵王·冬仲奉使出都，南辕已至沧州，道梗复返》一词中对当时紧张局势有所描写，但也只有“戍烟直”三字而已。

⑤ 参见杨海明《试论唐宋词的“以艳为美”及其香艳味》，《齐鲁学刊》1996年第5期；谢桃坊《词为艳科辨》，《文学遗产》1996年第2期；张宏生《艳词的发展轨迹及其文化内涵》，《社会科学战线》1995年第4期；岳珍《“艳词”考》，《文学遗产》2002年第5期。

⑥ 张宏生、冯乾：《白门柳：龚顾情缘与明清之际的词风演进》，《中国社会科学》2001年第3期。

录》记载，正德帝游幸山西时，曾将女乐刘良女带回宫，安置在西苑太液池腾沼殿中，俗呼为刘娘娘。南明弘光帝不顾北军压境，派宦官四处选秀女，以充宫掖。上行下效，艳词创作自然高涨。满清入关以来，时世动荡，新主尚武，对南朝的绮靡文化乃至南朝文人都极为鄙薄。冯铨曾向顺治帝进言："南人优于文而行不符，北人短于文而行可嘉。"① 顺治深以为然。《贰臣传》记载：顺治三年（1646），"给事中孙垍龄弹劾龚鼎孳曰：'鼎孳，明朝罪人，流贼御史，蒙朝廷拔置谏垣，优转清卿，曾不闻夙夜在公，以答高厚，惟饮酒醉歌，俳优角逐。前在江南，用千金买妓，名顾眉生，恋恋难割，多为奇宝异珍以悦其心，淫纵之状，哄笑长安，已置父母妻孥于度外。'"② 为此鼎孳受到了降二级调用的处罚。这样的政治气候与君主喜好是不利于艳词创作的。

2. 创作对象的消亡

明代青楼文化发达，万历进士谢肇淛云："今时娼妓布满天下，其大都会之地，动以千百计。其他偏州僻邑，往往有之。"③ 其中尤以金陵为盛，余怀《板桥杂记》云："金陵古称佳丽之地……洪武初年，建十六楼以处官妓，淡烟、轻粉、重译、来宾，称一时之韵事。自时厥后，或废或存，迨至三百年之久，而古迹寝湮，所存者为南市、珠市及旧院而已。""妓家分别门户，争妍献媚，斗胜夸奇，凌晨则卯饮淫淫，兰汤滟滟，衣香一园；停午乃兰花茉莉，沉水甲煎，馨闻数里；入夜而擫笛搊筝，梨园搬演，声彻九霄。李、卞为首，沙、顾次之，郑、顿、崔、马，又其次之。"然而战火却摧毁了这一切。南京是南明政权的所在地，自然成了战争的焦点。虽然钱谦益、王铎等大臣主动迎降，使其免于屠城之惨，但旧院烟花却已是风流云散：葛嫩、王月、卞敏死于非命，李大娘、顿文流落无依，卞赛、李香为女道士，顾媚、董白从良。昔日的歌舞之地也化为瓦砾，余怀曾目睹其荒败之象，不胜感慨："鼎革以来，时移物换，十年旧梦，依约扬州，一片欢场，鞠为茂草，红牙碧串，妙舞清歌，不可得而闻也；洞房绮疏，湘帘绣幕，不可得而见也；名花瑶草，锦瑟犀毗，不可得而赏

① 转引自张其昀编《清史》，台北"国防"研究院1961年版，第3786页。

② （清）国史馆：《贰臣传乙·龚鼎孳传》，见王钟翰《清史列传》卷七十九，台北明文书局1985年影印本。

③ （明）谢肇淛：《人部四》，《五杂组》卷八，中华书局1959年版，第225页。

也。间亦过之，蒿藜满眼，楼馆劫灰，美人尘土，盛衰感慨，岂复有过此者乎！”①

3. 创作主体的削弱

明末社会习俗，士人作北里之游乃为雅事，如像文征明一样畏妓如虎反倒被视为迂腐②。晚明才子多与名妓相善，复社活动也往往有丽姝在场。据《嘉庆嘉兴府志》卷五十三记载，崇祯九年（1636），姚澣就试南都。招复社诸子，载酒征歌，大会东南名士于秦淮河上，几二千人，为一时胜事③。崇祯十二年（1639），方以智、孙克咸、余怀等人大集诸妓于水阁，品评色艺。四方贤豪，车骑盈闾巷，梨园子弟，三班骈演，阁外环列舟航如堵墙。天明始罢酒。次日，各赋诗纪其事④。崇祯十六年（1643），冒襄、陈则梁、张公亮、吕霖生、刘渔仲等社集松风阁，座有李十娘、顾横波，“饮罢联骑入城，红壮（妆）翠袖，跃马扬鞭，观者塞途”⑤。

甲申后，文人们选择了不同的道路，冶游群体随之瓦解。陈子龙、杨龙友等抗清而死，艳词也即告绝；方以智、熊开元等国变后为僧，不复涉足欢场半步；陈贞慧、冒襄、姜采、姜垓等隐居不出，有人已经开始三餐不继了，哪里还有花柳之费；龚鼎孳、吴伟业等沦为贰臣，身处嫌疑之地，心怀失节之悲，再无心情流连于秦楼楚馆。吴伟业云：“方海寓多事，士不能为《铙歌》、《鼓吹》诸曲，铺扬武功，而徒咏牛渚之月，问莫愁之湖，张讥清潭，岂能效萧郎破贼？麈尾蝇拂，可烧却耳。”⑥ 此乃

---

① （清）余怀：《板桥杂记序》，《板桥杂记》，上海古籍出版社 2000 年版，第 3 页。

② （清）沈雄《古今词话·词话下卷》云：“衡山待诏（文征明）性本方正，不与妓接。吴门六月廿四，荷花洲渚，画舫弦歌咸集。祝枝山、唐子畏，匿二妓人于舟尾。邀之衡山，又面订不与妓席。唐、祝私约酒阑歌声相接，出以侑觞。衡山愤极欲投水，唐、祝急呼小艇送之。”见唐圭璋《词话丛编》，中华书局 1986 年版，第 803 页。

③ 此事余怀《板桥杂记》卷下《轶事》亦有记载：“嘉兴姚北若，用十二楼船于秦淮。招集四方应试知名之士百余人，每船邀名妓四人侑酒。梨园一部，灯火笙歌，为一时之盛事。”上海古籍出版社 2000 年版，第 54 页。

④ （清）余怀：《珠市名姬附见》，《板桥杂记》卷中，上海古籍出版社 2000 年版，第 49 页。

⑤ （清）冒襄：《盟言跋》，《同人集》卷三，清康熙冒氏水绘园刊本。

⑥ （清）吴伟业：《扶轮集序》，《吴梅村全集》，上海古籍出版社 1999 年版，第 1204—1205 页。

经历过战火洗礼的一代士人之普遍心声，龚鼎孳发誓不做绮语[1]，并将自己的第二部词集命名为《绮忏》。其《题辞》云：“湖上旅愁，呼春风柳七，凭栏欲语，时一吟花间小令，为晓风残月招魂，脱口津津，寻自厌悔。昔山谷以绮语被诃，针锤甚痛，要其语诚妙天下，无妨为大雅罪人。吾不能绮，而诡之乎忏，然则吾不当忏绮语，当忏妄语矣。”[2]吴伟业言：“余少喜学词，每自恨香奁艳情，当升平游赏之日，不能渺思巧句，以规摹秦柳；中岁，悲歌侘傺之响，间有所发，而转喉扪舌，喑噫不能出声。”[3] 至于像余怀《板桥杂记》那样，借对旧日裙屐笙歌，钗鬓往事的追记以寄兴亡之感，效《东京梦华》之录，亦是言在此而意在彼。

三 贰臣赠妓词的新变[4]

在这样的内因外因作用下，艳词传统虽未断绝，却发生了微妙的变化。一部分贰臣词人逐渐背弃了《草堂诗余》的模式，战乱是最常见的背景，感伤是不断奏响的旋律，男性形象在情词中凸显，风格不再局限于婉约，而是有了更广阔的追求，赠妓词由此进入了一个新的阶段。

1. 内容的变化

张宏生先生云：“如果说当年秦观‘将身世之感打并入艳情’，使得艳词呈现出另一种风貌的话，那么，到了明清之际，这一现象无论从量上，还是从质上，都已与前代不可同日而语。”[5] 诚然，明清易代是一座

---

① （清）沈雄《古今词话·词话》下卷《偶僧歌头》云：“钱光绣曰：‘芝麓尚书，自受弘觉记莂，仆与偶僧俱忝为法门兄弟。尚书退食之暇，闭门坐香，不复作绮语。’有以《柳塘词》进者，尚书曰：‘艳才如是，可称绮语一障。我可以谢过于山翁，并可以谢过于秀老矣。’因驰翰相讯，偶僧答以《歌头》有云：‘不入泥犁狱底，便主芙蓉城里。抱椠也风流。莫借空中语，大雅定无尤。’尚书重为之首肯。”见唐圭璋《词话丛编》，中华书局 1986 年版，第 813 页。

② （清）龚鼎孳：《绮忏题辞》，见《全清词·顺康卷》，中华书局 1994 年版，第 1122 页。

③ （清）吴伟业：评《余怀〈秋雪词〉》，见聂先、王曾孙《百名家词钞·秋雪词》，清康熙绿荫堂刻本。

④ 这种变化不是发生在所有贰臣词人身上，任何文学风气的兴起都不是整齐划一的。曹溶、吴伟业、高珩、熊文举等人变化明显一些，程康庄等人则无甚变化。

⑤ 张宏生、冯乾：《白门柳：龚顾情缘与明清之际的词风》，《中国社会科学》2001 年第 3 期。

分水岭，将贰臣赠妓词的内容分成着截然不同的两类。前期词作明显受《草堂诗余》影响，着重刻画女性的体态音容，渲染着男女相思相悦之情；易代之后的赠妓词往往浮现出身世之感，名曰赠妓，实则伤世兼自伤，男性作者的形象已然现身。

曹溶是前明御史，入清之后有《青衫湿·田戚畹家姬东哥，甲申后为教师，遇之，有感》：

> 定场娘子霜栖鬓，先唱渭城花。重翻宫调，开元旧曲，知付谁家。　此身似燕，春巢画栋，秋宿平沙。相如抽管，长门写怨，输与红牙。

田戚畹即思宗田妃之父田弘遇，张岱《石匮书后集》云："田弘遇……窍弄威权，京城侧目。南海进香，携带千人，东南骚动。闻有殊色，不论娼妓，必百计致之。"① 其家乐"小宋班"名噪京师，吴伟业赋诗云："往昔京师推小宋，外戚田畹旧供奉。"② 明亡后，弘遇不知所终，其家伎也流落四方，东哥即是其中一员。

曹溶的这首词是和韵金初贰臣吴激的《人月圆·宴北人张侍御家有感》③：

> 南朝千古伤心事，犹唱后庭花。旧时王谢，堂前燕子，飞向谁家？　恍然一梦，仙肌胜雪，宫髻堆鸦。江州司马，青衫泪湿，同是天涯。

吴激，字彦高，号东山，建州人。靖康二年（1127）奉命使金，以知名被留，命为翰林待制。皇统二年（1142）出知深州，到官三日而卒。关于这首词之本事，《词林纪事》卷二十引洪迈《容斋题跋》云："先公

---

① （清）张岱：《石匮书后集》卷六"戚畹世家"，中华书局1959年版，第67页。

② （清）吴伟业：《王郎曲》，《吴梅村全集》卷十一，上海古籍出版社1999年版，第283—284页。

③ 《人月圆》亦名《青衫湿》，《钦定词谱》卷七引《中原音韵》注曰："此调始于王诜，因词中'人月圆时'取以为名。吴激词，有'青衫泪湿'句，又名《青衫湿》。"《草堂诗余》（中国书店1983年版）曾选吴激此词，名曰《青衫湿·感旧》。

在燕山，赴北人张总侍御家，出侍儿佐酒。中有一人，意状摧抑可怜，叩其故，乃宣和殿小宫姬也。坐客翰林直学士吴激，赋长短句纪之，闻者挥涕。”

很显然，曹溶是在模仿吴激。相近的创作背景、相同的身份，使两个朝代不同的贰臣产生了情感共鸣。在作者看来，歌伎命运的浮沉，便是国家兴衰的隐喻，一己荣辱的缩影。两首词作皆深具黍离之悲，非寻常艳词可比。

由歌伎而及故国，这种联想在清初广泛存在，高珩为李化熙在战乱中失散的歌姬写下了《凤凰台上忆吹箫·为五弦李司马歌姬题，有跋附后》一词，句末感叹：“莫问离合旧事，都付烟雨东风。”亦隐含兴亡之感。化熙为前明三边总督，尚不能保全一女子，天下百姓之离散就更普遍了。

贰臣赠妓词中，吴伟业的《临江仙·逢旧》影响最大。词名“话旧”，依稀是《草堂》饮馔器用类题目[①]，但情致惘然，已跳出其牢笼。词云：

> 落拓江湖常载酒，十年重见云英。依然绰约掌中轻。灯前才一笑，偷解砑罗裙。　　薄幸萧郎憔悴甚，此生终负卿卿。姑苏城外月黄昏。绿窗人去住，红粉泪纵横。

词中的“云英”有人认为是卞赛，也有人反对，理由是伟业“多有外好，时复遇之”[②]。其实女主人公到底是谁并不重要，作者之意并不在此。邓汉仪说得好：“总是无聊情绪，借红袖发之。以为流连金粉，非善知宫尹者。”[③] 江尚质亦云：“若其艳情动色，岂真效樊川风致？所谓‘正是客心愁绝处，见人红袖倚高楼’，亦复未能免此。”[④] 观“薄幸萧郎”、

① 《草堂诗余》饮馔器用类题目有“感旧”，李煜的《虞美人·春花秋月何时了》、秦少游的《蝶恋花·钟送黄昏鸡报晓》都被归入此类。

② （清）沈雄：《古今词话·词品下卷》，见唐圭璋《词话丛编》，中华书局 1986 年版，第 868 页。

③ （清）邓汉仪：评《临江仙》，见（清）吴伟业《吴梅村全集》，上海古籍出版社 1999 年版，第 555 页。

④ （清）沈雄《古今词话·词评下卷》所引江尚志语，见唐圭璋《词话丛编》，中华书局 1986 年版，第 1035 页。

“终负卿卿”这两句，充满了感伤味道、忏悔悲情，如是对青楼旧好而言未免言之过重[①]。结合伟业生平可知，他曾受崇祯赏识，明亡时殉节未遂，其后又被逼出仕，虽是情非得已，终觉愧对故主。这一番潜意识在面对旧日烟花时就显露出来，名为忏情，实际上是对自己负君负国行为的变相忏悔。

该词感情真挚，远胜于其明季之作。陈廷焯评价道：“吴梅村词，虽非专长，然其高处，有令人不可捉摸处。此亦身世之感使然。否则徒为‘难得今宵是乍凉’等语，乃又一马浩澜耳。”[②] 不独梅村，在其他贰臣词中亦可见身世之感的介入。这是艳词的一个根本性的变革，词人们不再停留于偎红依翠，而是将目光伸向了更广阔的天地，令本来艳而俗的赠妓词拥有了政治内涵，开拓了词境。当明词沿着《草堂诗余》的绮靡路线往而不复时，其生命力已经很衰微了，身世之感的出现给艳词带来了新的生机，它净化了男女之情，提升了格调，在香软猥亵之外开辟了一条健康高雅的路线，客观上推尊了词体，为清词的雅化率先树立了榜样。

2. 词风的变化

内容的变化势必导致风格的变化。贰臣的明季赠妓词模仿《草堂诗余》，呈现出女性化特色。易代之后，作者借赠妓为名，抒发亡国之恨，词作中多了些铜驼荆棘的场景、彼黍离离的心绪，词风也有所硬朗化。

吴伟业的《木兰花慢·话旧》是一首“伎馆之作”，深得刚柔兼济之妙：

西湖花月地，樱笋熟、鲥鱼肥。记粉袖银筝，青帘画舫，烟柳春堤。惊风一朝吹散，叹西兴、兵火渡人稀。白发龟年尚在，青山贺监重归。　　恰相逢紫蟹黄鸡。独唱缕金衣。奈独客愁多，秋娘老去，木落乌栖。无情断桥流水，把年光、流尽付斜晖。世事浮生急景，道人抱膝忘机。

---

① 吴伟业对青楼女子一向慎于承诺，从卞赛一事即可知。既然如此，萍聚萍散，谈何负心。

② （清）陈廷焯：《白雨斋词话》卷三，见唐圭璋《词话丛编》，中华书局1986年版，第3826页。

该词由杜甫的《江南逢李龟年》以及杜牧的《杜秋娘诗》生发而成，二诗皆关系到前朝的一段兴衰往事①，清初以之入题者甚多。据靳荣藩分析，此词“前段由合而离，后段承贺监重归说下，情致惘然”。两相对比十分强烈，“西湖花月地”与“西兴兵火”是空间景物上的对比，“粉袖银筝”与“秋娘老去”是人物在时间上的对比，从而将易代后的士女重逢升华到国家兴亡的层面。作者在一片秾艳之中引入了战争意象，是对艳词的一个突破。

与吴词的柔中有刚相比，曹溶的《沁园春·戏赠陈校书》笔致硬朗，完全是一首辛派赠妓词：

> 姬汝应知，客况无聊，啮妃女唇。漫珠圆凤拨，婢呼樊素，烟横薛佩，师事湘君。富贵漂萍，不随碌碌，楔柁中流尚有身。归来早，向浮名断处，勾管佳辰。　　苇城月色如银。休信道天边散彩云。愿当筵摇笔，愁山匿影，连朝中酒，恨海扬尘。起五柳生，当苏小小，菊圃双栖八百春。姬微笑，谓彭篯以后，还有痴人。

该词套用辛弃疾《沁园春·将止酒，戒酒杯使勿近》的格式，几乎到了亦步亦趋的程度：

> 杯汝来前，老子今朝，点检形骸。甚长年抱渴，咽如焦釜，于今喜睡，气似奔雷。汝说刘伶，古今达者，醉后何妨死便埋。浑如此，叹汝于知己，真少恩哉。　　更凭歌舞为媒。算合作平居鸩毒猜。况怨无大小，生于所爱，物无美恶，过则为灾。与汝成言，勿留亟退，吾力犹能肆汝杯。杯再拜，道麾之即去，招则须来。

《沁园春》是一个适于表达豪放之情的词牌，素受辛派词人青睐，却不为明人所喜。曹溶有意犯禁，不但以此调赠妓，还充分表现出对辛词的

---

① （唐）郑处诲《明皇杂录》卷下云：“……（安史之乱后）龟年流落江南，每遇良辰胜赏，为人歌数阕，座中闻之，莫不掩泣罢酒。杜甫尝赠诗。”杜牧诗前亦有小序：“杜秋，金陵女也。年十五为李锜妾。后锜叛灭，籍之入宫，有宠于景陵。穆宗即位，命秋为皇子姆。皇子壮，封漳王。郑注用事，诬丞相欲去己者，指王为根，王被罪废削。秋因赐归故乡。予过金陵，感其穷且老，为之赋诗。”四库全书本。

模仿。辛词借酒杯诉说自己政治上的失意，曹溶也借与歌妓的问答道出自己“恨海扬尘”的心境。二词在诸多方面如出一辙，如均采取对话的形式，赋化的手法，频繁的用典，取自经史的语言。这些特点对于辛稼轩来说是首创，对于曹溶来说则需要有反传统的勇气，毕竟绮语盛行词坛已历三百寒暑，想要对之宣战也不是那么容易的事。曹溶所跨出的这一步意义非凡。从模仿《草堂》词风到模仿稼轩词风，词人审美情趣的变迁隐约可见。当后人为康熙词坛盛极一时的稼轩风寻找滥觞时，不可忽略了这些蛛丝马迹。

3. 对比兴寄托的重新体认与运用

比兴寄托本是《诗》、《骚》传统，宋人将之引入词学范畴，遂成为后世评词的一条标准。艳词与比兴寄托之间的关系十分微妙，对于一部分人来说，艳词不写成有寄托之作，则不足以自尊；不解成有寄托之作，则不足以尊人。但同时还有另一部分人，仅视其为“空中语”，并无言外之意。贰臣词人作于明季的赠妓词大多属于后者，鲜有寄托，云间诸子的作品也是如此，看来这是时代风尚。

一般认为，清词中的比兴寄托说是在常州派手上才发扬光大的，但在易代后贰臣词人的作品中已现端倪。其实贰臣对比兴寄托并不陌生，只是以往他们习惯于在诗歌中抒发香草美人之义。易代后的政治环境波谲云诡，统治者始终密切注视着文字中的反叛痕迹，词人遂不得不选择素不被重视的词体来寄托孤愤，以避锋芒。比兴寄托的传统遂从诗歌转移到词作中。龚鼎孳在为曹尔堪、王士禄、宋琬的《广陵唱和词》作序时说：“余惟自昔名人胜士，放废屈抑，往往作为文词以自表见。即或流连香粉，称说铅华，类宋玉之繁靡，等陈思之旖旎，要其厥指所托，非属苟然，忠爱之怀于斯而寓，则又不仅歌场舞榭擘轴题笺，仅作浅斟低唱柳七之伎俩已也。”① 陈之遴在《拙政园诗余序》中云：“余与湘苹流离坎壈，借三寸不律，相与短歌微吟，以销其菀结感愤。”② 梁冶湄回忆其叔父梁清标对待词的态度：“叔父家法，自理学、经济诸书外，稗官野史，不许子弟流览。然使其涉猎诗词者，所以发其兴观群怨，使知古来美人芳草，皆有寄

① （清）曹尔堪等：《广陵唱和词》卷首，清康熙刻本。

② （清）陈之遴：《拙政园诗余序》，见（清）徐灿《拙政园诗余》，上海博古斋民国壬戌年影印清拜经楼丛书本。

托也。”① 皆是对比兴寄托的体认。前引数词皆有这个特点，是以陈廷焯提醒读者：“易代之时，欲言难言，发为诗词，秋月春花，满眼皆泪。若作香奁词读，失其旨矣。”②

下面以熊文举的三首联章《临江仙》为例，详加分析。

临江仙·和晁无咎韵

却忆章门三月暮，湘帘宿雨初收。落霞低处棹归舟。江波风卷立，吹动古今愁。　往事不堪频矫首，画眉斜月微钩。可能闲上小红楼。花光迷晚霁，草色媚芳洲。

前调·和贺方回韵

忆得当初行乐地，玉楼人貌翩翩。凌云赋就意飘然。科名宜晚进，文采重芳年。　春色不知人事改，垂杨垂柳堪怜。旧家燕子傍谁边。孤灯残雨后，短笛落花前。

前调·忆

不见芳姿知几日，低徊又隔轻容。海棠开尽绿阴浓。雨沉金屋暗，风断玉箫空。　苦欲留春无计策，青门车骑匆匆。君看流水各西东。画楼人倦眺，银烛已烧红。

这一组词借追忆青楼往事而暗寓兴亡之慨，寄托深远，意蕴朦胧。第一首词从“章门”三月风光写起，最后落在“往事不堪频矫首”上，但具体因何“不堪”并未说明，只留下一个朦胧惆怅的印象。第二首着重于今昔对比，昔日倘徉于青楼时，作者正风流年少，佳人也是“玉楼人貌翩翩”；如今却已“春色不知人事改”，物是而人非了。至于“人事”因何而改，词中“旧家燕子”四字有隐约的透露：刘禹锡有诗“旧时王谢堂前燕，飞入寻常百姓家”，是其所本。黍离之悲渐渐浮出水面。第三首词情旨最为飘忽。其表面上似乎在叙述一件情事：在梦中又见伊人，醒来却无处寻觅；背地里却暗伤故国，以“苦欲留春无计策”暗喻留不住朱明王朝。这三首词皆具有了双重语境，一重指向歌

① （清）沈雄：《古今词话·词评下卷》引梁冶湄语，见唐圭璋《词话丛编》，中华书局1986年版，第1037页。

② （清）陈廷焯：《词坛丛话》，见唐圭璋《词话丛编》，中华书局1986年版，第3729页。

伎，另一重指向故国，其感伤惆怅的思潮在联章中层层递进，深得风人之旨。

熊文举的这三首词均为和韵《草堂》之作，前两首分别和晁无咎的《暮春》和贺方回的《立春》，最后一首不著原唱者姓名，实际上和的是后蜀鹿虔扆的《临江仙·金锁重门荒苑静》。既然选择了鹿词为模板，为何不著姓名？作者有何用意？

鹿虔扆，孟蜀时登进士第，累官为学士。广政间（约938—950），出为永泰军节度使，进检校太尉，加太保。国亡不仕。词多感慨之音。这一首《临江仙》感伤故国，流传甚广，原词并无标题，《草堂》冠以“宫词”之名。其原文为：“金锁重门荒苑静，绮窗愁对秋空。翠华一去寂无踪。玉楼歌吹，声断已随风。　　烟月不知人事改，夜阑还照深宫。藕花相向野塘中，暗伤亡国，清露泣香红。”故宫禾黍之思，令人黯然。倪瓒评曰：“鹿公高节，偶尔寄情倚声，而曲折尽变，有无限感慨淋漓处。”①

熊词与鹿词相似处良多。如同是押“一冬”韵，熊词的“风断玉箫空”明显化自鹿词的“玉楼歌吹，声断已随风”。最主要的是二词在意蕴方面极为接近，鹿词作亡国之叹，熊词亦暗寄兴亡。只不过，鹿词是直抒胸臆，文举惧于当道者之斧钺，不但不敢明言取材于鹿词，抒情方式也更为委婉曲折。所谓欲盖弥彰，作者越是如此，越显示出此词富有言外之意，绝非普通艳词。王士祯就一眼看破，评曰：“声音激楚，如闻桓伊之笛。”②

前文提到，龚鼎孳和韵辛弃疾的《祝英台近·春晚》一词时，在语言技法上模仿得惟妙惟肖，却对其弦外的“忠爱之情”视而不见。而熊文举的这三首和韵《临江仙》则是形神并貌。这倒不是说熊文举的水平高于龚鼎孳，二词一作于明末一作于清初，身世不同，对比兴寄托的理解也不相同。如果非要评一高下的话，只能说清初的赠妓词较之明末有了更深厚的内涵。

在清代艳词的发展史上，贰臣词人应占据一席之地。当云间、魏塘、

① 转引自龙沐勋《唐宋名家词选》，上海古籍出版社1980年版，第27页。

② （清）王士祯：《倚声初集》卷十一，清初大冶堂刊本。

毗陵等派词人还在著写侧艳之什时①，贰臣词人已经显示出离弃《草堂》式淫糜词风的倾向，并在内容、风格、技法等方面作出了有益的尝试。②此为先驱之功。之后，朱彝尊又掀起了艳词创作的高潮，贰臣词人与此亦有关联。朱氏的《静志居琴趣》写其与妻妹冯寿常的爱情，感情真挚纯洁，令人耳目一新。词集编成于康熙六年（1667），其时彝尊居于曹溶幕下已有三载，在此之前他还追随曹溶，共居广东二载。《静惕堂词序》云："彝尊忆壮日从先生南游岭表，西北至云中，酒阑灯灺，往往以小令慢词，更迭唱和。"由此可见，彝尊的早期创作与曹溶有着密切的关系，曹溶的赠妓词有所新变也会多多少少影响到《静志居琴趣》的创作。此为其启后之功。

第二节　夫妻词：个性化描写与互动式创作

一　清初夫妻词的繁荣景象

与赠妓词的繁荣景象相比，男性作者写给结发妻的词作可用寥若辰星来形容。以柳永为例，他曾为歌妓写下无数情词，却只在一首词中提到了妻子，而且形象模糊，几乎就是个符号。③ 这种情况到了清初才有所变化，词人笔下的妻子形象更为饱满，相关词作增多，而且出现了夫妻唱和词。究其繁荣的原因有三：

---

① 严迪昌云："黄周星（九烟）曾说：'兰陵邹祗谟、董以宁辈分赋十六艳等词，云间宋征舆、李雯共拈春闺风雨诸什，遯浦沈雄亦合殳丹生、汪枚、张赤共仿《玉台杂咏》。余数往来吴淞，间过之，欲作一法曲弁言而未竟，殊为欠事。'黄九烟是当时行辈较高的诗人，他在此概述了云间、魏塘、毗陵三个词创作活动中心的侧艳之风尚。"见《清词史》，江苏古籍出版社1999年版，第65页。

② 在艳词发展过程中，贰臣词人属于过渡性人物，他们所作的尝试尚不成熟，偶尔还会有所回旋，如曹溶有《惜红衣·美人鼻》一词就纯是赋艳之作。

③ 彭国忠《"妻子"：词史上的"新"女性》云："应该承认，苏轼之前，柳永的《定风波》（伫立长堤）一首，其结句'算孟光、争得知我，继日添憔悴'，'孟光'用汉梁鸿、孟光夫妇典，指的当是词人的妻子，但我们反复多次遍寻全词，始终找不出比这两个字哪怕多一点点的关于他的妻子的信息，更谈不上正式的形象描写了。"《南京师范大学文学院学报》2002年第2期。

其一，男性婚姻观的改变。受晚明个性解放影响，士人们不再满足于一个仅知三从四德的妻子，而是希望双方能有共同语言、共同爱好，夫唱妇随，比翼齐飞。彭俪鸿《琴清阁词叙》云："大江之南，闺阁多秀，由来久矣。若乃中朝世系，名媛令族，翩如织锦之才，婉若飞鸾之貌。生小侍侧，妙解琴声；二弦长成，问名能赋。《玉台》一体，灵珠抱其径寸，慧业具于三生者，尤可得而言焉。"[①]"可得而言"意味着男性对婚姻的态度有了新的追求，对夫妻关系也有了新的解读。他们乐于在作品中表现琴瑟和谐、相濡以沫等情感。时人也视夫妇唱和为雅事，王士祯曾说："文江佳话，近在珠湖射陂之间，为吾扬州生色多矣。"[②] 所谓"文江佳话"，指的就是李元鼎与朱中楣夫妇的唱酬。

其二，才女数量增多。从明末开始，民间的文化积累与教育的普及程度都有了长足的进步，才女数量也远较前代为多。胡文楷《历代妇女著作考》共收录了历代有著作成集的妇女共4200余人，其中明清两代占了90%以上。这些女性与传统意义上"职司酒浆缝纫"的妇女形象截然不同，她们雅擅文翰，气度典雅，颇有识见。贰臣之妻多为才女，陈之遴夫人徐灿、熊文举夫人杜漪兰、李元鼎侧室朱中楣、钱谦益侧室柳如是、龚鼎孳侧室顾媚都有诗词传世。妇女文化水平的提高为夫妻唱和提供了条件。李元鼎夫妻合刻词集名曰《随草诗余》，所收皆是二人的唱和之什。陈之遴与徐灿每以唱和消忧，之遴曾说："余与湘苹流离坎壈，借三寸不律，相与短歌微吟，以销其菀结感愤。"[③] 这些唱和词一直流传至今。

其三，社会上的填词风尚。长期以来，文学界有着诗庄词媚的传统观念。因此男性文人多赠妻以诗，赠妓以词。但是到了明清之际，词体地位上升，表现功能增强，赠妻以词也就不被视为不尊重。而女性填词也不用向前辈们那样顾虑重重。

① （清）彭俪鸿：《琴清阁词叙》，杨芸《琴清阁词》卷首，见徐乃昌辑《小檀栾室汇刻闺秀词》，清光绪二十四年刻本。

② （清）王士祯：评李元鼎《文江词》，《倚声初集》卷七，清初大冶堂刊本。

③ （清）陈之遴：《拙政园诗余序》，见（清）徐灿《拙政园诗余》，上海博古斋民国壬戌年影印清拜经楼丛书本。

二 个性鲜明的妻子形象

有学者认为，北宋后期苏门词人对妻子的描写开辟了婉约词的新境界①。诚为有识之见。然而，苏门词人寥寥可数的几篇词作，云淡风轻的形象描写并未能构成强大的创作流，对整个词坛的冲击力也远远不够，只能算作有益的尝试。到了明清之际，这一主题无论从量上，还是质上，都与前代不可同日而语。由于“重情”说盛行于社会，使得夫妻关系具备了一些近代婚姻的进步元素，一些开明的男性视妻子为良友知音，其词作中的妻子形象也更为丰满，更具个性化。

1. 龚鼎孳笔下的顾媚②

顾媚与柳如是皆名噪一时的秦淮佳丽，但后人往往抑顾扬柳，主要原因在于二人在易代之际的不同表现。据钮琇的《临野堂集》记载：“牧斋先生与合肥龚芝麓公，俱为前朝遗老。其遇国变也，芝麓将死之，顾夫人力阻而止。牧斋则河东君劝之死，而不死。城国可倾，佳人难得，盖情深则义不能胜也。”钮琇乃康熙朝人，不及甲申之变，其语出自马士英于弘光朝疏攻从逆之奏章：“龚鼎孳降后，每见人则曰：‘我原要死，小妾不肯。’小妾者，为科臣时所娶秦淮娼顾媚也。”③ 马士英与复社人物形同水火，此语原不足信。但乱世之中，谣言易播，于是顾媚在后世眼中遂成为

---

① 彭国忠：《“妻子”：词史上的新女性》，《南京师范大学文学院学报》2002 年第 2 期。

② 在《合肥龚氏宗谱》中，龚鼎孳的婚姻状况是：原配夫人童氏，继配夫人史氏，副室徐氏即顾媚，副室胡氏。顾媚的名分虽是副室，但鼎孳与她历经患难，宠之专房二十余年，情爱一直不移，在事实上以及感情上都扮演了妻子的角色。余怀《丽品》云：“龚竟以顾为亚妻。元配童氏，明两封孺人。龚入本朝，历官大宗伯，童夫人高尚居合肥，不肯随宦京师，且曰：‘我经两受明封，以后本朝恩典，让顾太太可也。’顾遂专宠受封。”见《板桥杂记》卷中，上海古籍出版社 2000 年版，第 34 页。可见二人长期分居，夫妻关系不好。继娶史氏的时间不详，笔者猜测是在顾媚去世之后，因为顾媚并无子息，而鼎孳次子士稚出生于康熙五年（1666）。关于顾媚以妾而膺一品夫人之封，陈寅恪解释为：“建州入关之初，汉族降臣，自可以妾为妻，不若其在明代受法律之制裁。”见《柳如是别传》。二人结缡二十余年，共历生死，名分上虽不是夫妻，但事实上是已构成了夫妻关系。

③ （清）李清《南渡录》卷一，续修四库全书本。马士英之言可信度不高，李清《南渡录》云：“时阁臣士英为荐阮大铖为中外怨，甚忿。大铖亦语人云：‘彼攻逆案，吾作顺案相对耳。’于是士英疏攻从逆。”这篇出于打击报复目的的奏章在当时就受到礼科袁彭年的驳斥，疏中所言多不属实，如被士英称作“大逆之尤”的周钟向李自成献劝进表一事，就是子虚乌有，栽赃陷害。因此，其关于顾媚的说法也应辩证看待。

“富贵势利，一日不可缺者”①。然则在清初遗民余怀眼中，顾媚却并非如此。《板桥杂记》云：“尚书（龚鼎孳）雄豪盖代，视金玉如泥沙粪土，得眉娘佐之，益轻财好客，怜才下士，名誉盛于往时。”余怀与顾媚、龚鼎孳均熟识，其言可信度要更高。

龚鼎孳之《白门柳》有词59首，系二人之情史，其中顾媚的形象极其鲜明。关于其风姿，《罗敷媚》其三写道：“情痴每与银蟾约，见了销魂。尔许温存。领受嫦娥一笑恩。　　戏拈格子横波打，越样心疼。和月须吞。省得浓香不闭门。”该词作于顺治五年（1648），二人泊舟西湖之际。词中的顾媚风流妩媚，呼之欲出。但她真正之魅力还不在于此，而在于不让须眉的一股侠气。

晚明名妓多以气骨自矜，有名士风度，顾媚正是此中人物。崇祯十六年（1643），龚鼎孳不畏权势，弹劾周延儒、王应熊、陈新甲、吕大器等首揆，奏章中有“天下事岂堪再误”等慷慨激昂之语，乃鼎孳生平得意事之一。这篇掷地有声的奏章曾得顾媚的“焚膏相助”，鼎孳对此充满了自豪，有《念奴娇》一词为证。小序云：“花下小饮，时方上书有所论列，八月二十五日也。用东坡赤壁韵。”词开篇即云：“画眉余兴，哂王章闺阁、都无英物。”一语就见出顾媚的与众不同。其后又云：“剪豹天关，搏鲸地轴，只字飞霜雪。焚膏相助，壮哉儿女人杰。”“焚膏”即点烛，鼎孳之奏章作于深夜，顾媚一直在旁边剪烛磨墨，以示支持。

在《生辰曲》一诗中，鼎孳再次描写了顾媚参拟谏草时的豪迈英姿：“一林绛雪照琼枝，天册云霞冠黛眉。玉蕊珠从难位置，吾家闺阁是男儿。奇襟逸思涌春潮，吐蕙含兰静若遥。……琉璃为箧贮冰霜，谏草琳琅粉泽香。笑泣牛衣儿女态，独将慷慨对王章。今日初辞神武冠，明朝买棹白鸥滩。五湖大有同心客，弋外冥鸿天地宽。”

崇祯十七年（1644），李自成陷京师，崇祯帝自缢。当时龚鼎孳虽被革职，尚未离开北京。听到这个晴天霹雳般的消息，龚、顾二人亦如传统文人那样“阖门投井”，但“为居民救苏”②。《绮罗香·同起自井中赋

① 孟森：《横波夫人考》，《心史丛刊》，中华书局2006年版，第144页。

② 关于龚鼎孳的殉国之举，马大勇在《清初金台诗群研究》（江苏大学博士论文，2002年）中有充分论证。

记，用史邦卿春雨韵》一词专记此事。词云：

> 弱羽填潮，愁鹃带血，凝望宫槐烟暮。并命鸳鸯，谁倩藕丝留住。搴杜药、正则怀湘，珥瑶碧、宓妃横浦。误承受、司命多情，一双唤转断肠路。　人间兵甲满地，辛苦蛟龙外，前溪难渡。壮发三千，沾湿远山香妩。凭蝶梦、吹恨重生，问竹简、殉花何处。肯轻负、女史苌宏，止耽莺燕语。

此词是辨析那句著名笑柄“我原欲死，奈小妾不肯何”的关键所在。副标题云“同起自井中”，可见二人是一同投井，词中“宓妃横浦”、“沾湿远山香妩”等语也印证了顾媚落水这一事实。尤其是结句，作者将顾媚比作碧血三年不化的苌宏，并声称自己不会轻负其一片丹心。由此可见，顾媚在整个事件中的表现并非如传闻中那样，自己不肯死，并阻止龚鼎孳殉国，反倒是大义凛然。熊文举在《祭徐夫人（顾媚）文》中也提到了顾媚投井之事：“初归都宪，指佞婴锋，同心□怨。俄焉天坠，海木群飞，从君智井，视死如归。”[①] 此语可证传言之诬。

2. 陈之遴笔下的徐灿

陈之遴与徐灿的婚姻有一段佳话，《然脂余韵》记载：“少保素庵相国未及第时，因丧偶而薄游苏台，遇骤雨，入徐氏花园避雨，凭栏观鱼，困而假寐。园主徐翁夜梦一龙卧阑干上，见之，惊与梦合，询问之，为中丞之子，且孝廉也，于是将女字其。”[②] 徐灿一生跟随陈之遴，历经兴衰，曾两度流徙东北，可谓坎坷。其所著《拙政园诗余》追步李易安，人称：“南宋以来，闺房之秀，一人而已。”[③] 后世往往喜欢将陈、徐相提并论，谭献云：“兴亡之感，相国愧之。”那么，这样一位绝世才女在其丈夫眼中又是什么样的形象？

陈之遴为崇祯十年（1637）进士，次年，其父陈祖苞以右佥都御史整饬蓟辽边备失责，下狱饮鸩而死。之遴受牵连，“永不叙用”。其后七

---

① （清）熊文举：《侣鸥阁近集》卷二，四库禁毁书丛刊。

② （清）王蕴章：《然脂余韵》卷四，见《中国诗话珍本丛书》第二十二册，北京图书馆出版社2004年版，第360页。

③ （清）陈维崧：《妇人集》，丛书集成初编本。

年，一直与徐灿双栖于拙政园中，伉俪之情甚笃①。之遴有《虞美人》一词描绘婚后三年的湘苹，依然保留着少女的娇憨：

藤花葛蔓闲牵绕。枉送韶颜老。双鸾镜里试新妆。夺得一枝红玉满怀香。　　劳君拣尽吴山翠。心已三年醉。闺人长作掌珠擎。那得老奴狂魄不钟情。

后来徐灿连产麟儿，陈之遴在为她祝寿时说："宫花红胜锦，也曾折取，分映鬓云。更一枝数实，人说兰荪。岁岁朱颜长驻，依然是、初嫁丰神。新词好，冰弦自度，时向醉余闻。"徐灿四子分别生于崇祯九年（1636）、十年（1637）、十一年（1638）、十二年（1639），此词当作于十一年后不久，当时徐灿二十余岁，在之遴看来，虽为人母依然美丽。

其后又有《蝶恋花》一词，描绘二人的生活是"早拂红笺相唱和，案头娇女新能坐。海燕雕梁栖两个。"徐灿一边照料年幼的孩子，一边与丈夫诗词唱和，是才女同时也是贤妻良母。这时的徐灿虽当不成朝廷命妇，但心境一直很好，每以新词佐酒。陈之遴说她："弄月吟花宵复昼。点染新词，多在杯阑后。彤管细将宫谱究，墨痕长涴齐纨袖。"徐灿自己也说："向洗墨池边，装成书屋，蛮笺象管，别样风流。残红院、几度春欲去，却为个人留。宿雨低花，轻风侧蝶，水晶帘卷，恰好梳头。"（《风流子·同素庵感旧》）

二人的关系发生微妙变化是在入清之后，顺治二年（1645），清兵下江南，之遴迎降，从此平步青云。徐灿对此是不赞同的，这在其诗词作品中屡有表现，后世学人也多所发明。这种感情之遴是了解的，他有《念奴娇·春日怀湘苹》一词：

淡黄着柳，渐青门歧路，送君时节。花落花开才一度，足抵十年离别。霜拥鲛绡，春披貂锦，浑不知寒热。梦魂无赖，半宵多少周折。　　堪叹学海波翻，更儒林烟薄，几回蹉跌。缟带纻衣交不少，

---

① （清）陈之遴《拙政园诗余序》云："亭前合欢树一株，青翠扶苏，叶叶相对，夜则交敛，侵晨乃舒。夏月吐花如朱丝，余与湘苹觞咏其下，再历寒暑。间登亭右小丘，望西山云物，朝夕殊态。时史席多暇，出有朋友之乐，入有闺房之娱。湘苹所为诗及长短句，多清新可诵。寻以世难去国，绝意仕进，湘苹吟咏益广。"见（清）徐灿《拙政园诗余》，上海博古斋民国壬戌年影印清拜经楼丛书本。

谁似个人明哲。种秫家园，买山吴苑，待我归来輙。鱼轩来也，如何芳讯辽越。

此词当作于其显贵之时，徐灿一度还乡，之遴遣人接她回京，并附寄小词。其中“个人明哲”以后数句道出了徐灿平日所思所想，她一直期盼着丈夫能辞官归里，其“种秫家园，买山吴苑”的举动已将归隐之意表达得很明了了。之遴表面上大加赞赏，但结句却显露了不满。“鱼轩”是以鱼兽皮为饰的车子，古时唯贵夫人能乘用。顺治八年（1651），之遴官至礼部尚书，其正妻也要接受诰命。之遴对能以“鱼轩”迎妻很是骄傲，但一句“如何芳讯辽越”就把徐灿的淡漠反应表现出来。“如何”二字见出之遴的不悦。

其后二人亦有唱和，但每每不能同调，如徐灿《浪淘沙·庭树》云：“庭树又秋花。做弄年华。满城霜气湿青笳。眼底眉头愁未了，去数归鸦。　残月霭窗纱。莫便西斜。雁声和梦落天涯。渺渺蒙蒙云一缕，可是还家。”词中思乡情切，满是对“满城青笳”的厌倦，其中暗藏了“满清”二字，其怀抱可知。陈之遴作《浪淘沙·感兴，和湘苹韵》：“几载似飞花。飘堕京华。持杯和泪听宵笳。犹带故宫明月色，不及寒鸦。　乌帽试轻纱。锦带红斜。当年游戏玉河涯。去里帝城双凤阕，好个天家。”上阕亦有黍离之悲，但被下阕乌纱锦带的光辉冲得极淡，见出其功名之心正热。是以谭献讥之云：“兴亡之感，相国愧之。”①

这种思想上的差异二人都感觉到了，并因此有了隔阂。在之遴的后期词作中，徐灿的形象渐渐淡去，一些年轻的身影浮现出来。如其在《念奴娇·本意》中所咏的那个“未解羞颜，初知拢发，覆额烟丝绿”的少女就绝非徐灿。下阕又云：“金作楼台珠作幕，拟贮个侬犹俗。”金屋藏娇，亦是小星之意②。而徐灿的后期词作情感益加愁苦。

① （清）谭献：《箧中词》，丛书集成续编本。

② 陈之遴原不乏姬妾，《浮云集》卷十一有《遣姬诗》，序云：“夫裯冷小星，台收行雨，或人非惜玉，则闺有锄兰。余翰墨余闲，颇辩佩声钗色，闱房逮下，恒培瑶草琼枝，而国叹铜驼，长辞东观，家残金谷，终窭北门，蝶梦俄坠，花丛懒顾，容非处仲，竟师开合之风，事异季伦，豫免坠楼之郁，然白杨未拱，红粉遽空，去若飞花，莫卜飘茵堕溷，情如断藕，安能槁木寒灰，同伤乱之七哀，备赋恨之一则。”由此可知，明亡后之遴虽遣散一些姬妾，然其心实恋恋难舍。此后位高官大，焉能不复置。

3. 李元鼎笔下的朱中楣[①]

熊文举在《寿远山夫人序》中云："豫章有远山夫人者，淑德著于闺帏，诗词溢于海宇。盖班婕妤、左贵嫔、谢道韫以上之才，而迩来名媛卿阀之所仅见者也。"[②] 这位远山夫人就是李元鼎之侧室朱中楣（1622—1672），字懿则，一字远山，江西南昌人。在清初女词人中，朱中楣的出身最为显赫，她是明宗室辅国中尉议汶次女，堂堂天潢贵胄。惜生不逢时，婚后不久就罹国难。熊文举说她"诸凡通显荣庑，流离患难，兵火风涛，艰辛险阻，无不备历。而夫人贞之，以议以学，虽处万变而不失其常。时而我黼子佩，时而左图右史，时而跋胡疐尾，时而坐胆握荼。夫人视若四时风雨之序，不怨不尤，无屈无挠"（《寿远山夫人序》）。事实上，朱中楣并未能表现得如此平静，作为宗室之女，她的亡国之痛很深，并不希望元鼎在新朝为宦。这一点与陈、徐夫妻的情况很相似。但李元鼎仕清时已是天命之年，其中多有不得已之处[③]，功名心之盛远不如之遴，因此很能理解妻子的感受。

李元鼎笔下的朱中楣是忧郁的，《捣练子》二首在《随草诗余》中被置为篇首，词中的女主人公既美丽又憔悴，正是其写照。其一为《和晓看春色》："妆乍洗，露芳容。杨柳腰轻不耐风。遥望桥西桃李色，一江春水驾双虹。"其二为《和晚眺秋汀》："檐雨滴，岫云浓。溶溶碧水映愁容。底事芙蓉羞不解，满头钗钿怨飞蓬。"这是朱中楣一天所做的事情，清早起来，匆匆梳妆眺望着春江水，若有所待；到了傍晚，下起了小雨，她还徘徊在江边，但期盼明显落空了，风吹乱了她的秀发，水中的容颜愁眉不展。这两首词是写实之作，朱中楣也有同题同调词。作者并未说明妻子到底在期待什么，但肯定不是相思之情，因为丈夫就在其身边。

在李元鼎以后的词作中，朱中楣的忧伤与期待渐渐明晰，她思念的是故乡，期盼的是归里。李元鼎《长相思·和思归》云："望云山。过云

① 朱中楣是李元鼎的侧室，元鼎在《祭亡妻罗安人文》中云："安人屡生不育，晚得祺儿，每趣余娶，及娶省室朱，为天潢之裔，才而贤。"见《石园全集》卷二十九，四库全书存目丛书本。

② （清）熊文举：《寿远山夫人序》，《侣鸥阁文集》卷一，四库禁毁书丛刊本。

③ 袁行云《清人诗集叙录·石园全集》云："《晚晴簃诗汇》举其鼎革后南还金陵，答陈名夏、金之俊诗，以见其初意不欲再出。"文化艺术出版社 1994 年版，第 18 页。

山。身似羝羊进退难。青衫泪点斑。　说辞官，又之官。林下何人把钓竿。负他双岫丹。”那个在林下苦候的身影看起来风致超逸，实际上满载着对新朝的抵触，对于一个前明宗室的弱女来说，回归林下是她唯一能做的反抗。思归情结一直在她心中徘徊，无时或忘。元鼎《御街行·和九日》记二人重九登高的情景，是其难得的开颜时刻。词下阕云：“携将屐齿踏层峦。兴到恐忘还。一声又听归鸿度也，漫说水剩山残。关河旷远，黄花紫蟹，且放酒杯宽。”对于封建社会的妇女，与丈夫出游的时刻并不多，因此朱中楣的兴致很高。但当她看到归鸿在天际掠过时，情绪顿时低落，又想起了“水剩山残”的现实。

尽管明亡多年，朱中楣还是极为关心着反清势力的活动，复国之心一直不死。顺治十六年（1659），张煌言、郑成功挥师北上，连克清军，朝野震动。朱中楣写下了《南歌子·秋宵不寐，时闻海警多讹，月下偶拈山谷南歌子，和以舒怀》二首及《南歌子·中秋微雨待月，时江南适至，喜叠前韵》，足见其关心。李元鼎亦有《南歌子·和秋宵寓沧浪亭闻捷》四首，其中有关朱中楣的心情在第一首词中有所表现，其下阕云：“思发寻源棹，仍攒入社眉。闲亭寥落夕阳迟。赢得微酣香阁、对吟诗。”闻捷当指郑成功退回海上而言，作为清廷的命妇，朱中楣本应欢庆，但她却愁眉紧锁，并寻找去往桃源的兰舟，避秦之意十分明显。

朱中楣工于词，每与夫君效李清照、赵明诚事，吟诗茗战，但这样的温馨场景也往往会被其故国之思破坏。元鼎《蝶恋花》记叙了一个雪夜，二人“细袅炉烟对语，闲烹苦茗联吟”，恰在此时，“关山玉笛一声新。揉碎乡思莫整”。刚才的温馨再也调整不回来了。夫妻另一次唱和也在雪天进行，当时是“轻寒余雪悄，茗战炉烟沸。还问取，从来万事还如醉”。从词意之颓废看，这次唱和也是带着愁绪的。

综观龚、陈、李三人表现夫妻生活的词作，龚鼎孳的文笔最好，且深谙传奇笔法，因此顾媚的形象最为生动。陈、李之词虽有所不及，但他们的妻子皆是明清之际的奇女子，通过其夫的笔墨，我们还是看到了她们不同的个性。如果用一个字来形容，顾媚是豪，徐灿是怨，朱中楣是愁，这是对以往妻子单一形象的挑战。再反观前代词人对妻子的描写，无论是张耒的“谁相对，时烦孟妇，石鼎煮寒蔬”（《满庭芳·裂楮裁笞》），还是贺铸的“谁复挑灯夜补衣”（《半死桐·重过阊门万事非》），抑或是苏轼的“小轩窗，正梳妆。相对无言，唯有泪千行”（《江城子·十年生死两茫茫》)，妻子都是以概念化的形象出现，决无个性可言。此为突破之一。贰臣笔下的妻子也有共性，她们都很有才华，或精于诗词，或卓有识见，已超越了传统女性“德、容、言、工”的范围，可称为新女性。词人欣赏妻子的才华，也敢于承认技不如人，当朱中楣取笑丈夫“日久拮据诗债”的时候，李元鼎就笑称“诗了还添酒债”，“知戒。知戒”。透露出双方关系的平等。而前代词人往往着重于“德”，喜欢渲染妻子为自己所做的牺牲，言下若有憾焉，实则认同了妻子的附庸地位。此为突破之二。贰臣词人专门写给妻子的词作数量众多，仅龚、陈、李三人就近百首，他们通过多个角度描绘，于是妻子的容颜形体、语音口吻、喜怒哀乐无不毕现，表现出词人对妻子的重视，开辟了夫妻词这一新题材，改变了过去的薄弱状况。此为突破之三。

三　夫妻唱和词

前代夫妻词多是男性词人的独角戏，妻子极少参与创作①。而贰臣的夫妻词则有相当一部分是在的赠答的情况下产生的，李元鼎曾得意地说："知音早。诗篇唱和堪娱老。"(《渔家傲·江乡淫雨》)陈之遴亦云："仙梵醉歌相倚和。茸茸芳草承趺坐。"(《蝶恋花·次前韵》)这决定了其创作的互动模式，也因此形成了一些新特色。

首先，在情感表达上，前代词人是倾诉式的，他们写词给妻子，妻子却未必能看懂，更别提回复了；贰臣词人是交流式的，由于妻子也参加创作，唱和的过程就变成夫妻进行感情交流的过程。或是抛出一个话题，等待着对方的回应，或是回应对方的话题，一唱一和，循环反复。

既然是交流，总有趋同与趋异两种结果。夫唱妇随，声气相通的时候占大多数。时值乱世，患难夫妻的相互慰藉尤为动人，上文提到的李元鼎《长相思·和思归》就是酬和朱中楣的同调词《思归》，朱词如下："忆家山。盼家山。世乱纷纷求退难。罗衣泪染斑。　昔为官。又为官。甚日归兮把钓竿。空看枫叶丹。"朱中楣虽归乡情切，但还是体谅丈夫"世乱纷纷求退难"的处境，其泪染罗衣决不是怨怼，而是因为无奈。而李元鼎也没有站在自己的角度辩解，妻子思乡憔悴的样子令他愧歉不已，他为

---

① 词话所载陆游与唐琬所唱和的《钗头凤》、李清照与赵明诚相唱和的《醉花阴》当是较早的夫妻唱和词，但后人已证明皆为伪托。

自己“说辞官，又之官”而自责不已①，深觉有负妻子的一番心意。双方都在为对方着想，折射出夫妻关系的和谐。

夫妻的情感交流偶有意见相左的时候。朱中楣有《浪淘沙》一阕：“新月映眉妆，露滴花房。香风暗透薄罗裳。何处清音偏著耳，恰在西厢。 切切指生香，雅韵悠扬。愿天速变我为郎。竟作牵牛他织女，早日成双。”词前小序曰：“七夕前一日，晚坐纳凉，忽闻隔墙王玉娘抚鸾鸣鹤舞之音，戏拈小词。”词人戏言欲化身为男，与邻家少女结成连理。但李元鼎却不同意，他写道：“新浴罢梳妆。小坐闲房。冷风吹透紫罗裳。何处琴清惊客梦，东壁西厢。 指下暗生香。悠远飘扬。多情天上有牛郎。月下鹊桥仙子渡，准拟双双。”天上自有牛郎与织女结伴，就不劳朱中楣冒充牵牛了。这种小玩笑无伤大雅，反而能增进感情。

双方的意见也有分歧到无法调和的情况，上文所举陈之遴的《浪淘沙·感兴，和湘苹韵》与徐灿的《浪淘沙·庭树》虽系唱和之作，但一个充满了对荣华的祈盼，一个心怀着对故国的依恋，差异就很大，是夫妻感情破裂的征兆。

无论是情投意合还是意见歧异，男女双方都是在平等关系下进行对话，这种感情上的交流与碰撞都是前代夫妻词所没有的。词人愿意把心中所想告诉妻子，妻子也敢于发表自己的看法，共商大计。妻子兼任“同志”的角色，丈夫则表现出知己之感，标志着夫妻关系的进步。

其次，在创作形式上，前代词人多是独章，贰臣的夫妻词多是联章。所谓联章是“把二首以上同调或不同调的词按照一定方式联合起来，组成一个套曲，歌咏同一或同类题材”②。在贰臣的其他题材词作中，也采用过联章形式，但使用得最广泛的莫过于夫妻词。张宏生先生已经指出龚鼎孳的《白门柳》系大型联章词，且具有传奇功能，陈之遴和李元鼎的夫妻词也具有联章性质、故事结构。如李元鼎有《南柯子·和远山思亲》、《卜算子·儿裕购小棋与母对弈云：“以马敌将。”远山喜而有作，因步原韵》、《南歌子·和秋宵寓沧浪亭闻捷四首》、《双调望江南·和南归期虎丘观月》、《蝶恋花·和闻笛韵，时从浙归》、《渔家傲·江乡淫雨，

① 据《贰臣传乙·李元鼎》记载，李元鼎曾在顺治三年（1646）上疏辞官，“疏下吏部，以枢务正繁，未许因私请假。得旨：着照旧办事”。见清国史馆编《贰臣传乙·李元鼎传》，《清史列传》卷七十九，台北明文书局1985年影印本。

② 夏承焘、吴熊和：《读词常识》，中华书局1981年版，第31页。

屋舍尽淹，偶同远山阅西湖志，共拈此调，同步原韵》、《法驾导引·暮冬，送裕儿公车过秦淮，和远山见怀原韵二首》等词作，由此可以勾勒出二人由思乡到归乡的一系列情事。

如此连贯的故事性是前代夫妻词所不能望其项背的。出于对“情”的追求，贰臣词人已不满足于以独章的形式表现夫妻生活，他们要描绘二人世界中的点点滴滴，兼具叙事、抒情两方面功能的联章体正满足了他们的需要。

联章词早在敦煌曲子词中就曾出现，代代不乏作者，但一直到明清之际的夫妻词中才蔚为大观。原因之一在于贰臣词人对夫妻间韵事的珍视，乐于传达这方面信息，因此造成篇幅的连贯与浩瀚。原因之二与词之曲化有关。论者一般以为曲化的具体表现在于以俚俗浅显之语入词，其实联章词也是曲化的一种形式。词体以短小轻灵，含蓄蕴藉为特点，不利于叙事，而数词联章就弥补了这一缺憾，余怀就称龚鼎孳的《白门柳》为传奇。词曲融合在宋代就已经开始了，钱斐仲曾评价说：“柳（永）词与曲相去不能以寸。”明末俗文化兴起，戏曲昌盛，在创作中，词曲相乱乃至词曲不分的现象极为突出。明词曲化历来备受诟病，严迪昌先生别有一说：“词曲混淆，固是明词一弊，然而以散曲某种自然清新、直率大胆的情韵入词，实在是别具生趣，不得视以为病的。”① 我们看到采取联章形式的夫妻词就焕发出新的面貌来，它分则独立成章，合则组成夫妻间的一段故事或一份感情，开辟了这一题材的新境界。

最后，在内容方面，前代夫妻词多集中在寄内、寿内等题材上，表达自己的思念、感激之情。而贰臣词人所涉及的范围要更为宽广。除了夫妻情爱、夫妻生活外，战争、亲情、出处等主题也都纷纷出现。它突破了以往夫妻词仅限于闺阁之中的狭小视野，扩大了夫妻词的境界。

下面重点谈一下前文不曾涉及的亲情主题。对于传统女性来讲，最关心的莫过于父母、丈夫与子女；可是对于男性作者来讲，往往不会把这些家庭琐事放在词中来表现。不过由于女性词人的介入，这一状况有所改变。顺治之初，李元鼎无奈仕清，其家被愤怒的百姓摧毁，其弟被逼死，其母惊病。元鼎夫妻得知此信后十分焦虑，并在词中有所体现。朱中楣有《南乡子·思亲》一词：“弗寐数更筹。玉露盈盈晓来收。睡起凭阑无限

① 严迪昌：《元明清词》，天地出版社 1997 年版，第 92 页。

思，悠悠。清镜多情照我愁。　　却忆画眉俦。故把新词寄远游。又望白云归且尽，添忧。何日承欢戏彩楼。”李元鼎的和词为：“滴滴数更筹。雨打芭蕉声未收。遥忆尊亲思觌面，悠悠。万叠云山万叠愁。　　赖有凤凰俦。魂绕庭闱悔远游。舞彩斑舆知甚日，堪忧。白发龙钟独倚楼。”二词都以不能承欢膝下为憾，尤其是李词更为感人，他不说自己思亲，反而说老人想见他一面而不能。

世路多艰，父母往往把期望寄托在子女身上。朱中楣有《卜算子》一词，小序云：“儿裕幼时，偶购小棋，与予对局，云以马敌将。因戏拈此调，用幼安韵。”元鼎作词相和：“骥子与龙媒，胜我驽天马。切莫痴顽似阿翁，便是佳儿也。　　当日梦飞熊，始信璋非瓦。愿汝聪明读父书，出马应夸者。”元鼎之子振裕，日后官至大司空。他自幼聪颖，令父母十分欣慰。当元鼎说出儿子强于自己的话后，又是感慨又是高兴。大概是老来得子的缘故，元鼎十分钟爱振裕，当其成年后，亲自送子进京赶考。途中妻子寄词来说南风大作，高中之兆也，元鼎遂作《法驾导引》一词以和其意：“杨帆转，杨帆转，得句共谁拈。风雪只堪游客醉，江湖惟有岁年添。频频吉兆占。”词中思妻与爱子之情交织在一起，令人感受到浓浓的亲情。

以往论及夫妻间的文事，多强调男性对女性的影响，冼玉清《广东女子艺文考自序》即云：“其一，名父之女，少禀庭训，有父兄为之提倡，则成就自易；其二，才士之妻，闺房倡和，有夫婿为之点缀，则声气相通；其三，令子之母，侪辈所尊，有后嗣为之表扬，则流誉自广。”但考察贰臣词人的夫妻词，影响是相互的，尤其是唱和这种形式，较易形成相似的风格，进而形成相同的词学观。陈之遴在《拙政园诗余序》中就提到了这种现象：“湘苹吟咏益广，好长短句益于诗。所爱玩者，南唐则后主；宋则永叔、子瞻、少游、易安；明则元美。若大晟乐正辈，以为靡靡无足取。其论多与余合。”夫妻双方在唱和中共同成长，并建立起一种泯灭了男尊女卑的新型夫妻关系。男性与女性都力图争奇斗艳，胜过对方，女性不觉得有违妇道，男性亦不以为忤，而这在平时是不可想象的。那个时代的才子才女均以李清照、赵明诚为理想夫妻，不光倾慕他们的唱和之乐，更倾慕其“夫妇擅朋友之胜”①。

---

① （明）赵世杰《古今女史》卷一引江之淮之语：“自古夫妇擅朋之胜，从来未有如李易安与赵德甫者，佳人才子，千古绝唱。”明崇祯刊本。

第三节　贰臣悼亡词与两宋悼亡词之比较

悼亡亦是夫妻词的一种，之所以将其单列，是因为它在中国古代文学中的独特地位。自萧统《文选》的“挽歌”到方回《瀛奎律髓》的“伤悼”条，哀悼之作均被辟为单类①。祭悼文学的历史悠远②，《诗经》中的《绿衣》、《葛生》二篇可视为发轫之作。自东晋潘岳作《悼亡诗》三首，“悼亡”一词遂专指悼念亡妻。

悼亡词的发展历程中有两个高峰，一在北宋，苏轼为亡妻王弗所作的《江城子》开辟了悼亡词的先河，贺铸、刘克庄、史达祖、戴复古等人继之而作，从而将这一主题发扬光大。元明两代词学不振，悼亡词几近绝迹③，至明末清初，由于感伤思潮的泛滥，悼亡词焕发出新的活力，不但作品数量众多，而且质量优异，表现出超越前代的态势。尤其是纳兰性德的横空出世，更使这一题材达到了前所未有的高度。

贰臣词人是清初较早进行悼亡词创作者，龚鼎孳与梁清标均不幸而有丧妻之痛，他们继承了两宋悼亡词的传统，却并不是其翻版，而是有着自己的特点，其一是任情的表述方式，其二是爱情意识的高扬。本书认为这些特点对有清一代的悼亡词影响深远，在纳兰的笔下就可以看到因循的痕迹。

一　贰臣词人悼亡考

梁清标一生娶过四位夫人，三遭丧妻之痛。据高珩所撰《皇清诰授光禄大夫保和殿大学士兼兵部尚书苍岩梁公墓志铭》云：“元配夫人诰赠

① 转载于王立《中国古代悼亡哀祭文学略论》，《烟台师范学院学报》（哲社版）1989年第2期。

② 清人赵翼指出：“寿诗、挽诗、悼亡诗，惟悼亡诗最古。潘岳、孙楚皆有《悼亡诗》载入《文选》。《南史》宋文帝时，袁皇后崩，上令颜延之为哀策，上自益‘抚存悼亡，感今怀昔’八字，此‘悼亡’之名所始也。”见《陔馀丛考》卷二十四《寿诗、挽诗、悼亡诗》，河北人民出版社1990年版，第397页。

③ 笔者检索《全金元词》之标题，虞集有代他人悼妓词一首，卢挚有《清平乐·行群歙城寒食日伤逝有作》一首，疑为悼妻之作。

一品夫人，内弘文院典籍加太常寺正卿通政使司通政使王公讳钟庞女。继配吴夫人诰赠一品夫人，再继配待赠吴夫人俱邑痒生吴公讳原荫女，再继配诰封一品夫人杨夫人，邑痒生杨公讳似檀女。”① 王氏夫人卒于康熙五年（1666）②，清标作有悼亡诗《哭王安之内兄，兼悼亡室》四首、《丙午除夕》一首、《人日雪中卧病》一首，祭文《五七祭先妻王孺人文》、《七七祭先妻王孺人文》两篇。在祭文中清标称“吾妻根器不凡，生而颖异，虽真女子之柔德，实具丈夫之英气，而且笔墨时拈，知书识字，居恒恨不为男儿，大试其才”，从中可见夫妻感情甚笃。续娶的两位吴氏夫人是姐妹，可称为大吴夫人和小吴夫人。大吴夫人十五岁来归，婚后五年而卒，斯时是康熙十一年八月③。清标为她所作的悼亡作品最多，有《悼亡》诗八首、《题内子小像》二首；悼亡词八首，分别是：《凤凰台上忆吹箫》、《蝶恋花》、《点绛唇》、《烛影摇红》、《念奴娇》、《满江红》、《菩萨蛮》、《阳台梦》。④ 另《减字木兰花·偶忆》、《菩萨蛮·忆旧》、《孤鸾·壬子除夕》虽然标题不属悼亡，但悼亡意味明显。小吴夫人也不永年，二十四而夭。去世后，清标作有《琐窗寒·清明悼内》，另《惜余

① 转载于刘金库《“南画北渡”：梁清标的书画鉴藏综合研究》附录一《梁清标墓志铭考辨及年表厘定》。据作者言：“今天收藏在河北真定文管所的《真定苍岩梁公墓志铭》（未发表）是由时任刑部左侍郎的高珩撰文，经筵日讲官、起居注、礼部尚书张英书丹，经筵日讲官、吏部右侍郎彭孙通篆额，并由南京有名刻帖工匠尤天锡刻碑。碑文保存不好，且拗去了124个字，为当时磨去，可能与当时高珩的碑文有关，即有写康熙‘黯性多疑’字样有关，故沏去。其余尚可清晰地读出其内容。”中央美术学院博士论文，2002年。

② 关于王氏夫人的去世时间，刘金库考订为康熙六年（1667）。误。清标《丙午除夕》一诗云：“万事随年减，予今竟若斯。千门传矩夜，孤烛悼亡时。失岁持杯缓，愁眠听漏迟。披帷人不见，谁赋颂椒诗。”由此可知王氏之死是在康熙五年（1666）。另据汪懋麟《祭诰封一品梁母吴夫人文》（《百尺梧桐阁文集四》，清康熙刻本）云：丁未（1667）之春，余小子辈初受知门下时，王夫人之殁未久也。”

③ （清）汪懋麟《祭诰封一品梁母吴夫人文》（《百尺梧桐阁文集四》，清康熙刻本）云：“殆壬子八月，前吴夫人之殁余小子辈亲，依函丈见吾师之哀悼不胜而再哭焉。”另梁清标《孤鸾·壬子除夕》一词云：“想五侯甲第，欢无歇。把龙笛鹅笙。檀口吹彻。那管寒衾薄，有人儿凄切。珊珊玉珂初动，又趋朝、晓鸡时节。试问来朝镜里，添几茎华发。”从词意上可以断定为一首悼亡词。壬子即康熙十一年（1672）。

④ 关于《满江红》一词，刘金库在《“南画北渡”：梁清标的书画鉴藏综合研究》（中央美术学院博士论文，2002年）中认为是写给王氏夫人的。误。因为词中有句：“初拟鹿门同载去。那知更踏长安首，到如今白首送青春，真颠倒。”王氏夫人乃梁清标原配，卒时已经中年，谈不上“白首送青春”。词应是给大吴夫人的。

春慢·春雨》、《菩萨蛮·春暮有感》、《玉簟凉·七夕》也是悼亡之作。

龚鼎孳原配童氏，卒年不详。《板桥杂记》云二人感情不和，今观鼎孳的诗词作品确无一首为童氏而作的悼亡作品。或许在他心中，与之相患难的顾媚才是其真正的妻子。遗憾的是，他们的情缘至康熙二年（1663）而终[①]。余怀记载顾媚去世时的情景是："嗣后还京师，以病死，殓时现老僧相，吊者车数百乘，备极哀荣。"[②] 龚鼎孳十分悲痛，悼亡之作不少。其诗集中卷三十有《送李素臣归八宝，时南宫已隽复失，兼值悼亡，聊志同病之感》；卷三十一有《清明同古古、仲调、伯紫诸子登妙光阁感悼。阁为善持夫人所建》、《善持君榇南归，六如上人礼忏有作，因和原韵》；卷四十一有《中元为善持君忌辰礼忏》、《寒食感怀为善持君旅榇将南发》等。其词集中有《菩萨蛮·七夕饮慈仁寺松下》一首，作于康熙三年（1664）；《罗敷媚·无题》五首，时间不详；《贺新郎·影梅庵忆语久置案头，不省谁复何持去，辟疆再为寄示，开卷泫然，怀人感旧，同病之情，略见乎词矣》一首，作于康熙十年（1671）。

二　贰臣悼亡词的特点——与两宋悼亡词比较

1. 任情的抒情方式

李炳海先生曾说："古代有丧礼，它的功能体现在两个方面：一是顺应人心使人的哀悼之情得以表达；二是规定相应的形式、期限、使哀悼之情不致过分，以至于对人造成伤害。丧礼体现的是缘情和节情的统一。"[③] 对于悼妻文学来说更强调顺情而节情。潘岳作《悼亡诗》，长歌当哭，极哀婉之情，但结句仍云："庶几有时衰，庄缶犹可击。"元稹的《遣悲怀三首》结句分别云，"今日俸钱过十万，与君营奠复营斋"，"诚知此恨人

---

① 参见董迁《龚芝麓年谱》康熙二年条。孟森《横波夫人考》定于康熙三年，理由是："《定山堂集》壬寅迄丙午稿，《送李素臣归八宝，时南宫已隽复失，兼值悼亡，聊志同病之感》一律；康熙自壬寅至丙午，惟甲辰年有会试，送李下第而兼悼亡，称己'同病'，必龚之悼亡，亦在其时。"见《心史丛刊》，中华书局2006年，第158页。仅通过"同病"一词而推断悼亡时间与李下第同年，实不可靠。鼎孳词集中有《贺新郎·影梅庵忆语久置案头，不省谁复何持去，辟疆再为寄示，开卷泫然，怀人感旧，同病之情，略见乎词矣》，亦言"同病"，但该词作于康熙十年，顾媚墓草青矣。由此可证孟氏之讹。

② （清）余怀：《丽品》，《板桥杂记》卷中，上海古籍出版社2000年版，第30页。

③ 李炳海：《生死悬隔的悲哀和超载幽明的幻想——悼亡赋的抒情模式及心理期待》，《北方论丛》2000年第4期。

人有，贫贱夫妻百事哀”，“惟将终夜长开眼，报答平生未展眉”，均是将一腔哀思截住。两宋悼亡词也是如此。苏轼的《江城子》云：“不思量，自难忘。”可知其悲痛深藏心底，并不愿触及。贺铸的《半死桐》云：“原上草，露初晞，旧栖新垅两依依。”化用汉乐府《薤露》典：“薤上露，何易晞。露晞明朝复复落，人死一去何时归！”将人的生死与自然界的代谢相提并论，将丧妻之痛转化为空幻之感，哀伤得以稍减。史达祖的《寿楼春》结尾云：“算玉箫、犹逢韦郎。”把希望寄托在来世。以上数例均表现出对情感的节制。再从创作数量上看，苏轼有悼亡词 1 首，贺铸 1 首，戴复古 1 首，赵佶 1 首，袁去华 1 首，王炎 1 首，朱敦儒 2 首，刘克庄 2 首，史达祖最多，共计 6 首，但并非作于同一时间①。这给我们留下这样的印象：词人们思念起妻子，当风一哭，余音袅袅，但并不为情所困，能入能出。

贰臣悼亡词则不仅是顺情，而且还是任情，一任伤痛流淌而不加限制。从篇幅上看，龚鼎孳有 7 首悼亡词，梁清标 13 首，在数量上明显多于两宋词人。贰臣词人作悼亡词，喜欢一气呵成，一写就是数首。鼎孳的《罗敷媚·无题》五首、梁清标的《凤凰台上忆吹箫》等八首悼亡作品都是完成于同一时间。这一点与两宋词不同。这些联章悼亡词之间的关系是并列的，是一种悲情的多种表述。其优点在于经过一浪又一浪的渲染，可以将积蓄的痛苦提升到极致，感人至深。其缺点是在短期内创作多篇同一主题的词作，有的篇章难免有重复之嫌。试举一例说明：据汪懋麟云，大吴夫人之卒，清标“哀悼不胜”，感染得门下弟子也流下泪来。《凤凰台上忆吹箫》和《蝶恋花》就是其悼亡系列中的第一首和第二首，二词在结构、意蕴、语句上都十分相似。现将二词分节如下，以做分析：

凤凰台上忆吹箫·悼亡，用李清照韵

1. 衣冷筠笼，尘封瑶瑟，顿教白了人头。
2. 叹镜奁虚掩，风动帘钩。
3. 比翼生生世世，灯背处、私语都休。

① 宋词中的悼亡篇目并不明显，以上数据是笔者根据词人相关资料及研究成果所断定，模棱两可者未收入。

4. 燕台月，新添憔悴，恰是中秋
5. 休休。同林宿鸟，缘底事分飞，一霎难留。
6. 剩寒檠独照，露下妆楼。
7. 想象珊珊环佩，频怅望、几断双眸。
8. 空消受，江淹有恨，宋玉多愁。

蝶恋花·悼亡

1. 衣桁阑珊菱镜悄。风雨摧花，不许朱颜老。
2. 浅笑微颦风态杳。
3. 琐窗独自啼笼鸟。只影羞人灯暗了。
4. 长记鹣鹣，锦幄熏龙脑。
5. 两点远山谁更扫。沈郎一夕腰围小。

二词都采用睹物思人的感发方式，陈说着妻子离去给自己带来的巨大痛苦，在感情上是往而不覆的。在结构上，《凤》词中的第1、第2节与《蝶》词中的第1节意蕴相似，都是睹衣衾而怀人；《凤》词中的第4节与《蝶》词中的第3节相似，都是以孤鸟、孤灯暗示夫妻离别；《凤》词中的第8节与《蝶》词中的第5节相似，都是自言憔悴。二词共同用到了“衣”、“镜”、“鸟”、“灯”等意象。可以说《蝶》词简直就是《凤》词的压缩版。

从艺术角度来说，这么做并不可取。但这种因重复而导致的缺陷正说明了词人的创作动机在于倾注感情，而不在于艺术上的创意。从悲剧心理学角度看，“忧郁本身正是欲望受到阻碍或挫折的结果，所以一般都伴之以痛苦的情调。但沉湎于忧郁本身又是一种心理活动，它使郁积的能量得以畅然一泄，所以反过来又产生一种快乐”。“任何一种情绪，甚至痛苦的情绪只要能得到自由的表现，就都能够最终成为快乐。”① 丧妻是痛苦的，但词人反复撕开伤口，一遍又一遍地回味着丧妻的苦楚，在剌剌不能自休的过程中释放了负面情绪，反而能获得了一丝解脱的快感。这就是贰臣词人对悲情不加节制的内在原因，也是悼亡文学吸引人的所在。

那么，同是悼亡词，为何贰臣词人走的是任情路线，而两宋词人是节

① 朱光潜：《悲剧心理学——各种悲剧快感理论的批判研究》，人民文学出版社1983年版，第163页。

情呢？原因在于宋代笼罩在理学的阴影中，而晚明士人接受的是左派王学的自然率性之论，从而形成了“率性而真”的文化心理。加之清初又是个感伤主义泛滥的时世，二者相遇，悲情遂不可遏止。

2. 爱情意识的高扬

陈尚君在《唐代的亡妻与亡妾墓志》中提到唐代男性对妻、妾的不同书写方式：“与亡妻墓志重在表彰其知书达理、相夫教子的道德操行有所不同，亡妾墓志则多直接写其美貌色气。”① 这一潜规则在两宋悼亡词中是存在的，但在贰臣悼亡词中则不尽然。

先看一下苏轼悼妻与悼妾之别。《西江月》是悼念侍妾朝云的，作者对其容颜大加描写：“玉骨那愁瘴雾，冰肌自有仙风。”“素面翻嫌粉涴，洗妆不褪唇红。”而在为亡妻王弗所作的《江城子》中，仅有“小轩窗，正梳妆”一句是正面描写妻子的形象，其余的篇幅皆是诉说自己“不思量，自难忘”的深情。

在其他词人的悼亡回忆中，惯用缝衣意象。贺铸《半死桐》云：“谁复挑灯夜补衣”；戴复古《木兰花慢》云：“当时送别，灯下裁缝。”史达祖《寿楼春》云：“裁春衫寻芳，金刀素手。”王炎《木兰花慢》云：“衣故几时更。”这其实是对妇德的感念。关于妻子音容笑貌的描写则很少，在上文统计的16首悼亡词中，仅有赵佶对明节皇后“行行指月行行说。愿月常圆，休要暂时缺”的一句语言描写，以及史达祖说自己“多梦”妻子“睡时妆”的一处形象描写。更有朱敦儒、刘克庄、袁去华等人没有任何描写，仅叙自己的哀情。

词人似乎想以此告诉读者，我怀念的是她美好的品德，而不是她的容颜。这比起《花间集》对女性穷形极相的刻画确实是一种进步，但还远远不够。如果一个人对妻子的回忆仅剩下恩德，那么这只是一种亲情，而不是爱情。笔者愿意相信，在生活中，词人与亡妻之间是有爱情的，但遗憾的是在作品中并没有充分体现出这些。

爱情因素在贰臣悼亡词中开始旗帜鲜明地出现，这是在前人的基础上的新的发展。由于贰臣词人采用的是联章形式，所以妻子的一颦一笑得以完整展现。在其悼亡词中有美丽的往事、有枕席之爱、有生活中的诸多细节。回忆是愉快的，展现了夫妻间的两情相悦，而不是一方对另一方的付

① 陈尚君：《唐代的亡妻与亡妾墓志》，《中华文史论丛》2006年第2期。

出，词人悼念的是爱情，而不是一个可以给自己缝衣做饭的女人。

龚鼎孳的《罗敷媚·无题》其五是对往事的追忆：

曾从西子湖头住，云木周遭。天水空寥。无数鸳鸯戏彩桡。青青恰似长堤柳，生小柔条。薄福难消。玉笛红亭月一桥。

之所以选择《罗敷媚》这个词牌是有原因的，前文提到顺治五年，龚鼎孳与顾媚在西湖上曾有过一个浪漫的夜晚。当时鼎孳作有《罗敷媚》四首，词前小序云："五月十四夜，湖风酣畅，月明如洗，繁星尽敛，天水一碧，偕善持君系艇于寓楼下，剥菱煮芡，小饮达曙。人声既绝，楼台灯火，周视悄然，惟四山苍翠，时时滴入杯底。千百年西湖，今夕始独为吾有，徘徊顾恋，不谓人世也。酒语清恬，因口占四调以纪其事。子瞻云，何夜无月，但少闲人如吾两人。予则谓，何地无闲人，无事寻事如吾两人者，未易多得耳。"如今顾媚逝去，鼎孳再拈此调，重提往事，以示纪念。词写得很美也很别致，作者以景物描写代替叙事，哀乐寓于其中。

衾枕生活对夫妻来说有许多甜蜜的回忆，但受封建礼教及世俗观念束缚，一般的悼亡作品都避而不谈。贰臣词人则打破了这一惯例。龚鼎孳的描写亦真亦幻："帐中约略芳魂显。记当时、轻绡腕弱，睡鬟云扁。"梁清标的描写给人以美感，他写二人成婚那天，"定情良夜，倚灯人小"（《满江红》）、"灯火春宵，茗炉佳夕，鸳枕偎犹热"（《念奴娇》）。他率真地说自己"长记鹣鹣，锦幄熏龙脑"（《蝶恋花》），"那管寒衾薄，有人儿凄切"（《孤鸾·壬子除夕》）。这需要有一定的勇气，因为处理不当会有恶俗之嫌。不过贰臣的悼亡词并不给人这样的印象，上述描写简而不繁，格调健康，以昔日的枕席之爱反衬今天的人鬼殊途，非常具有感染力。

贰臣悼亡词描绘的是妻子生前最美丽的形象，却无一句提及妇德。龚鼎孳写顾媚是"束素亭亭人宛在"（《贺新郎》）、"青菱看熟红蕖面。只似初逢"（《罗敷媚·无题》其四）。顾媚去世时已经四十余岁了，但在龚鼎孳眼中永远是初上眉楼时的模样。梁清标写大吴夫人是"浅笑微颦风态杳"（《蝶恋花》）、"玳瑁当日栖双燕。碧桃花下看人面"（《菩萨蛮》）；写小吴夫人是"花满雕阑，凝妆小立晴窗倚"（《琐窗寒》）、"私语清宵，世世生生"（《惜余春慢·春雨》）。实际上他们的夫人并非无善可陈，以顾媚为例，过去龚鼎孳不是说她“壮哉儿女人杰”么，为何在这最该表彰的时刻却讳莫如深？笔者以为这是作者对祭悼文学“谀墓”传统的挑战，是对词体悼亡功能的革新。既然墓志铭、神道碑中已经不乏妇德赞美了，为什么不能在悼亡词中表现一下自己的爱情呢。

陈衍在《石遗室诗话》中曾说悼亡文学难工，因为“此种诗贵真而妇女之行多庸庸无奇，潘令、元相所已言，几不能出其范围也”[①]。可以说，大多数两宋词人虽然采用了词这种新型悼亡文体，但在构思上却没有超出潘岳、元稹歌颂妇德的路数。而贰臣词人由于在作品中加入了爱情底色，因此有所突破。

三 后世对贰臣悼亡词的受容

贰臣悼亡词以其不同于前代的两大特征在当时与后世产生了广泛的影响。梁清标为小吴夫人所作的《琐窗寒》一问世就得到了众多词人的追和，其中不乏朱彝尊、曹贞吉、徐釚这样的名宿。[②] 纪映钟对龚鼎孳为顾媚所作的悼亡词《贺新郎》也评价甚高，他说：“呜咽缠绵，悲凉酸楚，试当枫青月黑时曼声歌之，应使帐中之魂珊珊欲出。”可见时人是认可这种新型悼亡模式的。后世词人也对之多有继承，本书以纳兰性德的悼亡词为例来说明这一问题。

纳兰性德号称满族第一词人，其悼亡词无论在数量上还是质量上均堪称词史一绝。顾贞观评价道：“非文人不能多情，非才子不能善怨。骚雅之作，怨而能善，惟其情之所钟为独多也。容若天资超逸，翛然尘外。所为乐府小令，婉丽清凄，使读者哀乐不知所主。”“多情”与“善怨”正是纳兰与贰臣悼亡词相契合之处，《饮水词》中数十首悼亡之作中莫不体现了这两点。《金缕曲·亡妇忌日有感》是其代表作，素受选家青睐。词云：

此恨何时已。滴空阶、寒更雨歇，葬花天气。三载悠悠魂梦杳，

---

① （清）陈衍：《石遗室诗话》卷十，见张寅彭主编《民国诗话丛编》，上海书店出版社2002年版。

② 朱彝尊有《琐窗寒·和梁尚书后悼亡作》，曹贞吉有《琐窗寒·为梁大司农悼亡》，徐釚有《琐窗寒·奉和司徒公寒食悼亡，次原韵》，见程千帆主编《全清词·顺康卷》，中华书局1994年版，第5373、6497、6805页。

是梦久应醒矣。料也觉、人间无味。不及夜台尘土隔，冷清清、一片埋愁地。钗钿约，竟抛弃。　　重泉若有双鱼寄。好知他、年来苦乐，与谁相倚。我自中宵成转侧，忍听湘弦重理。待结个、他生知己。还怕两人俱薄命，再缘悭、剩月零风里。清泪尽，纸灰起。

《金缕曲》又名《贺新郎》，词调风格近于豪放，故极少有人用于悼亡。清初龚鼎孳曾有过一次尝试，就是上文提及的《贺新郎·影梅庵忆语久置案头……》，反响很好。纳兰此作很让人怀疑与龚词有关，理由是二人均选择了这一悼亡中的"僻调"，而且语汇颇有相通之处。如龚词云："骑省十年蓬鬓改"，纳兰云"三载悠悠魂梦杳"，均有明确的时间指向。龚词云："碧海青天何限事，难倩附书黄犬。"纳兰云："重泉若有双鱼寄。好知他、年来苦乐。"都用到了寄书意象。龚词结句云："双凤带，再生剪。"纳兰云："待结个、他生知己。还怕两人俱薄命，再缘悭、剩月零风里。"都提到了缘定他生，但纳兰的词意又作一跌，深恐来生再命薄如斯，更为惊心动魄。

在抒情上，纳兰排除了一切可以自我宽慰的理由，只发不收，一任哀情肆意流淌，几"令人不能卒读"。而且词中所体现的情愫也达到了无私无我的境界。词人处处为亡妻着想，想知道她在地下是否快乐，有无亲人可倚，寂寞了如何排遣；这与"你走了我怎么办"式的伤感高下不可以道里计。在另一首《青衫湿遍·悼亡》中也表达了同样的情感："忆生来、小胆怯空房。到而今、独伴梨花影。""愿指兮识路，教寻梦也回廊。""怕幽泉、还为我神伤。道书生薄命宜将息，再休耽、怨粉愁香。"尽管妻子已经物故，但在纳兰心里仍当她有知觉，怕她胆小无人相伴，找不到回家的路，怕她为自己伤心。如此真挚的感情在如泣如诉的文字中倾泻，其巨大感染力征服了无数读者，难怪王国维会誉之为"北宋以来，一人而已"①。

平心而论，纳兰的悼亡词成就极大，原非龚、梁二家所能牢笼，但纳兰平生注重"转益多师"，有资料记载他还曾一度学习龚鼎孳的词风②，

① 王国维：《人间词话》，上海古籍出版社2000年版，第13页。

② （清）顾贞观《栩园弃稿序》云："余受知香严而于词尤服膺倦圃。容若尝从容问余两先生意指云何？"见陈聂恒《栩园词弃稿》卷首，清康熙且朴斋刻本。

因此受贰臣悼亡词影响也在情理之中。自纳兰性德横空出世后，遂取代了贰臣词人，成为后世悼亡者模仿的对象。晚清明家周之琦就曾说："道光乙丑余有骑省之戚，偶效纳兰容若为此，虽非宋贤遗谱，其章节有可述者。"殊不知纳兰最为感人的"多情"与"善怨"两大特点都可以在贰臣悼亡词中寻到先行痕迹，只不过贰臣所建立的悼亡传统被至情至性的纳兰演绎得更加精彩，从而得以推广蔓延于后世。

第四章

从词唱和看贰臣的交游

酬唱赠答是中国文学的一大传统，它关联着一定时期的文人心态、交往模式、文学趣尚、社会风气等项内容。以词相唱和始于唐代颜真卿及其门客，《续仙传》云："鲁国公颜真卿与之（张志和）友善。真卿为湖州刺史，日与门客会饮，乃唱和为《渔父词》。其首唱即志和之词。……真卿与陆鸿渐、徐士衡、李成知共和二十余首，递相夸赏。"该唱和发生在友朋雅集的酒筵上，带有娱乐性质，气氛轻松欢快，为后世奠定了主基调。宋代词唱和大盛，以至于前人有"北宋有无谓之词以应歌，南宋有无谓之词以应社"之讥[①]。据童向飞先生统计，《全宋词》中共有和韵词 2433 首，占总数的 12%；作和词者 253 人，占总数的 17%，人均作和词约 10 首。[②] 尤值一提的是发生在南宋末年的《乐府补题》唱和，帝昺祥兴二年（1278），王沂孙、周密等十四人有感番僧杨琏真伽发掘六陵之事，借咏物抒发故国之思，辞旨深远，为宋词谱就了瑰玮的殿末之篇。元明两代词学衰微，唱和活动不及前人频繁，唯有明末陈子龙、李雯、宋征舆等人的"云间唱和"是沉寂词坛中的一个亮点，但内容不脱风花雪月。

清代是词唱和的黄金时代，这一方面表现在唱和规模上，诸如清初红桥、江村、秋水轩等唱和，均出现一韵累百、"一时名流相与争奇夺险"的盛况；另一方面表现在词作质量的提高上，词人不再单纯以应酬、游戏的心态唱和，而是将其视为抒怀与展示才华的舞台，因此佳作频出。

---

① （清）周济：《介存斋论词杂著》，见唐圭璋《词话丛编》，中华书局 1986 年版，第 1629 页。

② 童向飞：《诗词唱和的历史、研究意义及研究现状概述》，《湖北大学成人教育学院学报》2001 年第 5 期。

前文提到，贰臣词人为唱和活动的繁荣做出过贡献[①]，本章将继续关注围绕着他们展开的两次唱和：顺治初年的“天庆寺唱和”与康熙初年的“秋水轩唱和”。前者发生在贰臣之间，有助于了解词人在面对明清易代这种巨变时的心理反应；后者是贰臣与其他身份词人的唱和，从中可以窥知其交游情况。

第一节　天庆寺唱和

一　天庆寺唱和述略

“天庆寺唱和”指的是贰臣词人在北京的系列酬唱，由于第一次唱和发生在天庆寺，故以是名。[②]

唱和发生在顺治二年至三年间（1645—1646）。当时时世动荡：在北方，清军占据北京已一年有余；在西北，大顺军节节败退，李自成死于九宫山；在江南，弘光政权内讧不断，终于被满洲铁骑摧毁，扬州、嘉定、昆山、江阴等地惨遭屠城，但汉人抗清之心反而更炽，起义此起彼伏。

唱和的参与者有龚鼎孳、曹溶、熊文举、李雯、朱徽等五人[③]。关于龚、曹、熊三人的生平，前文已有介绍。李雯，字舒章，江苏华亭人。生于万历三十六年（1608），诸生。与陈子龙、宋征舆合称“云间三子”。入清，荐授弘文院中书舍人，一时诏诰书檄，多出其手。卒于顺治四年（1647），有《蓼斋词》。从严格意义上说，李雯并非贰臣，但他以复社清

---

① 详见本书第一章第二节。

② 天庆寺坐落在今北京崇文区东晓市街。据文献记载，原为辽代的永寿寺。金代大安年间（1209—1211）毁于兵燹。元代至元九年（1272）重建时，掘地发现一口废钟刻有“天庆”二字，经考证是辽代年号，因此就以之为名，是北京古刹之一。以后年久废圮，到了明代宣德年间（1426—1435）住持僧人德志在寺庙的旧址上又进行了重建，新建有大殿、禅堂、方丈室、斋堂等，落成以后请朝廷命名，仍旧赐额“天庆寺”。天顺、成化、嘉靖年间又进行过重修。是明清士人经常游览之处。

③ 实际人数可能较之为多，在顺治初年与龚鼎孳等贰臣来往甚密的还有王崇简、赵进美、张尔唯、袁于令、吴达、宋琬、金之俊等人，这在他们的诗作中都有体现，遗憾的是没有留下相关词作。

流，因父丧之故，被迫为满人操刀，其内心之凄苦愧疚，与贰臣是一致的。[①] 朱徽，字子美，号遂初，江西南昌进贤人。崇祯四年（1631）进士，官吏科给事中，曾降李自成。入清后历官刑科给事中、吏科都给事中、陕西按察使司副使、固原兵备道。其词散佚[②]。以上五人在明亡前就有着十分密切的关系，他们皆是复社成员[③]；除李雯外，其余四人皆同朝为官，龚、曹、朱三人还同在谏垣。龚鼎孳与熊文举有师生之谊，与曹溶有“龚曹”之目；熊文举与朱徽是同乡兼同年。

顺治之初这段时光对龚鼎孳等人来说是黑色的，他们刚经历了闯军的打击，几濒于死[④]；惊魂未定就又在清廷的威逼下出仕为官。在其内心深处，怎么也抹不去浩劫之阴影，抒发易代之感成了他们共同的话题，歌哭笑骂皆与之有关。

这场发生在知己与同病之间的唱和具体情况如下：

顺治二年（1645）春，熊文举作《石州慢·用高季迪韵》、《念奴娇·偶作》以寄托思乡之情，龚鼎孳见而和之，作《石州慢·感春》、《望海潮·同前》、《念奴娇·和雪堂先生感春》、《百字令·其二》，曹溶亦作《念奴娇·感春和芝麓》、《石州慢·咏雪》。

三月十八日，社集天庆寺，以送春为名悼念亡国。龚鼎孳有《满庭芳·韦公祠西府海棠数本……》。

四月八日，李雯、龚鼎孳、袁于令、谢弘仪、张学曾在天庆寺社集，主题为送春。李雯作《风流子·同芝麓》，龚鼎孳和其韵作《风流子·社

① 王植善《云间三子新诗合稿序》云：“李子父逢申，万历进士，劾梁廷栋误国，廷栋中以危，法论戍。李子昆弟走京师为父讼冤，事得白。癸未随父入都，甲申父死国难，絮血行乞三四日，乃得版椟以敛，守父棺不去。满清定鼎，睿亲王荐授宏文院撰文中书，一时草创诏诰大文章皆出其手。”见《云间三子新诗合稿、幽兰草、倡和诗余》，辽宁教育出版社2001年版，序第1—4页。

② 龚鼎孳有《南柯子·端午前一日社集，和遂初韵》一词，由是可知朱徽曾参与唱和。

③ 蒋逸雪所撰《复社姓氏考订》（《张溥年谱》附录，齐鲁书社1982年版）中并未有曹溶的名字，但杜登春《社事始末》（丛书集成新编本）记壬午（1642）之春，复社成员大集于虎阜，曹溶之名赫然在列。另观《静惕堂集》，有《以事北征留别同社诸子》五首、《同社过集》二首、《幼女初周，喜同社见过》、《冬夜社集张尔唯中翰药房分赋》等诗，被其呼为“同社诸子”的龚鼎孳、王崇简、宋琬、李雯等人皆是复社中人。因此笔者推断其亦曾入复社。

④ 龚鼎孳、曹溶、熊文举、朱徽都被闯军抓去拷打索银，李雯之父死于闯难。

集天庆寺送春，和舒章韵》，又作《踏莎行·又送春，用刘伯温韵》。当晚，李雯用龚韵作《踏莎行·春夜写怀》。曹溶的《踏莎行·春忆》疑似作于同时。

五月四日，社集于朱徽寓所。朱徽作《南柯子》，龚鼎孳和其韵作《南柯子·端午前一日社集，和遂初韵》四首。熊文举作《醉落魄·题芍药，用张于湖韵》，龚鼎孳和其韵作《醉落魄·饮遂初芍药花下》。

七月七日，曹溶作《踏莎行·乙酉七夕感悼》。

另有若干首词亦作于顺治二年至三年间，无法准确系年，但唱和痕迹明显。

熊文举作《临江仙》三首，最后一首和后蜀鹿虔扆词，暗伤亡国。龚鼎孳和之以《临江仙·和雪堂先生感怀》、《木兰花慢·和雪堂先生感怀》。

熊文举作《蝶恋花·和萧竹屋》，曹溶和其韵作《蝶恋花·杏花》二首。

曹溶作《大酺》，熊文举、龚鼎孳和其韵，分别作《大酺·怀古和曹秋岳》、《大酺·和秋岳春忆》等。

这是文学史上规模最大的一次贰臣词唱和，也是清初较早的社集性质词唱和，在内容、手法、创作动机上均与明人有异，已显露了词风即将嬗变的端倪。遗憾的是治清词者似尚未见及。

二 隐语书写与易代体验

余英时先生说："以隐语传心曲，其风莫胜于明末清初。"① 这自然是拜文字狱之所赐。满清定鼎中原之后，不但在军事上、经济上对汉人进行压迫，更在思想上严加控制。顺治四年（1647），广东和尚释函可因身携一本纪录抗清志士悲壮事迹的史稿《变记》，而被流放沈阳。五年（1648），江阴黄毓祺写诗曰："纵使逆天成底事，倒行日暮不知还。"被指为反清复明，抄家灭门戮尸，儿女发配给旗人为奴。同年，毛重倬等为坊刻制艺所写的序文不书"顺治"年号，被认为是"目无本朝，阳顺阴违，逆罪犯不赦之条"，皆置于法。由此，清廷规定："自今闱中墨牍必

① ［美］余英时：《方以智晚节考·增订版自序》，三联书店2004年版，前言第14页。

经词臣造订，礼臣校阅，方许刊行，其余房社杂稿概行禁止。”[①] 文网之密已现端倪。这种文化背景刺激了隐语书写，并在文人之间“相沿成习，牢不可破”。朱则杰先生曾撰文分析了清初诗歌中的隐语运用，并指出诗人们好用“朱”、“红”、“赤”、“花”、“落花”、“南京”、“江南”、“南方”、“汉”、“宋”、“日月”等指明王朝，用“青”、“边风”、“朔雪”、“燕山”、“江北”、“北方”、“秦”、“金”、“胡”、“月”等指清王朝[②]。这种书写方式在词作中同样存在，以“天庆寺唱和”为例，词人们就有固定的隐语，心照不宣地抒发着易代之悲。

1. 以“送春”、“感春”为名伤悼明王朝

在中国古典诗歌中，每每以春尽喻美好事物的逝去；至清初，春意象则与朱明王朝联系起来。崇祯帝于甲申（1644）三月十九日自缢于煤山，明朝随之灭亡，斯时正是季春。从此之后，每至这一日，民间就自发地进行悼念活动[③]。贰臣也不例外，王崇简在顺治二年（1645）作有《三月十九日哭》，龚鼎孳亦有《乙酉三月十九日述怀》诗，有史料证明，顺治十一年（1654）三月十八日，贰臣们犹相聚泣奠先帝[④]。除了这些悼念意图鲜明的诗篇之外，那些以送春、感春为名的唱和词亦承担着同样的任务，但感情更为隐晦，更能体现贰臣易代后的心理氛围。

下面比较一下龚鼎孳的一诗一词：

---

① 以上事件见《清代文字狱档》，上海书店出版社2007年版。此外，郭成康、林铁钧的《清朝文字狱》（群众出版社1990年版）、孔立的《清代文字狱》（中华书局1980年版）、王彬的《禁书·文字狱》（中国工人出版社1992年版）、周宗奇的《血光之灾　清代文字狱纪实》（中国青年出版社1998年版）等皆有精当分析。

② 参见朱则杰的《清初传奇和清代诗歌中的特殊意象：南京、江南、南方》（《文艺研究》1994年第3期）、《清代诗歌中的一组特殊意象——“日”和“月”》（《学术研究》1994年第6期）、《清代诗歌中的一组特殊意象——朱、红、赤、丹、花、落花》（《中国诗学》第4辑）、《“明”与“清”：清代诗歌中的一组特殊意象》（《浙江社会科学》2001年第6期）。

③ 在东南沿海地区，有视三月十九日为太阳生日的习俗，其始就是源于明遗民的黍离麦秀之悲。参见赵世瑜《太阳生日：东南沿海地区对崇祯之死的历史记忆》，三联书店2002年版。

④ 龚鼎孳有《满庭芳·韦公祠西府海棠数本，繁艳甲于京师，春时朝士宴赏，不减慈恩牡丹也。沧桑既变，而此花不改。三月十八日与诸子社集其下，感幸系之》一词，曹溶有《甲午春，彦升、芝麓招看韦公祠海棠，余病不及赴，遥同三首》诗，由此可知悼念活动是在顺治十一年（1654）三月十八日。

乙酉三月十九日述怀

残生犹得见花光，回首啼鹃血万行。龙去苍梧仙驭杳，莺过堤柳暮云黄。寝园麦饭虚寒食，风雨哅弓泣尚方。愁绝茂陵春草碧，罪臣赋已罢长杨。

风流子·社集天庆寺送春

柔丝牵不住，眉尖小、一蹙又斜阳。问红雨洒愁，几番离别，绿萍漾恨，何代苍茫。子规说、麝迷青冢月，珠堕马嵬妆。台卧锦钱，横抛芳影，燕冲帘蒜，偷觑柔肠。　前欢真如梦，流莺懒风日，枉媚银塘。担阁背花心性，泪不成行。叹楼空杜牧，浓阴乍满，人分结绮，落粉犹香。拈合一春滋味，弹出伊凉。

这两首作品几乎作于同时。诗意比较显豁、单纯，作者沉痛悼念了崇祯的“龙去”，并流露出一定的忏悔意味。词意则扑朔迷离，表面上似乎为春天的逝去而伤心，细看上去，字里行间均是感伤亡国的痕迹，而且还流露出“不臣”之心。从典故上说，“青冢”、“马嵬”分咏王昭君、杨玉环故事，而这两位女性的不幸都与胡人入侵有关，由此令人联想到明宫后妃的流离。“结绮”乃陈后主为张丽华所建楼阁，“落粉”指隋军入陈，后主与张丽华自投景阳井中事，作者似乎以此影射崇祯与周皇后的自缢。结句的“伊凉”是“伊州”、“凉州”二曲的合称，云整个春天为胡音羌曲所笼罩，喻意不言自明。回看整首词，作者伤悼的其实是大明王朝，而“泪不成行”云云则道出了易代所带来的心灵震撼与精神创伤。

一旦破解了春意象的真实含意，贰臣的心理氛围就容易把握了。诸如熊文举的“苦欲留春无计策，青门车骑匆匆”（《临江仙·忆》），“春去几多时，烦问取、怎生留住。恨芳草、斜阳路。青山相忆，见说高门如故，鲍照芜城欲赋”（《大酺·怀古和曹秋岳》）；李雯的“三春清泪落鸣笳。愁如海，不着踏青鞋”（《小重山·写怀》），都显露出对明亡这一历史事件的无法接受[①]。当然，每个人的侧重点不同，性格软弱者如李雯徒

① 贰臣词人关于春意象的用法虚实相间，有时指代朱明，有时不是。因此解读时不能空穴来风、深文罗织，还要结合词作的创作环境、上下文以及作者的个人情况具体分析。如文中所举熊文举与李雯的词作，若没有“青门”、“芜城”、“鸣笳”、“清泪”、“踏青（清）鞋”等字句暗示，是不能草率地认为与朱明有关的。

对故国抱以无限眷恋，终日以泪洗面；熊文举、龚鼎孳等人却对明亡有所不甘，暗自思量怎生挽回。

2. 以绿肥红瘦喻明亡清兴

南宋蒋捷有词：“流光容易把人抛，红了樱桃，绿了芭蕉”（《一剪梅》）。长短句原以倚红偎翠为主，“红”与“绿”两个字符的出现频率一直很高。而在清初人笔下，它们拥有了新的内涵，家国之思开始融入。这是因为明王朝覆灭于春末，满清随即于五月间入主北京，当时已是盛夏，繁花落尽，绿叶成荫；另一方面，落花呈朱红色，与明朝皇帝的姓氏恰好吻合，而绿阴成青色，与满清的国号谐音。

贰臣词人无疑是熟悉这种双关语的，在其唱和词中，多次以红绿对举。如“社集天庆寺送春”共有五首词，无一例外的都有“红”、“绿”二字。龚鼎孳的《风流子》前文已引，其中有“红雨洒愁，绿萍漾恨”之句，李雯的同题之作亦云“花退残红，莺捎浓绿”。其余三词皆填的《踏莎行》，开头如出一辙，均是以对仗的形式写绿浓花小。

龚鼎孳《踏莎行·又送春，用刘伯温韵》

乱绿迷烟，残英坠雨。东风不肯留春住。问春尚未到天涯，玉骢只索花边去。　罗袜凝香，红茵沾絮。春归料是春来处。黄鹂强要诉花愁，夕阳催上相思树。

曹溶《踏莎行·春忆》

宿酝红凝，新篝绿剪。柔肠全为双娥转。最难调护是清寒，帘旌斜带杨丝卷。　宫额栖鸾，仙娥舞燕。花栏密缝曾偷见。今年春气倍撩人，能容几个闲消遣。

李雯《踏莎行·春夜写怀》

绿染荒丘，红愁古戍。好春断送斜阳路。天边遗下碧桃花，人间竞买珊瑚树。　芍药香消，青梅酸破。这回难写风流句。灯前尚爱墨花浮，明知宿业相缠远。

上述五首词关于“红”“绿”的描写，无论是在意韵上，还是用法上都极其类似，这是一种十分反常的情况。因为唱和作为一种集体活动，存在着一定的竞技性，作者争奇斗胜，致力翻新，很少出现这样的机械性重复。笔者考察了崇祯末年的“云间唱和”，词人们各逞妙思，绝无雷同[①]。

贰臣词人宁可牺牲艺术性，反复标举“红”、“绿”，其实是在暗示明清易代这一史实。在他们的话语世界里，说“绿肥红瘦”就等同于说“神州陆沉”、“以夷变夏”、“乾坤反复”、“宗社丘墟”、“裂天维，倾地纪”，其中隐藏着易代之痛。

在唱和中，李词意韵最为明朗，“天边”句写明宫毁于战火，内府的书画珍玩流入民间[②]；“灯前”句忏悔自己为满人撰文，因笔墨造下宿业[③]，皆写实也。龚词的表述最为大胆，“东风”句揭穿了清廷“为故明臣子复君父之仇”的谎言，直言其原本就想置朱明于死地；“问春”句是说残明势力仍在，恢复之望未灭；“春归”句是期盼之语，作者认为目前明王朝虽处于低谷，但未尝不是新的开始。曹词对明亡之事亦感慨万千。在这次“送春”唱和中，能清楚地感受到贰臣们对满清政权乃至满民族的仇视。这种心绪为当时汉民族所共有，贰臣也不例外。

3. 其他隐语

贰臣词人对隐语的使用十分广泛，绝不仅限于以上两则。他们好采用双关、用典、比兴等方式，如以“柔丝”、“斜阳”喻国运衰微，以“子规”、“杜鹃”喻崇祯帝去国，以“东风”、“胡笳”喻清朝，等等。这些隐语往往是交叉使用的，共同营造着贰臣易代后的心理氛围。下面通过具

---

① 关于“云间唱和”的竞技性，参见姚蓉、王兆鹏的《从唱和活动看云间词风的形成》，《江汉论坛》2004 年第 11 期。以下是云间三子的“落叶”之吟，录之如下，以与贰臣唱和词相对照。李雯《蝶恋花・落叶》：“惨碧愁黄无气力。做尽秋声，砌满栏杆侧。疑是纱窗风雨入，斜阳又送栖鸦急。　不比落花多爱惜。南北东西，自有人知得。昨夜小楼寒四壁，半堆金井霜华湿。”宋征舆《蝶恋花・落叶》：“昨夜江南无数树，带月兼霜，做了连宵雨。簌簌送他秋梦去，红楼一枕斜阳暮。　不寄天涯肠断句，高下飘摇，自向前溪舞。屋角窗前非定处，西风着力何时住。”陈子龙《蝶恋花・落叶和舒章》：“金井雕栏蛰语歇。独上空阶，簌簌惊罗袜。满院西风人影绝，乱鸦啼断寒枝月。　今夜霜华楼外滑。一曲屏山，遮过灯明灭。几阵纱窗声不辍，梦中又到愁时节。”这三首词虽也同用到了“霜华”、“风雨”等意象，但出现的位置，具体用法都各不相同，体现出“斗词为戏”、“以当博弈”的性质。

② （清）李清：《三垣笔记・附识中》云：“质慎库图书百万卷，皆宣和所藏，为金自汴梁运入燕者，历元及国初无恙。徐达下大都时封记宛然，至国破，皆失散不存，闻者惋叹。”中华书局 1982 年版，第 233 页。

③ 李雯入清后为弘文院撰文中书，一时草创诏诰大文章皆出其手。多尔衮写给史可法的那封信就是李雯执笔。

体词作来体会这些隐语的表述。

无奈仕清，是贰臣的易代隐痛之一。他们在词作中表现出不愿妥协的姿态。熊文举与朱徽皆在仕清不久就辞官而去。文举有《念奴娇·偶作》一词，说的是辞官前的心情：

东风薄幸，吹绿水波纹，萍开复合。月华飞上翠云堆，放出丹青楼阁。十载佳期，三年幽恨，渺渺江湖阔。无计翱翔，俯仰太虚寥廓。　　昨宵梦到乡关，猛被惊回，喔喔鸡声恶。云破小窗星淡宕，和梦今宵不作。鹤怨空岩，猿啼晓树，怎得还山乐。问沈家令，淹淹带围如削。

“东风”、“绿水”均影射满清，因为满清发源于东北，而绿水用拆字法恰组成一个“清”字。“十载佳期”指的是仕明的岁月①，“三载幽恨”指的是被迫仕清的三年。一为“佳期”，一为“幽恨”，其内心倾向性可知。下阕的“鹤怨”、“猿啼”出自孔稚圭的《北山移文》，以表示自己思归之切。结句用“沈腰潘鬓”之典，乃是自伤憔悴。

李雯的《风流子·送春，同芝麓》也隐含着大量隐语：

谁教春去也，人间恨，何处问斜阳。见花褪残红，莺捎新绿，思量往事，尘海茫茫。芳心谢，锦梭停旧织，麝月懒新妆。杜宇数声，觉余惊梦，碧栏三尺，空倚愁肠。　　东君抛人易，回头处、犹是昔日池塘。留下长杨紫陌，付与谁行。想折柳声中，吹来不尽，落花影里，舞去还香。难把一樽轻送，多少暄凉。

该词假借一个不忘旧好的女子来表达虽被迫仕清，终不忘明的决心。全篇牢牢扣住明清易代这一事实。上阕始于一个问句，“谁教春去也”的“春”指代的是大明王朝，见出作者之不甘情状。“花褪残红，莺捎新绿”以红绿对举，暗藏“明清”二字，乃是贰臣词人惯技。“锦梭停旧织，麝月懒新妆”是说自己无心侍奉新主。过片的“东君抛人易”指崇祯去国。“折柳”云云暗喻不舍之意，因“柳”与“留”谐音，这是中国古诗十

① 这是一个概数，文举为崇祯四年（1631）进士，至明亡时，共做官十三年。

分常见的用法。[①] 结句十分沉痛，送春只须一杯酒，而送大明王朝，却须多少眼泪。

通过对贰臣词所用隐语的梳理，能看到易代事件对其打击之重。那些对故国的眷恋、对新朝的恨意、对自身的自责因发自肺腑而感动人心。在以往对贰臣的评语中，最常见的词汇是“毫无羞耻”、“觍颜事敌”、“蒙面丧心”，但当我们用心透视其心灵时，不能不叹息传统评价的单一、片面，至少对前文提到的这群贰臣词人来说是这样的。

三 对辛弃疾《摸鱼儿》一词的受容及其意义

心境的变化势必影响词风。贰臣于明季所填之词浓艳纤婉，带有《草堂》余韵，李雯、龚鼎孳等均拟、和过其中词作。在天庆寺唱和中，《草堂诗余》依然是词人模仿的对象，但家国之感的渗透使得词风迥异从前。如李雯之和韵李煜，熊文举之和韵张炎、晁无咎、贺铸、萧竹屋、高季迪，龚鼎孳之和韵刘基、刘克庄，都是寄托遥深、感慨万千。尤为值得注意的是，贰臣还集体表现出对辛弃疾词作的接受与模仿。

熊文举的《祝英台近・归思》和的是辛弃疾的《祝英台近・晚春》，其结句“是春光同我来，春再来欤，却不解，还将我去”与辛词的“是他春带愁来，春归何处，却不解、带将愁去”如出一辙。龚鼎孳在《大酺・和秋岳，春忆》中云：“梦逐江流去。还懊恼、数峰遮住。料难到、家山路。”乃是脱胎于辛弃疾的《菩萨蛮・书江西造口壁》：“西北望长安，可怜无数山。青山遮不住，毕竟东流去。”而对于辛弃疾的名词《摸鱼儿・淳熙己亥，自湖北漕移湖南，同官王正之置酒小山亭，为赋》，贰臣更是表现出极大的兴趣。

稼轩的这首《摸鱼儿》借妃子伤春来表达自己受人排挤，满腔报国热忱无处申述的痛苦。朱德才先生评价道：“貌似伤春宫怨，实承《离骚》美人香草比兴手法，将身世之感和忧国之情一并写入其中。”[②] 而天庆寺唱和亦是借伤春之名悼故国旧君。下面以龚鼎孳的《百字令・和雪

---

① 中国有“折柳送行”的习俗。《小雅・采薇》云：“昔我往矣，杨柳依依；今我来思，雨雪霏霏。”北朝乐府《鼓角横吹曲》中有《折杨柳枝》：“上马不捉鞭，反拗杨柳枝。下马吹横笛，愁杀行客人。”均是这一用法。

② 朱德才：《辛弃疾词选》，人民文学出版社 1988 年版，第 40 页。

堂先生感春》为例，与之作一番比较：

辛弃疾《摸鱼儿》

更能消、几番风雨，匆匆春又归去。惜春长怕花开早，何况落红无数。春且住，见说道，天涯芳草无归路。怨春不语，算只有殷勤、画檐蛛网，尽日惹飞絮。　长门事，准拟佳期又误，蛾眉曾有人妒。千金纵买相如赋，脉脉此情谁诉。君莫舞，君不见，玉环飞燕皆尘土。闲愁最苦，休去倚危栏，斜阳正在，烟柳断肠处。

龚鼎孳《百字令·和雪堂先生感春》

断魂无那，霎时间、柳絮萍花吹合。几点残红随蝶粉，倒挂蛛丝檐角。鹦鹉呼来，鹧鸪催去，恨与晴波阔。斜阳无语，半天烟岫寥廓。　何处麦雨葵风，含桃金盌，九十春光恶。惆怅江南花落尽，玉树歌声重作。画鼓萤流，琼箫人远，野草迷长乐。御沟流水，应怜云鬓梳削。

龚词虽和韵熊文举的《满江红·偶作》，但二者在整体风貌上并不太相似[①]，反倒与稼轩的《摸鱼儿》有着血缘关系。构成龚词的主要意象如伤春、愁苦（断魂、惆怅）、风雨、柳絮、蛛丝、屋檐、残红、烟、草、宫廷（长乐）、妃子、无语等，也同样是辛词意境的重要素材。[②] 二者有着惊人的相似，使人感到鼎孳有一种欲从作品总体上全方位地再现《摸鱼儿》世界的蹈袭姿态。

不仅是龚鼎孳，其他贰臣亦不乏借自或脱胎于《摸鱼儿》的句子。详见下表：

辛弃疾：《摸鱼儿》	贰臣词人：天庆寺唱和	备注
春且住，见说道、天涯芳草无归路。	春去几多时，烦问取、怎生留住。恨芳草、斜阳路。（熊文举《大酺·怀古和曹秋岳》）	同有留春、芳草、路意象。
	绿染荒丘，红愁古戍。好春断送斜阳路。（李雯《踏莎行·春夜写怀》）	同上。

① 熊词前文已引，读者一比对即可知。

② 象落花、风雨、哀愁、柳絮、野草这样的意象，在任何一首伤春词作中都可以看到，但诸如蛛丝、斜阳、宫廷、妃子等意象同时出现，却是辛词所独有的。

续表

辛弃疾：《摸鱼儿》	贰臣词人：天庆寺唱和	备注
怨春不语，算只有殷勤、画檐蛛网，尽日惹飞絮。	几点残红随蝶粉，倒挂蛛丝檐角。鹦鹉呼来，鹧鸪催去，恨与晴波阔。（龚鼎孳《念奴娇·和雪堂先生感春》）	同有春恨、蛛丝、飞絮意象。
	春来愁忒，石黛慵拈，金罍懒把。飞絮游丝，当年尽付东风。（熊文举《石州慢·用高季迪韵》）	同上。
	游丝吹尽，为春归、撩乱几人情绪。（曹溶《念奴娇·感春和芝麓》）	同有春恨、游丝意象。
长门事，准拟佳期又误。	昭阳粉黛记将迎，翠袖五铢轻。忽凄管催霜，繁笳沸月，好梦难成。（《木兰花慢·和雪堂先生感怀》）	同以失宠妃子自拟，同是欲会君王最终未成。
蛾眉曾有人妒。	谁负入宫妃。是蛾眉。（龚鼎孳《昭君怨·赋本题》）	同有“众女妒余之蛾眉”之意。
千金纵买相如赋，脉脉此情谁诉。	菱花怜我，萧索长卿非故。倩谁百斤买赋。（龚鼎孳《大酺·和秋岳春忆》）	同用相如《长门赋》之典。
闲愁最苦，休去倚危栏，斜阳正在，烟柳断肠处。	黄鹂强要诉花愁，夕阳催上相思树。（龚鼎孳《踏莎行·又送春》）	同有春愁、斜阳、树意象。
	恨与晴波阔。斜阳无语，半天烟岫寥廓。（龚鼎孳《百字令》其二）	同有春愁、斜阳、烟意象。
	谁教春去也？人间恨、何处问斜阳。（李雯《风流子·送春》）	同有春愁、斜阳意象。

以上证据至少可以说明贰臣在进行天庆寺唱和时，曾关注过辛弃疾的《摸鱼儿》。

稼轩的这首词在思想内容与艺术性上均达到了非常高的境界，乃是其代表作之一。南宋何士信所辑《草堂诗余》收录了该词，并将标题改为“晚春”，元代曲家将之列入“十大曲”，均可见其地位之尊崇。至明代，该词却颇受冷遇，在《全明词》中拟、和之作几近于无①。这大概与明人不喜辛派词风有关。至清初，情况再一次逆转，除了贰臣词人对其模仿之外，余怀作有《摸鱼儿·和辛幼安》，王夫之作有《摸鱼儿·辛幼安伤春词……》、《摸鱼儿·辛词……复用韵写之》、《摸鱼儿·潇湘小八景词八首，效辛稼轩体》、《摸鱼儿·潇湘大八景词八首，效辛稼轩体》，宋征璧作有《摸鱼儿·送春》（次韵），陈维崧作有《摸鱼儿·家善百自崇川来……》（次韵）、《摸鱼儿·澄江客舍……》（次韵）、《摸鱼儿·题徐电

① 统计结果引自程继红《〈全明词〉对稼轩词接受情况的调查分析》，《浙江海洋学院学报》2006年第1期。

发枫江渔父图》(次韵)等。

无论是贰臣还是遗民，都是由明入清的词人，他们在易代后对稼轩《摸鱼儿》的追捧有两点理由：其一，辛词所营造的风雨飘摇之境与清初之时代氛围极其相似，其内在的忧愤之感也使易代后的词人有深获我心之感。王夫之即言："辛词'烟柳斜阳'之句，宜其悲也，乃尤有甚于彼者，复用韵写之。"其二，余怀、龚鼎孳、李雯等词人的少作普遍浓艳，易代之后风云突变，婉约词风已满足不了发泄感情之需要，豪放词风虽然痛快淋漓，但想让说惯了绮语的词人骤然接受，还不容易。于是像《摸鱼儿》这样"肝肠如火，色笑如花"的词作就受到了词人的青睐。词人既可以抒发感慨，又不偏离原来的审美习惯，鱼与熊掌兼得。

但是对于贰臣词人来说，他们却没能把这种词风保持多久，龚鼎孳、曹溶等人的后期词作均转为豪放，有稼轩之风[①]。如此看来，贰臣的词风嬗变共经历了三个阶段：在明季，词人追和《草堂诗余》，其词风柔靡婉娈；明清易代之后，词人追和刚柔兼济的《摸鱼儿》，其词风外柔内刚；至顺治末康熙初，词人追和稼轩的谐诙体，追和其豪放词作《贺新郎》、《水龙吟》[②]，词风亦趋于豪雄。在这一嬗变轨迹中，《摸鱼儿》起到了重要的衔接作用。贰臣正是通过对其模仿，逐渐认识了稼轩风，逐渐接受了其"大声鞺鞳，小声铿锵，横绝六合，扫空万古"的表达方式。

提起稼轩风之鼓荡，乃是清初词坛的一件大事。研究界不断有文对此阐发，已经涉及政治、经济、文化、心态、词风等诸多方面。但对于具体兴起过程还语焉不详。词人们是怎样从晚明绮艳词风中走出，接受稼轩风的？是一蹴而就还是循序渐进？如果是后者，在词作上有何嬗变的痕迹？这些问题还有待解决。通过对贰臣词人模仿《摸鱼儿》一词的分析，笔者认为，有相当一部分词人（如贰臣、王夫之、宋氏兄弟等）是先对稼

① （清）丁澎《梨庄词序》云："娄东、合肥诸先辈始倡宗风，皆侧身苏、陆之间，于稼轩之绪，乃徐有得也。"关于曹溶词作的稼轩风貌见本书第六章。

② 龚鼎孳后期有《水龙吟·为介玉寿，用辛稼轩韵》、《瑞鹤仙·祝澹余曹少宗伯，次辛稼轩祝洪莘之韵》；曹溶追和稼轩之作有《祝英台近·同杨香山次辛稼轩韵》、《六么令·宫香饼，用辛稼轩韵》、《贺新郎·问懒真堂牡丹消息，用辛稼轩雨中游西湖韵》、《贺新郎·懒真主人招宴花前，用前（辛）韵》、《贺新郎·客招赏藤花，以事不赴，用前（辛）韵》、《贺新郎·答横秋见寿，时将行役云中》。

轩的婉约之作感兴趣[①]，进而接受了其豪放词风的。

小　结

在“天庆寺唱和”中，欲盖弥彰的政治主题、欲说还休的抒情方式、富含言外之意的意象运用均使它拥有一种不同于前代唱和的特殊之处。在创作背景、书写方式上，“天庆寺唱和”与宋末元初的《乐府补题》唱和很相似，这种相似是由时代、身世所赋予的，是历史的巧合，而不能说是受其影响。因为《乐府补题》尘埋多年，直至康熙年间才由“休宁汪氏购之长兴藏书家”，朱彝尊“爱而亟录之，携至京师。宜兴蒋京少好倚声为长短句，读之赏激不已，遂镂板以传”[②]。而“天庆寺唱和”发生在顺治初年，《乐府补题》尚未现世。

第二节　秋水轩唱和

与“天庆寺唱和”相比，“秋水轩唱和”的特殊性在于这是一次贰臣与其他身份者的聚会，参与者既有贰臣龚鼎孳、新朝官吏曹尔堪，又有遗民纪映钟、陈维岳、杜首昌、王豸来，青年士俊周在浚、徐釚、徐倬、汪懋麟等。他们出处各异、趋舍殊途，却能共处一堂，诗酒言欢，这一点无论是从政治角度还是文化向度上看，均不寻常。通过唱和，双方所透露出来的交往动机、交往模式更是耐人寻味，对于研究贰臣的人际交往以及清初士人之间的关系不无裨益。

一　秋水轩唱和年表

秋水轩唱和发生在康熙十年（1671）的北京，汪懋麟言其始末为：“始于南溪学士（曹尔堪），而广于合肥宗伯（龚鼎孳），纵横排宕，若瑜

① 稼轩的婉约之作与众不同，其抒柔情而渗透着英雄的豪气。袁行霈《中国文学史》言“悲壮中有婉转，豪气中有缠绵，柔情中有刚劲，是稼轩词风的独特处”。高等教育出版社 1999 年版，第 164 页。

② （清）朱彝尊：《乐府补题序》，见《曝书亭集》卷三十六，四部丛刊本。

亮用兵，旗鼓相敌，一时名流相与争奇斗险。”[①] 为了进一步明确龚鼎孳在唱和中所起的作用，笔者就自己考察的结果，勾勒出了以其为中心的唱和活动年表。尽管由于时代久远、文献湮灭，这种描绘永远不可能完善，但这么做至少可以使那些因岁月尘封而模糊的人事重新清晰起来，从而使贰臣的“交游考”在一个较为坚实的基础上前行。

康熙十年（1671）六月二十日晚，曹尔堪访周在浚于秋水轩，在壁上题了一阕《贺新郎·雪客秋水轩晚坐》（秋水轩唱和皆以《贺新郎》为调，以下省略词牌），并将之示纪映钟、曾灿、杜首昌、王豸来等人。周、王、杜三人俱依韵和答。

其后不久，龚鼎孳招同纪映钟、徐倬、冒禾书、吴孟嘉、简上等至秋水轩，为曾灿送行，见曹词而称之，即席和韵；徐倬亦作《孟秋集秋水轩，奉和合肥夫子》。见到龚词后，曹尔堪复作《芝麓宗伯见和长调，用原韵奉酬》。

七月至八月间，周在浚偶感风寒[②]，龚鼎孳、徐倬前去探病，作《问雪客病》，周在浚答以《卧病秋水轩，芝麓先生枉驾过慰志感用前韵》、《病中徐方虎过慰，赋此答之，再用前韵》。其后，在浚病痊，曹尔堪、纪映钟、陈维岳以词贺之。

八月，汪懋麟纳姬[③]，同人道贺。徐倬、龚鼎孳、陈维岳、杜首昌、周在浚、纪映钟、王豸来、龚士稹皆有词催妆。

八月十五日前后，冒禾书归里，龚鼎孳、徐倬皆有词相送。中秋，徐倬作《中秋感事，上龚夫子》，就巡差问题向龚鼎孳进言，鼎孳答以《中秋后一夕月食寓怀》。王豸来作《中秋对月，并酬纪檗子先生见讯》。

八月二十七日前后，龚鼎孳作《秋日蒙遣祭至唐家岭，因游西山》。祭日后是纪映钟生日[④]，龚鼎孳、陈维岳、徐倬、周在浚皆有词贺之，纪

① （清）汪懋麟：《秋水轩唱和词序》，转引自严迪昌《清词史》，江苏古籍出版社 1999 年版，第 126 页。

② 关于周在浚卧病时间，纪映钟云：“毒从暑蕴原明显。”周在浚自云：“那意支离三十日，误参苓、杞把征衫典。”可见病从夏起，绵延至秋。故系年于此。

③ 汪懋麟纳姬时间为八月，具体时日不可考。龚鼎孳《贺新郎·为汪蛟门舍人病中纳姬，和方虎》云：“鬟影钱塘云母楫，渡文陵、八月秋涛浅。”

④ 纪映钟生辰为八月二十八日，《赣叟诗钞》有《观祭之次日为予生日，感赋》一诗，丛书集成初编本。

映钟作《自题像，次曹学士韵》、《赠徐方虎》。

八月三十日至九月二日间，曹尔堪离京，龚鼎孳、周在浚、徐倬、纪映钟、王豸来、陈维岳为之饯行，皆赋词。曹尔堪叠韵谢别。

九月九日前后，龚鼎孳同纪映钟、蒋行介、姜铁夫、徐方虎、陈纬云、周在浚诸同人，集黑龙潭登高，兼送陆金粟归锡山，赋词数首。纪、王、周皆有词纪其事。

九月，徐倬《灯下菊影》。龚鼎孳、纪映钟、龚士稹作词和之。

十月十七日，周在浚之父亮工生辰，龚鼎孳作《贺栎园先生》、《题雪客像》，汪懋麟、徐倬、纪映钟、王豸来皆有词贺之。

其后，王豸来将南归，龚鼎孳、周在浚、徐倬、纪映钟赋词相送，并为其父云枰先生之镜阁题词。王豸来作《龚子先生以镜阁新词见赠，答之》、《将之潞河，留别诸同人》。

十一月十七日，龚鼎孳生辰[①]，陈维岳、徐倬、宋琬、陈祚明、周在浚、梁清标有词贺之。

十二月，周在浚南归[②]，徐倬、杜首昌、汪懋麟、纪映钟以词送之。

由以上年表可见，龚鼎孳身兼天时、地利、人和，隐然是这一群体的核心。先说天时，康熙十年（1671），龚鼎孳56岁，官至兵部尚书，无论是年龄还是官职都优于众人，而在中国素有长者为先、位高者为先的传统。次说地利，秋水轩词人群体都不是北京人士，但龚鼎孳为京官二十余年，府邸、妻小皆在此，俨然已成地主，有能力为唱和提供资金、场所。最后说人和。龚鼎孳性好交游，天下闻名，各个阶层都有知交好友。吴伟业说他“倾囊以恤穷交，出气力以援知己”[③]，金堡云：“先生于如粟之物，不减法华长者之念穷子。知大士怜才，自应如此。”[④] 所言不虚。秋水轩群体中的许多人都是特地来投奔他的，像纪映钟就在其府中一住十余年。这些都为他在人际交往过程中发挥影响力

① 龚鼎孳生辰据董迁《龚芝麓年谱》，台北广文书局1971年版，第4页。

② 据周在浚《行述》云：“辛亥岁暮，不孝在浚以教习旗塾，暂告归。”见周亮工《赖古堂集》附录，四库禁毁书丛刊本。另周在浚有《西河·客西河沿之秋水轩一载矣，岁晚南还，作此为别》一词，故系年十二月。

③ （清）吴伟业：《龚芝麓诗序》，《吴梅村全集》卷二十八，上海古籍出版社1999年版，第665页。

④ （清）金堡：《寄龚芝麓总宪》，《遍行堂集》卷二十四，四库禁毁书丛刊本。

创造了条件。

二　以龚鼎孳为例看贰臣与其他身份者的交游

龚鼎孳拥有一个庞大而复杂的交际圈子，“秋水轩唱和”只是其生平交游的一个缩影。本书在遗民、士俊、新朝官吏中选取数位典型人物，以观双方的交往情况，进而推知贰臣与其他身份者的交游模式。

1. 遗民

龚鼎孳作为名贰臣，却有着相当多的遗民朋友：杜浚、阎尔梅、冒襄、姜采、姜垓、顾与治……如果要列举，可以拉一个很长的名单。他们之间的友谊并不因政治身份的差异而稍减，有时还会有新的发展。

众遗民中纪映钟追随他的时日最久。映钟（1609—1681后），字伯紫，一作伯子，蘖子，号赣叟，自称钟山遗老。江苏上元人。《清国史·文苑》云：“崇祯时张溥、杨廷枢、张采、周钟等举复社，四方云集呼应。江南人文荟萃，映钟尤喜结纳，众推映钟及江宁顾梦游为职志，梦游早殁，映钟独领袖群英。国变后，弃诸生，躬耕养母，自称钟山遗老。少与龚鼎孳友善，鼎孳既贵，招至京下榻焉。寓京十稔，此外未尝轻投一刺。尤负诗名。”映钟于明季为复社江南职志，龚鼎孳亦为复社才子，其家江南合肥，正处于其管辖范围内，二人得以结交。

考映钟之入龚幕，最早可推溯至顺治九年（1652）①。此后鼎孳每次回京映钟必来依之。清代幕府之中主客关系比较密切，纪龚二人的关系更加微妙。鼎孳入清为官以来对善类一直多加庇护，傅山、阎尔梅、丁耀亢、陶汝鼐等人因反清被捕，几濒于死，多得鼎孳相救。而在这些颇有风险的活动中，不时显现映钟协助的身影。以“朱衣道人案”为例，顺治十一年（1654），傅山因组织策动反清活动而下太原郡狱，父子兄弟皆受严刑。《阳曲志文·傅先生事略》云：“门生有以奇计救之者，得免。”所谓“奇计”，其实就是托之于左都御史龚鼎孳。顺治十二年（1655）五月，映钟有太原之行，旋返北京，当与此事有关。想是奉鼎孳之命前去斡旋。丁宝铨所辑《傅青主先生年谱》云“十二年

① 《定山堂诗集》有《九日邀同何榕庵、成二鸿、吴岱观、韩圣秋、纪伯紫、邓孝威、李素臣、陆吴州、王玉式、白仲调、何濮源、王燕友集慈仁寺毘卢阁登高，遂饮松下，用少陵九日诸韵》一诗，民国刻本。

乙未，金陵纪伯紫映钟、合肥龚尚书鼎孳鼎力救之（傅），事白释归”①，也印证了这一点。

遗民有两种类型，一种是遗世而独立者，另一种是遗而不忘世者。映钟属于后者，他少有大志，但明亡这一现实却使他有志难展。如何调剂用世与遗民身份之间的矛盾，入“出而为民”的龚鼎孳幕，佐其行善，无疑是两全其美的办法。《清国史·文苑》云：“及卒，友人为文祭之，有依隐玩世，壮语高姿，达官访以当世之务，名士题以风流之师。时以为实录。”明清之际不少隐遗之辈均采取这种方式。孙奇逢、李隅的讲学布道而不避当道，顾炎武的《利病书》、黄宗羲的《待访录》，都是难以消歇的经世之心。

在与遗民的交往中，贰臣也获得了某种满足，友人的谅解减轻了他们失节的精神痛苦，并有一种寻回旧身份的感觉。鼎孳在《与纪伯紫》书中写道：“知己情深，何时能去于怀。尘海茫茫，求我同心人何可一二得也。”② 二人的情谊可见。秋水轩唱和中，鼎孳有《贺新郎·为檗子寿》一词，下阕云：“客游不藉纵横显。日端居、犀香温透，墨池磨扁。生受鹿门妻子福，万态扰龙驯犬。爱白璧、微瑕全免。相约卜邻投老去，有青溪茅屋堪重典。花共插，竹同剪。”“相约卜邻”之句缘自纪映钟《南归过仙霞岭闻芝麓左迁却寄》一诗：“万里故人闻再谪，可能便卜白门邻。”友人不因身份的差异而心存芥蒂，令鼎孳备感欣慰。纪诗作于顺治十七年(1660)，十年时间过去了，他还念念不忘。

清初与遗民结成生死之交的贰臣并不仅仅龚鼎孳一人，谢正光先生在《清初诗文与士人交游考》中指出，这样的交往在当时是极普遍的，站在遗民的立场看，他们的实际动机各有不同：有的出于谋食，有的出于谋求政治掩护，有的出于情谊，有的出于问学，有的出于治学的共同兴趣，或谋取行旅上的种种便利。③ 而纪映钟与龚鼎孳的交往除了上述动机外，还体现出一种新的模式：他们各取所需，贰臣获得了精神上的慰藉，遗民满足了用世的愿望。

2. 新朝官吏

清廷定都北京后，实行满汉分居政策，将京城行政区划分为“满城”

① （清）傅山：《霜红龛集》附录，山西人民出版社1985年版，第1334—1335页。

② （清）周在浚等：《赖古堂名贤尺牍新钞》卷九，四库禁毁书丛刊本。

③ ［美］谢正光：《清初诗文与士人交游考》，南京大学出版社2001年版，第292页。

和“汉城”，由此逐渐形成了“士流题咏率署宣南”的文化氛围。[①] 而这种氛围的发端与贰臣有着密切关系。贰臣不但位高权重，而且雅善诗文，在其身边经常围绕着一些门生故吏、年轻士俊，他们或相携而游，或雅集酬唱，形成京都特殊之人文景观。以龚鼎孳为例，当时士人游京师者必先挟文谒之，而他之住所长椿寺附近也成了“宣南”一处文人墨客常至之地[②]。下面以曹尔堪与龚鼎孳的交往为例，谈一下贰臣与新朝官吏之间的关系。

“秋水轩唱和”的发起者曹尔堪（1617—1679），字子顾，号顾庵，浙江嘉善魏塘人。沈季友《槜李诗系》云：“尔堪，勋之长子。顺治壬辰进士，选庶吉士，两冠阁试，授编修。扈从瀛台南苑，世祖褒问，谕令与吴伟业同注唐诗。丁艰，起补。转侍读。转盼三擢，异数也。性强记，诸琐屑事能举其原委，人一见辄不忘。若典图要害，山川形势，指画纤悉，听者神殊。当朝以大用期之。无何，佳误镌级，寻罢官归。优游田园，偕二三老友选胜赋诗，间为远游，篇什益富，为诗清丽可诵。与宋荔裳、施愚山、沈绎堂、王阮亭、王西樵、汪菩文、程周量诸公称‘海内八家’，有《南溪集》。”“优游田园”云云仿佛尔堪罢官后的人生形态十分潇洒，实则不然。施闰章《翰林院侍讲学士曹公顾庵墓志铭》言其康熙元年罹“奏销案”，夺级南归后，曾被“奇祸”。具体情况为：其“童奴与县卒角，误触尉怒，尉肤诉长吏，语过激，事闻，坐谪，当从关外。”“一时朝士亲交惜君者，争助私钱，用营建例，得赎，无出塞。”虽然最终免于谪戍，但数月的入狱经历却已使他的心灵深受创伤。康熙十年的北京之行，实为销案而来。

尔堪与鼎孳在明季同是复社成员，相识甚早。这次相聚龚鼎孳等想为其复官，因故未能如愿。虽然如此，二人还是酬唱甚欢。张贞《渠亭山人半部稿》云：“辛亥夏……合肥龚端毅、新城王君西樵、阮亭、江都汪君蛟门、嘉善曹君顾庵、江宁纪君伯紫、德清徐君方虎、钱塘王君古直、皆一时贤豪，相与晨夕过从，酣嬉淋漓，歌吟错互。”鼎孳亦云：“顾庵先生薄游京国，与同志诸子觞咏甚欢。”[③] 除了“秋水轩唱和”系列活动

① （清）夏仁虎：《旧京琐记》卷八，见《旧京遗事、旧京琐记、燕京杂记》，辽宁教育出版社1998年版，第89页。

② 魏泉：《康熙年间“宣南”的士人交游》，《北京社会科学》2004年第4期。

③ （清）龚鼎孳：《贺新郎》词前小序。

外，可考的还有六月二十七日的集会。这一日，鼎孳邀同曹尔堪、宋琬、王士祯兄弟等十余位友人集黑龙潭赋诗，以“二仪清浊还高下，三伏炎蒸定有无”分韵，尔堪分得清字，事后赋《水调歌头·黑龙潭晚集，同荔裳、西樵、阮亭赋谢芝麓宗伯》。八月末，尔堪离京，鼎孳以“秋水轩唱和”原韵相赠，其辞云：“白马名都人绣虎，聊试祝鸡呼犬。代捉鼻、谢公祈免。万事浮云高卧后，怕兰台、掌故需人典。”“代捉鼻”云云是指鼎孳欲为其复官未成之事，言下深以为憾。尔堪感其厚意，答以《贺新郎·张湾将发，芝麓宗伯追送，馈赠长调宠行，叠原韵赋别》，结句云：“祖帐东郊真达者，赠珠玑、字字华而典。”为他们的交往画上了一个句号。

由此中可见，贰臣与新朝官吏间的交往由于不涉及出处问题，更为简单一些。

3. 士俊

龚鼎孳以爱才著称，一生中奖掖后进不计其数，临终尤以吴江诗人徐釚未第为憾，托之梁清标曰：“怀才如虹亭，可使之不成名耶?”士林传为佳话。

徐釚（1636—1708），字电发，号拙存，又号虹亭，晚号枫江渔父，江苏吴江人。其词名极大，姜宸英《送徐电发检讨归里二首》之一云：“制科妙句留宸赏，乐府新词过海传。”自注曰：“高丽皆诵君诗。”[①] 这是指其《菊庄词》传入朝鲜之事。徐釚词“于婉丽中时露激昂排宕之气”（董苍水语），与龚鼎孳的词风颇有渊源。他曾校镌鼎孳的《七十二芙蓉词》、《香严词》，其《罗敷媚·无题》四首、《采桑子·西陵吊苏小》都是用的《香严词》原韵，流露出模仿的痕迹。徐釚与鼎孳的情谊极深，鼎孳身后，徐釚作有《满江红·哭合肥尚书》，其下阕云：“东阁闭，开樽夜。平津扫，趋朝罢。忆挥毫对客，词场惊诧。典尽金貂偿酒债，只留兰畹高声价。叹西州、寒食草青青，羊昙话。”“金貂偿酒”乃真有其事，鼎孳破家养士，通籍四十年，宦囊如洗，俸钱辄以应故交寒士，临终之日，囊无余贷。

徐釚的这首悼亡词也催下了徐倬的羊昙之泪。徐倬（1624—1713），字方虎，号苹村。浙江德清人。康熙九年（1670）时曾馆于鼎孳家，为

① 转引自尤振中、尤以丁《清词纪事会评》，黄山书社 1995 年版，第 267 页。

其子士稹辅导时艺[①]。徐倬的坐馆不仅是为了稻粱谋，也是为今后的科举铺平道路。康熙十二年（1673），他高中二甲进士，当时奉命典会试的正是龚鼎孳。因此，他与鼎孳之间不但有宾主之谊，复有师生之情。康熙十三年（1674），他读罢徐釚的《满江红》，唏嘘良久，作书云："壬子夏秋间，与家季、电发暨檗子、雪客在合肥夫子座上，联袂和歌，神气激发，尔时初不自知其乐也。既而家季南还，仆留京国，世事驿骚，风流云散。南浦之思，西州之恸，愁绪纷来，百端交集，虽旗亭一曲，流传人口，而回念昔游，邈若河汉。今于离索中忽接电发手书并寄此词，悲凉激楚，如听山阳之笛。披读数四，不禁重下羊昙之泪矣。"多年后的一天，徐倬"和宋牧仲，偕令弟农部子昭，旧邑侯冯阳长，同馆胡孟纶，黑窑厂高处晚坐待月。因忆合肥先生曾招饮于此，梁木已倾，风流如昨，不胜黄公酒垆之感"[②]，又作《风流子》以抒悲情。

通过二徐真情流露的言说，鼎孳待青年才俊之至诚可见。奖掖后进，孜孜不遑，乃是清初贰臣共同的文化性格。史传周亮工"延见布衣之士，相与谘询议论，闻人有一艺之长，一言之善，则必纪录而奖誉之，不问其老稚贵贱，大都僻邑。未谋面未通名氏之人，如禧之父子兄弟，其一也"[③]。邓汉仪《慎墨堂全集·笔记》载："陈溧阳（名夏）居相府，以题奖人物为己任。"李集《鹤征录前录》云："曹溶性好奖借后进。"熊文举说李元鼎："至于嘉与后进，弘长风流，尤为海寓人士所倾慕。"[④]钱谦益说王铎："推贤让能，不啻口出，慰藉饥渴，常若由己。"[⑤]关于贰臣的这种文化现象，后世往往重视不够，或以"噉名好客，自附清流"讥之[⑥]，或以自赎略之。邀名、自赎容或有之，但却不能涵盖全部。笔者以为还当从以下方面予以补充：其一，与复社传统有关。陆世仪《复社纪略》卷二云："社事以文章气谊为重，尤以奖进后学为务。"复社诸领袖

---

① （清）徐倬《横云山人诗集序》云："忆庚戌岁馆于龚端毅公家，公好客，日置酒高会。"《勿弃集自序》云："癸丑年友人张豫章、周雪客为予刻制义一帙，此予壬子闱前，同龚子伯通夏课。"见《修吉堂文稿》。

② （清）徐倬《风流子》词前小序。

③ （清）魏禧：《魏叔子文集》卷八，《宁都三魏文集》，道光二十五年刊本。

④ （清）熊文举：《寿李梅公少司马七十序》，《侣鸥阁近集》卷一，四库全书禁毁丛刊本。

⑤ （清）钱谦益：《皇清宫保大学士孟津王公墓志铭》，《牧斋有学集》卷三十上，上海古籍出版社1996年版，第1103—1106页。

⑥ 孟森：《横波夫人考》，《心史丛刊》，中华书局2006年版，第139页。

“引翼后进，内而中、行、评、博，外而推、知，有名词应考选者，俱力行荐拔”。贰臣多是前明复社成员，受这样的宗旨影响，复有这样的领袖为榜样，遂形成爱才如命之心理。其二，意图保全汉文化。清朝入关以后，一度想以夷变夏。朝廷强制汉人易服剃发，大臣习满语，都是想令故明臣民忘却自己的民族文化。对于这种文化侵略，贰臣普遍感到了危机感，陈名夏倡礼仪，龚鼎孳复科举，都是为了使斯文不堕。奖掖后进以培士风也出于同一目的。其三，出于内心的善良。必须指出，贰臣们无论是接济寒士，掩护遗民还是与新朝官吏交接，都不尽是出于功利性目的，如果没有内心的真诚作基石，日久天长，必露其假，如何能令人真心倾慕？马大勇先生说得好：“失节，是一个人在特殊历史状况下的政治选择。这一选择中当然地包含了政治、道德、伦理、人文的内容。可是，作为一个复杂的‘人’的一个表现层面，它不可能涵盖其全部的政治品格，更遑论其道德、伦理和文化品格了。进而言之，我们没有理由断言某人作出了哪怕是错误的政治选择，他连人性中‘真’、‘善’的一面也都随之灰飞烟灭，不复存焉了。”①

三 忧生忧世——贰臣与其他身份者的心灵相交点

“秋水轩唱和”原是以忧生开始的，曹尔堪的首唱云：“萧闲不羡人通显。笑名根、膏肓深病，术穷淳扁。衮衮庙牺谁识破？回忆东门黄犬。沧海澜，吾其知免。埋照刘伶扬酒德，倒松醪、好把春衣典。词赋客，烛频剪。”词中大半是对康熙元年那场无妄之灾的痛定思痛，“庙牺”、“黄犬”两句尤为惊心动魄，红尘障眼，身为祭坛之牺牲却浑然不觉，乃至洋洋自得，天下可悲复可笑之事莫过于此。

这样的忧生之嗟绝非尔堪所独有，在那个“盲风噩浪，尽情麾遣”的时代，任何一个阶层、任何一个个体都感到了生存的痛苦与艰辛。因此，曹尔堪只是略加引拨，各路词人的感伤思绪就一发不可收拾。“朱轮华毂争荣显。但低头、与时聋哑，随人圆扁。径欲拂衣长啸去，何处担琴携犬。便狂醉、难乎其免。”（龚鼎孳《中秋有感》）这是贰臣历经官场倾轧的忧愤。“旧家故国推华显。到而今，乌衣门巷，堂前无扁。百六会婴文字劫，失志虎龙为犬。惟阿五、懵懵其免。万事蹉跎身世变，苦一衫、

① 马大勇：《清初金台诗群研究》，苏州大学博士论文，2001 年。

垂老温经典。”（陈维岳《重九后一日，怀家兄其年、半雪》）这是故家子弟飘零天涯的感慨。“何物客怀卷。感浮生、雨号风饕，暑驱寒遣。三十年来沦落恨，泪与墨珠同泫。更老至、胝胝茧茧。”（纪映钟《赠徐方虎》）这是遗民冷落生涯的倾诉。尽管出发点不一，但所抒发情怀的悲凉惆怅却是一致的。这也是一阕《贺新郎》能红遍大江南北的原因。

作为一个受儒家教育者，其忧生情怀往往与忧世与俱。词人们不约而同地对世情进行了批判。笔锋最为犀利的要数纪映钟，他在《送曹子顾学士》中说：“奇奇怪怪都平显。看通都、侏儒排队，齐谐题扁。野鸟为鸾何足诧，更道盘瓠非犬。浮大白、胡卢难免。”世情如此不堪，嘴上虽说见怪不怪，但字里行间却掩盖不住痛切之感。一时的有识者对如此时世皆有同感。王豸来是著名遗民王翔之子，其迹亦近似遗民。他写道：“弹鱼宁傍朱门显。倩收罗、牛溲马渤，羞逢卢扁。玉宇迢遥天上路，谁是刘安鸡犬。邯郸道、驱驰那免。”笔下虽不无自嘲，但为傍朱门甘愿收罗牛溲、马渤者又岂少哉？就连一直在备战科举的徐倬都说：“神仙要决因君显。但无多，痴顽两字，今之卢扁。”而对于在宦海中“翻过筋斗”的曹尔堪、龚鼎孳来说这世道更是“珊瑚作网，罘罳映扁”，满是杀机。

尽管将世情看得如此透彻，却依然无法忘世。这或许就是儒者的本能。曹尔堪离京时还惦记着“但传闻锋车绣斧，重臣外遣。杼轴空时民力尽，寡妇秋原泪泫。何处贡、八蚕成茧”。纪映钟的“劳生注”也只有在樽前才能“暂行销免”（《九月七日集黑龙潭应宗伯召》）。徐倬与鼎孳更是在唱和中交换了对朝政的看法。

徐倬《贺新郎·中秋感事，上龚夫子》云：

> 碧海晶帘卷。语嫦娥、清辉须借，浮云须遣。几点忧时嫠妇泪，迸作九霄露泫。星影散、漫空飞茧。此夕风光犹较可，忍来宵、素魄留痕浅。次夕月食。桂华蠹，愁何展。　　斗边一角银河显。怨无端、投壶笑巧，南箕舌扁。更怕芒寒分道出，恼乱人间鸡犬。天上恨、婵娟难免。自有凌虚修月斧，奈琼楼、玉宇非专典。霓裳袖，阿谁剪。

自注曰：“时有复差巡方之议。”叶梦珠《阅世编》云：“御史之出差，自前朝已然。……本朝因之，其始代巡不得其人，长吏无所顾忌，士民重足而立。世祖章皇帝洞悉其弊，极重巡方之权，首惩代巡之不职者，立置大法。……顺治十年癸巳，上虑台谏空虚，撤回各差，御史巡方遂废。越二年，乙未，复差。至十八年辛丑，凡御史一概停差。”巡方弊大于利，故在顺治朝几起几废，康熙亲政后，又有人提及①。徐倬深感忧虑，生怕此议一出，鸡犬不宁。其结句“霓裳袖，阿谁剪”，虽作问句，其实是向龚鼎孳进言，希望他能出面阻止此事。

龚鼎孳答以《贺新郎·中秋后一夕月食寓怀》：

谁使清光卷。望层空，广寒宫阙，浓阴难遣。昨夜香风飘桂子，沾湿泪珠还泫。偏此夕、明蟾封茧。怪底天公能耐事，纵金蟆、玉斧挥犹浅。云母障，几时展。　　素娥独立凭幽显。任漫漫、银河如墨，断云如扁。横笛短箫催急鼓，惊起五更邻犬。看顷刻、绿章除免。变换总随时与数，料夔龙、也让羲和典。霄汉上，自裁剪。

龚词承徐词而来，亦以天象喻时政。“青词”是旧时道士祈天时用青藤纸朱书所写的奏文。“夔龙”相传为虞舜的二臣名，夔为乐官，龙为谏官。“羲和”代指皇帝。鼎孳是说，他很快就会有谏书上达的，但谏官的作用无法和皇帝的圣明相比，皇帝一定会处理好此事的。最后这句“霄汉上，自裁剪”略带些官腔。

在词史上，以长短句的形式为民向当道者请命还不多见。

在明晓了“秋水轩唱和”的忧生忧世情怀后，就不难理解为何政治方向各异的一群人会同吟共唱了。贰臣与其他身份者之间，不但因师友、同年、世交、通家等复杂的社会关系而藕断丝连；在心志上，也有可以沟通的地方。面对感伤的时代、险恶的现实，任何一个有思想的词人都会产生愤懑、哀伤等情绪，而有志难逞与难以消歇的经世心这一对矛盾也同样存在于各个阶层之中。这些心灵的相交点无疑对双方关系的拉近又产生了作用。

谢正光先生在《清初诗文与士人交游考》中说，如果以政治操守为唯一标准去衡量清初士人的交往关系，势必会使许多复杂的人事无从解

① 朝野上下对巡方之议甚是关注，高珩《栖云阁文集》卷八有《与巡方议》两篇，四库全书存目丛书本。

释。并呼吁："意欲探索明清之际士人行谊者，当如何谋求于以'政治操守'为单向性之论述之外，多辟途径，当为刻不容缓之事。"[①] 通过对"秋水轩唱和"中各色关系的考论，我们越发相信，建立一种更为科学客观的"阐释框架"是极为必要的。

① 谢正光：《清初诗文与士人交游考》，南京大学出版社2001年版，第438页。

第五章

清代贰臣词与金贰臣词之比较

在后人看来，宋、明两朝着实相像：都有一段偏安的历史，都最终亡于异族之手。宋、明两代遗民也往往被相提并论，康熙年间的史学家邵廷采叹曰："於乎！明之季年，犹宋之季年也。明之遗民，非犹宋之遗民乎？曰节固一致，时有不同。宋之季年，如故相马廷鸾等，悠游岩谷竟十余年，无强之出者。其强之出而终死，谢枋得而外，未之有闻也。至明之季年，故臣庄士往往避于浮屠，以贞厥志。非是，则有出而仕矣。"① 遗民与贰臣本是同一时代的不同身份者，那么，是否可以说"清之贰臣，犹金元之贰臣"，"清之贰臣词，犹金元之贰臣词"呢？考《全金元词》，二朝共有7位贰臣词人，词作107首。其中金代5人，词作103首；元代只有2人，词作4首，已不足以代表一个时代、一个群体之风貌。② 因此

---

① （清）邵廷采：《明遗民所知传》，《思复堂文集》卷三，四库全书存目丛书本。

② 这两位词人分别是杨果与曹居一。杨果，字正卿，号西庵，祁州蒲阴人。幼失怙恃，自宋迁亳，复徙居许昌，以章句授徒为业，流寓辖轲十余年。金正大甲申，登进士第。会参政李蹊行大司农于许，果以诗送之，蹊大称赏，归言于朝，用为偃师令。到官，以廉干称，改蒲城，改陕，皆剧县也。果有应变材，能治烦剧，诸县以果治效为最。金亡，岁己丑，杨奂征河南课税，起果为经历。未几，史天泽经略河南，果为参议。时兵革之余，法度草创，果随宜赞画，民赖以安。世祖中统元年，设十道宣抚使，命果为北京宣抚使。明年，拜参知政事。及例罢，犹诏与左丞姚枢等日赴省议事。至元六年，出为怀孟路总管，大修学庙。以前尝为中书执政官，移文申部，特不署名。以老致政，卒于家，年七十五，谥文献。著有《西庵集》，工散曲，现存词3首。曹居一，字通甫，号听翁、南湖散人，太原人，金末登进士第，仕元为行台员外郎。现存词1首。此外，赵孟頫也往往被视为贰臣，实际上，孟頫在南宋并未任职，算不得身仕二朝之人。时人对他的非难主要是源自其宋室子孙的身份。赵维江、张沫在《论赵孟頫仕元的心态历程》一文中辨析甚详："许多有关论文均提到这样一个史实：赵孟頫年14因父荫补官，任真州司户参军。事出《元史》卷一百七十二《赵孟頫传》。已有学者考证，此说实为误记。杨载《大元故翰林学士荣禄大夫知制诰兼修国史赵公行状》云：'（赵孟頫）未冠，试中国子监，注真州司户参军。'《元史》所载与杨文明显不符。《礼记·曲礼上》载：'男子二十冠而字。'未冠，即十八九岁，这一年岁与'年十四'相差四五年

本书将只对金、清贰臣词进行比较。

第一节　金贰臣词概述

北宋后期，女真族完颜氏崛起于白山黑水之间，在首领阿骨打的带领下迅速统一了各部，建立了金源王朝，并觊觎着大宋的锦绣河山。而此时宋徽宗正沉浸在声色犬马之中，政事荒废已久。宣和七年（1125），金军分东、西两路南下攻宋，徽宗退位，钦宗继位。靖康元年（1126），金兵攻下东京，次年（1127）二月六日，金主下诏废宋徽宗、宋钦宗为庶人，四月初一，金军押解着被俘虏的徽、钦二帝和后妃、皇子、宗室、贵戚等三千余人北撤。北宋灭亡，这就是著名的“靖康之耻”。五月，徽宗皇九子康王赵构在金军退走之后，于南京即位，仍沿用大宋国号，史称南宋，年号建炎，是为宋高宗。

金源属于汉化程度比较高的少数民族政权①，从世祖开始，各代君主皆十分向慕汉文化，对于北宋士人务要罗置麾下，据《三朝北盟会编》记载，宇文虚中入金时，上下俱喜，以为“得汴京时欢喜，犹不如得相公时欢喜”。金人俘获蔡松年父子后也以为得“大贤人”，“养济甚厚”。这种心态直接导致了贰臣数量的增多。此谓之“借才异代”。

金贰臣词人中，宇文虚中的政治影响力最大。虚中字叔通，号龙溪居士，蜀人。大观三年（1109）进士，累官资政殿大学士，是主战派的中

时间。《元史》为明人杂抄元代实录及其他文献，仓猝编纂而成，难免讹误；而杨载系赵孟頫学生，为同时代人，所记录更为可信。《元史》之误可能是赵孟頫代侄所撰《五兄圹志》记其五兄‘年十四，以侍郎荫补承务郎’一事与杨载《行状》所记之事相混淆所致。此外，杨文中‘注真州司户参军’之‘注’为‘注官’之意，所谓注官并非实际到任的官职，而是注出拟授官职，即备官。据此可知，赵孟頫在南宋并未出任实际官职，他真正的仕宦生涯是在元代开始的。”见《西北师范大学学报》（社会科学版）2004 年第 1 期。

① （元）脱脱等：《文艺传上》云：“金初未有文字。世祖以来，渐立条教。太祖既兴，得辽旧人用之，使介往复，其言已文。太宗继统，乃行选举之法，及伐宋，取汴经籍图，宋士多归之。熙宗款谒先圣，北面如弟子礼。世宗、章宗之世，儒风丕变，庠序日盛，士由科第位至宰辅者接踵。当时儒者虽无专门名家之学，然而朝廷典策、邻国书命，粲然可观者矣。金用武得国，无以异于辽，而一代制作，能自树立唐、宋之间，有非辽世所及，以文而不以武也。”见《金史》卷一百二十五　列传第六十三，中华书局 1975 年版，第 2713—2714 页。

坚人物。靖康元年（1126），金兵围汴，钦宗派虚中与之议和，事后为平息物议，将其罢职。建炎二年（1128），朝廷招募祈清使，以迎徽、钦二帝归朝。当时无人敢应，虚中慨然攘袂自献。金人拒之请且遣之归，虚中曰："奉命北来，祈请二帝，二帝未还，虚中不可归。"[①] 遂留。数年后仕金，累官翰林学士，知制诰，兼太常卿，封河南郡开国公，进光禄大夫，迁礼部尚书，甚得金主信任，颇多善举。《南宋书·宇文列传》云："虚中虽仕金，乃心不忘王室，以蜡书密奏不一事。"《北窗炙锞》亦云："令南北讲和，大母（韦太后）得归，往往皆其力也。"金皇统六年（1146）二月，以谋复宋被害[②]。南宋淳熙六年（1179），追赠开府仪同三司，谥肃愍。现存词2首。

高士谈，字子文，一字季默，世居蒙城，后徙于燕。据张仲谋先生考证，他是北宋韩武昭王高琼之后，宣仁太后的堂侄，具有贵族血统。[③] 宣和末，为忻州户曹参军。入金后，官至翰林直学士。后因谋反被害。著有《蒙城集》，现存词4首。

吴激，字彦高，号东山散人，建州人。宋宰相吴栻之子，米芾之婿。靖康二年（1127）奉命使金，以知名为西路军统帅完颜宗翰留而不遣，羁身云中。后仕金为翰林待制，迁翰林直学士。皇统二年（1142）出知深州，到官三日卒。吴激工诗能文，字画俊逸，尤精乐府，造语清婉，哀而不伤。著有《东山集》，现存词10首。

蔡松年，字伯坚，号萧闲老人。祖籍余杭，长于汴都。父靖，守燕山，宣和七年（1125）九月，金兵侵宋，郭药师败，乃执靖等，以燕山降。金人敬重松年父子，多方笼络，终于仕金。据王庆生先生考证，松年受职时间是入金之初，却并未立即赴任，而是一拖数年。后由行台尚书省令史，至右丞相，封卫国公。《金史》记载："初，平真定西山群盗，山中居民为贼污者千余家，松年力为辩论，竟得不坐。"正隆四年（1159）八月卒于第，或曰因露机被鸩。海陵王悼惜之，奠于其第，命作祭文以见意。加封吴国公，谥文简。松年词与吴激齐名，时号"吴蔡体"，著有

---

① （清）徐乾学：《资治通鉴后编》卷一百六十，台北商务印书馆1986年版，第344页。

② 关于虚中死因，《金史》与《南宋史》各执一词，沈文雪《宇文虚中疑案史书记载异同及其背景述论》［《吉林大学学报》（社会科学版）2003年第5期］一文经过周详考证，认为谋反说较为真实。今从此说。

③ 张仲谋：《贰臣人格》，长江文艺出版社1996年版，第142页。

《明秀集》，现存词86首。相传完颜亮、辛弃疾皆从之学。

刘著，字鹏南，号玉照老人，舒州皖城人。北宋宣政末登进士第。入金，预铨调，碌碌州县。年六十余，始入翰林，充修撰。出守武遂，官至忻州刺史①。现存词1首。

第二节　两朝贰臣心态比较

无论是金元贰臣还是清贰臣，都有着类似的经历：对外，遭受过国破家亡的打击；对内承受着灵与肉的纠缠。因此，他们在心态上是大体相同的。然而，不同的时代、不同的文化氛围又会使其在行为、观念上有一些差异。

一　夷夏之辨

夷夏之辨是一个关于民族认同的古老命题，它在不同的时代有着不同的内涵。先秦时期的著作《礼记·王制》云：

> 凡居民材，必因天地寒暖燥湿、广谷大川异制，民生其间者异谷（俗），刚柔轻重，迟速异齐，五味异和，器械异制，衣服异宜。修其教不易其俗，齐其政不易其宜。中国戎夷，五方之民，皆有性也，不可推移。东方曰夷，被发文身，有不火食者矣。南方曰蛮，雕题交趾，有不火食者矣。西方曰戎，被发衣皮，有不粒食者矣。北方曰狄，衣羽毛穴居，有不粒食者矣。中国、夷、蛮、戎、狄皆有安居，和味，宜服，利用，备器，五方之民，言语不通，嗜欲不同，达其志，通其欲。东方曰寄，南方曰象，西方曰狄鞮，北方曰译。

这是从风土习俗的角度解读夷夏之别，并不含有民族歧视。自西周亡于犬戎，华夏与周边民族交恶，关系日趋紧张，夷夏之辨逐渐拥有了两个重要内容：汉民族的文化中心论和政权正统论。《左传·闵公元年》云："戎狄豺狼，不可厌也；诸夏亲昵，不可弃也。"《孟子》曰："吾闻以夏

① 刘著其人，《金史》无传，此据《御订全金诗增补中州集》，四库全书本。

变夷也，未闻变于夷者也。”《论语·宪问》云：“微管仲，吾其被发左衽矣。”皆表达了上述思想。

北宋先是与辽对峙，后与金交锋，割地赔款，丧权辱国，在政治上已经让“夷狄”压了一头，但在文化心理上的优越感却极其强烈。众贰臣虽然仕金，仍保存着这种优越感，对金人、金文化总是持蔑视姿态。据《金史》记载，虚中“凡见女真人，辄以‘矿卤’目之”[①]。刘著也说过：“方言莫相笑，唐梵本殊分。”（《渡辽》）在贰臣的推动下，金人加快了汉化的脚步。清人庄仲方云：“金初无文字也。……太宗入宋汴州，取经籍图书，宋宇文虚中、张斛、蔡松年、高士谈辈先后归之，而文字煨兴。”[②]《三朝北盟会编》卷一百六十三引金人李聿兴言：“自古享国之盛无如唐宋，本朝目今制度，并依唐制，衣服官服之类，皆是宇文相公共蔡太学并本朝十数人相与评议。”洪皓《跋金国文具录札子》称，金朝“官制禄格、封荫讳谥，皆出于宇文虚中，参用国朝及唐法制而增损之”。在贰臣的调教下，金熙宗“宛然一汉家少年子也”[③]。这些都是以夏变夷的成功。

明清之际，士人对待易代的态度同样激愤，一系列爱国斗争可歌可泣，夷夏之辨也成了对抗异族入侵的精神武器。王夫之谈起满清来咬牙切齿：“戎狄者，欺之而不为不信，杀之而不为不仁，夺之而不为不义。”[④]黄宗羲在《留书》中也恨恨地说：“中国之与夷狄也，内外之辨也。以中国治中国，以夷狄治夷狄，犹人不可杂之于兽，兽之不可杂于人也。”即便是贰臣词人也多对满人怀有鄙夷之心。钱谦益提起满清来，一口一个“犬羊”、“狗奴”、“杂种”、“小丑”；彭尔述在《邵兵纪事》中对满语、满人生活习惯极尽讥讽；陈名夏看到旗人厮养羞辱汉官，不由得大怒[⑤]；顺治二年（1645），易服剃发令下，众贰臣殊死反对。这些带有情绪化的

① （元）脱脱等：《宇文虚中列传》，《金史》卷七十九列传第十七，中华书局1975年版，第1792页。

② （清）庄仲方：《金文雅序》，《金文雅》卷一二五，光绪辛卯江苏书局重刊本。

③ （宋）徐梦莘：《三朝北盟会编·炎兴下帙》，四库全书本。

④ （清）王夫之：《读通鉴论·五代上》卷二十八，中华书局1975年版，第2321—2322页。

⑤ （清）谈迁《北游录·纪闻下》云：“八旗下厮养，挽田策骑，值朝绅不避。稍一诘何，遮舆诟侮，或效各役呼导之声以博笑，或搴帷曰是谁家姬乎。陈少宰名夏语尚书，当令满汉人值朝臣皆旁行远避，犯者送部扑责。”中华书局1997年版，第355页。

表达不能不说是源自夷夏之辨。

二　政治立场

金代贰臣词人不是被羁留的使节就是兵败后的俘虏，带有强迫性质。当时北宋虽然灭亡了，南宋尚在，众贰臣心恋故国，并未真正归心于金。宇文虚中更像是南宋安插的间谍，他“尝与使事得归者欷歔别，且曰：‘大丈夫身拘异域，不能效奇功，报本朝，顾乃同匹夫匹妇之为谅，自经于沟渎耶？非吾志也’”①。《朱子语类》云：“或者谓虚中虽在北朝，乃为朝廷尝探伺金动静来报，这下多结豪杰，欲为内应，因其子为师，又乌珠是时往蒙国，国中空虚，虚中遂欲叛，克日欲发，乌珠闻之，遂亟走归，杀虚中而尽灭其族，或者以为秦桧知虚中消息，密令人报北朝云虚中欲叛，故金人得先，其未发，诛之。”②《三朝北盟会编》、《宋宰辅编年录》、《宋名臣言行续录》、《征蒙记》、《行程录》、《北窗炙輠录》等史料的记载大致相同。

《建炎以来系年要录》与《宋史》言高士谈亦是主谋之一。《要录》云：“壬子，金主亶祀天于郊。先是资政殿大学士宇文虚中既为金人使用，虚中知东北之士不甘应敌，密以信义感发之，从者如响，乃与其翰林学士高士谈等同谋，欲因亶郊天就劫杀之。”事败，士谈与虚中同日而死。

蔡松年于金代文人中是“爵位之最重者”③，也有暗通南宋的嫌疑。辛弃疾少年时曾师事松年，他在奏章《美芹十论·察情第二》中言松年之死与泄露军机有关：“且如逆亮始谋南侵时，刘麟、蔡松年一探其意而

---

① 徐梦莘：《三朝北盟会编·炎兴下帙》卷二一五，台北商务印书馆1986年版，第352页。

② 关于虚中“为朝廷尝探伺金动静来报”之事，史料多有记载。李心传《建炎以来系年要录》卷五十八云：“宇文虚中在云中闻金将攻蜀，遣使臣相偶间行，以告宣抚处置使张浚，且赍上所赐御封亲笔押字为信，两傍细字作道家符篆，隐语云‘善持正教，有进无退，魔力已衰，坚忍可对，虚受忠言，宁陨无悔。’”卷七十八云：“是日资政殿大学士宇文虚中，自云中始之金国，时宣抚处置司所遣使臣杨安再至云中府，虚中遗以矾书经文并跋为语，大略言：‘石头双林，虽未出世，气象已咄咄逼人’。又言：‘当坚忍其心，有进无退，众魔将降，合道自胜。’又言：‘若见尊宿，并可告此，’盖言达实林牙势浸盛。”

③（元）脱脱等：《文艺传·赞》，《金史》卷一百二十六　列传第六十四，中华书局1975年版，第2743页。

导之，则鳞逐而松年鸩，恶其露机也。”此说在学术界尚有争议，然考松年生平实不止一次向南宋暗传消息。《金史》云：“初，海陵爱宋使人山呼声，使神卫军习之。及孙道夫贺正隆三年正旦，入见，山呼声不类往年来者。道夫退，海陵谓宰臣曰：‘宋人知我使神卫军习其声，此必蔡松年、胡砺泄之。’”《建炎以来系年要录》卷一百三十四云：“初，兖人张汇从父行正守官保州，陷敌不能归。至是，闻元帅府主管汉儿文字蔡松年言敌有渝盟意，遂与燕人王晖、开封刘炎谋，夜自新乡渡河赴行在，上疏敌情利害。”

5 位金贰臣词人中，有 3 人死于“通宋”，这一群体之政治立场已然比较清晰了。

清初的天下大势异常复杂，清朝尽管入主中原，南方尚有残明各个政权，两股势力一直在抗衡，直到康熙中叶方归一统，而那时大多数贰臣都已谢世。复杂的局面造就了复杂的心态，清贰臣在行为呈现出人格分裂的症状。他们一方面为大清的国计民生殚精竭虑，另一方面又对反清势力暗怀同情，甚至通风报信。[①] 许多人的政治立场是模糊的，他们自己也说不清更倾向于哪一端。

三　忠节观念

忠节作为一个道德和伦理范畴，具有时代性。据魏良弢先生考证，从秦汉至五代，士大夫对君臣关系的认识基本上仍持原始儒家的观点——“君择臣而任之，臣亦择君而事之，有道顺命，无道衡命。”[②] 即忠于“道”而不是忠于君[③]。《论语·先进》曰：“所谓大臣者，以道事君，不可则止。”《孟子·尽心上》云：“天下有道，以道殉身，天下无道，以身殉道。未闻以道殉人者也。”唐人文集中也少见对忠节的议论，名相魏征历事李密、李渊、窦建德、李建成、李世民五主，宋璟、姚崇先仕后周，后仕唐，时人却不以为嫌。

宋初，欧阳修等人有感于五代世乱俗薄，士无常守，力倡忠义，《新五代史》站在“正女不从二夫，忠臣不事二君”的角度批评了历仕四姓

① 详见本书“从咏史怀古词看贰臣心态”一章。

② （三国）王肃：《孔子家语》，广益书局 1937 年版，第 46 页。

③ 魏良弢：《忠节的历史考察：秦汉至五代时期》，《南京大学学报》（哲学·人文·社会科学）1995 年第 2 期。

十君的冯道[①]，但这种君主至上的忠节观却没能得到所有人的拥护，与欧阳修同时代的范质就赞冯道“厚德稽古，宏才伟量，虽朝代迁贸，人无间言，屹若巨山，不可转也”[②]。苏辙在《历代论·冯道》一文中也为其辩护：“士生于五代，立于暴君骄将之间，日与虎兕为伍，弃之而去，食薇蕨、友麋鹿易耳，而与自经沟渎何异？不幸而仕于朝，如冯道犹无以自免，议者诚少恕哉。”[③] 可见士论尚宽。

金贰臣的忠节观显然不够强烈，他们被羁留之初虽也表现出不屈的姿态，如宇文虚中作家书云：“中遭迫协，幸全素守，惟期一节，不负社稷。”[④]“缓颊不效，被囚永绝，待死而已。家有艰勤，但告君父，勉思忠孝，勿负吾心。”[⑤] 蔡靖被执后，戒子松年勿降，且对郭药师云：“靖若死，举家骨肉告相公缢死，一坑埋之。”[⑥] 松年也是迟迟不赴金朝所授之职，宁愿“与一渤海道奴通事燕市中，合开酒肆”[⑦]。但在金廷的软硬兼施下还是出仕了。对于失节，金贰臣认为那是形势所迫，是权宜之计，并非对祖国的背叛，也不视之为深深的耻辱。笔者遍检五位词人的著作[⑧]，自责性的话语寥寥无几。南宋方面的态度也很宽容：朝廷仍以旧臣礼待之[⑨]，并未为难其家小；旧日亲朋一直与之保持着书信往来，虚中的一位故友赵光道闻其以使事羁留平城，“遂以应举自免去，驾短辕，下泽车，

① （宋）欧阳修《新五代史》云：“传曰：礼义廉耻，国之四维；四维不张，国乃灭亡．善乎，管生之能言也！礼义，治人之大法；廉耻，立人之大节。盖不廉，则无所不取；不耻，则无所不为。人而如此，则祸乱败亡，亦无所不至，况为大臣而无所不取不为，则天下其有不乱，国家其有不亡者乎！予读冯道长乐老，见其自述以为荣，其可谓无廉耻者矣，则天下国家可从而知也。”

② （宋）司马光：《后周纪二》，《资治通鉴》卷二九一，转引自葛剑雄《乱世的两难选择》，《读书》1995年第2期。

③ 郭豫衡主编：《唐宋八大家文集·苏辙文》，人民日报出版社1995年版，第232页。

④ （宋）李心传：《建炎以来系年要录一》卷三十九，台北商务印书馆1986年版，第776页

⑤ （宋）李心传：《建炎以来系年要录二》卷五十八，台北商务印书馆1986年版，第562页。

⑥ （宋）徐梦莘：《三朝北盟会编》卷二十三引沈管《南归录》，四库全书本。

⑦ （宋）徐梦莘：《三朝北盟会编》卷九十八引赵子砥《燕云录》，四库全书本。

⑧ 包括《全金元词》、《御订全金诗增补中州集》。

⑨ （元）元好问《中州集》云：“观（虚中）仕金之后，宋所以待旧臣者，其礼有加。”见《御订全金诗增补中州集》卷四，四库全书本。

驱一僮二驴，扶病以来相聚，凡旬日而归”①。盖当日忠节还未成为士夫的绝对律令。

宋元以后，理学被定为儒学正宗，君臣关系完全秩序化，“死事一君”的观念得到了广泛认同。至明清易代之时，忠节已被简化为一个“死”字，能死即忠，是以奸盗优倡，同登节义；失节亦必以死惩之，不但诛杀本人，其亲人亦连带受诛。士论之苛已趋于极端，忠义被赋予了极其狭隘的内容②。不能说贰臣就没有忠节之心，相反，他们的忠节观念很强，像钱谦益、龚鼎孳、陈名夏、熊文举、吴伟业等人都有过殉节的举动，不知是幸还是不幸，他们获救了，但却生活在失节的阴影下、时人的鄙夷目光中。昔日支持他们投缳跳井的忠节之心现在成了折磨自己的一根毒刺，吴伟业与王铎的后半生都是在自责、自虐中度过的。正因为清贰臣比其前辈更看重名节，负罪感也就越深。

第三节　两朝贰臣词比较

一　创作主题

故国之思与沦落之恨是金、清贰臣所共有的主题。

先说前者。凡是稍有良知的贰臣都会有故国之思，但由于时代的不同，两朝贰臣所表现出来的侧重点也各不相同。

在金贰臣心中，北宋虽然灭亡了，南宋尚在，国祚犹存，因此，他们的故国之思并不是哀悼而是带有强烈的回归意向。宇文虚中在《迎春乐·立春》中说得明白：

> 宝幡彩胜堆金缕。双燕钗头舞。人间要识春来处。天际雁，江边树。故国莺花又谁主。　　念憔悴、几年羁旅。把酒祝东风，吹取人归去。

① （清）郭元汙辑：《御订全金诗增补中州集》卷四有虚中之诗《郑下赵光道与余有十五年家世之旧……》，四库全书本。

② 相关论述可参见赵园《明清之际士大夫研究》一书，北京大学出版社1999年版。

吴激被誉为“国朝（金源）第一手”，他现存的10首词莫不缠绵着怀归念远之情。《风流子》云：

书剑忆游梁。当时事、底事不堪伤。念兰楫嫩漪，向吴南浦，杏花微雨，窥宋东墙。凤城外，燕随青步障，丝惹紫游缰。曲水古今，禁烟前后，暮云楼阁，春早池塘。　回首断人肠。年芳但如雾，镜发成霜。独有蚁尊陶写，蝶梦悠扬。听出塞琵琶，风沙淅沥，寄书鸿雁，烟月微茫。不似海门潮信，能到浔阳。

作者如饥似渴地追忆着南朝风物，相形之下，北国风沙是那样的难耐，而镜中的白发就是羁留岁月的见证。从“寄书鸿雁”云云观之，吴激一直没有放弃归国之想，尽管希望越来越微茫，但并未绝望。

刘著晚号玉照老人，玉照乃是其皖城故乡之名。元好问解释说：“示不忘本云。”[①] 刘著仅存一首《鹧鸪天》，陈廷焯评曰：“风流酸楚。”[②] 词云：

雪照山城玉指寒。一声羌管怨楼闲。江南几度梅花发，人在天涯鬓已斑。　星点点，月团团。倒流河汉入杯盘。翰林风月三千首，寄与吴姬忍泪看。

观塞北之雪而思江南之梅花，可谓身在金源而心在南宋。这番相思之心还可与七绝《送客亭》参读：“十年羁旅鬓成丝，千里淮山信息稀。送尽长亭短亭客，且看庄舄几时归。”庄舄，战国时仕楚之越人也，每思归辄歌越声。贰臣的上述词作皆可作庄舄之吟读之。

与南宋相类，明亡后，弘光、永历等政权也在南方形成了偏安之势，但为时太短，并未成为士民的精神家园，贰臣词人心中的故国多指崇祯政权。受民族情绪影响，其故国之思除了哀悼外还带有抗争的成分。顺治年间的“天庆寺唱和”是文学史上规模最大的一次贰臣词唱和，词人们以送春为名，暗抒亡国之恨，并不时显露出诅咒满清、

① （清）郭元汙辑：《御订全金诗增补中州集》卷七，四库全书本。

② （清）陈廷焯：《闲情集》卷二，《词则》，上海古籍出版社1984年版，第934页。

期盼大明卷土重来的意绪。[1] 南明灭亡后，贰臣词人的故国之思又多了些批判、反思的内容，他们开始探寻大明之亡出于何因。吴伟业在《满江红·金陵怀古》中写道："问开皇、将相复何人，亡陈者。"认为清朝文武俱有责任。熊文举《大酺·怀古和曹秋岳》云："一片淮清波底月，迢递钟山何处。飞烟迷燕幕。有百种呢喃，差池相妒。桂子三秋，荷花十里，曾忆当年事否。更结绮临春，况雨汛糟丘，风喧歌管，泪干丝絮。"言下之意是南明统治者的荒淫断送了复国之机。总的看来，清贰臣的故国之思远较金贰臣复杂。

再说沦落之恨。

绍兴年间，宇文虚中与吴激在张侍御的酒宴上，为流落北国的宋室小宫姬一撒同情之泪。吴激赋词《人月圆》，其中有句"江州司马，青衫泪湿，同是天涯"，不但"闻者挥涕"，后世也一直传颂不衰。前文已有论述。虚中调寄《念奴娇》，下阕云："流落天涯俱是客，何必平生相熟。旧日黄花，如今憔悴，付与杯中醁。兴亡休问，为伊且尽船玉。"亦大有沦落之悲。这是词史上第一次贰臣词唱和，忏悔的成分无多，主要是自伤憔悴。金贰臣词的主基调大体如此。高士谈在《玉楼春·为伯求作》中形神俱颓：

> 少年人物江山秀，流落天涯今白首。形容憔悴不如初，文采风流仍似旧。　百花元是仙家酒，千岁灵根能益寿。都将万事付天公，且伴老人开笑口。

蔡松年的《念奴娇》也隐含飘零自怜之意，其下阕云：

> 人世长短亭中，此身流转，几花残花发。只有平生生乐处，一念犹难磨灭。放眼南枝，忘怀樽酒，及此青青发。从今归梦，暗香千里横月。

清贰臣一直处于舆论与自身的谴责之中，他们同时扮演法官与被告两种角色，一边严厉地斥责自己，一边又为失节行为找借口，因此他们的沦

[1] 详见"天庆寺唱和"一节。

落之恨既有自辩的成分也有深深的自责。这两种情绪在吴伟业的《贺新郎·病中有感》中体现得比较明朗：

> 万事催华发。论龚生、天年竟夭，高名难没。吾病难将医药治，耿耿胸中热血。待洒向、西风残月。剖却心肝今置地，问华佗，解我肠千结。追往恨，倍凄咽。　故人慷慨多奇节。为当年、沉吟不断，草间偷活。艾灸眉头瓜喷鼻，今日须难决绝。早患苦、重来千叠。脱屣妻孥非易事，竟一钱、不值何须说。人世事，几完缺。

该词曾被误认为是伟业绝笔，实际上是顺治十年（1654）应征出山时所作。靳荣藩评曰："自怨自艾，故与钱、龚不同。"[①] 词中的怨艾之情固然极深刻沉痛，然从"脱屣妻孥非易事"一句中还隐隐可见自辩意绪。崇祯自缢后，伟业在江南闻讯后欲殉节，其母泣曰："儿死，其如老人何?"[②] 遂止。及至有司敦促、强逼出仕时，又是因"老亲惧祸，流涕催装"[③]，遂仕。儒家宣称"忠孝节义"，因尽孝而不能尽忠是可以得到世人的理解的。在伟业的晚期诗文中，忏悔之词非常多，但与此同时总要夹杂着一点点辩解，《贺新郎》如此，《遣闷》也是如此，诗云："故人往日燔妻子，我因亲在何敢死。憔悴而今至于此，欲往从之愧青史。"而这种特点在贰臣词中并不少见。

二　创作倾向

《四库全书总目提要》云："词自晚唐五代以来，以清切婉约为宗，至柳永而一变，如诗家之有白居易；至轼而又一变，如诗家之有韩愈，遂开南宋末辛弃疾等一派。"苏轼以其豪放磊落的气质，于婉约香艳的北宋主流词风中披荆斩棘，以诗为词，以词言志，开辟出一种全新的词体样

---

① （清）靳荣藩：评《贺新郎》，见吴伟业《吴梅村全集》卷二十二，上海古籍出版社1999年版，第586页。

② （清）顾湄：《吴梅村先生行状》，见吴伟业《吴梅村全集》附录一，上海古籍出版社1999年版，第1404页。

③ （清）吴伟业：《与子暻疏》，《梅村家藏稿》卷五十七，上海古籍出版社1999年版，第1132页。

式——东坡体[①]。在当时虽未得到广泛认同[②]，对后世的影响却十分深远[③]。

金初词坛由宋儒组成，创作倾向却不主北宋婉约词之故常，反而更接近于苏派。近人陈匪石言道："金源词人以吴彦高、蔡伯坚称首，实皆宋人。吴较绵丽婉约，然时有凄厉之音。蔡则疏快平博，雅近东坡。"[④] 蔡松年的蹈袭姿态非常明显，据金椠残本魏道明注《明秀集》统计，仅卷首8首《水调歌头》用东坡语就多达36处[⑤]。聊举数例：

苏轼	蔡松年
银汉无声转玉盘（《阳关曲·中秋作》）	明夜秋河转玉盘（《减字木兰花·中秋前一日，从赵子坚索酒》）
岁晚将焉归（《游静居寺》）	雅志易华发，岁晚羡君归（《水调歌头·送陈咏之归镇阳》）
松间沙路净无泥（《浣溪沙·游蕲水清泉寺》）	野梅炯、沙路无泥（《满庭芳·森玉[illegible]林》）
野鹤昂藏未是仙（《圆通禅院先君旧游也……》）	谁识昂藏野鹤（《水调歌头·仆以戊申之秋……》）
醉语出天真，齿冷新诗嚼雪风（《刘莘老》）	醉语嚼冰雪（《水调歌头·浩然生朝，作步虚语，为金石寿》）

其他词人也表现出向东坡靠拢的架势，具体而言包括如下方面：（1）词风的刚化；（2）语言、意境的诗化；（3）词体功能的言志化。下面通过词作来说明问题。

蔡松年共有三首次韵东坡词，《水调歌头·镇阳北镇，追和老坡韵》是其中之一。词云：

① （宋）胡寅《酒边词序》云："（东坡词）一洗绮罗香泽之态，摆脱绸缪宛转之度，使人登高望远，举眉高歌，而逸怀浩气，超然乎尘垢之外。"转引自（清）沈雄《古今词话·词评》，见唐圭璋《词话丛编》，中华书局1986年版，第982页。

② 东坡词在当时曾被李清照讥为"句读不葺之诗"，陈师道《后山诗话》亦云："退之以文为诗，子瞻以诗为词，如教坊雷大使之舞，虽极天下之工，要非本色。"

③ 吴熊和云："北宋灭亡后，苏轼词派分为南北两支。一派传于南，则为叶梦得、陈与义、张孝祥、陆游、辛弃疾、陈亮等南宋词人，在南渡后的词坛一时成为主流。其中辛弃疾成就最高，遂与苏轼合称苏、辛词派。一派传于北，则为蔡松年、赵秉文、元好问等金源词人。"见《唐宋词通论》，浙江古籍出版社1989年版，第215页。

④ 陈匪石：《声执》，见唐圭璋《词话丛编》，中华书局1986年版，第4961页。

⑤ 转引自赵维江《金元词论稿》，中国社会科学出版社2000年版，第81页。

玻璃北潭面，十丈藕花秋。西楼爽气千仞，山障夕阳愁。谁谓弓刀塞北，忽有冷泉高竹，坐我泽南州。准备黄尘眼，管领白苹洲。　老生涯，向何处，觅菟裘。倦游岁晚一笑，端为野梅留。但得白衣青眼，不要问囚推按，此外百无忧。醉墨蔷薇露，洒遍酒家楼。

北宋词多是“绮宴公子”为“翠幌佳人”所填的歌词，香艳风流，言志之作不多。该词却独树一帜，不但写隐逸之情，更流露出对贰臣生涯的厌倦。这在词史上还属首次。作者造语豪迈，像“爽气千仞”、“弓刀塞北”这样的意境颇似盛唐边塞诗，自是秦七黄九所不能道也。

《明秀集》中此类带有北宗风范的作品非常多，举不胜举，堪称金贰臣词的缩影。吴激与松年齐名，也不乏刚健之词，如这首《满庭芳》：

射虎将军，钓鳌公子，骑鲸天上仙人。少年豪气，买断杏园春。海内文章第一，属车从、九九清尘。相逢地，岁云暮矣，何事又参辰。　沾巾。云雪暗，三韩底是，方丈之滨。要远人都识，物外精神。养就经纶器业，结来看、开阖平当真。应怜我，家山万里，老作北朝臣。

该词从少年壮志、中年羁客，一直写到老作北朝臣，极沉痛之致。陈廷焯评曰：“金代词人，自以吴彦高为冠，能于感慨中饶伊郁，不独组织之工也。”① 此言不虚。

金贰臣词之所以能以东坡为宗，在婉约之外别开生面，有两点原因：其一，与身仕二朝，心境凄凉有关。松年在《满江红·辛亥三月……》词序中云：“去家六年，对花无好情悰。”《念奴娇》词序又云：“辛亥新正五日，天气晴暖，偶出，道逢卖灯者，晚至一人家，饮橙酒，以滴蜡黄梅侑樽。醉归感叹节物，顾念身世，殆无以为怀，作此自解。”相信如不遭世变，松年对花侑酒，定能写出绮艳之作，但俘虏与贰臣的双重身份却使他只能悲歌浩叹。其二，与北国风物有关。钟振振先生云：“北国气候

① （清）陈廷焯：《白雨斋词话》卷三，见唐圭璋《词话丛编》，中华书局1986年版，第3821页。

干烈祁寒，北地山川浑莽恢阔；北方风俗质直开朗；北疆声乐劲激粗犷。根于斯，故金词之于北宋，就较少受到柳永、秦观、周邦彦等婉约词人的影响，而更多地继承了苏轼词的清雄伉爽。”①

金贰臣词在词史上的地位不容小觑，它不但是连接北宋与南宋的桥梁，更直接开启了稼轩风。《宋史》记载：“（辛弃疾）少师蔡伯坚，与党怀英同学，号‘辛党’。”② 松年的豪旷词风也被稼轩继承，并发扬光大。

清初的时代背景与宋金之际同中有异，两朝虽皆亡于异族之手，但明清之际的种族矛盾要比前代尖锐得多，因此词人们从晚明的浓艳词风中走出，没有接受旷朗的东坡词，而是吸取了战斗意味高涨的稼轩词。前文曾提到在天庆寺唱和中，贰臣们已经表现出对辛派婉约词《摸鱼儿·淳熙己亥，自湖北漕移湖南，同官王正之置酒小山亭，为赋》的极大兴趣，并模仿之。此风一开遂不可收拾，龚鼎孳、吴伟业、曹溶等人的晚期词作均得稼轩之绪，有清一代稼轩风大盛，与若辈不无关系。

金、清贰臣词都摆脱了婉约词的窠臼，向着豪放的方向发展。那么，作为先行者，金贰臣词是否为清贰臣所借鉴、学习呢？答曰非也。二者所具有的共同点、相似处是由历史社会与个人经历所造就的，而不是出自主动地传承。这只要考察一下文本就会明了。金词数量有限，流播不广，明季最为盛行的《草堂诗余》仅收了吴激的数首词，其他人皆未提及，清贰臣既无由一睹金贰臣词之全豹，自然无从仿效。③

① 钟振振：《论金元明清词》，见“中央研究院”文哲研究所《第一届词学国际研讨会论文集》，“中央研究院”中国文哲研究所筹备处1994年版。

② 关于辛弃疾师从蔡松年一事，邓广铭在《辛弃疾年谱》中予以否定，刘扬忠在《辛弃疾词心探微》中对邓说逐一辩驳，言之凿凿，赵维江在《金元词论稿》中亦持是说。在没有新材料出现的情况下，笔者认为不该忽略《宋史》的这条记载。

③ 当然吴激对清贰臣词还是有些许影响的，曹溶曾和过其名词《人月圆》。

第六章

吴伟业的“词史”意识及创作

前人论清诗，必以“江左三大家”冠其首，吴伟业于三家中位列次席，成就不可小觑。程穆倩在《鞶帨卮谈》中盛赞其诗：“吴之独绝者，征词传事，篇无虚咏，诗史之目，殆曰庶几。……谓少陵后一人也，谁曰不宜!”其词亦称“词史”，曹尔堪评：“陇水呜咽，作凄风苦雨之声。少陵称诗史，如祭酒可谓词史矣。”[①] 关于吴诗的“诗史”特征，目前已经成为学术界的研究热点[②]；相对而言，“词史”方面的研究就冷清得多。本文试图以此为切入点来解析伟业其人其词。

第一节　清初的词史氛围

早在三千年前，《孟子》就阐发了诗与史之间血脉相连的关系：“王者之迹熄而诗亡，诗亡然后《春秋》作。”“诗史”一词的提出始于晚唐孟棨的《本事诗·高逸第三》：“杜甫所赠二十韵，备叙其事，读其文尽得其故迹。杜逢禄山之难，流离陇蜀，毕陈于诗，推见至隐，故当时号为诗史。”所谓“诗史”，是“指反映一个时代的面貌、具有历

---

① （清）曹尔堪：评吴伟业《满江红·白门感旧》，见孙默《国朝名家诗余·梅村词》，清康熙中休宁孙氏留松阁刊本。案：此语有文章言出自曹贞吉之口，不知何据。尔堪号顾庵，贞吉号实庵，皆曹姓，一字之差，以致混淆，亦未可知。

② 这方面的代表文章有：程相占的《吴伟业的诗史思想》[《苏州大学学报》（哲学社会科学版）1995 年第 4 期]、刘守安的《一代诗史梅村诗》（《文学评论》1997 年第 2 期）、徐江的《吴梅村“诗史”论略》（《中国文化研究》2000 年春之卷）、魏中林和贺国强的《诗史思维与梅村体史诗》（《文学遗产》2003 年第 3 期）、张金环的《论吴伟业的“诗史”观——兼论与“梅村体”之关系》（首都师范大学博士学位论文，2006 年）。

史意义的诗歌”[①]。“词史”是在“诗史”概念下派生出来的一个词学话语。叶嘉莹先生对它的定义是：“反映历史的词，是指词中反映历史的作品。”[②]

词史观念完备于晚清[③]，而萌芽于明末清初。形成原因有很多，叶先生总结为三点：(1)“词体文体本身的美感特质的因素”。词在美人香草的表层之下，有一种要眇幽微、低回婉转的美感特质，适合表现言外深隐的意味。(2)“词体演进过程的因素”。词在发展中经历了一个由歌辞之词到诗化之词、赋化之词的过程，逐渐由无寄托衍变为有寄托。(3)“明朝至清朝改朝易代国破家亡种种变乱的因素”。丧乱的悲哀挫辱唤醒了词的美感特质，词人们把这种悲痛写入词里，实现了词与史的结合[④]。除此之外，笔者认为还有如下因素：

其一，清初良好的史学氛围。明末经世思想抬头，民间修史之风大盛。《四库全书总目·今献备遗》云：“明人学无根柢，而最好著书，尤好作私史。”谢国桢先生《晚明史籍考》云：“有明一代，史学最盛”，“沿及明末，著述尤繁”。又引全祖望之语，称“明季野史，不下千家”。易代之后，士人有感兴亡，往往借修史以探究根本。魏禧即曾说：“经世之务，莫备于史。”[⑤] 由此产生出一大批兼具史家、诗人身份的学者，如王夫之、黄宗羲、顾炎武、计六奇、谈迁等。

贰臣词人身兼史家者不少。曹溶的史才为世所公认，他“搜罗毓富”，尝进所藏崇祯邸报五千余册于史馆，时崇祯未有实录，乃取邸钞辑为长编，作史始有所稽。[⑥] 著有《崇祯五十宰相传》、《明人小传》、《明

① 这一定义出自《现代汉语词典》(商务印书馆1978年版)。“诗史”在传播的过程中产生了许多歧义，如诗的演进史、诗的编年史等，但在当今文学史上讨论的“诗史”，一般皆取本文之定义。

② [加] 叶嘉莹：《论清代词史观念的形成》，《河北学刊》2003年第4期。

③ 嘉道词人有感时事，对词史理论有了更深的探索。周济《介存斋论词杂著》指出：“诗有史，词亦有史。庶乎自树一帜矣。”谢章铤《赌棋山庄词话》云：“予谓词与诗同体。粤乱以来，作诗者多，而填词颇少见，是当以杜之《北征》、《诸将》、《陈陶斜》，白之《秦中吟》之法运入偷减，则诗史之外，谓为词史，不亦词场之大观欤。……夫词之称为乐府，乐府多纪事之篇。词之流为曲子，曲子亦有传奇之作，谁谓长短句之中，不足以抑扬时局哉？”

④ [加] 叶嘉莹：《论清代词史观念的形成》，《河北学刊》2003年第4期。

⑤ (清) 魏禧：《左传经世叙》，《魏叔子文集》卷八，中华书局2003年版。

⑥ (清) 方象瑛：《松窗笔乘》，引自李富孙、李集《鹤征录》卷三，漾葭老屋刊本。

漕运志》等，俱能洞察本末，四库馆臣对之极为赞赏[①]。钱谦益的史才也不凡，黄道周就义之日，“从容语其友曰：‘虞山尚在，国史犹未死也。’”[②] 著有《三史备言》。彭而述于军中喜读史书，著有《读史外篇》、《宋史外篇》、《续读史外篇》、《明史断略》、《读史异志》、《读史别志》、《新史新志》等。熊文举著有《墨楯》一卷，记崇祯八年（1653）张献忠攻庐州事。龚鼎孳著有《圣后艰贞记》，记易代后懿安后事迹，今不传。孙承泽（直隶人，字耳伯，号北海，退谷，1592—1676）著有《山书》、《畿辅人物志》等。周亮工著有《全潍纪略》。

吴伟业也甚有史名，他初入仕途便“官于史”[③]，明亡后愈加以修史自期，与谈迁等史家来往密切[④]。尝“从废簏败纸中追理旧闻，补公家所不载，庶于国家存亡大故，后人知所考信”[⑤]，并自号为“旧史氏”、“外史氏”、“国史氏”。著作有《复社纪事》1卷、《绥寇纪略》12卷补遗3卷、《梁宫保壮猷记》1卷。另据《辛亥中秋绝笔》云：“第三四年来，

---

① （清）纪昀等《四库全书总目提要》评《崇祯五十宰相传》：“崇祯十六年间，辅臣至五十人，其行事皆见于《明史》。说者谓其轻进易退，不收实用。溶篇末《总论》，独谓其私心朋比，门户相承。邪正虽殊，植党则一。斯诚探本之说矣。《传》虽分列五十人，而所录事实，皆取贤否悬殊，关系治乱之大者。其成基命以下十四人，但叙官阀。黄立极以下四人，亦极简略。盖以为无关劝戒，不足书也。溶门人陶越乃取陈盟所作《崇祯内阁行略》补之，非溶意矣。”

② （清）钱谦益：《启祯野乘序》，《牧斋有学集》卷十四，上海古籍出版社1996年版，第686—688页。

③ （清）吴伟业《且朴斋诗稿序》云：“忆余曩与映薇年兄同游师门，映薇虽不官史，而一时称能诗得必首映薇；余虽不能诗而官于史，映薇称知诗者必及余。”见《吴梅村全集》卷六十，上海古籍出版社1999年版，第1205—1207页。按：伟业为崇祯四年辛未科（1631）进士，官授翰林院编修。

④ 据冯其庸、叶君远《吴梅村年谱》“顺治十一年（永历八年）甲午”条记载：“二月二十四日，谈迁以书见寄，祈于《国榷》纰谬‘缘笔拈出，或少札原委。’”“三月二日，谈迁见访，伟业出示《箫史青门行》等近作。十一日，为迁出示《流寇辑略》。十八日，迁复见过，伟业为述江左旧事，不胜遗恨。”“四月八日，谈迁见访。……寻致书伟业，望能据所闻见易代之际人物行迹，缀辑另帙。”“十八日、二十六日、二十九日，谈迁又多次见访，伟业或以旧邸报借之，或与极论旧事。”“七月十八日、二十二日、二十九日，谈迁皆来探慰，伟业于病中为述先朝事。”“十二年八月十六日，谈迁见访，伟业为述崇祯初蓟州道张春抵抗满兵不屈而死之事。”江苏古籍出版社1990年版，第277—279页。

⑤ （清）吴伟业：《太傅兵部尚书吕忠节公神道铭》，《吴梅村全集》卷四十一，上海古籍出版社1999年版，第872页。

颇有事于纂辑，欲成春秋诸志，而地理与氏族先成，地志尤为该洽，病中聊以自娱，惜当世无有剞劂之者，终付酱瓿，又以自叹矣。”由此可知其未竟、未刻之史尚有不少。

其二，清代文学集前代之大成，呈现出“会通化成”之面貌，各种文体之间存在着相互渗透的关系。“无论诗、文、词、赋、四六、绘画、禅宗、书道、戏剧、理学、老庄、仙道、《春秋》书法、史家笔法，往往既立足本位，又突破现有窠臼，跳出本位，进行‘广收精取，贯穿出入’，以汲取他体之优长，而改善自我之体格。”①

在诗学方面，诗与史的结合比较广泛。“诗史”说自晚唐孟棨提出后，并未引起轩然大波，至宋代方始繁荣，明人对“诗史”说提出了质疑②，清人又重新捍卫了这一观念。钱谦益大声疾呼：“诗之义不能不本于史。”③ 黄宗羲也说：“史亡而后诗作。”“诗之与史相为表里。”④ 在这种观念下，杜甫成为诗人崇拜的对象，和韵杜诗成为时尚，具备“诗史”特征的作品数量激增，拥有“诗史”之誉的诗人也远较前代为多。沈曾植跋钱谦益《投笔集》云：“蒙叟《投笔集》二卷，凡诗一百八首，题为《后秋兴》，用杜韵者，十三叠九十六首，自题前后四首。前二叠国姓攻金陵时作，后七叠皆为永明王作。中间三四五叠，作于国姓兵败后。情词隐约，似身在事中者。”陈寅恪先生亦云：“此集牧斋诸诗中颇多军国之关键，为其所身预者，与少陵仅为得诸远道传闻，及追忆故国平居者有异。故就此而论，《投笔》一集实明清之诗史。”⑤《山西通志》载：“李芳莎，永年人。顺治元年由拔贡令武乡，清节自持；发奸摘伏如神，暇则以诗歌自娱。地方利弊，亦往往托之于诗，当时以为‘诗史’。”王士祯《香祖笔记》卷五评张含《禺山集》：“余尤喜集中《颍川侯祠》一篇，

---

① 这段话是张高评用以评宋诗的，移用来论清代文学同样合适。见《宋诗特色研究》，长春出版社 2002 年版，第 15 页。

② （明）杨慎《升庵诗话》卷四云：“宋人以杜子美能以韵语纪时事，谓之‘诗史’。鄙哉宋人之见，不足以论诗也。……如诗可兼史，则《尚书》、《春秋》可以并省。又如今俗卦气歌、纳甲歌，兼阴阳而道之，谓之‘诗易’可乎?”见《升庵诗话笺证》，上海古籍出版社 1987 年版，第 125—126 页。

③ （清）钱谦益：《胡致果诗序》，《牧斋有学集》卷十八，上海古籍出版社 1996 年版，第 800—802 页。

④ （清）黄宗羲：《万履安先生诗序》，《南雷文定》卷一，丛书集成初编本。

⑤ 陈寅恪：《柳如是别传》，三联书店 2001 年版，第 1193 页。

足称‘诗史’。”袁行云先生称：“（彭而述）甲申前后诗，多写乱离情景。从军西南，清初用兵繁剧情景，屡可见之。《芜湖行》、《悲西延》、《白米词》、《都狼岭》、《桂林行》、《黎平行》、《战城南》、《病狼行》、《贵阳行》、《湘潭纪事》、《新厢驿》、《水西行》、《估客行》、《潼关行》、《阳朔舟行》，长篇之作，足可证史。”① 等等。

在史学方面，传奇手法的介入令许多正统人士为之侧目。吴伟业的史学著作《绥寇纪略》分十二篇，名曰：《渑池渡》、《车箱困》、《真宁恨》、《朱阳溃》、《黑水擒》、《谷城变》、《开县败》、《汴渠垫》、《通城击》、《监亭诛》、《九江哀》、《虞渊沉》。每篇后加以论断。其体例与传统的编年、纪传体不合。《四库全书总目提要》评曰：“考文章全以三字标题，始于缪袭《魏铙歌词》，鹗、光远沿以著书。伟业叙述时事，乃用此例，颇不免小说纤仄之体。”

在小说戏曲方面，时事剧、时事小说的大行其道，既有存史之作用又有史论之功能。青木正儿评徐石麟的杂剧《浮西施》：“化戏曲为一篇史论，快则快矣，其如缺少韵致何？”② 清代戏剧出现案头化倾向，这也是受诗文的影响。曾永义评宋琬杂剧云：“荔裳以诗人之笔写杂剧，故宾白雅洁，曲文秀丽可读。”③ 吴梅评尤侗的《青平调》云：“曲至西堂，又别具一变相。其运笔之奥而劲也，使事之典而巧也，下语之艳媚而油油动人也。置之案头，竟可作一部异书读。”④

在词学方面，词人们虽对明词之曲化口诛笔伐，主张“辨体”，但在不知不觉间却吸纳着其他学科的精髓，暗中进行着“破体”、“出位”⑤。词之诗化、赋化现象十分普遍，并派生出诗人之词、词人之词、文人之词等说法。传奇手法、书画、儒释道等方面的理论与术语均被运用进来，龚鼎孳的早期词集《白门柳》就被时人呼为传奇；批评家论词也往往比照

① 袁行云：《清人诗集序录》，文化艺术出版社 1994 年版，第 49 页。

② ［日］青木正儿：《中国近世戏曲史》，王古鲁译，作家出版社 1958 年版，第 369 页。

③ 曾永义：《清代杂剧概论》，《中国古典戏剧论集》，台北联经出版事业公司 1975 年版，第 138 页。

④ 吴梅：《中国戏曲概论》，上海大东书局 1926 年版，第 116 页。

⑤ 关于“会通化成”参考张高评的《宋诗特色研究》专题一《会通化成与宋诗特色》，长春出版社 2002 年版。“辨体”与“破体”参考上书专题二《新变代雄与宋诗特色》之《破体为诗与宋诗特色之形成——以文为诗、以议论为诗、以赋为诗》，以及吴承学《辨体与破体》，《文学评论》1991 年第 4 期。

儒家的“温柔敦厚”、老庄的“无厚入有间”等文艺观。

词史观的生成虽然很晚，但词史创作却有着悠久的历史。每逢改朝换代、国破家亡之际，词史创作就异常兴盛。南唐李煜被俘后用长短句来诉说失国的痛苦、囚徒生活的不堪；北宋徽宗被金兵押解北行，于路上见杏花，写下了《燕山亭》一词，以寄托悲凉心境。都可以视为词史。南宋李纲、陆游、辛弃疾、陈亮、王沂孙等人面对着日薄西山的王朝，创作了很多具有强烈现实感的词作。金元时期战乱频仍、民生维艰，词人偏爱写实。况周颐评元好问之词：“元遗山以丝竹中年，遭遇国变，崔立采望，勒授要职，非其意指。卒以抗节不仕，憔悴南冠二十稔。神州陆沉之痛，铜驼荆棘之伤，往往寄托于词。鹧鸪天三十七阕，泰半晚年手笔。其赋隆德故宫及宫体八首、薄命妾辞诸作，蕃艳其外，醇至其内，要往复低徊、掩抑零乱之致。而其勘误之万不得已，大都流露于不自知。”① 不仅遗山如此，宇文虚中、吴激、王渥、白朴、萨都剌等人的词作均留有国家矛盾、民族矛盾、阶级矛盾的痕迹。明初词沿元代之余绪，大都具有深广的社会内涵。至中晚期，词坛染上了绮靡之病，词史之作几近绝迹。这种状况直到明清易代时方有所改变。

国破家亡的社会巨变对清初词人心态的影响非常显著，词坛上的词史氛围远较前代浓厚，所体现的领域也更为宽广②。在词话编撰上，尤侗认识到：“夫古人有‘诗史’之说，诗之有话，犹史之有传也。诗既有史，词独无史乎?”③ 意思是说词话记载了不少本事，类于史传。在词选方面，陈维崧提出：“文章流极，巧历难推，即如词之一道，而余分闰位，所在成编，义例凡将，阒如不作，仅效漆园马非之谈，遑恤宣尼觚不觚之叹，非徒文事，患在人心。然则余与两吴子、潘子仅仅选词云尔乎？选词所以存词，其即所以存经存史也夫。”④ 充分肯定了词选的史、献作用。在创作上，词与史的结合更为普遍。云间词人明亡后的作品已融入了现实的成

① （清）况周颐：《蕙风词话》卷三，见唐圭璋《词话丛编》，中华书局1986年版，第4463—4464页。

② 参见陈水云《清代的词史意识》，《武汉大学学报》（人文科学版）2001年第5期。

③ （清）尤侗：《词苑丛谈序》，见徐釚《词苑丛谈校笺》，人民文学出版社1988年版，第3页。

④ （清）陈维崧：《词选序》，《湖海楼文集》卷二，四部丛刊初编本。

分。顺治二年（1645），夏允彝殉国，宋征璧首唱一阕《念奴娇》悼念之[1]，陈子龙、宋存标、钱谷等人均有和作。顺治四年（1647）三月，陈子龙于夏允彝会葬之时，作《唐多令·寒食，时闻先朝陵寝，有不忍言者》、《二郎神·清明感旧》[2]，国势的风雨飘摇、自身的穷途末路皆现其中。兹以《二郎神》观之：

韶光有几？催遍莺歌燕舞。酝酿一番春，秾李夭桃娇妒。东君无主。多少红颜天上落，总添了数抔黄土。最恨是年年芳草，不管江山如许。　　何处？当年此日，柳堤花墅。内家妆，搴帷生一笑，驰宝马汉家陵墓。玉雁金鱼谁借问？空令我伤今吊古。叹绣岭宫前，野老吞声，漫天风雨。

“东君无主”喻崇祯之死，“红颜天上落”喻夏允彝等抗清志士的牺牲，“年年芳草”讥宋征舆等投靠清廷之人，不顾山河沦丧，一味追求富贵。该篇既有史的真实，又有词的感慨，无愧词史。

其他词人的词史创作也极其绚烂。广陵词人的“红桥唱和”暗伤亡国；宋琬、曹尔堪、王士禄的“江村唱和”反映的是清初官场的黑暗；阳羡词人的“鬼声词唱和”影射的是清兵对江南的屠戮；顾贞观与纳兰性德的两阕《金缕曲》，不但隐含了“绝塞生还吴季子”这一佳话，而且保存了顺治年间的“科场案”的相关资料。贰臣词人的现实题材作品同样精彩，龚鼎孳、熊文举等人在“天庆寺唱和”中流露出初仕二朝的凄慌、感愤、进退失据，高珩等人借咏史怀古抒写现世感慨，都可作心史传。这些词史之篇不但扩大了词境，深化了内涵，为清词中兴贡献了力量；同时还为晚清临桂派词史观的成熟、词史创作的精进做出了积累。

通过以上论述可知，清初词史氛围十分浓厚，词史创作极其活跃。在这一领域，吴伟业收誉最多，曹尔堪誉之为“词史”，靳荣藩亦对之推崇备至，高度评价了《忆江南》系列词作：“十八首皆诗史也！可当《东京

① 详见本书第九章第一节宋征璧部分。

② （清）陈子龙、王沄《陈忠裕公自著年谱》卷下“顺治四年丁亥”条云：“三月会葬夏考功，赋诗二章，又作寒食、清明二词，先生绝笔也。”北京图书馆藏珍本年谱丛刊本。

梦华录》一部，可抵《板桥杂记》三卷。”① 这种盛名一方面是借助了其梅村体史诗的成就，另一方面则与其独特的经历与才情有关。

第二节 吴伟业人格的精神分析

同是贰臣，吴伟业的出处更引人注目，关于他的仕清是“被迫”还是“自愿”，历来就是学术界的焦点之争。而其词史意识的变迁也与身份的改变有着莫大关系。本文试图用精神分析学的观点来阐释这一问题。

吴伟业的人生是不幸的，社会环境的巨变使他由一个胜国大臣沦为草莽遗民，进而成为为人不齿的贰臣；由此引发的心灵风暴更令他由一个正常人沦为心理疾病患者，他在晚年一直在自虐，至死也没有得到解脱。与其际遇相似的贰臣良多，他们大多没有患病，为何唯独伟业如此？这要从其略带缺陷的人格说起。

西方心理学家阿德勒认为，一般的自卑感是人的行为的原始的决定力量或向上的基本动力，如身体有缺陷的儿童会产生一种情绪使他努力进行补偿，以取得优越。自卑感对个体对社会都起着有利的作用，它能使人格得到改善。但是过分的自卑却是病态的，将会对人生产生消极影响②。伟业从小就有着比较强烈的自卑情结，对此，其家庭是要负一定责任的。他生在一个寒素之家，其父屡试不第，以授徒为生，其母因操持家务而劳瘁不堪，加之还有一三岁子须哺育，遂由祖母与无子的伯母养育。③ 这有可能在伟业心灵上留下被遗弃的阴影④。他自幼体弱多病，家人对他溺爱非

① （清）靳荣藩：评《望江南》十七首，见吴伟业《吴梅村全集》卷二十一，上海古籍出版社1999年版，第538页。

② ［奥］阿尔弗雷德·阿德勒（Alfred Adler）：《自卑与超越》，作家出版社1987年版，第45—64页。

③ （清）吴伟业《秦母于太夫人七十序》：“吾因留仙之言，而喟然有感于余祖母汤淑人也。衰门贫约，吾母操作勤苦，以营舅姑瀡瀡之养。汤淑人怜其多子，代为鞠育。余自少多病，由衣服饮食，保抱提携，唯祖母之力是赖。”《吴梅村全集》卷三十八，上海古籍出版社1999年版，第815页。王崇简《吴母张太孺人（伟业伯母、嗣母）墓志铭》：“先生始生时，朱太孺人尚育三岁子。（张）太孺人念其劳瘁，从襁褓中乳字先生，及夫顾覆医祷，恩义真切。”见《青箱堂文集》卷八，四库全书存目丛书本。

④ 缺乏父母之爱的孩子往往最容易自卑。

常，“十五、六不知门外事”[①]。看得出家人过分强化了他的“弱”，并试图通过与外界隔绝的方式保护他。这些都使伟业在潜意识中相信自己是孱弱的，因而产生了自卑感。他在诗文中特别爱强调自己的多病、早衰、憔悴，这其实都是自卑的潜台词[②]。

伟业的人生可以划分为：明亡前、明亡后、仕清后三个阶段，而其自卑感也有逐渐增加的趋势。

伟业自幼读书刻苦，并于崇祯四年（1631）三月，以一甲第二名成进士，崇祯亲阅其卷，有“正大博雅，足式诡靡”之评，时伟业尚未婚配，钦赐归娶，天下荣之[③]。进士中举与崇祯的知遇之恩对伟业意义非凡，他有一种成就感与强大感，自卑感得到了减弱。对于崇祯，伟业铭感终生；对于官职，他极为珍视，温体仁的百般排挤都没能使他辞官[④]，在晚年，他更是将中进士列为人生第一快事[⑤]。

然而好景不长，甲申之变剥夺了伟业的官员身份[⑥]。当时战乱纷纭，人命如草，即便是健壮坚强的人也会有人生飘忽之感，秉性柔弱的伟业更

① （清）吴伟业《与子暻书》云：“吾少多疾病，两亲护惜，十五、六不知门外事。”《吴梅村全集》卷五十七，上海古籍出版社1999年版，第1131页。

② 如《彭燕又五十寿序》云：“余年过四十，而发齿摇落。”《座师李太虚先生寿序》中云：“其之维扬也，与伟业相遇于虎丘，别十五、六矣，其容加少，其发加鬒……伟业颠毛斑白，自数其齿少于师二十岁，而忧患蹙迫，以及于早衰，窃仰自惭叹，以吾师为不可及。”见《吴梅村全集》卷三十六，上海古籍出版社1999年版，第765、766页。

③ 吴伟业是崇祯四年（1631）的进士。（清）顾湄《吴梅村先生行状》：“时有攻辛未座主宜兴相者，借先生为射的，庄烈帝御批其卷，有‘正大博雅，足式诡靡’之语，言者乃止。”（清）郑方坤《国朝名家诗钞小传》：“时犹未娶，特撤金莲宝炬，花币冠带，赐归里第完婚，于明伦堂上行合卺礼。盖自洪武开科，花状元给假，此为再见，士论荣之。”（清）张溥《七录斋集·诗稿》卷一《送吴骏公归娶》有句：“人间好事都归子，日下清名不愧儒。富贵无忘家室始，圣贤可学友朋须。”

④ 吴伟业《与子暻疏》云：“三年入朝，值乌程当国，吾与杨伯祥诸君子正直激昂，不入其党。乌程去，武陵继之，蕲水又与吾不合，各种受其摧残。”面对政治迫害，伟业选择远离风暴中心，去江南为官。

⑤ 晚年，伟业讲：“吾一生快意，无过‘三声’：胪唱占云，宫袍曜日，带醒初上，奏节戛然；锦昼御轮，绮宵却扇，流苏初下，放钩铿然；海果生迟，石麟梦远，珠胎初脱，堕地呱然。”见（清）陈坊《抱桐集》，《梅村词》，广东人民出版社1985年版。

⑥ （清）顾湄《吴梅村先生行状》曰：“甲申之变，先生里居，攀髯无从，号恸欲自缢，为家人所觉，朱太淑人抱持泣曰：‘儿死，其如老人何？’”《吴梅村全集》附录一，上海古籍出版社1999年版，第1404页。

是强烈地感到了自身的弱小。他在《与子暻书》中云："改革后，吾闭门不通人物，然虚名在人，每东南有一狱，长虑收者在门，及诗祸、史祸，惴惴莫保十年。"这种不安全感让他格外眷恋昔日在朝为官的岁月，并形之于梦。《庚寅元旦试笔》诗前有小序"己丑（顺治六年）除夕，梦杏花盛开，桃李数株，次第欲放。予登小阁，临曲池，有人索杏花诗，仿佛禁中应制"。次年除夕，他再一次梦到了杏花，以及为崇祯供奉官、近贵臣的情景。这从诗中可以知晓。《辛卯元旦试笔·除夕再梦杏花》云：

> 十年车马盛长安，仙杖传筹曙色寒。梦苑名花开万树，上林奇果赐千官。　　春风紫燕低飞入，晓日青骢缓辔看。旧事已非还入梦，画图金粉碧阑干。

他甚至想到了仕清为官，《周子俶东冈稿序》云：

> 余今日毕志家园，杜绝人事；子俶入京师，游太学，交王公大人以成名，若有异乎两人之踪迹者。余则曰：不然。夫君子之道，可以出而不出，可以处而不处，皆非也。余受遇当年，滥叨宫相；子俶少而遭乱，门户未显。余禀受羸弱，积疢沉绵；子俶精力强济，负当世之具。子俶而不出，则又谁出哉。①

该序作于顺治八年（1651），通过行文可知周肇对出仕颇有些顾虑，伟业充分肯定了这一行为，言下不无艳羡之意，给人的感觉是，如果他没有"受遇当年，滥叨宫相"，不是"禀受羸弱，积疢沉绵"，也会像周肇一样出仕的。

无论是对旧官的眷念还是对新官的向往，都显现出伟业对功名的热衷。与其说是贪图富贵，不如说是为了摆脱自卑，向往功名所带来的那种强大感、安全感。

但是当仕清的机会真的来到之时，伟业又陷入了矛盾与痛苦之中。顺治九年（1652），两江总督马国柱遵旨举地方人才，疏荐伟业于朝；十年（1653），吏部侍郎孙承泽、大学士陈之遴、陈名夏合力荐之。之遴与伟

① （清）吴伟业：《吴梅村全集》卷三十一，上海古籍出版社 1999 年版，第 707 页。

业是姻亲，他在信中很有可能作出承诺，仕清之后便可位极人臣。与此同时，侯方域等遗民界老友又致书给他，晓以利害，希望他不要出仕。一边是对功名的渴望，一边是舆论压力、道德戒律、对故国先帝的旧情，伟业进退维谷，乃至于患病。经过一番艰难的取舍、挣扎，他还是出仕了，伟业自认为是“有司敦迫，双亲惧祸”①，这固然是一个很重要的因素，但不能排除其中还有摆脱自卑，追求权力的潜意识。

遗憾的是，伟业此次出山并未像预想中那样成功，他入京后，清廷迟迟不任命，拖延了数月才授以从四品的秘书院侍读。而伟业在前明为少詹事，是正四品。不升反降已置伟业于一个很尴尬的境地了，更为糟糕的是，举荐他的陈名夏、陈之遴、孙承泽纷纷获罪，或被处死，或被谪戍，他的密友龚鼎孳、曹溶等人也被降级离京，这令伟业在朝中的处境十分不妙②。顺治十三年（1656），养育他的伯母去世，伟业请假南归，从此再未出仕。

伟业的遭遇令人联想到托尔斯泰笔下的安娜·卡列妮娜，安娜抛弃了一个女人最为宝贵的东西——儿子与贞操去追求爱情，渥伦斯基却辜负了她；伟业也是抛弃了一个封建文人最为宝贵的名节投身清廷，新朝却视若敝屣。安娜最终在怨恨中自杀，伟业却在悔恨中忍受着煎熬。其实在他出仕之初就怀有对崇祯的一种犯罪感，新朝的薄情更加重了这种感情，他的自卑感前所未有的强烈，已经发展到了变态的程度。在余生中，他不断地谴责自己，无情地嘲笑、贬低自己。顺治十年（1653）濒行时所作的《贺新郎·病中有感》云：

> 故人慷慨多奇节。为当年、沉吟不断，草间偷活。艾灸眉头瓜喷鼻，今日须难决绝。早患苦、重来千叠。脱履妻孥非易事。竟一钱、不值何须说。人世说，几完缺。

北上途中所作的《过淮阴有感》其一云：

---

① （清）吴伟业：《与子暻书》，《吴梅村全集》卷五十七，上海古籍出版社1999年版，第1132页。

② （清）吴伟业《与子暻书》云：“又有海宁之狱，吾之幸而脱者几微耳。”海宁之狱指陈之遴事，陈吴联姻，伟业亦被视为南党中人，几罹不测。《吴梅村全集》卷五十七，上海古籍出版社1999年版，第1132页。

世事真成反招隐，吾徒何处续离骚。昔人一饭犹思报，廿载恩深感二毛。

其二云：

浮生所欠止一死，尘世无由识九还。我本淮王旧鸡犬，不随仙去落人间。

奔丧归途中所作的《木兰花慢·过济南》云：

叹鲍叔无人，鲁连未死，憔悴南归。

《许九日顾伊人戏效其体八首》其二云：

饱食终何用，难全不朽名。

《赠原云师》：

君亲既有愧，身世将安托。

《遣闷》云：

故人往日燔妻子，我因亲在何敢死。憔悴而今至于此，欲往从之愧青史。

《怀古兼吊侯朝宗》云：

死生总负侯赢诺，欲滴椒浆泪满樽。

《临江仙·逢旧》云：

薄幸萧郎憔悴甚，此生终负卿卿。

《与子暻书》云：

吾以草茅诸生，蒙先朝巍科拔擢，世运既更，分宜不仕，而牵恋骨肉，逡巡失身，此吾万古惭愧，无面目以见烈皇帝及伯祥诸君子，而为后世儒者失笑也。

《临终诗》云：

忍死偷生廿载余，而今罪孽怎消除。受恩欠债须填补，纵比鸿毛也不如。

等等。

《吴梅村全集》中此类自挝其面的言辞非常多。谴责与忏悔开始于出仕之初，一直持续到生命的终点，从未间歇。可以推断，伟业患上了强迫性神经症与自我惩罚性偏执狂。前者表现为遭受强烈的精神刺激以后不能控制地反复回忆当时不愉快和痛苦的情境（如鲁迅先生笔下的祥林嫂）①。后者是患者体验到一种犯罪感，并借由不断地自我惩罚来减轻主体的精神压力（如《红字》中的丁梅斯代尔牧师）。伟业正是通过回忆失节这件难堪之事来不断惩罚自己，每回忆一次就要经历一次失节的痛苦。对他来说，顺治十年是一块心结，是一道过不去的坎。他也想忘记，也曾理智地说“万事愁何益，浮名悔已迟”（《病中别孚令弟》），但是没有用，那段不堪的回忆如附骨之蛆般缠定了他。临终那年（康熙十年）元旦，他“梦至一公府，主者王侯冠服，降阶迎揖，出片纸，非世间文字，谓先生曰：‘此位属公矣。’十二月朔，复梦数人来迎”②。梦是潜意识的达成，在伟业内心深处，一直存在着用官位来消除自卑的想法，至死未休。然而在现实生活中他却采取了自虐的方式来减轻压力，这种折磨在临终之时达到顶峰，他以圆石为碑，嘱咐子孙勿请人做铭，为的是向世人昭示他是一个不配被人记住的人。

① 张伯源：《变态心理学》，北京科学技术出版社1986年版，第222页。

② （清）顾师轼：《梅村先生年谱》，《吴梅村全集》附录二，上海古籍出版社1999年版，第1475页。

第三节　吴伟业词史意识与词史创作

一　词史意识的生成变迁

1. 应征以前

伟业幼好三史，长为史官，有着比较自觉的史学意识。他在明亡前曾作岁抄日记，记录“公庭之论列，私家之晤语”①，并创作了《临江参军》、《墙子路》、《雒阳行》、《殿上行》、《高丽行》、《悲滕城》、《襄阳乐》、《洛阳行》等直陈时事的作品，这些诗作多是客观纪事，史学特征十分鲜明，标志着他已具备了诗史意识。然而词史意识却没有同时产生，其早期词作皆是妓馆之作，格调旖旎。这一点伟业自认不讳，他在评余怀《秋雪词》时说：“余少喜学词，每自恨香奁艳情，当升平游赏之日，不能渺思巧句以规划秦、柳。中岁悲歌侘傺之响，间有所发，而转喉扪舌，喑噫不能出声。”他那时心中横亘着诗庄词媚的观念，是以诗作中不乏军国大计，词作却局限于风花雪月。

易代之后，家国沦丧，心境凄凉，伟业的诗史创作更为活跃，其成名之作《永和宫词》、《圆圆曲》、《听玉京道士弹琴歌》、《琵琶行》等皆作于此时。与明亡前的作品相比，这一时段的诗篇在客观纪事的基础上添加了个人情致，将诗史风范与哀艳情韵结合在了一起，形成了陵谷世变后的悲戚声色，也就是后人津津乐道的梅村体风貌。

词学观方面的变化更大，顺治七年（1650），宋征璧兄弟合刻《倡和诗余》，伟业为之作序②，明确提出词有言志、纪事之功用，较之以前的诗庄词媚思想有了很大的改观。序云：

> 夫月照高楼，陇水之歌非邈；风凄故馆，渭城之曲奚存？锦断梭龙，每吟落叶；镜埋飞鹊，时唱采菱。极睇而草木参差，踯躅而砂尘

① （清）吴伟业：《梁水部玉剑尊闻序》，《吴梅村全集》卷三十二，上海古籍出版社1999年版，第718页。

② （清）吴伟业：《倡和诗余序》，《云间三子新诗合稿、幽兰草、倡和诗余》，辽宁教育出版社2000年版，序第1页。

杂起。故金闺之彦，绨袟频开；琼管之家，瑶笺数襞。匪魂销绝国文通乃能，肠断江南方回独解而已。

“陇水”、“渭城”皆是古乐府名。作者一开始就抛出一个疑问，在如今山河破碎之际，那些往日吴歌还存在吗？接下来追忆昔日江南倚声之盛，浓香艳粉，少年子弟无不解曼声之吟，江淹、贺铸亦要退避三舍。

若云间宋氏昆弟者，轩名棣萼，谱号香词。垒石村中，不数花帘酒帜；凿砎岩下，长看水马秧车。辔共东田，撷句则烟霞并韵；裾联潋浦，选声则豁谷俱调。掣扇抽簟，同夸丽事；垒棋刻烛，各逞风华。固已鄙三戟之崔家，哂四经之马氏矣。

这一段叙宋氏兄弟早期的唱和，词风绮靡。
以上是太平时光景，下段转入现实。

若乃紫台云锁，回首难堪；碧海波沉，拊心何限。旅葵漫井，宁无何逊之悲；蕖槿临扉，遂有萧郎之叹。每念故人枯骨，旋长莓苔；还思神女酡颜，半支机石。

此段写创作环境的改变。“紫台云锁”、“碧海波沉”，喻国破家亡；“旅葵漫井”、“蕖槿临扉”，喻城市化为荒丘；“故人枯骨”指夏允彝父子、陈子龙等人的杀身成仁；“神女酡颜”指往日歌妓飘零。

于是摅辞翠钿，寄恨玉台。龙堆有白玦之盟，霜吹绣带；雁门无青案之赠，苔没香綦。敲剪银床，怨栀花之夜落；投钗宝枕，怯梧桐之秋寒。瘦并班姬，漫歌团扇；恨同昭媛，聊擘琵琶。真乃凄艳于人间，含笑啼乎纸上。惊心未已，荡魄何言！

此段写宋氏昆季创作风格的改变，虽托言香草美人，实述黍离之痛。

余影结梅村，兴颓药圃。鹤城仙去，时逢怆笛山阳；鸥渚舟横，久绝献环洛浦。属瑶函之寄，搒委婉于四愁；看锦字之贻，写缠绵于七辨。铜丸应手，音节沉雄；玉管调心，宫商窈眇。爰题尺素，随托双鱼。弟兄胥掩张、刘，恨乏卢谌之叙；童子亦跨辛、陆，惭非永叔之褒。须知碧草粘天，秦楼可赋；黄尘匝地，梁苑难言。惨角悲笳，非春院咒花之客，啼香怨粉，尽秋江酬月之人尔。

此段前半是伟业自述，他在国亡之后，再不复作曲中之游，也不再写花前月下之词。后半是对宋氏《倡和诗余》的总结，充分肯定了其以小词写故国之感的做法。

通过该序看出伟业的词史意识已经萌芽。在宋氏兄弟的启发下，他认识到词不仅能写闺阁香奁，更能写社会的动荡、一己之悲情。但他此时似无词史创作[①]，理论与实践还没有完全结合。

2. 应征以后

应征后伟业笑啼不敢，对诗史创作是有所影响的。严迪昌先生认为："哀婉未改而气韵渐见衰飒，具体说来是情多于事，在伤感氛围中'史'多泯灭于事中。锋芒锐钝，议论胆缩，'史'识必然消散。"[②] 词史创作却异常繁荣，目前可以系年的相关作品皆集中在这一时段。尽管伟业此时没写什么词论，结合诗文集序中的某些论述，还是可以感知其词史意识较之以前有所播迁。

顺治九年（1652），伟业被清廷征召，将复出山。偶然间看了夏完淳的《大哀赋》，其叙南都之亡，惨绝千古，伟业为之大哭三日，遂作《秣陵春》传奇以明心迹[③]。该剧以南唐灭亡后的北宋初年为背景，写南唐学士之子徐适与黄展娘有情，经李后主之魂成全，二人成婚。后来恶人陷害，徐适蒙冤，新朝皇帝见其文采出众，赦免了他，并欲授官。徐适心念旧朝，不肯做官，几经周折才接受了功名。全剧在徐适夫妇祭拜李后主中结束。明眼人一见便知主人公徐适就是伟业的写照，作者是借徐适既仕新朝又不忘故君来表明自己出仕的不得已。伟业在《秣陵春序》中也明言自己是借他人酒杯，浇自己块垒：

① 伟业的词史之作大多可以系年，并无创作于此时者。

② 严迪昌：《清诗史》，江苏古籍出版社 1999 年版，第 391 页。

③ （清）蒋瑞藻《花朝生笔记》："（夏完淳）《大哀赋》，庾信《哀江南》之亚也。其叙南都之亡……惨绝千古。吴梅村见之，大哭三日，《秣陵春》传奇之所由作也。"转引自尤振中、尤以丁《清词纪事会评》，黄山书社 1995 年版，第 22 页。

余端居无憀，中心烦懑，有所彷徨，感慕仿佛，庶几而目将遇之，而足将从之，若真有其事者，一唱三叹，于是乎作焉。是编也，果有托而然邪？果无托而然耶？既余亦不得而知也。

相比之下，此前的《倡和诗余序》伤的是故国，更注重政治内涵，而《秣陵春序》是自伤，更关注个体心灵的悸动，政治、历史反而退居次席。

这番思想不但应用在传奇中，也同样应用于词中。徐釚《南州草堂词话》云：“吴祭酒作《秣陵春》，一名《双影记》，尝寒夜命小鬟歌演，自赋《金人捧露盘》词云云。时祭酒将复出山，晋江黄东崖诗云：‘征书郑重眠餐损，法曲凄凉涕泪横。’正谓此词也。”这首《金人捧露盘·观演秣陵春》云：

记当年，曾供奉，旧霓裳。叹茂陵、遗事凄凉。酒旗戏鼓，买花簪帽一春狂。绿杨池馆，逢高会、身在他乡。　喜新词，初填就，无限恨，断人肠。为知音，仔细思量。偷声减字，画堂高烛弄丝簧。夜深风月，催檀板，顾曲周郎。

该词很有可能是伟业第一首词史之篇，他反复提醒“为知音，仔细思量”，怕的是读者看不出他的一番苦心幽情。

顺治十七年（1660），伟业为徐映薇的《且朴斋诗稿》作序，正式提出了“心史”之论：

观其（映薇）遗余诗曰：“菰芦十载卧蘧蘧，风雨为君叹索君。”出处相商，兄弟之情，宛焉如昨。又曰：“山中已着还初服，阙下犹悬次九书。”则又谅余此前浮沉史局，掌故之责，未能脱然。嗟乎！以此类推，映薇之诗，可以史矣！可以谓之史外传心之史矣！

“心史”概念的提出与伟业的失节有关。伟业以胜朝遗老、复社党魁仕清，舆论哗然，苛责之人不少。据黄宗羲《张南垣传》记载：“（张）涟为人滑稽，好举委苍谐谑，以资抚掌。梅村新朝起用，士绅饯之，演传奇，至张石匠，伶人以涟在座，改为李木匠。梅村故勒之，以扇确几，赞曰：‘有窍。’哄堂一笑。涟不答。乃演至买臣妻认夫，买臣唱切莫题起朱字，涟亦以扇确几曰：‘无窍。’满座为之愕眙，梅村不以为忤。”① 其实以伟业之敏感，表面虽不以为忤，内心深处又怎会不大受煎熬。这样的嘲弄绝非仅有，徐轲《清稗类钞》云，计东也曾以《和钱塘陆丽京圻无题诗六首》呈吴伟业，“于其出处，备极讽刺”。而徐映薇独能体谅他出仕是情非得已，因此伟业认为《且朴斋诗》是透过了历史的迷雾，探求真心之史，也即心史。

心史思想以愧悔自责的精神痛苦为主旋律，贯穿于伟业仕清后的诗词歌赋中。其诗声色凄丽，震撼了无数读者的灵魂，包括最先正式提出编纂《贰臣传》的乾隆。他在《御题梅村集》中写道：“梅村一卷足风流，往复披寻未肯休。秋水精神香雪句，西昆幽思杜陵秋。”其词亦以剖白心迹、揭示创作个体在兴衰治乱中的无助、彷徨为主，赢得了后人的同情与谅解。陈廷焯《词坛丛话》云：“白发飘萧事可知，江南祭酒独称诗。闲官大都沧桑感，宋玉微词莫更疑。”张德瀛《词征》云：“吴梅村祭酒，为本朝词家之领袖。其出处绝类元之许衡，慢声诸词，吟叹颓息，苍莽无尽，盖所谓有为言之者也。”卢前《望江南·饮红簃论清词百家》云：“娄东老，白首识孤心。月片龙团都笑语，艾眉瓜鼻换沉吟。故国梦中寻。”

康熙十年（1671），伟业病笃，临终云：“吾诗虽不足以传远，而是中之寄托良苦，后世读吾诗而知吾心，则吾不死矣。”② 所谓“吾诗”，不仅指其五七言诗，乃是一切著述之统称。无论是词是曲，都是作者哀怨之心的传音筒。这临终数语道出了心史创作的两重性，一方面伟业严厉地拷问着灵魂，忏悔着负罪；另一方面又试图自辩，并希望后世读者能据此原心略迹。而这也是他减轻自卑感的一种手段。

通过以上论述，我们发现伟业尽管关于词史的文字叙述很少，但由具体创作，还是可以清晰地看出词史意识的流变轨迹，从最开始的无意识到明亡后的以词存史，再到以词存心史，这一线索与其诗史观的演化基本一致。

---

① （清）黄宗羲：《黄雷文定》，商务印书馆 1936 年版，第 162 页。

② （清）陈廷敬：《吴梅村先生墓表》，《吴梅村全集》附录一，上海古籍出版社 1999 年版，第 1409 页。

二　诗蕴史笔，史蕴诗心——吴伟业的词史创作

有学者说：“诗史之特色有二：一是具备史之取材与笔法，一是充满史之反思与致用精神。”① 前者指史材、史笔，后者指史论。伟业的词史创作亦包含此三要素，但却不是“有韵的文件”、纪实的史书，而是诗情、史心的结合。

1. 以词纪史，情余于事

《梅村词》号称词史，其中必然隐含历史本事。范汝受云：“梅村词无一不妙，而《满江红》十三调尤擅胜场，其中具全部史料，兴会相赴，遂成大观。”② 其实，不徒《满江红·白门感旧》十三首以史料为词料，诸如《风流子·掖门感旧》、《贺新郎·赠柳敬亭》、《临江仙·逢旧》、《临江仙·过嘉定感怀侯妍德》、《木兰花慢·过济南》、《木兰花慢·话旧》、《金人捧露盘·观演秣陵春》、《贺新郎·送杜将军弢武》、《贺新郎·病中有感》等皆本事鲜明可辨。尽管如此，这些作品仍然是词而非史。尽管诗与史同源异流，但在叙事策略上仍有差异。史重于事，诗重于情；史必征实，以叙事资鉴为基调，为了保证客观性，往往用第三人称论述；诗是心灵的窗口，以言志抒怀为特征，具有很强的主观性，往往采用第一人称。《梅村词》罕有为纪事而作的，大多数词均是情余于事，历史不过是个素材，抒情才是作者的真实动机。这一点在前文论及心史时已经提到，但未展开，本节拟通过伟业所著史乘与词作的比较来说明问题。

在史乘《复社纪事》中，伟业详述社团之缘起、发展，成员之不同行事，翔实客观，无所偏倚，正是史家森严之笔。尤其是为周钟之“从逆”辨析，在当时严苛的舆论环境下，更属不易。是以计东致书赞曰：“世所传（周钟）诏表之语，稍有人心者莫不冤之，然无有讼言其诬者，今得老师一为辨析，公论昭然。”③

而在词作《风流子·掖门感旧》中，虽也有对明末往事的描写，但只是一个陪衬，创作目的是抒情而不是纪事：

① 张高评：《宋诗特色研究》，长春出版社 2002 年版，第 95 页。

② （清）范汝受：评《满江红》，《吴梅村全集》卷二十二，上海古籍出版社 1999 年版，第 571 页。

③ （清）计东：《上太仓吴祭酒书一》，《改亭集》卷十，康熙癸酉序刊本。

咸阳三月火，新宫起、傍锁旧莓墙。见残甓废砖，何王遗构，荒荠衰草，一片斜阳。记当日、文华开讲幄，宝地正焚香。左相按班，百官陪从，执经横卷，奏对明光。　　至尊微含笑，尚书问大义，共退东厢。忽命紫貂重召，天语琅琅。赐龙团月片，甘瓜脆杏，从容晏笑，拜谢君王。十八年来如梦，万事凄凉。

该词作于仕清之后，创作背景在本书第二章第二节“怀古词中的遗民情怀”中已有介绍。作者回忆了与崇祯帝的一段往事，但真正的主人公是吴伟业自己，而不是崇祯；笔触也不是冷静地陈述，而是把兴奋点集中在新旧王朝更迭中的个人创伤上。结句感情达到高潮，最为惊心动魄。沈雄曰：“有以梅村比吴彦高者曰：吴郎近以乐府高天下。余读其‘十八年来如梦，万事凄凉’，几使唾壶欲碎。”① 丁飞澎亦云：“余读其‘十八年来如梦，万事凄凉’一语，又元之许祭酒也。”②

《临江仙·过嘉定感怀侯研德》是清初少有的涉及嘉定三屠的词作：

苦竹编篱茅覆瓦，海田久废重耕。相逢还说廿年兵。寒潮冲战骨，野火起空城。　　门户凋残宾客在，凄凉诗酒侯生。西风又起不胜情。一篇思旧赋，故国与浮名。

顺治二年（1645），清廷怒嘉定不肯削发剃头，派兵镇压。城内百姓推举侯峒曾和黄淳耀、黄渊耀兄弟主持城防。坚持数昼夜终于不敌，民众俱遭屠戮，侯、黄诸人就义。其白骨撑天之惨状，朱子素的《嘉定屠城略》、文秉的《甲乙事案》、黄宗羲的《弘光实录钞》等书皆有记载。伟业二十年后过访，犹见“寒潮冲战骨，野火起空城”之萧条模样。词中所提到的侯研德是峒曾之侄、淳耀的入室弟子，当年侥幸躲过一劫，卒于康熙三年（1664）③。

该词上阕写景，下阕写情，“思旧”之典用得极其恰当。《晋书》载：

---

①（清）沈雄：《古今词话·词评》，见唐圭璋《词话丛编》，中华书局1986年版，第1035页。

②（清）丁澎：评吴伟业《风流子》，见聂先、王曾孙《百名家词钞·梅村词》，清康熙绿荫堂刻本。

③（清）程其珏修，杨震福等纂：《光绪嘉定县志》卷十九《文学》，光绪八年刻本。

向秀少与嵇康、吕安、山涛相善，隐居不仕，康既被诛，秀惧祸，应本郡计入洛。尝作《思旧赋》以悼亡友[①]。伟业以向秀自比，以《临江仙》比《思旧赋》，个中情愫除了悼怀亡友外，更是自伤沦落，这在“故国与浮名”句上已表露无遗。

伟业的词史创作情余于事，还可通过与陈维崧的相关词作比较来看。维崧是清初词坛巨擘，词史数量不少。其《贺新郎·战舰》写清兵对江南众生的蹂躏，与伟业的《临江仙》正属同一题材：

> 战舰排江口。正天边、真王拜印，蛟螭蟠钮。征发棹船郎十万，列郡风驰雨骤。叹闾左、骚然鸡狗。里正前团催后保，尽累累、锁系空仓后。捽头去，敢摇手？　稻花恰趁霜天秀。有丁男、临歧诀绝，草间病妇。此去三江牵百丈，雪浪排樯夜吼。背耐得、土牛鞭否？好倚后园枫树下，向丛祠、亟倩巫浇酒。神佑我，归田亩。

该词酷似老杜的“三吏”、“三别”，充满了忧国忧民之心。作者的侧重点不在于一己悲欢，而是致力于乱世民生之艰，以揭露时局的动荡、社会的黑暗，因此主体形象不够鲜明。维崧的其他词作如《南乡子》六首、《贺新郎·水宿枫根罅》、《夏初临·中酒心情》等也都有这个特点。相比之下，伟业的词史之章未免过于关注“小我”了，但也正因如此，遂生成了一种以情韵为长的特点，古今评论家无不津津乐道于此。靳荣藩评《临江仙·逢旧》曰：“历落缠绵，声情俱佳。”邓汉仪评《满江红·蒜山怀古》曰：“其声悲激，其情危苦。”陈廷焯曰：“声情悲壮，高唱入云。顿挫生姿，哀感不尽。”等等。

2. 词具史笔，哀感顽艳

邓汉仪评伟业《雁门尚书行》曰：“详略开阖，擒纵起束，俱以龙门手法行之。其叙战始末，则系一代兴亡之实际，非雕虫家所可拟也。”[②]陆云士亦曰：“以龙门之笔行之韵语，洵诗史也。”“龙门手法”、“龙门之笔”皆是史笔的代称。《左传·成公十四年》载：“《春秋》之称，微而显，志而晦，婉而成章，尽而不污，惩恶而劝善，非圣人孰能修之！”此

① 《向秀传》，《晋书》卷四十九列传第十九，四库备要本。

② （清）邓汉仪：《诗观初集》卷一，四库禁毁书丛刊本。

谓之《春秋》五例，又云《春秋》书法、史家笔法，简称为书法或史笔[①]。关于史笔与诗笔之间的关系，钱锺书先生指出："春秋书法遂成史家楷模，而言史笔几与言诗笔莫辨。"李洲良先生分析道："（春秋笔法）与《诗》的赋比兴呈现出明显的对应关系：《春秋》之微而显、志而晦、婉而成章对应于《诗》的比兴；《春秋》之尽而不污对应于《诗》的赋；《春秋》之惩恶劝善对应于《诗》的美刺褒贬。"[②] 诗与史同源异枝，诗笔与史笔只是看问题的两个角度。以伟业之词观之，《沁园春·赠柳敬亭》云："叹伏波歌舞，凄凉东市，征南士马，恸哭西州。"在用典的协助下，只寥寥数语就写出了左良玉、马逢知这两位关涉兴亡的大人物生平之事。《满江红·蒜山怀古》云："白面书生成底用，萧郎裙屐偏轻敌。"表面上讥讽杨龙友的无能，实际上矛头指向的是南明小朝廷不以天下百姓为念，远不及一介书生。这些在史家看来是微婉显晦，而在诗家看来是文约义丰、温柔敦厚、思深远而有余意，言有尽而意无穷，具有含蓄美与朦胧美。

后世史家皆奉春秋笔法为圭臬，诗家又莫有不用赋比兴者，然不同的作家在运用史笔、诗笔时却呈现出不同的个性。故《史记》与《汉书》不同，太白诗与少陵诗有别。伟业关于史笔、诗笔的表达亦极具个性，其七言叙事歌行号称梅村体，在中国文学史上的地位极为尊崇。《四库全书总目提要》云："其中歌行一体，尤所擅长，格律本乎四杰，而情韵为深；叙述类乎香山，而风华为胜。韵协宫商，感均顽艳，一时尤称绝调，其流播词林，仰邀睿赏，非偶然也。"其词史创作源本诗史，亦具有上述特点。王士祯评曰："娄东驱使南北史，澜翻泉涌，妥帖流丽，正是公歌行本色，要是独绝。"[③]

《梅村词》以辞藻华茂、设色艳丽著称，尤侗盛赞其词，"烂兮若锦，灼兮如花。其华而壮者，如龙楼凤阙；其清而逸者，如雪柱冰车；其美而艳者，如宝钗翠钿；其哀而婉者，如玉笛金笳。"[④] 此言不虚，伟业每能

① 张高评：《宋诗特色研究》，长春出版社2002年版，第49—50页。

② 李洲良：《论春秋笔法与诗史关系》，《文学遗产》2006年第5期。

③ （清）王士祯：《花草蒙识》，见唐圭璋《词话丛编》，中华书局1986年版，第685页。

④ （清）尤侗：《祭吴祭酒文》，见吴伟业《吴梅村全集》附录一，上海古籍出版社1999年版，第1419—1420页。

于金戈铁马之中加入柳欹花亸之致，合周、柳、苏、辛为一体①。《木兰花慢·话旧》云：

西湖花月地，樱笋熟、鳜鱼肥。记粉袖银筝，青帘画舫，烟柳春堤。惊风一朝吹散，叹西兴、兵火渡人稀。白发龟年尚在，青山贺监重归。　恰相逢紫蟹黄鸡。独唱缕金衣。奈独客愁多，秋娘老去，木落乌栖。无情断桥流水，把年光、流尽付斜晖。世事浮生急景，道人抱膝忘机。

初读该词恍若香奁之体，西湖、花月、粉袖、银筝、青帘、画舫这一系列意象皆至柔至媚，不经意间忽插入兵火战乱意象，令人目不暇接。色彩亦极斑斓，粉、青、白、紫、黄交替出现。而"粉袖银筝，青帘画舫，烟柳春堤"、"无情断桥流水，把年光、流尽付斜晖"这样的句子更是天生好言语，意境甚佳。

再如《沁园春·赠柳敬亭》：

客也何为，八十之年，天涯放游。正高谈拄颊，淳于曼倩，新知抵掌，剧孟曹丘。楚汉纵横，陈隋游戏，舌在荒唐一笑收。谁真假，笑儒生诳世，定本春秋。　眼中几许王侯。记珠履三千宴画楼，叹伏波歌舞，凄凉东市，征南士马，恸哭西州。只有敬亭，依然此柳，雨打风吹絮满头。关心处，且追陪少壮，莫话闲愁。

作者以一艺人引出明末史事，通篇风格硬朗，是辛派面目，然下阕却有"记珠履三千宴画楼"这一繁华温馨处，视觉上的震撼力十分强大。该词完全是以诗的手法来写的，其中有不少对句，如"高谈拄颊，淳于曼倩，新知抵掌，剧孟曹丘"、"楚汉纵横，陈隋游戏"、"伏波歌舞，凄凉东市，征南士马，恸哭西州"等。且使事如神，《史记》、《汉书》、南北史皆信手拈来，巧绝精工，意味深长。

① （清）程穆衡《吴梅村先生诗余序》云："梅村词亦艺林所称引，谓其婉靡雄放，兼有周柳苏辛之长，本朝词家推为冠冕。"转引自尤振中、尤以丁《清词纪事会评》，黄山书社 1995 年版，第 16 页。

3. 以词论史，幽微要眇

史论指史家对历史人物或历史事件之褒贬评论，其体有二：一是如孔子著《春秋》，微言大义而乱臣贼子生惧；二是如《左传》的“君子曰”、《史记》的“太史公曰”，直接发表议论。二者一隐一显，往往被交叉使用。

伟业在《绥寇纪略》中，于每节末好作议论，如《九江哀》云：“外史氏曰：予观怀陵末造，天下之势在于良玉。中原糜溃，朝廷之法令不可复行，唯自成能号召饥民以为难于我，唯良玉能招诱降寇以致死于贼。……曹文诏、黄得功忠而能勇，苦不长于谋，良玉能谋矣，而无忘身殉国之心，坐长祸乱，以视两公，真有余愧。然若以刘泽清之侵权牟利者比类同观，则宁南固一时之杰，未可概而弃之也。”这是以直笔作史论。《虞渊沉》下写李自成攻破北京城，崇祯自知大事去矣，唤太子、二王入，交代后事，不及三子年岁。及至手刃二女时，则缀以年岁：“（上）乃入寿宁宫。长平公主年十五，方哭，上曰：‘汝何故生我家?’挥之以刃，殊左臂。又剑斫昭仁公主于昭仁殿，年六岁矣。”[1] 这不仅是为二位公主系卒年，更是对亲父斩杀幼女这一天地间极惨之事加以无字褒贬。此乃曲笔作史论。

伟业的词史创作中也有史论，但多用隐晦之笔法，意在言外。如《望江南》十七首，详述明末江南池馆、舟人、古董、盆玩、蒲博、市肆、弦管、市脯、蔬果、机丝、禅林、梳妆、闺装、刺绣、器玩、狎客、声妓、鱼鸟之好。靳荣藩评曰：“有明兴亡，俱在江南。固声色文物之地，财赋政事之区也。梅村追言其好，宜举远者大者；而十八首中，止及嬉戏之具，市肆之盛，声色之娱，皆所为足供儿女之戏者。何欤？盖南渡之时，上下嬉游，陈卧子谓其‘清歌漏舟之中，痛饮焚屋之内’。梅村亲见其事，故直笔书之，以代长言咏叹。十八首皆诗史也！可当《东京梦华录》一部，可抵《板桥杂记》三卷。或认作烟花账簿，恐没作者苦心矣!”[2] 今取其中三首观之。其一云：

---

① （清）吴伟业：《绥寇纪略》，上海古籍出版社 1992 年版。

② （清）靳荣藩：评《望江南》十七首，见吴伟业《吴梅村全集》卷二十一，上海古籍出版社 1999 年版，第 538 页。

江南好，聚石更穿池。水槛玲珑帘幕隐，杉斋精丽缭垣低。木榻纸窗西。

其十五云：

江南好，巧技棘为猴。髹漆湘筠香垫几，戗金螺钿酒承舟。鈒镂匠心搜。

其十七云：

江南好，旧曲话湘兰。薛素弹丸豪士戏，王微书卷道人看。一树柳催残。

可谓不着一字，尽得风流，褒贬皆在篇外。

又如《满江红·金陵怀古》：

满目山川，那一带、石城东治。记旧日、新亭高会，人人王谢。风静旌旗瓜步垒，月明鼓吹秦淮夜。算北军、天堑隔长江，飞来也。　　暮雨急，寒潮打。苍鼠窜，宫门瓦。看鸡鸣埭下，射雕盘马。庾信哀时惟涕泪，登高却向西风洒。问开皇、将相复何人，亡陈者。

该词借怀古之名，暗伤南明往事。上阕影射弘光君臣自恃长江天险，北军难渡，一味骄奢淫纵；下阕结句作史论，靳荣藩注曰：“开皇，隋文帝年号。即蹙秦者秦也之意。”① 意指南明灭亡罪在马士英、阮大铖辈。该论较之《望江南》是显豁多了，但借古言事，仍属曲笔。

伟业在词作中的史论之所以不能如史乘般直白了荡，除了避文祸之外，还有文体上的考虑。词之为体与诗、文有异，它句式错落参差，具有一种低徊宛转的姿致之美，适宜表现幽微要眇之情。古今大词人莫不顺其

① （清）靳荣藩：评《满江红·金陵怀古》，见吴伟业《吴诗集览》卷二十上，四库备要本。

势为之，纵然是豪放派的代表人物苏轼、辛弃疾亦未偏离此种特美，而像刘过之流落笔即言，开口便唱，一泻千里，则不免浅率叫嚣之讥。伟业具有非常高的文学天赋，深知何者为诗，何者为词，何者为史，因此不肯作率直之论，以保存词味。

前文提到伟业的词史创作与诗史渊源甚近，它们同有声情缠绵、词采华丽、长于使事等特点，但在情韵的表达上，词要更含蓄蕴藉一些。是以其词史并不完全等同于诗史。关于这一点，尤侗在《梅村词序》中有一段精彩的论说，姑以此作本章之结："先生文章仿佛班史，然犹谦谦未遑，尝谓予曰：'若文则吾岂也，于诗或庶几焉。'今读其七言古、律诸体，流连光景，哀乐缠绵，使人一唱三叹，有不堪为怀者。及所谱《通天台》、《临春阁》、《秣陵春》诸曲，亦于兴亡盛衰之感，三致意焉：盖先生之遇为之也。词在季孟之间，虽不多作，要皆合于《国风》好色、《小雅》怨悱之旨。故予尝谓先生之诗可为词，词可为曲；然而诗之格不坠，词曲之格不抗者，则下笔之妙，非古人所及也。"①

① （清）尤侗：《梅村词序》，《吴梅村全集》附录三，上海古籍出版社1999年版，第1494页。

第七章

曹溶的“倦”情结及与浙西词派关系考辨

顾贞观云：“余受知香严而于词尤服膺倦圃。容若尝从容问余两先生意指云何？余为述倦圃之言曰：‘词境易穷，学步古人，以数见不鲜为恨；变而谋新，又虑有伤大雅。’子能免此二者，欧、秦、辛、陆何多让焉？容若盖自是益进。”[①] 这位令贞观、容若倾心不已的“倦圃先生”就是浙西词人曹溶。

第一节　曹溶的人生形态

一　仕履

曹溶（1613—1685），字洁躬，号秋岳，又号锄菜翁、倦圃、金陀老圃。浙江秀水人。崇祯十年（1637）进士，官御史。尝劾张四知溺职，不报[②]。十二年（1639），与侯方域等复社君子交游[③]。十五年（1642），熊开元因弹劾首辅周延儒下锦衣卫狱，溶有疏辨之[④]。时人谓其与马给谏嘉植、倪给谏仁祯为鼎足[⑤]，他自己也有鸿鹄之志，欲

---

① （清）顾贞观：《栩园弃稿序》，见陈聂恒《栩园词弃稿》卷首，清康熙且朴斋刻本。

② （清）张廷玉等：《张四知传》，《明史》卷二百五十三列传第一百四十一，续修四库全书本。

③ （清）储大文：《重刻壮悔堂集序》，见侯方域《壮悔堂文集》，乾隆二十三年重刊本。

④ 《静惕堂诗集》卷二十二有《熊鱼山给谏以僧服主灵岩，忽传仙化，忆赠二首》，诗后注曰：“鱼山以迕奸相下诏狱，余有疏辨之。”四库全书存目丛书本。

⑤ （清）李清：《三垣笔记·附识上》，中华书局 1982 年版，第 189 页。

作出一番事业来。然而，在李自成进驻北京的动乱中，救他一命的却不是经济之才，而是文名。钱𣒱《甲申传信录》云："甲申（1644）三月，浙直总督张国维题授（溶）浙直监军御史，未行被获。重掠，悉索寓内，纳二百两。贼心未厌，直加严刑，伤足，舁出，又纳五十两。发王旗鼓再拷。王为山右诸生，尝读溶文，谕杨枝起招授职，以足创不能行。又数日，闯遁。客劝其暂守城以待太子，而遇千（大）清。"①

在辞官未果的情况下，曹溶以原官仕清。六月，改授顺天学政；顺治三年（1646）二月，充会试监试官；三月，迁太仆寺少卿，不久革职。据《贰臣传》记载，原因是："先是，恩诏录七品以上京官子弟各一人，由附生充监生，由廪生、增生充贡生。溶任学政时所举充贡监，有曾于明季袭世职及中武举者。至是，事觉，坐失察，降二级调用。寻复以选拔贡生逾额，革职回籍。"而真正原因是南北党相争②。以复社人士为主的南党与以冯铨为首的北党势同水火，并当廷对峙，但由于摄政王多尔衮倾向北党，南党惨败，龚鼎孳、熊文举、朱徽、高有闻、吴达、许作梅等南人先后罢斥，曹溶也在其中。当时他才 33 岁，壮年被废，心情愤懑。其《杂感四首》其一云："好察表奇策，常为天下称。紫凤失巢处，独蓄鸷与鹰。攫取不遗力，残物如丘陵。林薮会将竭，夜中常拊膺。孤贱易得祸，左右无良朋。自非食禄人，感愤亦未能。"首句叙平生才具，自视很高。"紫凤"云云言为奸人所害。其四云："少壮违达遇，伤哉芳岁穷。努力恒救贫，愧为百夫雄。囊有王霸书，徒步干三公。古者既我先，浊醪聊自崇。"更是将自己怀才不遇的孤愤倾吐而出。

曹溶重入仕途是在顺治十年（1653），《贰臣传》云："大学士范文程

① （清）钱𣒱：《跖铺遗脔·李闯拷掠诸臣》，《甲申传信录》卷四，台湾大通书局1987年版。关于多尔衮之入京，《明季北略》记载道："北京城中，俱延颈望太子至。（五月）初三庚寅，北京诸臣，迎候于朝阳门外，传呼奉太子至。多官望尘俯伏，及登舆，知非东宫也。各骇愕而退。及城门，吴（三桂）兵前导者，城上已满插白标矣。大清国来者，乃摄政王。"

② 顺治年间，以冯铨为首的北党与以龚鼎孳等复社人士组成的南党势同水火。顺治二年（1645），南党中人许作梅、庄宪祖、杜立德、王守履、桑芸、李森先、罗国士、邓孕槐、吴达、龚鼎孳等交章弹劾北党冯铨、李若琳、孙之獬，这是南北党的一次公开交火。由于多尔衮偏袒北党，南党惨败，党人多被罢斥。曹溶亦被波及。

等因以上亲政，前部议降革原奏次第奏览，于是溶与降调给事中林起龙、刘鸿儒并荷恩。谕曰：三人降革，皆非品行玷缺者比，令来京录用，各复原官。”此番入仕，曹溶决意一展怀抱，他屡屡建言，关涉吏制、用兵、言路等多个方面，甚得顺治嘉纳。加之当时的大学士是海宁陈之遴，与曹溶为进士同年，私交甚笃，因此曹溶得以在数年内连连高升。顺治十二年（1655），吏部、都察院会奏侍郎、寺卿等官，才优经济者改外用，曹溶预焉，遂授广东布政使。他有《海南杂诗二首》记叙了此行之心情。其一云：“出身吴下蒙，远振天南翰。负志怀耿切，欲排生民患。”其雄心壮志可知。

正当曹溶打算在新朝一骋骏足之时，又为政治上的风暴所席卷。顺治十三年（1656），陈之遴失势，谪戍沈阳。曹溶受到牵连，被降为山西阳和道按察副使。备兵大同之际，曹溶每有大材小用之感，殊怏怏。但受儒家经世思想驱使，他并没有就此消沉，而是兴利除弊，颇有政纪。康熙四年（1665），曹溶因裁缺归里，“卜日就道，士民卧辙而留者数千百人，将诣督抚，请于朝破格留任”[①]。可见其德。

康熙十二年（1673），三藩之乱爆发，次年，曹溶被“阁臣荐为边才随征福建”[②]，又有了三年军幕生涯，后因丁母忧不受职而归。十七年（1678），朝廷诏举博学鸿儒，大学士李蔚、杜立德、冯溥合疏荐之，他以丁忧不赴。十九年（1680），大学士徐元文荐曹溶修明史，部议候服满牒送史官。曹溶坚辞不就，从此再未入仕途。

二　人格[③]

没有龚鼎孳的才气纵横、锋芒毕露，也没有梁清标的圆滑老练、八面玲珑，曹溶自有其独特魅力。他文武兼擅，颇有儒将气质。广东遗民屈大均赠诗云：“云中魏尚旧宣武，今日曹公肃鼓旗。绶带投壶垂雅望，彩毫题赋掩晴晖。容仪欲见如琼树，书札相将隔紫微。八月龙沙飞急雪，中军

① （清）俞汝言：《俞渐川全集》，天津图书馆孤本秘籍丛书本。

② （清）沈季友：《槜李诗系》卷二十三。

③ 《辞海》关于“人格”的定义是：“指个人稳定的心理品质。包括两个方面，即人格倾向性和人格心理特征。前者包括人的需要、动机、兴趣和信念等，决定着人对现实的态度、趋向和选择；后者包括人的能力、气质和性格，决定着人的行为方式上的个人特征。”上海辞书出版社1999年版，第866页。

置酒琵琶咽。令德高言相献酬，君欢好把酡颜啜。”[①] 诗中的曹秋岳轻裘缓带而守边关，颇似三国羊叔子，这一把握还是很准确的。在其人格中，有以下几个突出点：

1. 强烈的经世心

曹溶自负其才，具有极强烈的用世之心，反倒不那么在意这江山属于哪一家一姓。顺治之初，龚鼎孳、熊文举等人求去之心极强，于政事不免敷衍。曹溶却表现得十分积极，只消看一下他在顺治元年（1644）的作为即知。据《清世宗实录》、《贰臣传》等书记载，“五月，曹溶启陈六事：一定官制，一议国用，一戢兵丁，一散土寇，一广收采翟，一通煤运。”六月，授顺天学政。七月，条陈三事：一开支廪饩请仍明制，在京者户部支给，在外者州县官支给，一赈助贫生，兵灾之后，士有菜色，请广新恩，给以钱粟，一优恤死节寇乱时临难殒身者，顺天一学不下百人，请沛浩荡之恩，用励风化。八月，请将辽东等处十五学改附永平府，高教官三员，分司教导，择辽地经明行修之士，充其任，其拔贡廪给事宜仍与各州县一体举行。又启荐故明进士王崇简等五人，招抚山西应袭恭顺侯吴惟华，荐故明国子监司业朱之俊等四人。又请增设寓学廪额十名，给以膳饩，其岁拔恩贡如他学例。又请旌表故明殉节大学士范景文、户部尚书倪元璐等二十八人，孝子徐基等七人，义士王良翰等五人，及节妇十余人。在短短数月时间内，曹溶就有如此多的奏疏，其中有一部分保护了百姓的利益，如“戢兵丁”、“赈贫士”等，另一部分则是站在满清统治者的利场，如举荐、招抚故明官员等。当龚、熊之辈尚在观望、彷徨时，曹溶已经很快进入了为新朝效力的状态。乾隆年间编《贰臣传》，置曹溶为甲编，而置龚、熊为乙编，恐怕也与若辈“投诚”之初的态度有关[②]。

此后，曹溶屡起屡踬，直到康熙十三年（1674），还以六十之年随征三藩，其功名心、用世心之热可见一斑。朱彝尊《倦圃图记》云：“今先生方欲任天下之重，援斯民之饥溺。”此言不虚也。

---

① （清）屈大均：《送宁人先生之云中兼简曹侍郎》，转引自［美］谢正光《清初诗文与士人交游考》，南京大学出版社2001年版，第206—207页。

② 众贰臣词人中，唯有曹溶与霍达名列《贰臣传》甲编，其余皆入乙编。考曹溶入清后之功勋、爵位远不及龚鼎孳、梁清标等人，因此笔者推测他入甲编的理由在于大清开国初的积极表现。

2. 卓越的济世才

通过对曹溶生平的梳理，可见其人精明干练、慷慨豪迈，绝非普通文人可比。他颇知兵，这一点在明季就已显露，柳如是有《送曹鉴躬奉使之楚藩》二首，其一云：“澄江历乱吴云末，洛浦皋烟帝子悲。不是君才多壮敏，三湘形势有谁知？”入清后备兵大同、随征福建，都是司武职，有“边才”之称。《山西通志》云：“溶学问闳博，处兵琐戎索间，赈荒驭吏胥有绩，雅称叹徐明经化溥、冯观察云骧才。亟旌之时，学政丛弊，溶箝制俾不敢逞，魏敏果象枢雅参议焉。”所谓“赈荒”指的是康熙三年（1664）的“云中大饥”，当时“斗米二镮，鬻妻子者接踵于道”，他“不惮寒暑，躬行于冰雪稽天之间”[①]，多方求贷，甚至向素未谋面的冒襄开口，活人无数，地方晏然。他还对大同驻兵制度进行改革，在沿边设墩军，墩每五人，每人与近墩荒地一顷，免其征输，使击柝巡逻，兼供修葺边墙之役。这样就解决了士兵的贫乏问题。惜其福建从征事迹不传。

其治世之才在友人的评价中也可以感知。冒襄《会曹秋岳先生询救荒书》云：“先生救时宰相，抱膝而观天人之微，洞如指掌。”曾灿《与曹秋岳先生书》：“先生风采，在朝廷即得闻于先君子，又得悉于杨机部年伯，政事在晋在粤，晋粤诸贤每每道之。”陈乔生《曹方伯闻予谈西栈之胜有作赋答》：“谁兼济物高情在，为问洪厓几拍肩。”宋琬《春日曹侍郎秋岳斋中社集》：“燕赵以来多豪侠，荆卿一去田光殁，平原高冢空嶙峋，买丝难绣琅玕骨。当代才人谁第一，曹侯雅兴陈思匹。”陆嘉淑在《青玉案・寿曹秋岳先生溶》中更是直呼为“英雄”：“锦横裘开清啸，看垒落、英雄表。”

3. 学者风采

曹溶与龚鼎孳并称“龚曹”，鼎孳所恃者才气也，曹溶所长者学识也，故有“赡博”之誉[②]。李因笃评其诗：“如羚羊挂角，无迹可求。而浑金璞玉，太羹元酒之风，未尝不存乎其间。气侯已稃，欲不目之为汉，岂可得哉？”[③] 而其在鉴藏、史学上的造就尤在诗文之上。

先说鉴藏。郁逢庆在《书画题跋记》序中说：“司农曹溶氏言：‘甲

① （清）冒襄：《会曹秋岳先生询救荒书》，《巢民文集》卷三，续修四库全书集部。

② （清）纪昀等《四库全书总目提要》云：“溶学本赡博。”

③ （清）李因笃：评《静惕堂集》，见曹溶《静惕堂集》，四库全书存目丛书本。

申三月，余留京师，内府所藏名迹为人捆载而弃于道路者，充塞街巷。予遣人罗致，日夕纵观，别其妍丑而第其甲乙。余岂与昔贤同时，安能必前人之不我欺哉？其所见者广，则辨之益笃，以此差自信耳。'" 甲申三月，曹溶被闯军拷打，伤足几死①，犹收罗内府书画，可谓有心。他似乎从那时起就有意要保存汉民族文化。顺治七年（1670），著名藏书家钱谦益的绛云楼焚毁，数万珍本化为灰烬，曹溶有鉴于此，力倡古书流通②，在藏书史上享有独特的地位。康熙年间，他在山西公事之余，访求碑刻，不惮掘地三尺。《古林金石表》云："予行塞上，见古碑横草间，偶一动念，古人遗迹历千百年，当吾时而湮没之为可惜。搜自境内，以及远地，积五年得八百余本，手自校勘，至废寝忘食。"③ 他还收辑唐宋元明以来秘钞之本，汇成《学海类编》，李集评曰："诚龙威之秘宝，不止中郎帐中物也。"④

再说史学。治史不仅是学问中事，它在明清之际还是"治世"的变相。魏禧即曾说："经世之务，莫备于史。"⑤ 曹溶也试图从史料中探寻兴

---

① 王国维曾在1916年12月20日致罗振玉的一封信中写道："……黄件中，其周之恒画大士像，有曹倦圃书《心经》并一长跋。跋中纪其受流拷掠后钷绝中状态，谓一生所读之书、所历之境、所作之事，皆现于一刹那中，此与西洋心理学家言人溺水垂死时情状略同，此跋甚有味也。"见《王国维全集·书信》，中华书局1984年版，第163页。

② （清）曹溶《流通古书约》："自宋以来，书目十有余种，其书十不存四五。非尽久远散佚也，不善藏者让惜所有，以独得为可矜，以公诸世为失策也。藏书家当念古人竭一生心力，辛苦成书，渺渺千百岁，崎岖兵攘、劫夺之余，仅而获免，可称至幸。又幸而遇赏音者，知蓄之珍之，谓当绣梓通行，否亦广诸好事。何计不出此，使单行之本，寄箧笥为命，稍不致慎，形踪永绝。自非与古人深仇重怨，不应若尔！然其间有不当专罪吝惜者。时贤解借书不解还书，改一瓻为一痴，见之在记，即不乏忠信不欺之流。书既出门，舟车道路，遥遥莫定，或僮仆狼藉，或水火告灾，时出意料之外，不借未可尽非。今酌一简便法：彼此藏书家，各就观目录，标出所缺者，先经，次史，次文集，次杂说。所著门类同，时代先后同，卷帙多寡同，约定有无相易，则主人自命门下之役，精工缮写，校对无误。一两月间，各斋所钞互换。此法有数善：好书不出户庭也，有功于古人也；己所藏日以富也，楚南燕北皆可行也；敬告同志，鉴而听许。或曰，此贫者事也，有力者不然，但节谈游玩好诸费，可以成就古人，与之续命。出未经刊本，寿之枣梨，始小本，讫巨编，渐次恢扩，四方必有闻风接响以表章散佚为身任者。山潜家秘，羡衍人间，予矫首跤足俟之矣。"

③ 相关材料转引自王星慧的硕士论文《曹溶研究》，南京师范大学，2007年，第36—39页。

④ （清）李集、李富孙：《鹤征录》卷三，漾葭老屋刊本。

⑤ 转引自赵园《明清之际士大夫研究》，北京大学出版社1999年版，第437页。

亡之理、明亡之因，以儆戒后世。其《宰相年表序》明言自己有感于崇祯临终遗言“朕非亡国之君，诸臣皆亡国之臣”，因而对崇祯朝五十宰相“一一考载之，令后之人君，有以观览云尔”。这番用意他的友人十分清楚，王庭《摸鱼儿·答曹秋岳》云：“修书万卷能无惫，要遡兴亡缘起。”康熙十七年（1678），他虽未赴鸿博之招，但还是“进所藏崇祯邸报五千余册于史馆”，《松窗笔乘》云：“时崇祯未有实录，乃取邸钞辑为长编，作史始有所考焉。”施闰章在《寄赠曹秋岳司农是年七十》中也对其贡献大加称赞：“史籍苦零散，胜国无全书，秘本或传写，检校多鲁鱼。谁能知往事，睹记未荒芜。裙集赖遗老，一身文献俱（公所辑崇祯疏钞传谕录等书多史馆所未备）。不忽藏名山，为功在石渠。”

4. 怜才好士

前文所引屈大均诗，以汉文帝时云中守魏尚比曹溶，十分恰当。据《史记》记载，魏尚“其军市租尽以飨士卒，私养钱，五日一椎牛，飨宾客军吏舍人，是以匈奴远避，不近云中之塞”①。而曹溶开府云中之际，四方才俊投之者亦众。朱一是《送周青士往山西序》云：“周子青士将适晋，过别朱子。朱子曰：‘何诗人客晋之多也。前年朱彝尊最先往，次右吉子威往，次尔载往，又次武曾往。而周子复行。’”除了周、俞、朱、李诸人外，屈大均、万泰、金堡、李因笃等也是其帐中客，顾炎武、黄宗羲、傅山、魏耕等人皆与之过从甚密。② 俞汝言《二子篇贻顾宁人李天生》云：“边郡诸侯谁好士？云中雁门称第一。同开幕府句阴山，共脱貂裘礼宾客。笳闻鼓卧烽自烟，尊垒楚楚屏筝瑟。甲朝丙夜恣讨论，如石投水胶在漆。”朱彝尊《蓬轩落成，曹方伯溶招饮纳凉，即席分赋》云：“幕府容疏放，蛮天罢郁蒸。南园多胜友，况把酒如绳。”都是对宾主之欢的记录。

曹溶的怜才好士堪比龚鼎孳，其顺治三年（1646）的罢官即与此有关。龚鼎孳《秋岳以诗订游事和答八首兼送先之湖上》其五云：“燕云诸骏骨，可解念菁莪？”诗下注曰：“秋岳督学几辅，得士甚盛，其去国亦因之。”此语与《贰臣传》的记载适相符。其奖掖后进之事颇多，聊举一所引不多之例。《鹤征录》云：“祖裕山公名（李）维钧，少以诸生课徒

① （汉）司马迁：《张释之冯唐列传》，《史记》卷一百二，岳麓书社 2004 年版，第 1384 页。

② 详见［美］谢正光《顾炎武、曹溶论交始末——明遗民与清初大吏交游初探》、《清初贰臣曹溶及其遗民门客》，见《清初诗文与士人交游考》，南京大学出版社 2001 年版，第 182—300 页。

禾中。先生见其时艺一篇，大惊曰：'此大物也。'设酒招之，纵谈古今大略。公唯唯。且谆致云：'愿公毋自薄也。'后公循例起家四川都昌县，位至直隶制府。尝曰：'倦圃先生，吾生平第一知己。'遂为刻《静惕堂集》。人谓公若以科名至开府，以文决之，已为具眼；今公以赀郎进，而能识之于村夫子中，是大法眼藏也。"①

第二节 《静惕堂词》中的"倦"情结

通过前文可以感知曹溶的雄心勃勃，但他在壮年即自号"倦圃"，似乎别有心曲。在《静惕堂词》中，"倦"字特别醒目，使用频率不但高于其他贰臣词人，也高于《全唐五代词》、《全金元词》、《全宋词》的平均值。以下是统计数据。

姓名/全集	词作总数（首）	"倦"字数量（个）	比率（%）
曹溶	282	23	8. 16
陈之遴	99	7	7
龚鼎孳	203	8	3. 9
梁清标	377	14	3. 7
李元鼎	39	1	2. 5
吴伟业	118	2	1. 7
《全唐五代词》	2849	5	0. 175
《全宋词》	21085	491	2. 3
《全金元词》	7316	149	2

"倦"在《辞源》、《辞海》等工具书中均被解释为"疲劳、懈怠、厌倦"。其在古今词作中的用法大致可分两类：一是用来形容女性慵懒娇媚的神态，多见于绮艳之作，如曾觌"倦妆残醉怯春寒。手捻玉梅无绪、倚阑干"（《南柯子·元夜书事》），张先"琵琶金画凤。双条重。倦眉低"（《醉垂鞭·赠琵琶娘，年十二》）。二是表现作者的精神面貌，多见于言志之作，如苏轼"天涯倦客，山中归路，望断故园心眼"（《永遇

① （清）李集、李富孙：《鹤征录》卷三，漾葭老屋刊本。

乐·夜宿燕子楼，梦盼盼，因作此词》)，晁补之“莫怪年来，倦寻城市，嫌我性情真”(《少年游》)。

曹溶的“倦”约有20%是延袭第一类用法。如：“泪湿粉涡红尚浅，有人楼上和春倦。”(《蝶恋花·杏花》)“中酒停杯，伤春倦绣，一样灰颓意。”(《念奴娇·戏与侍儿和李易庵春情韵》)其他80%皆采用第二类用法，即将“倦”字作为一己心情意绪的表征。如“东方倦索珠米”(《摸鱼儿·题宝崖像》)、“吾倦矣。拼冷落郊游，孤坐谈秋水”(《摸鱼儿·济武见访示一词，次韵奉答》)、“早落拓归装，江干倦旅”(《望湘人·郑瑚山席上戏为行酒者赠》)、“倦向河山数晋宫”(《南乡子·访傅青主》)、“为莱羹、梦想江乡，倦听数声砧杵”(《东风第一枝·园中摘茄》)、“揖冷侯门多倦羽”(《念奴娇·采友堂夜集》)、“去留无限恨，倦鹊起僧”(《临江仙·次日复同瑶如诸公饮》)、“莽关山，剩倦翁”(《江城梅花引·除夕和赤豹》)。另有一些词句虽无“倦”字，但却“倦”意十足。如“几度关山驴背苦，归纵美，已嫌迟”(《江城子·雪夜》)、“黄金去、意冷封侯，荷锄来劚山骨。酸心壮游已歇”(《万年欢·济武同诸子过周雨文山房》)、“瘴雨蛇悬，边沙虎踞，我独尘埃驱使。世事浮沉失算，雪点垂垂过耳”(《喜迁莺·湖上，值朱子蓉》)、“主人旧夸豪荡。近神疲盾墨，骨瘦茅瘴”(《玲珑四犯·答袁箨庵》)。

“倦”不但是《静惕堂词》中的重要意象，而且是萦绕曹溶后半生的主要心绪。对于“倦”情结的解读将从以下三层面入手：

一　黄粱梦醒——“倦”情结的由来

在曹溶从热衷功名到心灰意冷的心态转变中，南党的再次失利是一个关键环节。顺治十一年（1654），陈名夏遭弹劾，被处绞，宁完我“别摘名夏南党四十一人，录御前”；作为南人的曹溶想必心惊肉跳。十三年（1656）三月，陈之遴失势，被发往盛京，罪名是“植党营私”，曹溶与之遴往来素密，遂被认定为陈党成员而“降一级调用”[①]。会值丁忧，回乡守孝之后才赴大同之任。

---

① 《贰臣传甲·曹溶传》云：“十三年，遇京察，户部以溶曾任侍郎，已改布政使，牒吏部同都察院核议溶举动轻浮，应以浮躁例降一级，仍外用，因降山西阳和道。”见清国史馆编《清史列传》卷七十八，台北明文书局1985年影印本。

与顺治三年（1646）革职时的愤愤不平相比，这次降职对曹溶的打击更大，他产生了一种惊惧之感，并形诸于梦。朱彝尊在《锄菜翁梦记跋》中记述道："周礼占梦有六，曰正、曰噩、曰思、曰寤、曰喜、曰惧。曹先生所述三梦，殆噩梦而不失其正者欤！先生穷究儒者之学，其于佛氏之书非其专好，乃频有感于观世音菩萨者何欤?"通过朱氏之言可知，这三个梦皆是在冤孽缠身、困厄万状之际得观世音菩萨现身解救。而平日里曹溶并不信奉佛教。从精神分析学角度看，梦是梦者许多经历的表达，是潜意识的表现。[①] 如果要释梦的话，噩梦是曹溶现实处境的反映，是险恶官场的变相。他惧怕城门失火，殃及池鱼，惧怕更残酷的迫害降临其身。菩萨的三次现身则暗示了他欲摆脱困境，寻求解脱的强烈愿望，因为在中国人心中观世音本身就是救苦救难的代名词。

当曹溶深夜辗转，睡不安枕之际，封建官场在其心中已不再是通往功名利禄的阶梯，反而成了杀机与荒唐的结合体。因此当他购得南宋岳倦翁的金陀圃废园时[②]，那个"倦"字令他感慨万千，遂"取倦翁之字以自寄"[③]。其词作中也就多了些感愤之音。《摸鱼儿·答王迈人》云："五噫声里。更罝网高张，麟枯凤老，相泣反前袂。"《念奴娇·将赴云中，留别胡彦远，兼戏其卖药》云："酒社飘零诗友散，高卧元龙百尺。女子知名，男儿失意，聊学韩康剧。"《念奴娇·俞右吉自言近日眼明，喜为此赠》云："有眼只教看富贵，对坐那分清白。"这几首词均作于将赴山西

① ［奥］弗洛伊德：《梦的解析》，中国文化艺术出版社 2005 年版。

② 关于倦圃的修建时间，王星慧在《曹溶研究》中认为是建于顺治五年（1648），这一推论有误，因为这一年曹溶并不在嘉兴，《静惕堂诗》卷十七有《辛卯冬日自吴郡移还故里文公以诗见赠率尔奉答兼感往事二十首》，其一云："五载羁吴渚，难忘故土情。"可见在曹溶是在顺治八年（1651）才回里的。曹溶入清之后里居秀水的时段有三，一为顺治三年至十年（1646—1653）革职期间，一为顺治十三年至十八年（1656—1661）降级待命期间，一为康熙三年（1664）以后裁缺归里期间。朱彝尊《倦圃图记》云："岁癸卯，先生左迁山西按察副使，治大同。逾明年，予谒先生于塞上。……相与语及倦圃山泉之深沉、鱼鸟之游泳、蔬菜花药之蓊郁，情景历历如目前事。"癸卯年即康熙二年（1663），斯时倦圃已成，因此可以排除康熙年间修建的可能。考其诗词文集，顺治初无一语及倦圃，顺治末则频有记载。故笔者推断倦圃之建当在顺治十三年至十八年间。

③ （清）朱彝尊《竹垞文类》卷十八《倦圃图记》："倦圃距嘉兴府治西南一里，在范蠡湖之滨。宋管内劝农使岳珂倦翁尝留此著书，所谓金陀坊是已。地故有废园，户部侍郎曹先生洁躬治之以为别业，聚文史其中。暇则与宾客浮觞乐饮。其以倦圃名者，盖取倦翁之字以自寄。"四库全书存目丛书。

之时，冷峻的现实感在嬉笑怒骂中透出。如果说上述言说还偏于感性、直观的话，《念奴娇·和济武感怀》则是一个贰臣仕途失意后的理性思考。其下阕云：

> 征铙有时定歇。只苍生况瘁，焉敢言别。冷炙侯门，方悟错解齐物。焰焰名场利薮，或不免、口中含袜。何如且孤啸绳床，野鸥同卧黄月。

当日不避嫌疑仕清，如今却落得个“冷炙侯门”，徒为人所笑。唯一的收获就是“方悟错解齐物”。庄子作《齐物论》，推崇“等异同”，曹溶出仕之初也以为只要自己努力就会获得新朝的认可，岂知满汉之别、党派之分又怎能“等异同”？经历了诸多宦海磨难与世态炎凉，是非得失已计算清楚，归隐无疑是解脱之良策，但长期以来对天下苍生的挂念以及自身强烈的进取心又使他“焉敢言别”。就在这样的左右彷徨中曹溶开始了他的山西之行。

二 大同风雨——“倦”情结的深化

曹溶的倦意是在用世之心和冷酷现实的碰撞下产生的，六年的塞上生涯更强化了这一意绪。他的倦时呈疲惫之态、时呈厌倦之情。疲惫带有些许颓唐，厌倦则与牢落不平同在，二者互为表里。

疲惫感来自于政治地位的边缘化。大清吏制，按察使为正三品，每省一人，职位低于总督、巡抚、布政使。“掌振扬风纪、澄清吏治；所至录囚徒、勘辞状；大者会藩司议，以听于部、院；兼领阖省驿传。三年大比充监试官，大计充考察官，秋审充主稿官。”[①] 按察副使为正四品。曹溶所司之职是巡视、监察山西阳和道的刑狱、驿传、兵役等事务，以他的雄心勃勃，终日营营于此等琐事怎会不“神疲骨瘦”？他在写给故友俞右吉的信中自称“三年塞上，贱同候吏，冷过广文，卧雪吞毡，殆难名状”[②]，在《烛影摇红·答香侯》中，他又一次提到了“贱”：

---

① 赵尔巽等：《职官三外官》，《清史稿》卷一百十六志九十一，中华书局 1977 年版，第 415—416 页。

② （清）曹溶：《倦圃先生尺牍》，含辉堂刻本。

未脱征衫，一年听尽铜壶箭。锦骝成队玉关开，近息沙场战。不信孤臣身贱。但看取、冰华拂面。难医白发，任说丹砂，夜凉人倦。

“贱”在中国词汇中极具贬义，曹溶两次自比，足见沉沦下僚对其的伤害程度。全词最终归结为一个“倦”字，那是孤臣孽子的凄楚。夜深人静之际，面对鬓边渐增的华发，回想着每日里冰华拂面的生涯，离梦想越来越远，疲惫之中带着说不尽的失落。

疲惫感是逐渐积累的，厌倦感却是一踏上大同就产生了。大同古称云中，乃苦寒之地，时方九月就已是“层冰在川，积雪照耀，岩谷弥望。千里勾萌尽枯，无方寸之木”①。这令曹溶倍加思念家乡的倦圃。《静惕堂词》对边塞风光多有描写，其中不乏佳构，只是难掩厌弃之情。《踏莎行·答客问云中》是一首代表性作品：

堠雪翻鸦，城冰浴马，捣衣声里重门闭。琵琶忽送短墙西，当时还是无情地。　帐底烧春，楼头热浴，百钱便博征夫醉。寒原望断少花枝，临风也省看花泪。

曹溶的边塞词上承北宋范仲淹，下启纳兰性德，在清初堪称一绝。②严迪昌称这首词“奇警不落陈套”，应是指结句以调侃之笔写厌倦情怀，别具新意。其他词作如《汉宫春·人日雪》：“边地没些梅柳，尽无情山色，飞去漫漫。”《绮罗香·云中吊古》：“诧无端、衰草牛羊，边声瞬息便千古。”也均有怏怏之意。

考曹溶一生仕履，遍布南北。他年轻时在北京为宦，北京的气候并不比大同好多少，却不见其牢骚；他还曾任广东布政使一年，广东旧称蛮夷之地，他却有“远振天南翰”、“负志怀耿切，欲排生民患”的豪情。曹溶厌憎大同，实际上是厌憎封建官场使自己有志难酬。《贺新郎·答右

① （清）朱彝尊《倦圃图记》：“明年，予谒先生于塞上……相语及倦圃山泉之深沉，鱼鸟之游泳，蔬果花药之蓊郁，情景历历如目前事。先生抱膝低佪者良久。”见《竹垞文类》卷十八，四库全书存目丛书。

② 严迪昌说：“塞外词自北宋范仲淹守边思乡几首之后，代不多见。”曹溶在清初是较早拈此调者。纳兰性德对曹溶的词作极为服膺，见顾贞观《栩园弃稿序》，陈聂恒《栩园词弃稿》卷首，清康熙且朴斋刻本。

吉》便是作者对自己半生为宦的总结：

> 玉塞秋无主。近重阳、月斜帘幙，黄花半吐。列戟西风高楼上，空说雄心似虎。欹客枕，咚咚戍鼓。渌水画桥枫未落，料南鸿、那解相思苦。呼酒伴，唱金缕。　　平生岁月成尘土。任癫狂、秦娥赵女，琵琶难谱。独有江州青衫在，湿透当年泪雨。吾老矣、中宵起舞。马蹄踏遍阳关道。悲髀肉，不堪拊。

词如老将悲吟，百感交集。“空说雄心”的失意，“岁月成尘”的疲惫，“江州青衫”的憔悴，“中宵起舞”的寂寞，共同汇成一股洪流，最终发出“便腰悬侯印终何取”的感喟。这不是封侯梦灭，而是厌倦了封侯之事。这种情怀在《忆倦圃三首》中有着更为明确的表达，其一云：“城隙锄荒翳，遥传范蠡居。径分鱼鸟外，人在醉醒余。瓮有衔糟蟹，床唯种树书。更怜诸子幼，竹马下阶余。”“人在醉醒余”的颓废已经不能和从前“远振天南翰”的壮怀英气相提并论了，颈联用的是辛弃疾的“都将万字平戎策，换得东家种树书”，见出作者虽是倦鸟思归，心内实有大不堪。

三　难以忘世——儒家式的“倦”情结

曹溶虽是政治上的“两截人”，但他的倦并不来自于民族冲突，而是出于对封建官场的理性观察和对个体生命的深层寻绎。他最终拒绝了朝廷的应征，但对于人生价值的求索却从未间断。周篔《曹秋岳先生自云中还里奉呈二首》其一云：“匡济心犹在，山林兴自长。”这正是秋岳之心声，他归里后，在《与商口》一书中写道：“除夕前五日始达里门……唯云中数万穷民，时时萦我梦寐。所赖仁人在是，嘘元气而生全之，则不按藉手报地方者也。”在剩下来的日子里，他全心治史，以探究兴衰之由。

尽管身不在其位，曹溶依然不曾放弃社会责任，这一点与黄粱梦中卢生历尽繁华之后的弃世迥然不同。卢生的选择是道家式的，而曹溶的倦是儒者之倦，虽倦于宦却未倦于世，本质上还是入世经世思想，与当时社会的实学之风是一致的。

《扬州慢·与林铁崖、陈鹿友、程古狂饮》就是这番曲折心思的表达：

读罢离骚，客闲无赖，临春强自支持。向流莺声里。问往日花枝，话神武、门前轶事，澄湖鱼鸟，怅快归迟。有糟丘百尺，黄金尽买蓴丝。　飞尘塞眼，谢公山、台榭参差。少如云歌伎，安边壮略，谱入新词。共讶狂奴老矣，苍生泪、犹似平时。仗三更渔笛，回风吹散情痴。

一边是“飞尘塞眼”的冷酷现实，一边是“苍生泪、犹似平时”的现世关切，倦意在“狂奴老矣”的叹息中传出，充满了无法解脱的悲剧性，同时也是无怨无悔的，其积极之处已超越了“达则兼济天下，穷则独善其身”的传统准则。

第三节　浙派先河辨

朱彝尊在曹溶身后为《静惕堂词》作序，尊之为“浙派先河”：“往者明三百祀，词学失传，先生搜辑南宋遗集，尊曾表而出之。数十年来，浙西填词者，家白石而户玉田，春容大雅，风气之变，实由先生。”此说影响极大，后世多沿之。卢前《望江南·饮虹簃论清词百家》：“真男儿，痛饮发狂歌。秀水从游薪火在，浙西宗派此先河。六义岂能磨。”王易先生《词曲史》云：“浙西一派，当以朱彝尊为首，而其风实启自曹溶。”①龙榆生先生的《近三百年名家词选》、马兴荣先生的《词学综论》都称曹溶为浙派创始人②。不同的声音还是有的，严迪昌先生在《清词史》中极为肯定地说：“朱彝尊推举曹溶为浙西词风的启变者，带有‘追赠’意味。不能认为‘浙西填词者家白石而户玉田’，就逆向推论《静惕堂词》也是白石、玉田风调。正是由此，曹溶的作为浙派‘先河’，这先河二字

---

① 王易：《词曲史》，东方文艺出版社 1996 年版，第 396 页。

② 龙榆生《近三百年名家词选》：“（曹溶）家富藏书，工诗、词。朱彝尊纂《词综》，即多从其家藏宋人遗集中录出，盖浙西词派之先河也。”上海古典文学出版社 1956 年版，第 10 页。马兴荣《词学综论》：“（曹溶）工诗、词，是浙西词派的先河。”齐鲁书社 1989 年版，第 208 页。

必须带上引号。”① 以上诸说莫衷一是，但却同属观点性论述，缺乏系统分析。由于这一问题关涉曹溶的身份定位以及浙西词派的源流，不容忽视，因此笔者拟从多个角度辨析。

一　词风辨

陈廷焯曰：“词兴于唐，盛于宋，衰于元，亡于明。”② 明词前不及宋，后不及清，这已是常识性论断了。明清易代这场浩劫却使已入绝路之长短句焕发了生机。大多数词人均有变徵之音，或趋于豪雄，私淑东坡、稼轩，如陈维崧、史惟圆等阳羡词人；或趋于清雅，以白石、玉田为鹄，如朱彝尊、李良年等浙派词人。曹溶的词风也有一个嬗变过程。他前期词风也以婉约为主，不脱明人堂径。下面兹以《如梦令·有怀》一词观之：

梦断金炉不暖。春到樱桃小苑。惊起燕双飞，斜倚阑干昼短。人远。人远。心被东风吹软。

龚鼎孳言：“君词如晏小山，合情景之胜，以取径于风华者，所云‘舞低杨柳楼心月，歌罢桃花扇底风’，庶乎。”③ 指的就是这一类作品。当然比之晏几道未免溢美，平心而论，曹溶的婉约词并无多少奇警之处，反倒是早年偶一为之的豪放小令颇有意味。《点绛唇·平远台秋眺》作于广东任上，想象奇特，值得一读：

愧杀陈琳，磨残铁砚收军后。喜逢凉昼。千里都穿透。高处生寒，渐逼蛮花瘦。人如旧。海光一溜。熨尽青山皱。

曹溶的后期词作迥异从前，这一点是研究界的共识。但关于其词风是近于姜张，还是近于苏辛，意见分歧却很大。笔者认为，想要判断一个作家的创作倾向，不能仅以一两首作品为据，感性而论，而应作多方位的审

① 严迪昌：《清词史》，江苏古籍出版社 1999 年版，第 258 页。

② （清）陈廷焯：《白雨斋词话》卷一，见唐圭璋《词话丛编》本，中华书局 1986 年版，第 3775 页。

③ （清）沈雄：《古今词话·词评》，见唐圭璋《词话丛编》，中华书局 1986 年版，第 1036 页。

视。本书将从以下方面来论证：

1. 就抒情主人公而言，现于辛派笔下的是英雄志士，现于姜、张等人笔下的是落拓布衣①。曹溶作为一个贰臣，在节操人格上无法与辛弃疾、陆游、陈亮比肩，亦不及洁身自好的清雅派词人，但他生性豪迈，在个人气质上还是与辛派人物有相通之处，发之于词仍不失豪杰失意之形象。《静惕堂词》流淌着一股血性，像“痛饮酒、真男子”（《贺新郎·答横秋见寿，时将行役云中》）的疏狂，“才子今无几。向长途、茸裘跨马，冲寒千里”（《贺新郎·答顾天石，时在维扬寓舍》）的自负，“纵弱絮沾泥，何损须髯戟”（《摸鱼儿·宴米山堂》）的洒脱，“男儿胸次多冰雪，兴致谁嫌腾起”（《摸鱼儿·酒间答星期》）的雄壮，都是清雅派词人罕能言及的。再如他写自己在云间的生涯：“老子年来，犁钽手把，满襟浑是风雨。帐前不动金戈，谩夸雁门险处。平沙冷淡，幸留得、斜阳同住。为莱羹、梦想江乡，倦听数声砧杵。”（《东风第一枝·园中摘茄》）这般气势词史上又有几人能道出。

所谓“真男子”莫不心系苍生，为国为民，方是侠之大者。曹溶虽“失身为人”，却不曾忘世，屡遭挫折而痴心不改。读其词，当行文至“共讶狂奴老矣。苍生泪、犹似平时”（《扬州慢·与林铁崖、陈鹿友、程古狂饮》）、“征铙有时定歇。只苍生况瘁，焉敢言别”（《念奴娇·和济武感怀》）、“筵上绝少韶年，风霜憔悴，同有忧时病”（《念奴娇·采友堂夜集》）、“忧时甚，数惊呼决眦，泪满关河”（《沁园春·和右吉老眼词》）时，往往令人产生一种错觉，以为不是出自一个失节者之口。这种现世关切在精神本质上与辛弃疾等爱国词人是一致的。

2. 在章法上，辛派与清雅派的区别在于一个是“以文为词”，一个是“以赋为词”。清初浙西派趋附姜白石、张玉田，其词风即有“排比嫩辞，襞积冷典”的赋化倾向。而曹溶之词却具有明显的散文化特点。

首先，他将文的语体特征带入了创作中，好用“之”、“乎”、“者”、“也”等古文虚词，好用逻辑语言增加行文的连续性与明确性。

---

① 关于南宋姜夔、张炎、史达祖、吴文英、王沂孙、周密、陈允平等人组成的新词学流派，本书依从张雷宇之见，称其为“清雅词派”，详见其博士论文《南宋清雅词派研究》，浙江大学，2005年。朱玉麒在《论南宋后期词人的布衣化倾向》中认为清雅派词人多是布衣终生，在心态、气质、创作上亦呈现出布衣化趋势。《北京师范大学学报》（人文社会科学版）2000年第5期。

触目所及就可举出数句：“君过矣。君不见大江，日夜无情水”（《摸鱼儿·题宝崖像》），“真异事。看偌大南朝，只让渊明醉”（《摸鱼儿·病坐采山亭怀济武》），“移几树、少年张绪柳。劝几盏、去官陶令酒”（《最高楼·六桥新植桃柳，志喜》），“见定巢、呢喃乳燕，报春归也”（《贺新郎·客招赏藤花，以事不赴》），“肮脏须存，穷岂挫人之物”（《万年欢·同济武、香岩、雨文、星期雪中小饮，是夕沈生度曲，程生鼓琴》）等。

其次，他还运用了文的论述技巧，以对答、议论等手法入词。《沁园春·戏赠陈校书》、《沁园春·和右吉老眼词》采用的是对答体；议论手法很常见，如《倦寻芳·招赤豹饮倦圃》“论欢场，尽千般，不如醇酒”、《贺新郎·送箨庵会稽之游》“床头钱罄休搔首。问唐宫、黄冠贺监，至今存否。故物千秋尘埋尽，惟有癫狂不朽”、《摸鱼儿·济武见访示一词，次韵奉答》、“人世事。料不过、对花对鸟千回醉”、《念奴娇·拜太白山人墓》、“莫恨短碣模糊，高冢麒麟，更销沉无数。历算古今谁寿考，百种输他词赋”等。

“以文为词”很难驾驭，处理不好就会流于浮率直白，没有词味，自南宋以来已很少有人运用。曹溶对“以文为词”的尝试也是良莠各半，但他上承稼轩，下启迦陵，仍有其意义。

3. 曹溶用语甚壮，《静惕堂词》中埋伏着大量军事化意象。如“剑气”、“琱弓”、“凉州”、“横槊”、“雄军”、“沙场”、“骅骝”、“塞上”、“征鞍”、“边声”、“边云”、“边风”、“战士戈”、“貔貅宇”、“铜壶箭”、“当年叱利”、“从军荡子”、“城头军鼓”、“银枪玉帐”、“沙陀雁影”、“严武车轮”、“大啸成雷”、“野帐传烽”、“刁斗河山”、“战舰横空”、“雁门险处”、“华鞯塞外”、“军城暮笳”、“边沙虎踞”等等。如此密集的军事意象群在辛弃疾之后绝无仅有，即便是以“霸悍”著称的阳羡宗主陈维崧亦有所不及，清雅派词人更是不能望其项背。这自然得益于曹溶多年的从军经历。

在曹溶的用词中还有一个有趣的现象，他是浙人，却爱用山东俗语“老子”自称，如“老子如今，绝交书就”（《沁园春·节饮》）、“笑老子、疏狂未已”（《贺新郎·答横秋见寿，时将行役云》）、“老子年来，犁锄手把”（《东风第一枝·园中摘茄》）等。一方面，“老子”之称带有萧散之意，与曹溶豪迈悲壮的词风恰相符。如用其嘉兴方言“侬”来入词，力度将大大降低。另一方面，这是模仿稼轩的结果，据叶嘉莹考证，词中以“老子”自称始于辛氏。①

4. 在选调、选韵上，曹溶偏爱声容雄壮的词牌和仄声韵脚。据笔者统计，《静惕堂词》中有20首《摸鱼儿》、17首《念奴娇》、10首《万年欢》、9首《贺新郎》、6首《沁园春》、4首《水龙吟》、2首《满江红》、2首《水调歌头》、2首《桂枝香》、2首《永遇乐》，音节拗峭，适宜表达激昂情绪，正是辛派格调。而姜夔、周密、王沂孙等清雅派词人所惯用的《高阳台》、《琐窗寒》、《齐天乐》等声情曲折委婉的词调却仅有一两首。

曹溶对辛派词风的倾倒还体现在仿体、次韵上。他拟和过稼轩的《沁园春·将止酒，戒酒杯使勿近》、《祝英台近·春晚》、《六么令·用陆氏事，送玉山令陆德隆侍亲东归吴中》、《贺新郎·三山雨中游西湖，有怀赵丞相经始》、《贺新郎·甚矣吾衰矣》5首词，却仅和过清雅派的2首词，即史达祖的《万年欢·春思》和张炎的《南浦》。

以上是分而论之，下面通过一首完整的作品来了解曹溶的词风词貌。

路扫行踪，白漫漫、万家炊冷啼雪。颇似哀猿巴水，昼长声发。布帽桥头策骞，正逼出、诗情酸绝。折花罢、几度凌兢，滑稽应笑波骨。　　征铙有时定歇。只苍生况瘁，焉敢言别。冷炙侯门，方悟错解齐物。焰焰名场利薮，或不免、口中含袜。何如且孤啸绳床，野鸥同卧黄月。

该词名曰《万年欢·和济武感怀》，作于康熙二十年（1681），唐梦赉两次南游的时间，墓志、传记却未记载。据吴□棻《题志壑堂集后》和林云铭《志壑堂集跋》，这两次南游时间，一次是在丁巳（1677），一次是在庚申（1680）。所用之韵乃是清雅派词人史达祖的《万年欢·春思》。史词如下：

两袖梅风，谢桥边、岸痕犹带残雪。过了匆匆灯市，草根青发。燕子春愁未醒，误几处、芳音辽绝。烟溪上、采绿人归，定应愁沁花骨。　　非干厚情易歇。奈燕台句老，难道离别。小径吹衣，曾记故

① 叶嘉莹：《论辛弃疾词的艺术特色》，《文史哲》1987年第1期。

里风物。多少惊心旧事，第一是、侵阶罗袜。如今但、柳发晞春，夜来和露梳月。

细按两家同调之作，差异是显然的。在手法上，史词继承了周邦彦“缜密典丽”、“富艳精工”的创作风格，注重谋篇布局、炼字锻句。其“愁沁花骨”之句传颂一时，堪称雅词之典范。相比之下，曹词以议论为主，不具备那么多的技巧性，更为质朴一些。在抒情上，史词若即若离，迂回婉转。曹词冲口而出，一气呵成，若有无限积郁在心头，不吐不快。在意境上，史词写男女恋情，婉约柔媚；曹词写仕途感慨，抱郁牢骚，绝非“春容大雅”之貌。

许多复杂微妙的现象在比较与辨析之后就会变得明了。曹溶这首词本是和韵清雅派词人之作，却不脱豪放本色，更证明了其词风与姜、张一派的瓜葛不大。而其诗风也有“雄健”之称，周筼有诗曰：“清真共抱王方伯，雄健皆推曹侍郎。”[①]

二 词学观辨

贰臣的论词文字有限，曹溶是最多的。笔者遍索群书，得二十九则[②]：(1)《古今词话序》；(2) 评严绳孙《秋水词》；(3) 评赵吉士《万青词》；(4) 评陈大成《影树楼词》；(5) 评佟世南《东白词》；(6) 评李天馥《容斋诗余》；(7) 评汪士式《梦花窗词》；(8) 评汪森《碧巢词》；(9) 评宋荦《枫香词》；(10) 评顾贞观《弹指词》；(11) 评吴伟业《生查子》之二；(12) 评吴伟业《贺新郎·送杜将军弢武》；(13)《永遇乐·芜城答宗定九》；(14)《风流子·寄登子》；(15)《摸鱼儿·答吴宝崖见怀》；(16)《摸鱼儿·闻周青士有词纬之选，寄之》；(17)《题周青士词卷四

① （清）周筼：《寄彭仲谋兼谏令弟羡门》，《采山堂诗集》，见（清）李维钧辑《梅会诗人遗集》，清康熙六十一年嘉兴李氏刊本。

② 曹溶有一些文字与词有关，但却不属于词论。《玉漏迟·宣府严弁宅女乐》：“十八女郎，须用大苏描写。莫被柳家恶句，把腻粉、涂污春社。”这是针对女乐偶作雄声而言的。《万年欢·答曾青藜，兼留别雨文诸子》：“见许柔情旖旎，笑铁板、髯苏粗绝。小红倚、白石吹箫，西湖堪换枯骨。”这是作者在西湖之上，即景生情，想起了苏轼、姜夔的典故。《春云怨·铁崖招饮湖中》：“更洞庭春色，词人风味。”也是即景生情，想起了张孝祥的名句：“洞庭青草，近中秋，更无一点风色。”

首》；（18）《凤凰台上忆吹箫·题朱竹垞词集》；（19）顾贞观《栩园词弃稿序》所引曹溶之言；（20）评陈维崧《迦陵词》；（21）评龚翔麟《红藕庄词》；（22）评丁炜《紫云词》；（23）评高层云《改虫斋词》；（24）评冯云骧《寒山词》；（25）《与某书》；（26）《与俞右吉书》；（27）评魏学渠《青城词》；（28）《感皇恩·评汪懋麟锦瑟词》；（29）《南乡子·徐电发自钱塘署中贻菊庄词，寄此》。以上词论多存在于为他人所撰的词序、词评中，其主要思想可概括为以下几点：

1. 词起源于唐

曹溶《古今词话序》云："（词）肇自李唐赵宋，迄于胜国熙朝。"评汪森《碧巢词》云："诗余起于唐人而盛于北宋。"汪森乃浙西派健将，他也有一段溯源之论，适与曹溶相左。《词综序》云："自有诗而长短句即寓焉，《南风》之操、《五子》之歌是已。周之《颂》三十一篇，长短句居十八；汉《郊祀歌》十九篇，长短句居其五；至《短箫饶歌》十八篇，篇篇长短句，谓非词之源乎?"汪森认为词的源头可推溯至远古，这是浙西派的普遍观点。朱彝尊《水村琴趣序》亦有相似之论："《南风》之诗，《五子》之歌，此长短句之所由昉也。"

2. 崇北宋，黜南宋

明人普遍持这种看法，陈子龙的《幽兰草题词》可为代表："自金陵二主以至靖康，代有作者，或秾纤婉丽，极哀艳之情；或流畅淡逸，穷盼倩之趣。然皆境由情生，辞随意启，天机偶发，元音自成，繁促之中尚存高浑，斯为最盛也。南渡以还，此声遂渺。"此论在清初依然很有市场，宋征璧、龚鼎孳、汪懋麟、陈之遴、聂先、纳兰性德等都有过类似的表达①，故而当朱彝尊初提"小令当法汴京以前，慢词则取诸南渡"时，舆

① （清）宋征璧云："吾于宋词得七人焉，曰永叔，其词秀逸；曰子瞻，其词放诞；曰少卿，其词清华；曰子野，其词娟洁；曰方回，其词新鲜；曰小山，其词聪俊；曰易安，共词妍婉。……词至南宋而繁，亦至南宋而敝。"龚鼎孳评余怀《秋雪词》："澹心余子，惊才绝艳，吐气若兰。而搦管题词，直搴淮海之旗，夺小山之簟者。"汪懋麟《棠村词序》："公词雅丽浑成，不事雕饰，不摭拾隐僻，得北宋诸贤之意。"陈之遴《拙政园诗余序》："湘苹吟咏益广，好长短句益于诗。所爱玩者，南唐则后主；宋则永叔、子瞻、少游、易安；明则元美。若大晟乐正辈，以为靡靡无足取。其论多与余合。"见（清）徐灿《拙政园诗余》，上海博古斋民国壬戌年影印清拜经楼丛书本。聂先评汪懋麟《菊庄词》："直追南唐北宋，不可以草窗玉田同日而语也。"纳兰性德《渌水亭杂识》："花间之词，如古玉器，贵重而不适用，宋词适用而不贵重，李后主兼有其美，更饶烟水迷离之致。"

论哗然，“人辄非笑”，锡山顾贞观甚至公然表现出不以为然①。曹溶虽与彝尊相交多年，也不赞同这一观点，他评汪士式《梦花窗词》：

上拟元音，无南宋后习气。

评汪森《碧巢词》：

（北宋）诸名家皆以春容大雅出之，故方幅不入于诗，轻俗不流于曲。此填词之祖也。南渡以后，渐事雕绘。故虽以高杨诸名手为之，而亦渐坠时趋。至今日而海内诸君子，阐秦柳之宗风，发晏欧之光艳，词学号称决胜矣。晋贤宿擅时名，学殖富，而才思宏，其《月河》、《桐叩》诸词，皆步武北朝，不坠南渡以后习气。而《词综》一选，脍炙人口，尤足鼓吹骚坛，笙簧艺苑。

其实汪森也是尊南宋者。他在《词综序》中说：“宣和君臣，转相矜尚。曲调愈多，流派因之亦别。短长互见，言情者或失之俚，使事者或失之伉。鄱阳姜夔出，句琢字炼，归于醇雅。于是史达祖、高观国羽翼之，张辑、吴文英师之于前，赵以夫、蒋捷、周密、陈允衡、王沂孙、张炎、张翥效之于后，譬之于乐，舞箾至于九变，而词之能事毕矣。”曹溶的评语作于《词综》编成之后，汪氏之序想必也已读过。他表面上盛赞汪词，内地里的立论却与之截然相反，似乎有些皮里阳秋的味道，不知汪森看了“步武北朝，不坠南渡以后习气”这样的评价后作何想②。

曹溶对南宋词不看好，其中既包括辛弃疾等豪放派，也包括白石、玉

① （清）朱彝尊：《永村琴趣序》、《书东田词卷后》，转引自孙克强《清代词学》，中国社会科学出版社 2004 年版，第 190、191 页。

② 曹溶对于尊南宋者的评价颇耐人寻味，如他评龚翔林《红藕词庄》：“读红藕庄词，备美角胜，脱洒尘习，驾姜、史而上之。”评高层云《改虫斋词》：“晤园次于蜀冈之下，因言《改虫斋词》，逼似竹垞、葆馚一路，阅之乃上凌梦窗、白石。”这两条评价都是说龚、高二人之词胜过清雅派首脑姜夔、史达祖、吴文英。而浙西词人对于姜、史等前辈是极为尊敬的，甚至封姜氏为“词圣”。朱彝尊评沈岸登词：“吾友覃九词，可谓学姜氏而得其神明者。”龚翔麟评沈融谷词：“吾友沈子融谷，精于词久矣。况之古人，殆类王中仙（沂孙）、张叔夏（炎）。”皆不敢云凌驾而上。相比之下，曹溶对于清雅派词人的态度远不如朱、龚等人谦恭。见聂先、王曾孙《百名家词钞》，清康熙绿荫堂刻本。

田等清雅派。《古今词话序》陈述了两派之短：

> 议论便入鬼趣，淹博终成骨董。在俪玉骈金者，向称笨伯。而矜虫斗鹤者，未免伧父。

很明显，前者，苏、辛也；后者，姜、张也。以上诸人病在“造词过壮，则与情相戾。辩言过理，又与景相违”①，有人工之胜而无自然之妙。值得注意的是该序作于康熙二十四年（1685），当时朱彝尊等人倡南宋之说已风行天下，浙派的众多咏物唱和词亦呈现出“排比嫩辞，襞积冷典”的倾向，曹溶却含沙射影，暗弹其短，明显表露出不赞同朱氏之说的态度。

3. 本色论

本色论是一种古老的词学批评模式，强调的是词体之独特内涵②。它在清前的发展大致有如下几个阶段：（1）晚唐五代，花间词盛行，欧阳炯在《花间集序》中提出了“词为艳科”的观点③，从内容上将其与诗拉开了距离。（2）北宋李清照、陈师道等人针对苏轼的“以诗为词”，提出“词别是一家”，“当行家语”④。在内容上尚文雅、反郑卫，风格上尚婉约艳丽，韵律上讲求合乎五音，莫作“长短不葺之诗”。（3）南宋张炎等论词以“雅正”、“清空”为宗，要求内容符合儒家“骚雅”传统；注重词法，字斟句酌，严于词律。（4）明人将词体与诗教传统分离，提倡

---

① （清）曹溶：《古今词话序》，见唐圭璋《词话丛编》，中华书局1986年版，第729页。

② 参见施议对《传统词学本色论的推进及集成》[《河南大学学报》（社会科学版）2005年第4期]、徐安琪《词学本色论在唐宋时期的形成与发展——兼论“本色论”与儒家审美文化的关系》[《华中理工大学学报》（社会科学版）2000年第2期]、吴非《张力的叩求——词本色论之一》（《中国韵文学刊》1994年第2期）、徐炼《张力的叩求——词本色论之二》（《中国韵文学刊》1999年第1期）、《张力的叩求——词本色论之三》（《中国韵文学刊》2001年第2期）。

③ 关于《花间集序》的主旨众说纷纭，笔者综合比较了吴熊和、贺中复、彭国忠、李定广等学者的意见，认为该序并不反对侧艳，它所反对的是民间曲子词的淫亵。

④ （宋）晁补之《评本朝乐章》：“黄鲁直间作小词，固高妙，然不是当行家语，自是著腔子唱好诗。”李之仪《跋吴思道小词》：“长短句于遣词中最为难工，自有一种风格。”陈师道《后山诗话》：“退之以文为诗，子瞻以诗为词，如教坊雷大使之舞，虽极天下之工，要非本色。今代词人惟秦七、黄九尔，唐诸人不迨也。”李清照《词论》：“王介甫、曾子固文章似西汉，若作一小词，则人必绝倒，不可读也。乃知别是一家，知之者少。”

"宁为大雅罪人，勿儒冠而胡服也"①。其本色论接近于晚唐五代。何良俊《草堂诗余序》云："乐府以皦迳扬厉为工，诗余以婉丽流畅为美。《草堂诗余》所载，如周清真、张子野、秦少游、晏叔原诸人之作，柔情曼声，摹写殆尽，正词家所谓当行、所谓本色也。"良俊认为词作的风格应婉约香艳，内容以闺襜秀帏为主。王士贞、孟称舜、徐士俊、李东琪等人的论断皆与之相近。

曹溶与朱彝尊等浙派词人都是本色论的信奉者，但取径各不相同。曹溶《古今词话序》云：

> 盖以偷声减字，惟摭流景于目前，而换羽移宫，不留妙理于言外。虽极天分之殊优，加人工之雅缛，究非当行种草，本色真乘也。所贵旨取花明，语能蝉脱，用写曲衷，亟参活句。

他强调词的独立性，尝云："上不牵累唐诗，下不滥侵元曲者，词之正位也。"②"诗尚沉雄，忌纤靡；词喜轻婉，戒浮腻。"③"方幅不入于诗，轻俗不流于曲。此填词之祖也。"④

崇尚婉约，以秦七、黄九为宗。如：李评佟世南《东白词》："缠绵温丽，无美不臻，其声调在柳郎中、秦淮海之间。"⑤评李天馥《容斋诗余》："清姿朗调，原本秦黄。"⑥评汪森《碧巢词》："至今日而海内诸君子，阐秦柳之宗风，发晏欧之光艳，词学号称极盛矣。"《与俞右吉书》："乐章含秦跨柳，濯秀毫端，不徒以协律为能事也。"⑦评魏学渠《青城

---

① （明）王世贞：《艺苑卮言》，见唐圭璋《词话丛编》，中华书局1986年版，第385页。

② （清）曹溶：《古今词话序》，见唐圭璋《词话丛编》，中华书局1986年版，第729页。

③ （清）曹溶：评赵吉士《万青词》，见聂先、王曾孙《百名家词钞·万青词》卷末，清康熙绿荫堂刻本。

④ （清）曹溶：评汪森《碧巢词》，见聂先、王曾孙《百名家词钞·碧巢词》卷末，清康熙绿荫堂刻本。

⑤ （清）曹溶：评佟世南《东白词》，见聂先、王曾孙《百名家词钞·东白词》卷末，清康熙绿荫堂刻本。

⑥ （清）曹溶：评李天馥《容斋诗余》，见聂先、王曾孙《百名家词钞·容斋诗余》卷末，清康熙绿荫堂刻本。

⑦ （清）曹溶：《倦圃曹先生尺牍》卷上，清康熙含辉阁刻本。

词》："温丽者，古人之酝藉，疏放者，后习之轻佻，非漫以周秦辛陆论也。"①

崇尚情语，反对淫亵。如《古今词话序》云："用写曲衷，亟参活句，有若国色天香，生机欲跃，如彼山光潭影，深造匪艰。务令味之者一唱三叹，聆之者动魄惊心。所云意致相诡，无理入妙者，代不数人，人不数句。"又云："秽亵不落周、柳者，词之大家也。"

崇尚自然，反对雕琢。如其在《百名家词钞》中评严绳孙《秋水词》："词以自然为宗，如秋水不事雕琢，而动中羽商，手和笔调，河南书法，几与怒猊渴骥并骋千载也"；评宋荦《枫香词》："枫香小词，亦浸淫于乐府，流溢而为法曲，不作儇巧，是一大家"；评顾贞观《弹指词》："有凌云驾虹之势，无镂水剪彩之痕，具此手笔，方可言香艳之妙"；评陈大成《影楼楼词》："其浑朴婉转处，能真吐性灵，不事雕绘，摆脱缰锁，妙绝千古。"

以上诸论与明人一脉相承。

而朱彝尊等人的本色论承南宋姜、张余绪，强调的是"雅正"。朱氏《秋屏词题辞》云：

> 花间、尊前而后，言词者多主曾端伯所录《乐府雅词》。今江淮以北称倚声者辄曰雅词，甚矣，词之当合乎雅矣。自草堂选本行，不善学者流而俗不可医。读《秋屏词》，尽洗铅华，独有本色，居然高竹屋、范石湖遗音，此有井水饮处所必歌也。

本色与否全在雅与不雅之辨上。所谓"雅"指内容符合儒家教范，即便是作"闺房儿女之言"，也要"通之于离骚、变雅之义"②。浙派宗白石、斥黄柳，崇清雅、黜《草堂》，最终导致了诗词间的界线不再分明。朱彝尊在《艺香词评》中云："窃谓词之与诗，体格虽别，而兴会所发，庸讵有异乎？奈之何歧之为二也。"浙派后进王昶在《姚茝汀词雅序》中亦云："姜、张诸人……其旨远，其词文，托物比兴，因时伤事，

---

① （清）曹溶：评魏学渠《青城词》，见聂先、王曾孙《百名家词钞·青城词》卷末，清康熙绿荫堂刻本。

② （清）朱彝尊：《红盐词序》，《曝书亭集》卷四十，四部丛刊本。

即酒食游戏，无不有黍离周道之感，与诗异曲同工。"这样的本色论不但建立在对明人的批判上，也与曹溶大相径庭。

由以上三则可知，曹溶的词学观并不新颖，不过是步明人后尘，但与浙派思想之格格不入却是显然的。

三　与浙派关系辨

1. 曹溶在浙西成派过程中的作用

浙西派是清代历时最久、影响最为深远的词学流派，其形成与以下几个事件有着密切关系，而曹溶皆未预之：

（1）康熙十七年（1678），朝廷开博学鸿词科，这使得原本萍飘四方的浙籍词人有机会相聚京师，为日后的开宗立派创造了条件。当时在京者有被称作"浙西六家"的朱彝尊、李良年、李符、沈皞日、沈岸登、龚翔麟，还有陆棻、徐嘉炎等浙人。彝尊以其才华、名气隐然是众人之首。曹溶也在征召之列，但他坚辞不赴。对于鸿博之召，朱彝尊等人怀着入仕的殷切，而曹溶久历宦海风波，已无心仕途了。在心态上，曹溶与年轻一辈的浙系词人已有差异。

（2）浙籍词人入京不久就发起了声势浩大的"后补题唱和"，这是浙派形成过程中的一大关捩。《乐府补题》是南宋遗民王沂孙、周密等人的唱和集，名为咏物，实怀故国哀思。该集湮灭已久，康熙年间始由汪森购之于长兴藏书家，朱彝尊爱而亟录之，携至京师，引起了众多词人的兴趣，继而赓续唱和。在咏物过程中，浙西词人借机将"醇雅清空"的审美观推广出去，虽然高者摹神，低者不免"排比嫩辞、襞积冷典"，极穷形极象之能事，但影响所及，辇下诸公词体为之一变，流风余韵播及四方。这使得本无多大影响的浙西词人名声大噪，为成派打下了良好的基础。曹溶未赴北京，没有参加这次重要唱和。而且他似乎对此类以描摹、征典见长的作品并不欣赏，这在《古今词话序》中处处都有流露。如"虽极天分之殊优，加人工之雅缛，究非当行种草，本色真乘也"。"在俪玉骈金者，向称笨伯；而矜虫斗鹤者，未免伧父。""造词过壮，则与情相戾；辩言过理，又与景相违。"这些正是浙派咏物词的不足之处。

（3）康熙十八年（1679），龚翔麟刻《浙西六家词》于金陵，进一步推动了浙西派的形成。康熙十六年（1677），朱彝尊、李良年、李符、沈皞日、沈岸登同为龚翔麟之父龚佳育之幕宾，六人得以聚会唱和，并就尊南宋的词学观达成了一致，还探讨了关于《词综》编撰的问题。两年后，翔麟汇刻六人词集，并冠以“浙西”之名，成派之事已是呼之欲出。而此时，曹溶正在里中杜门治史，可能还不知道《六家》之刻。

（4）《词综》作为浙派的理论纲领，朱彝尊等人欲以此取代明代盛极一时的《草堂诗余》，以改变词坛风气。它的刊刻标志着浙派正式成立。对此，曹溶倒是不无微功的。朱彝尊在《静惕堂词序》中云：“往者明三百祀，词学失传，先生搜辑南宋遗集，尊曾表而出之。数十年来，浙西填词者，家白石而户玉田，舂容大雅，风气之变，实由先生。”曹溶是个藏书家，好收宋元文集，《静惕堂书目》收有“宋自徐铉《骑省集》以下，凡一百九十六家，元自元好问《遗山集》之下，凡一百三十九家”①，而实际数目还不止于此。朱彝尊于此多有取资不假，但为《词综》提供资料者绝非曹溶一人，《词综发凡》云：“白门则借之周上舍雪客、黄征士俞邰，京师则借之宋员外牧仲、成进士容若，吴下则借之徐太史健庵，里门则借之曹侍郎秋岳，余则汪子晋贤购诸吴兴藏书家，互为参定。”而且在 23 人的编撰者名单中也没有曹溶的名字。

由此可见曹溶于《词综》编撰之作用并非像朱氏所言那么大，而其于浙西开宗立派之作用亦极有限。

2. 与浙派词人的交往

曹溶作为禾中前辈，与浙派词人的来往颇多。他对朱彝尊的词学有启蒙之功，这一点许多学者都曾论析过。不唯如此，彝尊的前半生创作几乎皆在其笼罩之下。彝尊初学填词是在曹溶的广东幕中，这部分词作风格秾艳，与曹氏正是一路。后来曹溶备兵大同，词风转为雄豪，彝尊追随而至，词风亦带有“塞上羽音”。康熙六年（1667）后，曹溶回里，从此再未与彝尊长期相聚，而朱氏也逐渐摆脱了曹溶的束缚，形成了新的词风、词学观，终成一代宗师。但他对曹溶及其词一直敬仰，这从前引《静惕堂词序》中能清晰地感到。康熙三十五年（1696），曹溶已辞世十年开外，彝尊作《满江红・钱唐观潮，追和曹侍郎韵》以兹纪念，词前小序云：“曹侍郎钱唐观潮一阕，最为崛奇。今见雕本改窜，可惜已。康熙丙子秋涉江，追和其韵，并附原词于后。不作三舍退避者，欲存其真也。”

① 叶德辉：《静惕堂书目序》，见曹溶《静惕堂书目》，丛书集成续编本。

曹溶与俞右吉、周筼、王庭、沈进等浙籍词人或为总角之交，或为亲属，都有着相当密切的关系，往来酬唱亦不少。《静惕堂词》中有《临江仙·同俞右吉看牡丹》、《念奴娇·俞右吉自言近日眼明，喜赋此赠》、《沁园春·和右吉老眼词》、《沁园春·右吉和我病痔作，用前调寄之》、《贺新郎·答右吉》、《摸鱼儿·闻周青士有词纬之选，寄之》、《摸鱼儿·答王迈人》等。

曹溶对浙西六家等后辈词人也多有关照。《鹤征录》云：“从曾祖耕客公（李符）为先生门人。先是，鸿词之征前一年，早有信政府首推之。先生坚辞云：‘某为东家妇，焉能复理妆效西家颦乎？吾禾有朱彝尊、李良年、徐嘉炎，率皆淹雅闳通，深达国体，其才施之无所不可。’”聂先编《百名家词钞》，曹溶向之大力推荐龚翔麟、冯云骧之词，与汪森、陆棻等人也有往来。

小　结

判断一个词人是否隶属某一词派，首先要看二者是否有着相近的词风，抑或相近的词学思想。地域因素却并非必要条件。南宋杨万里言：“江西宗派诗者，诗江西也，人非皆江西也。人非皆江西而诗曰江西者何？系之也。系之者何？以味不以形也。”① 朱彝尊亦言：“在昔鄱阳姜石帚、张东泽，弁阳周草窗，西秦张玉田，咸非浙产，然言词者必称焉，是则浙词之盛亦由侨居者为之助，犹夫豫章诗派不必皆江西人，亦取其同调焉尔矣。”② 尽管曹溶与浙派词人有着非常密切的往来，但他在词风上趋向稼轩，在词学观上倾向明人，在浙派形成过程中也贡献不大。因此，他是否属于浙派尚是个问题，“先河”之誉就更谈不上了。

结论有了，但还有两个问题没有解决。其一，如何解释曹溶词风与词学观的不统一？在文学史上，作家的理论主张与作品中的创作倾向相背离的情况并不少见，原因不外有三：一是作家政治、哲学思想体系与他的文艺思想相矛盾；二是作家在某种社会背景下，其理论主张试图冲破现实的

① （宋）杨万里：《江西宗派诗序》，《诚斋集》卷七十九，四库全书本。

② （清）朱彝尊：《鱼计庄词序》，《曝书亭集》卷四十，四部丛刊本。

时代思潮，而其创作则滞留在后；三是作家在理论观念上固守某种传统，而在创作上受所处时代风气的带动，出现了理论滞后而创作先行的情况。[①] 曹溶属于最后一种情况。他初学词是在明季，长期以来受“填词当以婉约为正”观念熏陶，已成思维定式。后来沧桑巨变，胸中有无数不平气要吐，慷慨激昂的辛派表达方式无疑要比婉约派的含蓄蕴藉、清雅派的字斟句酌，更痛快淋漓，更有发泄的快感，于是曹溶迷恋上了豪放风，在创作上一发不可收拾。但由于婉约之念太过根深蒂固，其词学观仍停留在原地。从这件事上可以看出曹溶对填词缺乏朱彝尊那种开宗立派的精神，对词学理论也缺乏深刻的思考。这是清初词人的通病。其二，以朱彝尊追随曹溶之久，怎会不明白《静惕堂词》的沉雄悲壮？他为何要在曹溶身后指鹿为马，强冠以“先河”之名？考彝尊之为曹溶作序，事在康熙二十五年至康熙四十八年（1686—1709）之间。当时三藩之乱已经平定，台湾郑氏也已臣服，社会渐趋安定，但统治者对于士人思想上的控制也更严了，甚至涉及词学领域。康熙四十六年（1707），《御选历代诗余》刊行，康熙亲自作序，明确指出，词人要创作“有关政教而裨益身心者”，“悉归于正者”。而浙派词风正符合这一标准。其实在此之前，康熙的这一番意图就已流露出来，他在禁中读过朱彝尊的词，引来其他词人的纷纷艳羡，即是一例。基于这种情况，彝尊力赞曹溶“崇尔雅、斥淫哇”，“宣昭六义，鼓吹元音”，目的是要与官方论调保持一致。另则，他称曹溶词为姜、张一路，还想将之塑造成一个温柔敦厚、旷达无争的高士形象，以掩饰其抑郁牢骚的真实面目，从而使之不至于因“思想不健康”而受到统治者的罢黜。可以说，朱彝尊的误读是一种有意的、善意的误读，是那个时代的产物。

① 王少良：《中国古代文学原理研究》，中国文联出版社 2000 年版，第 156—168 页。

第八章

“热”与“圆”——龚鼎孳的人格及创作

龚鼎孳是一个传奇人物，他一生大起大落，在明清政治及文学领域上均大有作为。他也是个备受争议的人物，围绕他的评价经常截然相反。睿亲王多尔衮曾斥其“无耻”①；与他同在谏垣的李清言其“险刻”、“叵测”、“日事罗织”②；据余怀讲，他寓居西湖时，杭州百姓目之为“人妖”③。然而，著名遗民杜浚却有不一样的说法：“求之当世，处以为身者当如宣城沈耕岩先生，出以为民者当如合肥龚芝麓先生。”④ 董含《三冈识略》记其为江南士民请命：“后大司马龚（鼎孳）公，特疏请宽奏销，有‘事出创行，过在初犯’等语，天下诵之。”朱彝尊在他身后哭之：“京华留滞久，恒苦出无车。记忆惟公切，过从听我疏。”“逝矣名须易，伤哉涕莫收。寄声缝掖贱，休作帝京游。”⑤

以上评价毁誉不一，有若天壤之别，龚氏的真实面目因而变得模糊不清。对于文学批评而言，如果把握不住作家的性格，空谈作品的艺术性，无异于隔靴搔痒。本书试从“热”与“圆”两方面入手，重新审视鼎孳的人格状貌及艺术世界。所谓“热”，指的是他热情、积极乃至有些毛躁、清狂的一面；发之于词就是真情鼓荡，动人心魄。“圆”指的是他圆

---

① 《贰臣传乙·龚鼎孳传》：“先是，给事中许作梅、庄宪祖等交章劾大学士冯铨。睿亲王集科道各官质问。鼎孳曰：冯铨乃背负天启、党附魏忠贤作恶之人。铨曰：流贼李自成陷害明帝，窃取神器，鼎孳反顺逆贼，竟为北城御史。鼎孳曰：岂止鼎孳一人，何人不曾归顺。魏征亦曾归顺太宗。王笑曰：人果能自立忠贞，然后可以责人。鼎孳自比魏征而以李贼比唐太宗，可谓无耻。似此等人，只应缩颈静坐，何得侈口论人。遂罢不问。”见清国史馆编《清史列传》卷七十九，台北明文书局1985年影印本。

② （清）李清：《三垣笔记·笔记中》，中华书局1982年版，第53、54页。

③ （清）余怀：《板桥杂记》，上海古籍出版社2000年版，第34页。

④ （清）杜浚：《送宋荔裳之官四川按察使序》，《变雅堂文集》卷一，续修四库全书本。

⑤ （清）朱彝尊：《龚尚书挽诗八首》，《曝书亭集》卷八，四部丛刊本。

活、开通乃至有些圆滑、投机的一面，在词作中的表现就是对圆活之境的追求。

第一节　龚鼎孳的家世生平及人格状貌

一个人性格的形成受先天与后天两方面因素影响。先天因素与家世有关，后天因素则与人生经历、社会环境有关。

一　龚鼎孳的家世

合肥龚氏自明初由江西临川徙安徽之合肥，至鼎孳已七世矣①。鼎孳祖父名承先，字玄鉴，号宁揆、光甲、梦岩吏隐。曾任浙江分水、桐庐知县，有政声。《分水县志》卷六《官师志》云："知县龚承先，江南合肥举人。万历四十四年任，授浙江分水县知县。在官裁陋规，崇学校，恤孤老，建桥筑堰，百废俱举。后升禄劝知州去。遗爱在人，祀名宦祠。其孙鼎孳以进士起家，官大宗伯，人谓承先积累所致。"承先并未赴禄劝知州之任，而是在升官之日辞官而去。《定山堂诗集》卷二十五有《先大父奉直公以分水令摄篆桐庐，秩满擢州守，即日谢病归。余时甫五龄，侍行，

① 《安徽合肥龚氏宗谱》云："……吾族得姓受氏，始于羲农时之句龙，句龙继其父共工职，遂合龙而为龚。"，清光绪十六年（1890）福寿堂木活字本。安徽省图书馆藏。笔者据《龚氏宗谱》考订龚氏世系表如下：

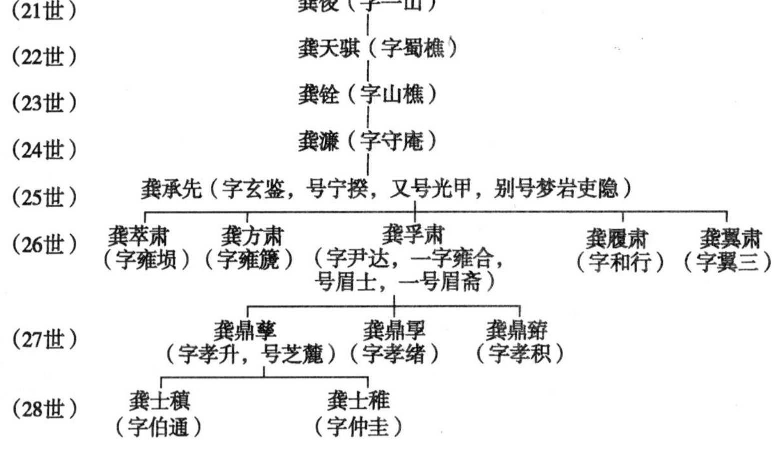

今三十余年往矣》一诗，作于顺治十三年至十五年间（1656—1658）。诗云：“平世栽花小邑宽，玉琴朱绂倚严滩。子孙何似桐乡爱，父老还同岘石看。寄傲门庭容五柳，吐云怀袖养千竿。心知述祖惭康乐，勇退宁嗟行路难。”诗下注曰：“先大父拂衣诗云：‘苍苍岫上云，随我袖中去。’归筑深柳堂、檀栾洞，高卧谢客者二十年。”纵观承先在分水任上的表现，是比较有才德的。其辞官一事颇耐人寻味，辞官的时机有很多种，但他偏偏选择在升官之日辞官，似乎在追求一种名士效应，并不能据其林居二十年就断定为淡泊名利，至少对这个“名”字还是比较看重的。承先诸孙中，鼎孳最得其怜爱，尝“手授经书亲加课督，不午夜不就寝”[①]。其为人处世对鼎孳有着不可忽视的影响，日后鼎孳任蕲水令，筹划守御，调停民食，无不井井有条，大有祖风；而鼎孳身上的“好名”、“爱表现”等特征，也似与其祖一脉相承。

鼎孳之父名孚肃，字尹达，一字雍合，号眉士，一号眉斋。承先第三子。少负文名，著有《眉斋集》、《懿诵堂诗集》、《画外史》、《集韵诗》等。年五十五而卒，乡人哀之，为祀乡贤词。《庐州府志》及《合肥县志》记载了其两件事：其一是庚、辛岁饥，首倡捐赈，全活无数；其二是流寇攻城率兵拒之，城赖以全。孚肃并无功名，却关心当世之务，有勇有谋、敢作敢为。鼎孳的文学天赋及其积极的生活态度均与乃父不无关系。

鼎孳大伯父名萃肃，字雍埙，曾官御史、盐政使、太仆寺少卿。据赵吉士《寄园寄所寄》所云，他曾依附魏忠贤，被打入“钦定逆案”名册。《明史》等书均有他的事迹。其为御史时，也曾一腔热血，尝“论边督张我续贪冒之罪，白知州汪心渊守徐之功，举方震孺之有才品。悉称言职”。但在魏忠贤熏天权势面前，他迷失了自己。《明史》云阉党欲推崔呈秀，“令袁鲸疏攻绍徽，而龚萃肃上阁臣内外兼用疏以坚之”[②]。其为长芦巡盐政时，曾为魏忠贤建生祠[③]。尽管当时魏氏生祠各地皆有，不计其

---

① （清）严正矩：《大宗伯龚端毅公传》，见龚鼎孳《定山堂诗集》卷首，民国甲子龚氏瞻麓斋重校印本。

② （清）张廷玉等：《阉党列传·孙杰传》，《明史》卷三百六列传第一百九十四，续修四库全书本。

③ （清）赵翼《魏阉生祠》云：天启七年“七月，长芦巡盐龚萃肃、淮扬巡盐许其孝、应天巡按宋祯汉、陕西巡按庄谦各建之所部”。见《廿二史札记》卷三十五，世界书局1936年版，第512页。

数，但从这件事上至少说明他不是个刚直不阿之人。忠贤将败时，他又上书言阉党之恶。朝秦暮楚，见风使舵，十分圆滑，是一个老练的官场中人。①

总的看来，龚氏族人均十分有才干，在鼎孳父辈身上已隐约可见“热”与“圆”两种人格特征。

二　龚鼎孳的人生经历与个性

明清之际，时人讥讽既降闯复降清的双料贰臣为“三朝元老”，龚鼎孳、梁清标、曹溶、金之俊等人俱属此列。语虽刻薄，但贰臣的人生确实因朝代的更迭而割裂。以龚鼎孳为例，他在不同的时世，有着不同的角色意识。在明季，他是复社狂士，风流自赏；在李自成政权下，他是失路累臣，进退两难；入清之后，他先是不合时宜的降官，后来是叱咤风云的大宗伯。随着角色转换，其性格中“热”与“圆”这两大要素也相应消长。

明季是龚鼎孳人生中的第一阶段。其人格中“热”的一面已经被发挥得淋漓尽致了，而“圆”的一面尚不明晰。其好友王子房曾说：“仲谋太冷，孝升太热，惟古遗能剂之以适厥中。”② 子房言下若有憾焉，以其不能如曹古遗一般和中庸之道。鼎孳当时少年成名，意气洋洋，他的“热”主要体现为一种无所羁系的狂士风范。

狂狷之士，自古有之；狂士成群则为晚明社会所特有。这一群体之出现，缘自商品经济的发展对封建社会结构的破坏，政治腐败对道统礼教的冲击，阳明心学思潮对自然人性的启迪等③。受大环境影响，鼎孳颇以狂士自居，他屡在诗文中言“春樽合让狂奴醉，愁尽香奴隔太行”（《花朝同韫退、玉叔、岕庵、尔唯、舒章、敬斋社集秋岳斋限韵十体》），“东方

---

① 龚萃肃曾是龚鼎孳政治上的一块阴影。李清《三垣笔记·笔记中》云：“傅给谏振铎（崇祯丁丑，题名碑作金溪人），临川人。曾具疏云：‘凡招权纳贿，言清而行浊者，虽日讲门户，日附声气，而亦真小人也。凡不招贿，品高而名暗者，虽门户无讲，声气无附，而亦真君子也。’时龚给谏鼎孳面诋其非，遂相哄。一日鼎孳言及逆案，振铎佯曰：‘能相示否？’鼎孳出诸袖，振铎故指龚萃肃问曰：‘若为谁？’鼎孳曰：‘予嫡伯也，最无行。’振铎一笑。”中华书局1982年版，第53页。

② （清）龚鼎孳：《送曹古遗给谏归殡汾阳十四首》之十四，《定山堂集》卷八，四库禁毁书丛刊本。

③ 赖晓东：《暮色中的喧嚣与狂欢——浅论晚明狂士风采及其文学风貌》，福建师范大学硕士论文，2003年。

玩世唯游戏，自悔狂夫学佩弦”（《冬夜同秋岳、舒章、凫公集尔唯药房限韵》）。

鼎孳的狂士风范体现在生活上是个性的张扬和心灵的放纵，是蔑视礼法的勇气和对真情的热烈追求，这在与顾媚的相爱中即可见一斑。晚明士子与名妓诗酒留恋、酬和交往一般被视为风流韵事，但若想和名妓合法生活却是一件有违礼教的事，往往为人侧目。钱谦益在与柳如是结缡之日就遭到“云间缙绅哗然攻讨，以为亵朝廷之名器，伤士大夫之体统，几不免老拳，满船载瓦砾而归”①。以是故，吴伟业不敢迎娶卞赛；冒襄对董小宛的主动示好百般推托；陈子龙、宋征舆被迫与柳如是分手。而龚鼎孳却从不约束自己的感情。他与顾媚一见倾心，随后公然将顾媚接至北京成亲，二十余年房无他宠，以至于日后给政敌留下了口实。

其狂士风范在政治上的表现是不畏权势的气魄，以及实践乌托邦理想的热忱情怀。鼎孳二十岁成进士，筮得蕲水县令。关于其任上的表现后世罕有言及，今日却不可不谈。据严正矩言：“时值流寇蔓延，江北州邑多陷。公受事甫浃旬，寇至，率家丁枕戈城头，号令严明，恩信并结，士民皆死守。一日，探贼在二十里外，急率众往击，各备柴束，烧死贼数百。贼怒，亟攻城，用火药击之，稍稍引去。因增城浚濠，濠渎城坚。寇忽夜袭，城下濠水高丈余，不可涉，兼干掫严整，贼顾视曰，是城不可撼矣。暇则与士民讲说诗礼，激发忠义，问民疾苦，兴除利弊。又为阐扬理学，勤课多士。有问奇、风始诸集，齐安、九州邑文士多来就社。”② 由是观之，鼎孳初入仕途已显示出非凡的才干与极强的责任心。

崇祯十五年（1641），鼎孳入京为兵科给事中，察理畿南广平等处。任职时间并不长，却极为引人注目。他一月疏凡十七入，知无不言，言无不尽，以至于“每遇早朝，则自大僚以至台谏，咸啧啧附耳，或曰曹（良直）纠某某，或曰龚纠某某，皆畏之如虎”。③ 然而，鼎孳的心情并不愉快，他在《燕寤自序》中云：“居长安一载，仆仆尘土中，既鲜良俦，兼乏名胜。邸中兀坐，如枯灭老头陀。纵有所会，都无可语。”之所以有

① （清）葛昌楣：《蘼芜纪闻》引沈虬《河东君传》，江苏省立苏州图书馆 1941 年版，第 653 页。

② （清）严正矩：《大宗伯龚端毅公传》，见龚鼎孳《定山堂诗集》卷首，民国甲子龚氏瞻麓斋重校印本。

③ （清）李清：《三垣笔记》，中华书局 1982 年版，第 54 页。

不如意之感，是因为他热烈狂放的个性在封建官场中处处不适应，以至于动辄得咎。

李清在《三垣笔记》中记叙过鼎孳的几件事，其中一则为："吴辅甡既奉旨杜门待罪，予往谒，适龚给谏鼎孳至，曰：'必首辅所为。'甡正色曰：'不然。适苍头自阁至，见首揆揭缴圣谕，且力争，既缴复发，安有一面媒孽，一面解释者。'鼎孳无以应。"[①] 崇祯十七年（1644），吴甡奉旨督师，迟迟不行，以是得罪。鼎孳与甡密，不顾外人在场就断定此事乃是周延儒陷害，不知避忌，也不懂得保护自己，比之官场老手吴甡来说，还差得很远。以至于李清就此断定："方知两辅水火，皆若辈构成也。"[②]

经过此事后，鼎孳吸取了教训，变得谨慎了一些。于是又出现了被李清斥为"叵测"的一幕："鼎孳出疏纠劾，胪列六十余款，又密疏一封，力言王应熊为延儒私人。疏上，皆留中。周辅之逮，与王应熊他日之至而旋斥，皆由此。噫！密疏已非体，又延儒行时，鼎孳远送，伛偻舆前，其叵测又如此。"[③] 这就是鼎孳为言官时最著名之事——弹劾周延儒等首揆。对于一个七品言官来说，敢于弹劾首揆是需要非凡的勇气的，吴伟业也曾为言官，其师张溥授意他弹劾温体仁，他就因"立朝未久，于朝局未习练，中情多怯，不敢应"[④]。相比之下就见出李清之言未免太苛。值得注意的是，较之前一事，鼎孳已不那么冒失了，他不再轻易暴露自己，但动机依然没变，还是要力挽狂澜，还是有"以卵击石"的胆量。正因为如此，他才会被捕入狱，革职落官。他并不是"叵测"，只是尚未适应险恶的官场，显得有些稚嫩、不够圆滑而已。

出狱后，鼎孳有《万年欢》一词，很可见其受挫之后的心境。上阕云："一笑东风，喜寒梅尚繁，香散瑶雪。携手花前，重见酒杯豪发。铁石消磨未尽，算只有、风情痴绝。生抛撇，瘴戟蛮装，更央珊枕埋骨。"结句颇有柳永"忍把浮名，换了浅斟低唱"的味道，但语气倔强，诏狱之苦及此前的政治挫折并未消磨尽他的锐勇之气。

龚鼎孳人生的第二阶段被大顺政权所笼罩。短短两个月时间，他就由

① （清）李清：《三垣笔记·笔记中》，中华书局 1982 年版，第 62 页。

② 同上。

③ （清）李清：《三垣笔记·笔记中》，中华书局 1982 年版，第 66—67 页。

④ （清）陆世仪：《复社纪略》卷二，续修四库全书本。

白下才子沦为贰臣，在如此巨变面前，他性格中“圆”的一面凸显出来，并表现为一种权变。

皇侃云：“权者，反常而合于道者。”① “权”是一种智慧，是做事合乎规矩而能随机应变、因地制宜。张仲谋在《贰臣人格》一书中对于“权”有过精当的论述，他认为在贰臣评价体系中，关于“行权”与作伪的辨析是一大关目。并引王夫之言云：“屈身逆乱之廷，隐忍以图社稷，人臣之极致也。而抑视乎其所处矣。测其可图之几，以待天下之变，姑且就之。两处于有余之地，以存其身与禄位，而遽许之为行权以济险，则名义之途宽，而忠孝之防裂，君子所必严为之辨者也。”② 为此我们必须本着知人论世的原则，深入评价对象的内心深处，方不至于厚诬古人。

对于龚鼎孳的降闯，首先要对一个时间问题进行考辨：当闯军入都，崇祯自缢于煤山时，龚鼎孳是先有自杀之举还是被闯军拷打后才投井的？如果自杀在先，说明他恪守的是封建士大夫“君辱臣死”的道德律令；如果是在拷掠后才选择自杀，则殉国的动机大大降低，更有可能是不堪受辱。

严正矩在《龚端毅传》中采纳的是第一种说法：“寇陷都城，公阖门投井，为居民救苏。寇协从不屈，夹拷惨毒，胫骨俱折，未遂南归之愿。”③ 董迁《龚鼎孳年谱》据此而云：“公投井未遂，被贼掳去。”

然而，龚鼎孳自己有不一样的说法，他在《上摄政王衰病残躯不能供职乞恩放行启》中云：“流寇陷城，夹拷惨毒，骨胫折断。阖门投井为居民救苏。”字句几乎与严传相差无几，但顺序却是颠倒的。《怀方密之诗序》更是说明了他当时的心理活动，其云：“都城难作，余以罪臣名不罣朝籍，万分一得脱可稍需以观变，遂易姓名杂小家佣保间。……越二日，同恸哭灵爽于午门。再越日，遂有伪署朝臣之事。……户外白梃林立，欢噪入问谁何官者？余曰：‘是矣。吾受死。’振衣而出。……既抵贼所，怒张甚……复索金，余曰：‘死则死尔。一年贫谏官，忤宰相意，系狱又半年，安得金？’贼益怒，棰楚并下，继以五木。……再逾日，追呼益棘。赖门人某某及一二故旧措金为解，始得缓死。……余则四顾孑

① （梁）皇侃：《论语义疏》，（清）王谟辑《汉魏遗书钞》，嘉庆三年刻本。

② 张仲谋：《贰臣人格》，长江文艺出版社 1996 年版，第 344 页。

③ （清）计六奇《明季北略》卷二十二引《国变录》云：“廿一日，点百官名毕，不及冷员。廿二日至廿五日，遍拏各官拘紥，亦不及冷员一人。……其他冷员被收者，皆由贼兵横执，不在点单之数。”龚鼎孳之被执想是这种情况。中华书局 1984 年版，第 592 页。

然，终以死誓。包胥往矣，其下从乎彭咸。”① 从以上记述中看，鼎孳并不是个愚忠之人，当崇祯死时，他并未打算以身相殉，而是想如何脱身而逃。后来，在拷掠之下，且预计难逃一死，才与顾媚双双投井。

指出鼎孳并非为崇祯而选择自杀，并非认同了以往舆论对其“全无羞耻”、“事仇噬主”的评价。明末社会流行的是“平日袖手谈心性，临难一死报君王”，龚鼎孳则为我们提供了另一种人生态度。他在其位时兢兢业业，一旦帝国大厦倾覆，也不打算陪上自己的有为之身。这种对生命的珍视与晚明思潮肯定自然人性、人欲，反对天理束缚不无关系。

鼎孳有《送曹古遗给谏归殡汾阳十四首》，是为死于“闯难”的曹良直而作。面对亡友，他对自己“不死而腼颜为人”的解释是“知子全归好，知余濡忍难。蝶翻乡梦杳，鹃咽古魂残。鲍叔人千载，程婴事一端”。他将自我定位为积极的程婴而不是消极的庾信，他的“不死”是为了将来“有所为”，是为了行权以济险。

龚鼎孳的第三个人生阶段从仕清之日起至康熙十二年（1673）他去世之时结束。贰臣的身份、新朝为宦的经历都对他的心灵有极大冲击，并使其性格趋于复杂化。

顺治元年（1644）五月，清军打着为崇祯复仇的旗号入主北京，全盘接收了前明官员，包括罢官且腿伤未愈的龚鼎孳。鼎孳连上四疏辞归②，未果，遂任职，从而成了失节之人。

入清后的龚鼎孳历经宦海浮沉、人生变故，已不是昔日模样。据《清圣祖仁皇帝实录》记载：康熙八年（1669），鳌拜被擒后，其家人供出朝中大臣嘱托行贿名单，龚鼎孳赫然在列③。考察清初史料，鼎孳

① “包胥往矣”指方以智脱身而逃。“彭咸”喻龚鼎孳投井。

② （清）龚鼎孳：《定山堂文集》（民国甲子龚氏瞻麓斋重校印本）卷三有《上摄政王衰病残躯不能供职谨补牍陈情乞恩允放启》、《恳回籍养亲疏》、《再乞归养疏》，《龚端毅公奏疏》卷一有《乞假省亲疏》。其裔孙庆霖在《上摄政王……》一疏后注曰：“上此启悃悃欸欸，哀恻动人。世之议公者多以仕清为失节，殊不知当日迫于情势，非其本怀也。观此可以知之矣。”此乃持平之论。

③ 《圣祖仁皇帝实录》卷三〇“康熙八年六月”条云：“戊辰。谕吏部、后部、刑部：近审鳌拜家人罪案，据洪善、尼满供出，总督白秉贞、原任巡抚张自德、尚书龚鼎孳、庶吉士王彦、阿达哈哈番张鼎、骑校高胡子、正红旗姓高之官，伊等俱曾嘱托行贿，本当严究，从重治罪。但思此等嘱托行贿者尚多，非止伊等。朕已有谕旨，将内外各官，苟图达进作弊作，俱从宽免。今供出各官，亦俱从宽免罪。”中华书局1985年影印本。

在康熙初年官运亨通，连任刑部、兵部、礼部尚书，而这段时间正是鳌拜把持朝政之时。另外，通过康熙发难之前，先把鼎孳的兵部尚书一职撤掉，改任自己的亲信王弘祚，也可以看出其与鳌拜集团关系颇密①。从崇祯朝因不附时宰而下狱到康熙朝行贿首揆，从昔日自命清流的年青谏官到今天老于世故的大僚，鼎孳的变化可谓大矣。究其原因自然是受封建官场的熏陶。

封建官场是最能磨去人的棱角、消融人的个性的场所，近四十年的为官生涯也使鼎孳练就了八面玲珑的本领，他不再是年轻时那个无所顾忌的狂士，然而其性格深处“热”的那一部分本真一直不曾被消磨掉。前辈学人孟森先生猜测康熙朝的龚鼎孳，“想能效法金之俊、王熙等，容容尸位，故以大官终”②。张仲谋先生的《贰臣人格》亦持是说。实则都是想当然耳。只要翻阅一下清朝史料及《龚端毅公奏疏》就会发现其为民请命的奏章数不胜数。下面聊举一例以说明其与金、王辈本质的不同。“奏销案”是清初一大案，牵连缙绅数以万计，陆文衡《啬庵随笔》述事情的起因是：顺治十八年（1661）“抚公朱（国治），因见协饷不前，创为绅欠衿欠之法，奏销十七年分钱粮，但分厘未完，即挂名册籍，目以抗粮。司农方拟驳核，而曹溪相国（金之俊）子侄亦册欠有名，亟上认罪一疏，于是概不敢议宽免，照新例革职枷责者至一万三千五百十七人。”这是金之俊的表现，时论有“逢恶助虐，为三吴大罪人”之语③。而龚鼎孳针对此事，先是在康熙二年（1663）上《宽民力以裕赋税之源疏》，之后又在康熙六年（1667）上《请宽奏销疏》，

① 清史中鳌拜与龚鼎孳相关连的记载除了这一处嘱托受送贿外，尚有顺治年间龚鼎孳荐纳贿伏法之巡抚顾仁一案，当时是鳌拜主审。在康熙智擒鳌拜的计划中，龚鼎孳乃是其中的一个棋子。据《圣祖仁皇帝实录》记载，“康熙八年五月乙未（初三），转兵部尚书龚鼎孳为礼部尚书”，从而形成兵部汉尚书空缺、唯有鳌拜死党噶褚哈一位满尚书的局面，简化了形势。五月初十，鳌拜就擒，随即逮捕噶褚哈，改派“反鳌派”的王弘祚为尚书，控制兵权。康熙对龚鼎孳进行职务调动，需征得鳌拜、遏必隆两位辅政大臣同意，再送内院发交科抄。这一切安然进行，并未引起鳌拜集团的注意，似可说明龚鼎孳并非其死党，故无人关心其升迁调转背后的政治目的。关于捉拿鳌拜的具体时间及细节参看白新良《康熙擒鳌拜时间考》，《满族研究》2005 年第 3 期。

② 孟森：《横波夫人考》，《心史丛刊》，中华书局 2006 年版，第 159 页。

③ 关于奏销案相关文献资料转引自孟森的《奏销案》，《心史丛刊》，中华书局 2006 年版，第 3—21 页。

复江南降黜绅士不下千人。可谓积德无量。关于康熙六年之请，严正矩有详细描写：“（所言之事）于迹涉嫌，时多危之。公毅然曰：以我一官赎千万人职，何不可。卒获允。”[①] 所谓“于迹涉嫌”，是说鼎孳是江南人，其为江南绅士鸣冤，很可能被人指为挟私包庇。而且“奏销案”是在鳌拜授意下兴起的大狱，旨在威慑汉人，鼎孳此举无异于虎口拔牙。他也不是不知此事之凶险，但还是毅然上疏，最后竟获成功，不知是不是行贿的结果。鼎孳此类善举颇多，邓之诚统以“好集令誉”概之。在鼎孳身上，好名是有的，但还不至于冒着生命危险去收集“令誉”，其真实动机还是出于一副热心肠。遗民余怀看得很清楚：“人苦肠枯，公苦肠热。”[②] 这一说似乎比邓氏之言更有说服力。

仕清后的龚鼎孳留给我们的印象既熟悉又陌生，熟悉之处在于他的一腔热血始终没有消歇，陌生之处在于他将其性格中“圆”的一面发挥过了头，竟然成了“行贿者”。钱钟书先生云：“‘圆’之事或吉或凶，‘圆’之词亦有美有刺，不可以不圆览者也。”[③] 鼎孳之“圆”也很复杂，它亦正亦邪，用于庇护善类上为人称道，用于巧宦曲学上则令人齿冷。他不是个完人，但却能用自己的方式做利民之事，尽管这种方式颇有旁门左道之嫌，往往不为正人君子所采。他给鳌拜送礼，但却不苟同其暴政，而是利用这层关系频频上疏为民请命。他在刑部的时候，通过曲解条目的方法以保护善类，惹得顺治发上谕斥骂：“朕每览法司覆奏本章，龚鼎孳往往倡为另议，若事系满洲，则同满议，附会重律；事涉汉人，则多出两议，曲引宽条。果系公忠为国，岂肯如此！”[④] 他为了使阎尔梅免于清兵的追捕，竟将他藏在顾媚的内室之中。以上种种“奇计”，皆是其古道热肠之体现，并通过“圆活”的手段付诸实施。正因为如此，众多遗民之辈才会坦然与之交接。

纵观龚鼎孳一生行事，莫不被其性格中的“热”与“圆”所笼罩。“热”代表了一个人的本真状态，近于刚；“圆”则是社会对自然人性的改造，近于柔。对于大多数人来说都会经历从少年孟浪到老来圆滑的过

① （清）严正矩：《大宗伯龚端毅公传》，《定山堂诗集》卷首，民国甲子龚氏瞻麓斋重校印本。

② （清）余怀：《定山堂集序》，《定山堂集》，四库禁毁书丛刊本。

③ 钱钟书：《管锥编》第3册，中华书局1979年版，第922页。

④ （清）龚鼎孳：《明白回话疏》，《定山堂文集》卷三，民国甲子龚氏瞻麓斋重校印本。

程，故有“老不看《三国》，少不看《水浒》”之谚。但鼎孳处于特定的历史与文化构成之下，其“热”与“圆”的交融、衍生、排斥更为复杂、更为鲜明，从而构成其独异、多层之个性。

第二节　饱含真情的宴饮酬酢词

中国古代诗论中素有“诗本性情”之说。龚鼎孳的“热”表现在艺术观念中，就是对真情的呼唤。他是“诗本性情”说的信奉者，相关论述不少。其《过日集序》云：“不知诗本性情。选诗而违其性情亦可以为选乎?”《邓孝威官梅集序》云：“夫诗之为道，以言性情，论诗于今尤必取诸怀抱，怀抱远者，其人必忠厚，其语必幽森，其取友必简严，而遇物必深厚。”《贺黄以实奉使旋里序》云：“夫无性情则无愧愤，无愧愤则无文章，愧愤失不可言赏罚，文章失不可言是非。”“性情得者其人必真，其言不素，真与素合，言与人合，夫然后情与性合也，故以人配性，以言配情，兼斯二者则近乎道。”《罗讱庵〈净悦游〉序》云：“诸诗原本性情，发抒忠孝，出入风雅。”等等。无论诗词文赋，他均力主抒写自我，展现本真。

鼎孳的“热”体现在创作中，产生了真情鼓荡的艺术效果。这一点似为时人之共识。李元鼎评其诗曰：

> 先生之至情有以中于人者深也，夫情不至者必不可为诗，亦不能为必传之诗。……试取先生之诗读之，道照机先，思超系表，于君臣父子夫妇朋友间见其缠绵笃挚，一篇有之，一句有之，一字有之。根柢性情，触景成咏，真可颉颃古人。①

余怀曰：

> 其为诗也，轶宕而多伤，感慨而蕴藉，大抵人患才少，公患才

① （清）李元鼎：《定山堂诗集序》，见龚鼎孳《定山堂集》，四库禁毁书丛刊本。

多，人苦肠枯，公苦肠热。[①]

吴伟业曰：

先生倾囊橐以恤穷交，出气力以援知己，其恻怛真挚见之篇什者，百世而下，读之应为感动，而况于身受之者乎？此先生之性情也。[②]

钱谦益曰：

吾友孝升，今世吟坛之渠帅也。……至于朦胧萌折，愤盈偪塞，咏汾水秋风之什，听江南红豆之歌。一语神伤，四座泣下，虽作者亦不知其有使然也。故吾断以孝升之诗为文人学士缘情绮靡之真诗，性情学问，化工陶冶，可以疗世之诗病，不独专门名家而已。

尽管清初人论诗好标举性情，由上述评价仍可见出鼎孳的创作感情充沛。诗词同理，鼎孳之词同样以真情著称。尤为难得的是，在一向被认为缺乏深情的宴饮酬酢词中，他亦能表达出拳拳之心。

所谓酬酢词指的是宴会制作、诗社唱和、友朋赠答等以交际为目的的词作，这一题材在词史上占有很大比例，却一直不被看好，原因是其具有很强的实用功效，从而冲淡了抒情性。鼎孳的酬酢词数量不少，却能产生“百世而下读之应为感动”（吴伟业语）的效果，必有独到之处。笔者归纳为以下三点：

一　以诚待友与以诚为词

赵园先生说：“有明一代，士的群体意识强化。活跃的党社及讲学活动，以及修身的风气，使得‘朋友’一伦的意义提升。”[③] 至清初，终于

① （清）余怀：《定山堂诗集序》，见龚鼎孳《定山堂集》，四库禁毁书丛刊本。

② （清）吴伟业：《定山堂诗集序》，见龚鼎孳《定山堂集》，四库禁毁书丛刊本。

③ 赵园：《乱世友道——明清之际有关“朋友”一伦的言说的分析》，《甘肃社会科学》2006年第1期。

造就了“方今海内交游之风几于鼎沸”的盛况[①]。在笃于友道的社会氛围中，龚鼎孳的交友态度还是放射出灿烂的光芒。聂先曰：“合肥才位德望可谓盛矣，至其怜才好士，汲引后学，一往情深，久而弥笃，恐前哲名贤中亦不易得也。”[②] 钱谦益云：“长安三布衣，累得合肥几死。”有关他不顾身家性命营救遗民朋友的佳话所在多有，但最能见境界的还是一些看似平平淡淡的事情。邓汉仪《诗观初集》记载：“陈溧阳（名夏）居相府，以题奖人物为己任。龚孝升太常虽导扬声气，而权位不敌，且与陈方有隙，三原韩圣秋日造龚所谈宴，而每通候陈。或谓龚曰：‘公与圣秋密，岂知其磬折溧阳之门耶？此晨洛蜀相攻，恐有不便耳。’龚曰：‘此英雄失路，无可奈何之所为也。我既不能荐天下士，而又阻其它往耶？’言者惭退。其遇韩如初，闻者服其量。”[③] 这不仅是有没有雅量的问题，更关键的是他不视朋友为私人财产，尊重之，信任之，颇有古人之风。以是故，受其恩惠者往往不称其为“恩人”，而径呼“知己”。宋琬《贺新郎·寿龚芝麓尚书》云“知己感恩双泫”，陈维崧云“古说感恩，不如知己”（《沁园春·赠别芝麓先生》）、“知己相怜袍未锦，论深情、碧海量还浅”（《贺新郎·戊申……》）两种称呼，标志着两种境界。恩人者，犹有利害之交换，彼高我低也；知己者，则纯粹是心灵上的沟通，双方处于平等的状态。

朋友也分很多种，有泛泛之交，有生死之交，有白头如新，有倾盖如故。如果是一般朋友，鼎孳难免应酬、游戏之笔；如果是挚友，酬酢词亦饱含知己之感。鼎孳本是多情之人，相知遍于宇内，因此他大部分词作均是在十分真诚的状态下创作的。曹尔堪离京时走得仓促，鼎孳来不及设宴赋别，于是填了一阕《贺新郎》相送，词前有序：“卒卒戴星，莫由瞻送。残灯老眼，摩挲为作此词，仍寄调《贺新郎》，盖七叠先生水亭原韵

① （清）张履祥：《与唐灏儒》，《杨园先生全集》卷四，中华书局2002年版，第74页。

② （清）聂先：评《香严词》，《百名家词钞·香严词》，清康熙绿荫堂刻本。

③ （清）邓汉仪：《诗观初集》卷二，四库禁毁书丛刊本。龚鼎孳也曾自言此事，其《任春臣诗序》云：“春臣往从吾游其欢也，濑水（陈名夏）奇其才而如为上客。方是时予以戆愚积不为濑水所堪，因披书告绝。旷日弥月，莫往莫来。爱予者为予危，而忌予者遂复造作他端，冀以悦濑水之心。独春臣从中调护，时时深切譬晓，明其不然。间以其暇过予邸舍，辄流连移日，不忍去。予故不以濑水客贰春臣，春臣亦不以客濑水自贰，乃濑水亦不以其客游于予贰春臣也。故当时皆以为难。”见《定山堂文集》卷二，民国甲子龚氏瞻麓斋重校印本。

矣。”该词作于匆忙之际，态度却十分认真，尤其是“残灯老眼”之句令人感动，如果是抱着应酬的心理，大可不必如此费事。再如《采桑子·赠谢朴先》也是作于筵宴之间，据词前小序交代，创作背景是“与朴先别于真源坐上，五年所矣，尚能诵酒中赠钦郎千子‘病后人怜’之句，为赋此词。吾党既星散，而千子亦面上草青矣，言之三叹”。由小序可知，此词在赠人的同时兼及忆往、悼亡，情绪感伤严肃，绝无半点游戏味道。

二 进入对方的精神世界

人与人之间的交往是建立在相互接纳、相互重视的前提下的。既称知己，就应该了解朋友的喜怒哀乐；既称知己，就不必过于拘泥于形式。基于这样的思想，鼎孳在创作酬酢词时，适当减少了实用性内容，增加了抒情因素，深入到对方的精神世界中，痛其所痛，感其所感。

《贺新郎·祝栎园先生》即采用这种方式。为了突出龚词的特殊性，本书将以纪映钟的一首同题之作相对照：

龚鼎孳《贺新郎·祝栎园先生》

万事浮云卷。猛回头、盲风噩浪，尽情麾遣。烽鼓舢橹江海泪，袖手棋枰恒泫。忧国鬓、簇成双茧。与我命同磨蝎住，薄湘潭、儋耳遭谗浅。长信簟，怯秋展。　谢公丘壑风流显。自登梯、看山读画，笑题楼扁。有客到门频信宿，迎惯东桥园犬。公健在、吾官甘免。闲日君王亲赐与，拜青鞵布袜新恩典。檐雨烛，对床剪。

纪映钟《贺新郎·祝栎园先生》

花雨浮屠卷。旧长干、年年浴佛，心斋惺遣。栎下先生先日降，笙鹤九天齐泫。谁抱送，月珰云茧。世出世间英杰事，论尘劳、慧业何深浅。坛坫望，蝥弧展。　由称活佛声名显。再来人、乾坤风月，一肩挑扁。火刼罡轮经百炼，闻看素衣为犬。千华酿，千钟休免。甲子南陔逢道日，喜酒狂、文笔人分典。彩胜结，苍松剪。

栎园先生即周亮工（1612—1672），字符亮，号缄斋，一号栎园，亦是《贰臣传》中的著名人物，沈德潜称他“爱才之名比于芝麓，众望归之”①，而其遭逢之不幸、仕途之坎坷，尤过于龚氏。据《贰臣传》、《清代七百人物传》、《周亮工年谱》等书记载：亮工入清以来历官海防兵备参政、福建按察使、布政使、户部右侍郎，顺治十二年（1655），亮工被闽督某、闽帅某、浙帅某以私怨劾之，待罪福州，“会海贼从闽安入内地，焚掠南台，近围福州。城中骑卒仅数十，势甚危。巡抚宜永贵承士民请，以亮工守西门城，贼大雨薄城，亮工手发大炮，击殪渠帅三人。贼怖，解围去，城赖以全。”然而，兵部以亮工戴罪之人不能行赏，仍拟流宁古塔。康熙初，复起为青州海防道、江安督粮参议，八年（1669），被劾受贿，论绞，次年（1670）才遇赦得释。十年（1671）是其六十大寿，祝寿者不少，纪、龚二人皆在其列。

寿词自南宋以来数量极多而工者寥寥，张炎曾为词人指迷：“难莫难于寿词，倘尽言富贵，则尘俗；尽言功名，则谀佞；尽言神仙，则迂阔虚诞。当总此三者为之，无俗忌之词，不失其寿可也。”②后世作者多取此径，纪词就以歌功颂德为主，仅在下阕“火刦罡轮经百炼”一句中略提了一下亮工所受磨难。龚词却不守樊篱。词作一开篇就有乌云压城之势，直接介入周氏的不幸遭遇，上阕满是“泪”、“泫”、“忧”、“怯”、“磨蝎”、“遭谗”等负面情绪字眼，皆是寿词中的禁忌，“烽鼓舳橹江海泪”更是提到了亮工生平最痛之事——有功于海事却反被论死。下阕写其罢官后的生涯，亦无谀词，“公健在、吾官甘免”句真情流露，“檐雨烛，对床剪”用苏轼、苏辙兄弟典，将二人的密切关系和盘托出，相信亮工读罢，定为之泫然。回看整首词，竟无一句与祝寿有关之词，如此缺乏寿味的寿词，古今少有。

通过上词可以感受到鼎孳的创作思路是把重心放在酬酢对象上，而不是酬酢之事上，这样就扩大了词作的表现力，减少了束缚。

《沁园春·读乌丝集次曹顾庵、王西樵、阮亭韵》是为陈其年的词集而作的读后感，依然遵循着这一原则。在此之前，曹尔堪、王士祯、士禄兄弟也都写过同题同调之作，不过在写法上，龚词却与之有别。

---

① （清）沈德潜：《清诗别裁集》卷二，上海古籍出版社1984年版，第43页。

② （宋）张炎：《词源》卷下，见唐圭璋《词话丛编》，中华书局1986年版，第266页。

龚鼎孳《沁园春·读乌丝集次曹顾庵、王西樵、阮亭韵》

髯且无归，纵饮新丰，歌呼拍张。记东都门第，赐书仍在，西州姓字，复壁同藏。万事沧桑，五陵花月，阑入谁家侠少场？相怜处，是君袍未锦，我鬓先霜。 秋城鼓角悲凉，暂握手、他乡胜故乡。况竹林宾从，烟霞接轸，云间伯仲，宛洛褰裳。暖玉燕姬，酒钱夜数，绾髻风能障绿杨。才人福，定清平丝管，烂醉沉香。

王士禄《沁园春·读陈其年乌丝词赋寄》

屈指词人，咄咄唯髯，跋扈飞扬。似波寒竟去，衣冠飒飒，烛昏欲醉，履舄茫茫。红豆筵中，白杨斋外，哀艳无端互激昂。凭人道、是秋坟唱苦，子夜歌长。 廿年落拓名场。便历落、嵚崎也未妨。看祢生单绞，挝声忼慨，陈王芋蔗，舞态回翔。儿女情深，风云气在，同此牢愁一寸肠。君毋让，信黠如顾虎，狂比袁羊。

陈维崧（1625—1682），字其年，号迦陵，是清初著名词人，康熙七年（1668），他携四卷《乌丝词》进京，名震一时。

王士禄之词以《乌丝词》的风格、内容为主，“跋扈飞扬”、“哀艳无端”这样的评价还是相当精准的。词中也涉及了作者的生存状态，但所占比例很小，仅“廿年落拓名场”这么一句，属于传统写法。鼎孳却不循常规，他没有正面评价《乌丝词》，而是对维崧的眼下处境寄予了深切同情。上阕开篇不久就提到了“东都门第，赐书仍在，西州姓字，复壁同藏”，迅速捕捉到了维崧的隐衷。阳羡陈氏本是当地望族，维崧的祖父于廷、叔祖于泰皆是明朝显宦，其父贞慧亦是“复社四公子”之一，维崧素以这样的家世而自豪，而他的少年生活也是“肠肥脑满，着高屐于市上，作谢镇西瞿鸲舞，意盖扬扬自得也”①。然而不幸的是，明清易代导致了其家道中落，昔日的贵公子不得不四处游食，寄人篱下，心中苦痛可知②。鼎孳也是复社中人，在明季与陈贞慧同声相应，同气相求，对陈

① （清）陈维崧：《徐唐山诗序》，《湖海楼文集》卷二，清光绪辛卯年弇山铎署精刻本。

② 陈维崧之弟宗石在《迦陵词全集跋》（《湖海楼词集》卷首，四库备要本）中写道：“未几鼎革，先大人裹足穷乡，誓墓不出，家日以促。至丙申，先大人弃世，家益落，且有视予兄弟为釜中鱼、几上肉者，各散而之四方。”陈维岳《贺新郎·重九后一日，怀家兄其年、半雪》亦云：“旧家故国推华显。到而今，乌衣门巷，堂前无扁。百六会婴文字劫，失志虎龙为犬。惟阿五、懵懵其免。万事蹉跎身世变，苦一衫、垂老温经典。”

家的情况十分清楚，故能理解维崧佯狂外表下的辛酸，不由得长叹一声：“相怜处，是君袍未锦，我鬓先霜。”这一句肺腑之言令维崧感激涕零，大生“古说感恩，不如知己”之感。下阕叙二人在京的过往，“暂握手，他乡胜故乡”一句是以父执的口吻劝维崧不必思归，殷殷爱护之情溢于言表。整首词已经超出了读后感的范畴，直接作心与心的交流。较之王词感情更为浓烈。

当时为《乌丝词》作评者甚多，而维崧单单对龚词念念不忘，多年后还提及此事：“戊申余客都门时，风尘沦落，而合肥夫子遇我独厚，填词枉赠，有‘君袍未锦，我鬓先霜’之句。一别以来，余承乏词垣而夫子之墓已有宿草久矣。春夜偶读《香严》此词，往复缠绵，泪痕印纸。”①从中也可见出龚词的感染力。

三 自我经验的介入

酬酢词在本质上应以述交、记事为主，而不以表现作者自我为目的。但鼎孳出于对朋友的极度信任，违背了这一点，在酬酢之时经常流露出自己的幽怀隐衷。严迪昌先生在分析其《贺新郎·青黎将南行，招同檗子等集雪客秋水轩即席和顾庵韵》时说道：“龚鼎孳既有复杂经历，晚年心情却往往能在与故旧遗孑的交往中得到发抒，虽然仍隐蔽曲转，但比起别的同僚已淋漓尽致得多。”② 这类例子很多。如鼎孳于《贺新郎·和其年秋夜旅怀韵》中写道：“羁宦薄游俱失意，诧长楸、衣马多如发。”“小山丛桂难攀折。眼中过、纷纷项领，汝曹何物。只胡穷交堪对酒，况是江东人杰。”这就不仅是感慨陈维崧的落魄了，也有自我失意的感叹。再如《贺新郎·为檗子寿》云“爱白璧、微瑕全免”，流露出对自己失节一事的惭愧。在同类词作中，意蕴比较明朗的要数《贺新郎·中秋有感，兼送毂梁》和《贺新郎·秋日蒙遣祭至唐家岭，因游西山》。前一词云：

一叶惊风卷。正天街、白麻将下，青骢行遣。身世多艰难自料，

① （清）陈维崧：《贺新郎·戊申……》，见《金清词（顺康卷）》，中华书局2002年版，第4259页。

② 严迪昌：《清词史》，江苏古籍出版社1999年版，第122页。

老泪苍生频泫。怕滚滚、沸汤投茧。皓月中秋同伫立，睠南枝、乌鹊情非浅。空袖手，力难展。　　朱轮华毂争荣显。但低头、与时聋哑，随人圆扁。径欲拂衣长啸去，何处担琴携犬。便狂醉、难乎其免。羡汝归装烟水路，任骕骦、酒尽休轻典。都市话，并刀剪。

穀梁即冒禾书，如皋人，冒襄长子。康熙十年（1671）是冒襄夫妇的六秩双寿大庆，穀梁急于归里贺寿。鼎孳与冒襄的交情一直不错，视穀梁为犹子，故能对之敞开胸扉，在送别主题中加入咏怀内容。开篇“一叶惊风卷”不仅叙节令，也是鼎孳心境的写照。他在两年前，险些卷入康熙与鳌拜的斗争旋涡中，如今想起兀自心有余悸。因此，这片在狂风中踉跄飘零、满怀惊悚感的树叶就是他眼中的自己。接下来既忧生又忧世，忧世的他很有一种焦虑与力不从心之感，鳌拜倒台后，他被排挤出权力中心，纵然面对“沸汤投茧”的苍生，却已无力去做什么了。忧生的他形象颓唐，“与时聋哑，随人圆扁”之句想必都不是无端而发，失势之臣的处境原本就不好过。正因为如此，他才会艳羡穀梁的归乡。该词以抒怀为主，送别为辅，其中无一点离别的留恋，但还是让人读了感动，因为如果不是出于极端的信任，一个声名赫赫的三部尚书是不会在后生小子面前吐露自己政治上的失意的。是作者的坦诚拉近了彼此的距离。

《贺新郎·秋日蒙遣祭至唐家岭，因游西山》是一首宴饮之余的作品，其中同样融入了大量作者的主观感受。下阕云：

少豪妄意功名显。到如今、残棋拍碎，唾壶捶扁。望里关门笳鼓竞，千队射雕调犬。羽猎赋、衰慵邀免。绝顶藤萝人共坐，尽今宵、觞政更番典。尘海事、醉余剪。

该词如果没有“人共坐”、“觞政典”这样的说明，读者还会以为这是一首独处咏怀之作。作者坦言自己年少时以功名为念，甚至不惜仕清，到老来才发现自己一事无成。这其中的悔恨伤心都难以言传。或许这是大多数贰臣暮年的心情，但能将之不加掩饰的袒露在朋友面前，还不多见。从人际交往心理学角度讲，一个人只有在最值得依赖的人面前才会吐露心声。鼎孳的这类词作虽是以自我为中心，但折射出来的却是对朋友的最大认可，较之单纯述交更能达到感动人心的效果。

综上所述，鼎孳的宴饮酬酢词之所以真情饱满是因为有真诚作底蕴，而在具体写法上，他放弃了一部分实用性内容，加入了许多抒情、咏怀成分，从而使之更具诗性因素。

第三节　“圆”——龚鼎孳词创作的艺术状貌

“圆”是审美的最高境界，中西谈艺者莫不以圆为贵，所谓“一艺一术，必极圆而后登峰造极”①。对中国古人而言，很早就接触到了“圆”这一概念。华夏先民对世界的认识是“天圆地方”，先秦诸子的思想中也或多或少的存在着圆道意识。《庄子·齐物论》云：“道昭而不道，言辩而不及，仕常而不周，廉清而不信，勇忮而不成，五者园（圆）而几向方矣。”魏晋以降，由于佛教的传入等原因，“谈艺者于‘圆’字已闻之耳熟而言之口滑矣。”② 以圆论诗者，南齐谢朓以一句“好诗流转圆美如弹丸”首开其端，继之者络绎不绝。以圆论文赋者，首推刘勰之《文心雕龙》，他在《定势》、《镕裁》、《声律》、《明诗》、《论说》、《丽辞》、《指瑕》等篇多有发明。以圆论词者，明清为烈，清代许昂霄在《词综偶评》中屡用“圆美”之语评论宋词，况周颐之《蕙风词话》则对圆与方之间的离合化生展开论述，并提到了“三圆”之论。

龚鼎孳创作中的“圆”与上述圆文化有关，同时也是其开通的性情、颖慧之天资的艺术表现。“圆”在其艺术思维方式及创作方式中都留有痕迹，邓汉仪曾述及其创作时的情景：“当华筵杂沓之会，丝竹满堂，或金鼓震地，而公构思苦吟，寂若面壁，俄顷诗就，美妙绝伦。”③ 这是一种创造性的直觉体验，是瞬间的灵感妙悟，有论者称之为“悟觉圆”④。“圆”也是其作品的风貌之一，周亮工序其诗云：“圆转如弹丸，未尝无返虚入浑，积健为雄之大力。”⑤ 王士祯言其词为“妙音难文”、“不知其

① （清）张英：《聪训斋语》卷上，清光绪二十四年京都聚文斋刻本。

② 钱钟书：《谈艺录》，中华书局1999年版，第433页。

③ （清）邓汉仪：《诗观初集》卷二，四库禁毁书丛刊本。

④ 姜耕玉：《中国艺术创造“三圆”论》，《文艺理论研究》2000年第5期。

⑤ （清）周亮工：《定山堂集序》，见龚鼎孳《定山堂集》卷首，四库禁毁书丛刊。

何以佳，但觉神驰心醉”。①

以上评价使我们对鼎孳之“圆”有了初步认识，下文拟从笔圆、意圆、神圆三方面具体分析。这三圆既是艺术构成的三要素，同时也是审美的三重境界。况周颐《蕙风词话》卷一云：“词中转折宜圆。笔圆，下乘也；意圆，中乘也；神圆，上乘也。”其内涵与王国维的“始境”、“又境”、“终境”论以及叶嘉莹的“兴发感动”三层次论均有相通之处，雅合中国古人的审美习惯。②

1. “笔圆”是一种物象之美，既表现为艺术技巧上的娴熟圆融，也常常体现于一种出神入化的语言和语境。龚鼎孳在这方面可称擅长，胡薇元谓其“词采精善，美不胜收”③。与常人不同的是，鼎孳的笔圆之胜在次韵过程中表现得尤为突出。据邓汉仪言：“他人次韵每苦棘手，而公运置天然，即逢险韵，愈以偏师胜人。”今观其《定山堂词集》，有词203首，和韵词共计128首，占总数的63%，如此高的比率在古今词人中还不多见。

填词和韵对和者的才艺要求比较高，因此论者一向强调要量力而行，以免画虎不成反类犬④。早在南宋，张炎就告诫词人：“词不宜强和人韵。若倡之者曲韵宽平，庶可赓歌。倘韵险又为人所先，若必牵强赓和，句意安能融贯。徒费苦思，未见有全章妥溜者。”⑤ 清初邹祇谟亦持是论，但他认为龚鼎孳有这个实力：

张玉田谓词不宜和韵。盖词语句参错，复格以成韵，支分驱染，欲

---

① （清）王士祯：评龚鼎孳《蓦山溪·清波桃叶》，《倚声初集》卷十二，清初大冶堂刊本。

② （清）江顺诒《词学集成》卷七：“蔡小石《拜石词序》云：‘夫意以曲而善托，调以杳而弥深。始读之，则尤萼春深，百色妖露，积雪纻地，余霞绮天，此一境也。再读之，则烟涛澒洞，霜飙飞摇，骏马下坡，泳鳞出水，又一境也。卒读之，而皎皎明月，仙仙白云，鸿雁高翔，坠叶如雨，不知其何以冲然而淡，翛然而远也。’按：始境，情胜也；又境，气胜也；终境，格胜也。”见唐圭璋《词话丛编》，中华书局1986年版，第3293页。叶嘉莹的“兴发感动”三层次乃“美感的感知”、“情意之感动”、“感发之意趣”，这一理论贯穿于其所有著作。

③ （清）胡薇元：《岁寒居词话》，见唐圭璋编《词话丛编》，中华书局1986年版，第4038页。

④ 古今论者大多认为和韵极难，但也有不一样的声音。黄子云《野鸿诗的》云：“和韵人皆为难，我独为易。就韵构思，先有倚藉，小弄新巧，即可压众。”见《清诗话》。巩本栋所著《关于唱和诗词研究的几个问题》亦认为“次韵难易也是相对的”。见《江海学刊》2006年第3期。

⑤ （宋）张炎：《词源》卷下，见唐圭璋《词话丛编》，中华书局1986年版，第265页。

合得离。能如李长沙所谓善用韵者，虽和犹如自作，乃为妙协。近则龚中丞《绮忏》诸集，半用宋韵。阮亭称其与和杜诸作，同为天才不可学。①

阮亭的原话是：“合肥作歌行，每用杜韵，雄深雅健，不可增减，妙如自运，此自天才不可学。”② 又言：“合肥乃备极才情，变化不测。”③ 这是对鼎孳和韵之法的精当评点。所谓“变化不测”，出自吕本中释“活法”：“学诗当识活法。所谓活法者，规矩俱备，而能出于规矩之外；变化不测，而亦不背规矩也。”④“活法”与“圆”关系至为密切，钱钟书对吕氏之言解释道：“圆言其体，譬如金弹；活言其用，譬如脱兔。”⑤ 鼎孳对“活法”也是有所体认的，他在《上谷九子起社稿序》中称赞陈蔼公之诗是“变化合离莫不谐于规则”。他的创作也显现了这样的追求，其和韵词之所以能造语天然，收放自如，正是有赖于此。

北宋刘攽云：“唐诗赓和，有次韵（先后无易）；有依韵（同在一韵）；有用韵（用彼韵不必次）。”⑥ 次韵又名步韵、踵韵，在明清两代诗坛词界最为盛行。对于次韵词来说，韵脚字至关重要。由于位置固定不变，导致词作先天缺乏宛转流丽之趣，固可称之为“死字”。次韵者需要做的事是如何点铁成金，使“死字”变为“活字”，进而构成“活句”。这正是龚鼎孳的强项，他初学词就是从次韵开始的，由少及老，一直不

① （清）邹祇谟：《远志斋词衷》，见唐圭璋《词话丛编》，中华书局 1986 年版，第 652 页。

② （清）王士禛：评龚鼎孳《薄幸·秋岳将以病云湖上，留饮寓斋，命制此词，即用其题壁旧韵》，《倚声初集》卷十八，清初大冶堂刊本。

③ （清）王士禛：《花草蒙识》，见唐圭璋《词话丛编》，中华书局 1986 年版，第 685 页。

④ （宋）吕本中：《夏均父集序》，见丁福保《历代诗话续编》，中华书局 1983 年版，第 485 页。

⑤ 钱钟书：《谈艺录》，中华书局 1999 年版，第 438 页。

⑥ （宋）刘攽：《中山诗话》，见（清）何文焕《历代诗话》，中华书局 1981 年版，第 289 页。此外（清）金埴云：“今人概言和韵，而不知唐诗赓和有三体：一曰次韵，同在一韵，不用其字。一曰次韵，和元韵，效其次第，此创于元、白，其集中曰次用本韵是也。又次韵亦曰步韵、曰踵韵。一曰用韵，但用彼韵，不次先后。此见刘攽《贡父诗话》。今人屏去依韵、用韵，而专以次韵为能事，当称次韵，不当混称和韵。”见《不下带编、巾箱说》，中华书局 1982 年版，第 55 页。

辍。其前期词多次古人韵，有学习模仿之意；后期词多次友人韵，旨在交际应酬，以显示对对方的尊重①。所谓“诗篇老渐圆”，经历了数十年的创作磨炼，鼎孳晚年的次韵词在遣词用字上达到了最高点。如他在秋水轩唱和中次韵曹尔堪的《贺新郎》，共计23首，题材遍布送别、悼亡、贺寿、题画、催妆、探病、郊游等多个领域，难度尤大。

《贺新郎》所押“剪”字韵属于上声入韵，包括名词：茧、犬；动词：遣、泫、展、免；形容词：浅；多重词性词：显、扁、典、剪、卷等字。

对名词进行次韵的过程即是将一个独立意象拉入所表述的情感体系之中的过程，对形容词进行次韵则须构建出合适的修饰对象。龚鼎孳处理得很妥当。严迪昌先生对他的“茧”字韵尤为赞赏，并认为在其多首词作中，“茧”字句都成为了“最能体现特定心态的点睛之句”②。除此之外，鼎孳对“犬”、“浅”韵的发挥也不乏精彩之处。如写悼亡之恨的“碧海青天何限事，难倩附书黄犬”，化用的是李商隐《嫦娥》中语句：“嫦娥应悔偷灵药，碧海青天夜夜心。”无论是悼亡母题还是《嫦娥》都与“犬”毫无关联，但作者却抓住了陆机的黄耳犬能寄家书这一故实，将之融合在一起，几近于“使事无迹”。较之被用滥了的“鱼雁传书”，为亡妻黄犬寄书更富想象力。尽管这是被次韵“逼”出来的，但“犬”字这一韵确实押得既出人意表又合情合理，无一点斧痕。“浅”字韵的佳句有描写离情的“此别竟无魂可断，笑销魂两字言情浅”，描写登临的“老子逢场游戏久，兴婆娑、肯较南楼浅”等。前一句脱胎于江淹《别赋》“黯然销魂者，唯别而已矣”，却能语意翻新，言自己为离别所苦，已无魂可断，反观“销魂”二字反觉语浅墨淡。这是聪明人的聪明语。后一句檃

① 填词用韵也并非完全有害无益，况周颐在《蕙风词话》中就曾说：“初学作词，最宜联句、和韵。始作，取伴而已，毋存藏拙嗜胜之见。久之，灵源日浚，机括日熟，名章后语奋交，衡有进益于不自觉者矣。手生重理旧弹者亦然。离群索居，日对古人，研精覃思，宁无心得，未若取径乎此之捷而适也。”龚鼎孳前期词好选取与眼前情景有关的古人词为模板，取其调，用其韵，有模仿之意。如收于《白门柳》中的《念奴娇·中秋得南鸿喜赋》，用的是东坡《念奴娇·中秋》韵，因二词所表现的时间相同；《玉女摇仙佩·中秋至都门，距南鸿初来适周岁矣》用的是柳永同调词《佳人》韵，因柳永笔下的“佳人”与顾媚的身份相符。直到晚年才不再次古人韵。见唐圭璋《词话丛编》，中华书局1986年版，第4414—4415页。

② 参见严迪昌《清词史》第三章“百派回流、词风胚变中的南北词坛（下）”，江苏古籍出版社1999年版，第122页。

括晋代庾亮之语，《世说新语》《容止》篇云：“庾太尉在武昌，秋夜气佳景清，使吏殷浩、王胡之之徒登南楼理咏，音调始遒，闻函道中有屐声甚厉，定是庾公。俄而率左右十许人步来，诸贤欲起避之，公徐云：‘诸君少住，老子于此兴复不浅。’”既要次韵复又檃括，还要在极短时间内完成，难度非常大。但鼎孳却能履险如夷，轻松游走于“法度”与“自由”之间，显示出一种险侧中见工稳的功夫。

接下来再看多重词性词的次韵情况。“显”字有动词、形容词两种词性，在龚鼎孳 23 首《贺新郎》中，“显”字作为动词使用了 17 次，占 74%。如“谢公丘壑风流显”、“盛名翻籍崎岖显”等。“扁”字除本字外，又通“匾”，有形容词、名词两种词性，其作为形容词使用了 15 次，占 65%。其中“与时聋哑，随人圆扁”、“残棋拍碎，唾壶捶扁”、“销磨未尽，石坪金扁”等句均次韵得十分自然。“剪”字有名词、动词两种词性，鼎孳仅有 1 例作名词用，动词使用率高达 95.7%。“典”与“卷”均有两种以上词性，鼎孳对之的使用也极纷纭变幻之能事。“典”字作为动词使用了 13 次，占 57%；作为名词使用了 8 次，占 35%；作为形容词使用了 1 次，即赞颂周在浚文笔的“最正而葩，藻奇而典”，这是一种以文为词的表达方式。“卷”字有量词、动词、名词、形容词四种词性①，其作为动词使用的情况最多，共计 20 次，占 87%；作为名词使用了 2 次，即“邺下推诗卷”、“裹剑携书卷”，占 8.7%；作为量词使用了 1 次，即“贮腹书千卷”，占总数的 4.4%。

通过以上数据分析，我们看到鼎孳在次韵多重词性词时，更喜欢将其作为动词来使用，而不是名词。这是一种次韵技巧，因为名词性韵脚往往充当宾语，发挥余地小，易出现“因韵求事，至于搜求小说佛书殆尽”的窘状②。而动词性韵脚多是谓语，运用起来更为灵活多变，可以因情造势。对于秋水轩唱和这样颇具竞技性的多人次韵酬和，更多地选用动词韵脚无疑给自己赢得更大的施展空间，从而立于不败之地。鼎孳有数十年的次韵经验，深谙此玄机，因此在其词作中动词韵脚存在比例很大。

---

① “卷”字还有形容词词性，但在《贺新郎》中没有体现出来。

② （宋）魏庆之：《陵阳谓须先命意》，《诗人玉屑》卷六，上海古籍出版社 1959 年版，第 127 页。

吕叔湘先生曾说："动词是一个句子的中心、核心、重心，别的成分都跟它挂钩，被它吸住。"① 动词性韵脚关系到整个句子甚至是整首词的构思及语言安排，十分重要。黄庭坚等人所提倡的"句中有眼"，也是旨在锤炼这种画龙点睛的联系字。龚鼎孳的次韵之作较之曹尔堪的原唱，在动词韵脚的处理上更显张力，尤其是前两韵。曹词为："淡墨云舒卷。旅怀孤、郁蒸三伏，剧难消遣。"两个韵脚都是由并列式的双字词组成，有一种平衡之美。而龚鼎孳的韵脚多是单字词，具有奇崛之美。其"卷"字作为单字词的使用率达到 100%，"遣"字达到 82.6%。如"雁字横秋卷，乍凭栏、玉梅影到，同心遥遣"，"柳浪荷珠卷。正新丰、酒醲花丽，咏陶觞遣"等。在表现力度上，双字词在一定程度上弱化了动词韵脚，而单字词字少而意丰，更为精练有力。曹、龚二人的这点差异揭示出作为次韵者的龚鼎孳更注意对动词韵脚的处理，他有意增加了韵脚在全篇中的分量，以图使之能达到"一夫当关，万夫莫开"的效果。

在诸韵中，"卷"字韵比较特殊，它是开篇第一韵，起到提纲挈领的作用。龚鼎孳对这一韵很用力，也有很多成功的例子。如他在为周亮工祝寿时以"万事浮云卷"作为开场白，其中"卷"字就堪称句眼、诗眼。在诗词之中，以浮云喻世事变幻十分常见，属于"近取譬"。杜甫就曾说："流水生涯近，浮云万事空"，以一个"空"字来表现冷静客观的立场。而龚鼎孳则以一个"卷"字赋予了这个原本泛滥的比喻以鲜活的生命色彩，融入了更多的主观感情。我们仿佛看到乌云奔腾翻滚，以压城之势涌来，较之杜诗以及曹尔堪的"淡墨云舒卷"都更具动感与气势。通过这样的喻体，世事险恶尽在不言中。对整首词而言，"卷"字恰如其分地表现出周亮工一生之遭际，是贯穿全词的主线。依据《现代汉语词典》，"卷"字的动词含义是"一种大的力量把东西撮起或裹住"。被卷之物是身不由己的。而周亮工入清以来，处于南北党斗争的旋涡中，几度濒临于死。宛似风中孤叶，波中小舟，加膝坠渊，不能自主。不仅周亮工如此，作者龚鼎孳亦是如此。这个"卷"字正是宦海中人的最直观感受。著此一字，境界全出，称其为通篇之眼并不过分。

① 吕叔湘：《句型和动词学术讨论会开幕词》，见中国社会科学院语言研究所现代汉语研究室编《句型和动词》，语文出版社 1987 年版，第 1 页。

通过以上分析，可以感知前人对龚鼎孳次韵之作的赞誉并非空穴来风，他遣词用句流转圆活，不求工而自工，这是其成功之所在。前文提到，他是在一种“悟觉圆”的状态下创作的，即能在短时间内将情绪调动起来，凭借艺术直觉一挥而就。正因为如此，韵脚才没有成为创作的障碍，反而成为他灵感的燃媒。但这种创作状态也有不利之处：由于时间太短而无暇修改，有时就会流于轻率，有趁韵之嫌。如“泫”字韵就押得良莠不齐，佳者如“老泪苍生频泫”、“花雨上林春泫”，不佳者如“玉濯彩毫光泫”，“泫”本应作“炫”；“杜宇梦回啼泫”，“啼”与“泫”语意重复，等等。

2. 徒有笔姿仅能使人获得“美感的感知”，是为下乘之境。故古人有“炼句不如炼意”之说[①]。意圆是一种气韵之美，指在笔圆的基础上更有强烈的感情贯穿其中，如怒涛细流，生动流转，延绵不绝。何子贞在《与汪菊士论诗》一文中具体阐释道：“落笔要面面圆、字字圆。所谓圆者，非专讲格调也。一在理，一在气。理何以圆：文以载道，或大悖于理，或微碍于理，便于理不圆。气何以圆：直起直落可也，旁起旁落可也，千回万折可也，一戛即止亦可也，气贯其中则圆。”[②]“理”是意圆的基础，指所抒之情要合乎事理。这一点大多数人都能做到。“气”是意圆的根本，即真情实感，不论采取何种抒情方式，有真情贯穿即圆。它既要求作者身具至情至性，也须要外界情境的激发。在“理”、“气”之外，笔者认为还要补充一个“韵”的概念，才真正达到意圆之境。范温《潜溪诗眼》云：“有余意之谓韵。”[③] 钱钟书先生阐释道：“及夫调有弦外之遗音，语有言表之余味，则神韵盎然出焉。”[④]　“韵”体现在词作中是“要眇宜修，能言诗之所不能言，而不能尽言诗之所能言”[⑤] 的审美特征。有了“韵”的约束，抒情才委婉曲折、含蓄蕴藉，而不会流于直白浅率。

---

① （宋）范温《潜溪诗眼》云：“世俗所谓乐天《金针集》，殊鄙浅，然其中有可取者，‘炼句不如炼意’，非老于文学不能道此。”见郭绍虞所辑《宋诗话辑佚》上册，中华书局 1980 年版，第 321 页。

② （清）何绍基：《东洲草堂文钞》卷五，清同治刻本。

③ （宋）范温：《潜溪诗眼·论韵》，见郭绍虞所辑《宋诗话辑佚》上册，中华书局 1980 年版，第 373 页。

④ 钱钟书：《谈艺录》，中华书局 1984 年版，第 42 页。

⑤ 王国维：《人间词话》，上海古籍出版社 2000 年版，第 19 页。

意圆与笔圆不同，笔圆还可通过苦吟办到，意圆则“不可力强而致”，它需要天分、怀抱、际遇、技巧的结合。即便是最优秀的词人也不能保证每首作品皆是理、气、韵三者合一。对于龚鼎孳来说，也只有少数词作能达到意圆之境，余者大都存在“有气无韵”、“有句无篇”的不足。本书将按照时间的顺序来检视问题的所在。

（1）张宏生、冯乾两位先生曾指出龚鼎孳的早期词集《白门柳》具有传奇特质，并据此勾勒出龚、顾二人相识、相恋、相思、结合的感情轨迹。以集中单首词而论，亦贯穿着叙事性特征。有叙事性并不是缺点，吴世昌就曾说过：“后人填长调，往往但写情景，而无故事结构贯穿其间，不失之堆砌，即流为空洞。《花间》小令多具故事，后世擅长调者，柳、周皆有故事，故语语真切实在。”① 遗憾的是，鼎孳在安排结构时也基本如实依照了时间顺序，从而使感情进程流于单一，缺少往复回旋之致。

下面且以周邦彦的《瑞龙吟》与龚鼎孳的《薄幸·春明寄忆》作一比较。

周邦彦《瑞龙吟》

章台路。还见褪粉梅梢，试花桃树。愔愔坊陌人家，定巢燕子，归来何处？黯凝伫。因念个人痴小，乍窥门户。侵晨浅约宫黄，障风映袖，盈盈笑语。　　前度刘郎重到，访邻寻里，同时歌舞。唯有旧家秋娘，声价如故。吟笺赋笔，犹记燕台句。知谁伴，名园露饮，东城闲步。事与孤鸿去。探春尽是，伤离意绪。官柳低金缕。归骑晚，纤纤池塘飞雨。断肠院落，一帘风絮。

龚鼎孳《薄幸·春明寄忆》

粉城春市，系马惯、谁家荡子。别袖意、菱花偷见，蓦地锦帘千里。照小窗、双蒂银蟾，深怜密唤曾如此。有腻玉轻钩，翠云浓绕，芳梦黏人难起。　　数不尽、同心咒，休算作、冶游驱使。怕金铃声瘦，青骢天远，倚楼肠断斜阳里。晚香横几。对真真、暗嘱情场，不负鸾钗紫。鸳裯凤绶，端值龙沙一死。

① 吴世昌：《词学论丛》，《罗音室学术论著》第2卷，中国文联出版社1991年版，第890—891页。

二词都是诉离情，也都是写给青楼女子的，情感相近而抒情脉络有所不同。周词可谓一波三折，借用吴世昌的评语：“近代短篇小说的作法，大抵先叙目前情事，次叙过去，求与现在上下衔接，然后承接当下情事，继叙尔后发展。欧美大家作品殆无不守此义例。清真当九百年前已能运用自如。第一段叙目前景况，次段追叙过去，三段再回到本题。杂叙情景故事，又能整篇浑成，毫无堆砌痕迹。”① 龚词则是一以贯之，按照时间先后，一丝不苟。作者采用倒叙的手法，先写了青楼初识，又写了随后的离别，接下来诉说适才梦中重逢情景，其中“芳梦”一句曾得王士祯称道：“仆读《毛诗》，最喜‘甘与子同梦’之句，以为古人佳情语非后人刻画所及。读芝翁‘芳梦黏人难起’，遂觉国风不远。”不过平心而论，此句虽然词采华瞻，但比较直白，实不及《毛诗》之空灵质朴。下阕是作者醒后对爱情的誓言，感情真挚，尤其是“休算作、冶游驱使”一句，明白晓畅，宛如口语，表现出鼎孳的真诚态度。其后几句表达的也基本是同一意思。结句在满篇绮语中加入硬朗的“龙沙一死”，是其新颖之处，但也仅此而已。作者似乎想以此对全词做个总结，感情的发挥虽然淋漓尽致，但一味平铺直叙，缺乏含蓄，未免流于浅率质实了。而周词以景语作结，将满腔惆怅溶入烟雨蒙蒙之中，境界清空蕴藉。二词相比，高下立分。

周邦彦的长处在于：“擅长对所选用的素材做错综之安排，通过场景、动作来反映人物的精神面貌与内心活动，也通过外在事物特征的细腻刻画来展现内心情感世界。”② 但龚鼎孳却缺少这种纤巧细腻，在其词中情语多而景语少，赋体多而比兴少，直笔多而曲笔少，最终导致情意虽浓而情韵寡淡的结果。

（2）顺治年间对于龚鼎孳来说是个特殊的时段，明清易代的世变与贰臣身份带来的心态巨变使他意外地获得了“意圆”之境。其音调由向外的直陈变为向内的幽咽怨断，其情感进程也由平铺直叙转为迂回而委婉的表述。

《木兰花慢·和雪堂先生感怀》是一首言志之作，作于清廷招降之际。严正矩记述这一段经过为：“本朝义旗东来，狂氛电扫。召（龚）以

① 吴世昌：《词学论丛》，《罗音室学术论著》第2卷，中国文联出版社1991年版，第890—891页。

② 陶尔夫先生，诸葛忆兵：《北宋词史》，黑龙江人民出版社2005年版，第434页。

原官就职，疏辞再三，不允。”鼎孳的《上摄政王衰病不能残躯供职乞恩放行启》就是辞官疏之一，在“异族多猜”的新朝威慑下，这封启写得委婉之极。他一一列举了罢官、残废、不能尽孝等理由，婉言谢绝了多尔衮的授官。《木兰花慢》的表达方式与之相同，作者借咏昭君故事表明自己不肯与清廷合作的态度，也是一步一转，一字一泪，深具“言在此而意在彼”之姿。词云：

镜中肠断绝，愁万种、不分明。正柳忆乌啼，云迷马角，惆怅前生。东风恰吹恨到，又酸酸楚楚两眉横。怪底檐花如雨，杜鹃长是吞声。　　昭阳粉黛记将迎。翠袖五铢轻。忽凄管催霜，繁笳沸月，好梦难成。休言画工妆点，便浅啼微笑也心惊。惭愧红尘断梗，负他碧涧香羹。

关于这首词，本书拟就其于功能词（虚词）的使用来分析它的情感、结构。林顺夫曾指出，“慢词中的功能词基本上起着一种结构上的作用，它们增进了节奏的灵活性、加强了语义的连续性，强调了词人情感发展中明显的转折。”[①] 该作品的功能词甚多，除了领句字外尚有“恰吹恨到”中的“恰”、“记将迎”中的“将”、“也心惊”中的“也”。词一开始就抛出了“愁万种”作为发端，但“不分明”三字又把整体意蕴带向朦胧。第二节并没有接着上文的愁绪说起，而是以一个“正”字交代了作者目前被迫羁留的处境。意脉若断若续。“乌啼”、“马角”用的是燕太子丹之典，汉王充云：“《传书》言：燕太子丹朝于秦，不得去，从秦王求归。秦王执留之，与之誓曰：‘使日再中，天雨粟，令乌白头，马生角，厨门木象生肉足，乃得归。’”[②] 第三节的“恨”其实是照应首节的“愁”，气韵贯通。“又”字修饰的是“酸酸楚楚两眉横”，以示这一事件的反复出现。从而使情绪达到即将喷薄而出的状态。但过片是一组景语，移情入景，使激情得到了一个缓冲，不至一泻千里，同时也将感情积聚得更为深厚，随时都有爆发的可能。

---

① 林顺夫著，张宏生译：《中国抒情传统的转变——姜夔与南宋词》，上海古籍出版社2005年版，第100页。

② （汉）王充：《论衡·感虚篇》，《诸子集成》第七册，中华书局1954年版，第49页。

下阕笔锋一转，从昭君的承恩之梦写起，仿佛与前文毫不相关，实际上是作者欲擒故纵，有意将上文逐渐明朗的黍离之悲转化为闺怨主题，以掩人耳目。所谓承恩，承的是故明之恩，是追忆。句中“记将迎”的“将”字写得迫切，打破了上阕因景语而致的舒缓节奏。下文的领句字“忽”更如惊风飘雨，骤然而至，词意突转，思绪从回忆中转入现实，旋律也变为繁音促节，预示着情绪即将喷发。经过多方酝酿，末句已是水到渠成，终于道出了作者拒不出仕之志。语气虽然决绝，但由于采取的是比兴手法，因此避免了直白之病。而且“惭愧”、“负他”二词修饰得也很好，增加了韵味。全词节奏忽紧忽徐，情感的抒发也不再是往而不复，而是形成了迂回曲折的流线型进程。与前几首有别。

在这首词上我们终于看到了意圆之境的出现，这时期以隐语写就的一系列词作大都具有低徊曲折、寄托深微之处，这是因为其中隐含有一种因时代巨变而致的忧惧哀伤的缘故，作者有不能直言的苦衷，不能直吐的怨恨，不能直抒的怀抱，而又不得不言，不得不吐，从而使其惯于倚红偎翠的词笔写出了言志之作，并于吞声呜咽中传递出来。

（3）从康熙朝开始，鼎孳的人生之路渐趋平坦，其词作亦有很大改观。词风趋于豪放，言志传统被保留下来，遗憾的是词之特有的美感特征却遗失了，直白乏韵的毛病再次出现。

为了说明问题，本书以辛弃疾的一首豪放之作对比分析。

辛弃疾《念奴娇·登建康赏心亭呈史留守致道》

我来吊古，上危楼、赢得闲愁千斛。虎踞龙盘何处是，只有兴亡满眼。柳外斜阳，水边归鸟，陇上吹乔木。片帆西去，一声谁喷霜竹。　却忆安石风流，东山岁晚，泪落哀筝曲。儿辈功名都付与，长日惟消棋局。宝镜难寻，碧云将暮，谁劝杯中绿。江头风怒，朝来波浪翻屋。

龚鼎孳《贺新郎·和其年秋夜旅怀韵》

玉笛西风发。送宾鸿、一城碪杵，千门宫阙。秋满桑干沙岸曲，曲曲芦花飞雪。又报到、今番圆月。羁宦薄游俱失意，诧长楸、衣马多如发。空刺促，贝刀末。　小山丛桂难攀折。眼中过、纷纷项领，汝曹何物。只有穷交堪对酒，况是江东人杰。任夜夜、兰釭明灭。作达狂歌吾事足，问人生、几斗荆高血。行乐耳，苦无益。

这两首词的共同之处都是应酬词，都有一种悲愤之感。但辛词的境界更大，涵盖着千古兴亡。稼轩当时在主和派史致道手下任通判，二人观点难合，故他所倾吐的不仅是一己的不平之气，而是对国家命运的忧虑，以及对历史的思考。龚词恰恰缺乏这种忧世精神，尽管词中感情饱满，也融入了自己的人生体验，但所关注的只不过是他与其年二人的“羁宦薄游俱失意”，词境不厚，在立意上就先输了一筹。在创作上，辛词尽管豪气冲天，但结构却是起伏跌宕，满含曲折之美。而龚词的情感进程是先以景色烘托气氛，继而进入失意之情的陈述，一直到结尾。其中，“只有穷交堪对酒”处略作转折，但却没能将局势拓开，仅稍做盘旋，又复顺流而下，未能挽回一泻千里之势。词中更有一处不该有的败笔，即上阕的“诧长楸、衣马多如发”与下阕的“眼中过、纷纷项领，汝曹何物”是同一意思的反复表达。不但浪费了词篇，而且也给人以刺刺不休的感觉①。结句“行乐耳，苦无益”是一句气话，更显得作者在情感驾驭上能入不能出，而通篇也是直率劲切有余，曲折含蓄不够。

通过上述分析可知，鼎孳的意圆之境，经历了一个从无到有，又从有到无的过程。纵观其全部词作，那些直抒胸臆的作品占了大多数。构成其字圆的“活法”并没有被带入抒情范畴中，因此词作显得不够摇曳多姿。不仅如此，诗作亦有这样的特点。朱庭珍就曾不客气地说他：“好骋笔，而少酝酿深厚之功；气虽盛，然剽而不留，直而易尽；调虽高，然浮响较多，切响较少。当时幸得才子之称，后世难入名家之列。”② 如此来看，情感宣泄的直露不讳应该是他的创作习惯与审美爱好，是其个性中“热”的率性表现。那么，该如何看待中期的那些幽微要眇、富含比兴寄托的作品？这样的创作模式为何会得而复失？笔者认为，其中期作品是由当时恶劣的生存环境所促成的，而不是出于作者词学观的指导。尽管早在南宋，词人们就已经意识到词具有一种深致之美，但间隔了元、明两代词学的荒芜，至清初，鼎孳似乎仍不甚明了。他虽然在无意之中获得了词所特有的美感，却没有意识到这一点，更没形成相应的理论，随着心境的变换这种美感旋即丧失了。就哲学层面而言，理论来源于实践，并随着实践的发展

---

① 关于龚鼎孳词中语意重复之处在《贺新郎·其年将发，秋夜集西堂，次前韵》中亦存在。其上阕云：“江上青枫应有约，夜半落潮如雪。留不住、故人明月。”接下来又说：“自是五湖烟水好，笑东华、尘土埋黄发。”皆言归隐。从中可见鼎孳对感情驾驭的不力。

② （清）朱庭珍：《筱园诗话》卷二，清光绪十年刻本。

而发展。遗憾的是鼎孳的实践没能上升为理论。他似乎从未认真思考过诗词之别以及何者为词，也不曾为谋篇布局费过思量。故而看不到其主观上向着“深美闳约”方向的努力。叶嘉莹曾指出，明清世变以后词人们对于词之深致的美感有了另一种认知①。但这种认知过程却不是一蹴而就的，是一代人经过无数次变异、反拨、融合才逐渐积累起来的。通过龚鼎孳创作与理论的脱节，我们看到这一过程的艰难，同时也感知到新词学体系的建立已经处于萌芽状态。

3. 神圆由笔圆、意圆而来，却不是二者的单纯堆砌，而是超越了“形”、“象”，显示为浑大深邃的艺术审美境界。其艺术旨趣在于返虚入浑，“建构一个虚幻的氤氲荡漾的大而无际的浑圆体。于虚幻无际之中包孕了人格的生命的境界，并形成心灵与宇宙本体的契合”②。神圆乃境之至美者，是东方文化精神的集中体现，古人今贤时有阐发，名或不同，实则归一。神圆即王国维笔下的“终境”，深具“冲然而淡，翛然而远”③的特质，是最高灵境的启示。其义与叶嘉莹“兴发感动”三层次中的“感发之意趣”相通，是“在官能的感知及情意的感动以外，更别具一种属于心灵上的触引感发的力量”④。《南宋词史》所云之“审美感兴中的高峰体验”也与之有异曲同工之处，它“宏阔旷远，冲淡和平之中别饶凄婉之思，隐然有生命、历史乃至宇宙哲理之神味蕴蓄其中，颇有可以意会不可言传之幽情远韵”⑤。

诗人词客能得神圆之境即成一流作家，遗憾的是龚鼎孳的词作过于着实，因此神圆之篇不多。笔者认为，他的小令较之慢词更具圆之意态。

《罗敷媚·无题》是一组悼亡词，其中第五首最佳：

曾从西子湖头住，云木周遭。天水空寥。无数鸳鸯戏彩桡。

① 叶嘉莹：《论词之美感特质之形成及词学家对此种特质之反思与世变之关系》，《南京师范大学文学院学报》2002年第1期。

② 关于神圆的阐释参见姜耕玉《中国艺术创造“三圆”论》，《文艺理论研究》2000年第5期。

③ （清）江顺诒：《词学集成》卷七，见唐圭璋《词话丛编》，中华书局1986年版，第3293页。

④ 叶嘉莹：《唐宋词名家论稿》，河北教育出版社1997年版，第39页。

⑤ 引自陶尔夫先生、刘敬圻师《南宋词史》第二章第二节“辛弃疾与词史的高峰”中对“高峰体验”的阐释，黑龙江人民出版社2005年版，第161页。

青青恰似长堤柳，生小柔条。薄福难消。玉笛红亭月一桥。

前文曾对这首词的创作背景做过分析，所谓“曾从西子湖头住”指的是顺治五年被贬期间之事。当时鼎孳与顾媚曾在杭州盘桓过一段时间，尽管身为贬官，但有顾媚相伴，仍是不可磨灭的记忆。上阕极优美动人，“云木周遭”的有限空间和“天水空寥”的无境空间衔接交融，构成了空旷渺漠的境界。而“无数鸳鸯戏彩桡”则赋予了客观之景以无限生机。男女主人公虽没有正面描写，实际上已与周围景致融为一体。下阕的柳色青青既是对上文风景的承接，同时又由景及人，开启了悼亡的乐章。在一片乐景中的哀情据说能增加一倍哀情，但作者没有任感情舒放，只轻轻说了一句“薄福难消”，这不是无情，而是情到浓时情转薄。乐莫乐兮新相知，悲莫悲兮生别离，任何言语又怎能替代天人永隔的相思呢？末句以景语作结，看似不经意，实则寓情于景，余韵无穷。昔日西子湖头的双宿双飞有明月为证，今日鸳鸯失伴，明月依旧无情地照在红亭小桥上。在皎洁的月光中，有一种超越死亡本身的惆怅，并扩展为“此情可待成追忆，只是当时已惘然”的普遍的人生体验，寄慨无穷。全词语浅情深，笔姿、意脉、神韵三者俱足，是《香严词》中不可多得的佳作。

以上是对鼎孳创作方面的全面考察。同其性格一样，他创作中的优缺点也同样鲜明，概括而言，是长于炼字而疏于炼意，勤于创作而惰于反思，不乏真情而缺少回旋之致。他是个有特点的作家，但由于种种不足，还难以跻身于一流高手之列。

第九章

梁清标的台阁词创作

在当今的文学史或词史的相关著述里，梁清标这个名字并不响亮①。然而在清初词坛上，他却是与龚鼎孳、吴伟业齐名的风云人物。徐世昌言其“领袖词林数十年”②，顾豹文亦云：“钱塘令君梁冶谓，预合吴祭酒梅村稿、龚司马香严词、与其家司农棠村集，汇梓行世。夫祭酒胎宕，司马惊挺，司农起恒朔间，而有而有柳欹花亸之致。彼河北、河南，代为雄视，未若三公之旨一也。”③ 类似的评价还有很多，足以显示其当日的影响力。梁清标著有《棠村词》3卷，共计377首，这一数量不但在贰臣词人中拔得头筹，即便是在全清所有词人中也是名列前茅。这样的一个词人是不容忽视的。

梁清标词作最大的特点在于其有台阁气象，几乎所有的评论都指向这一点。陈廷焯《白雨斋词话》云：“（梁）词尚秾艳，语必和平，自是福泽人声口。”④ 谭莹《论词绝句》云：“海棠开否芭蕉绿，一品官闲独倚声。”《续修四库全书总目提要》云：“清标所作，丽句清词，雍容华贵，亦未可尽非。”徐世昌《蕉林诗集序》云：“（清标）为台阁中巨手，尤工倚声，论者比之吴伟业。”在古典诗歌评价体系中，台阁气浓的作品一向不大被看好，这大概是《棠村词》受后人冷落的根本原因。但若将其置入台阁词发展、明清易代、清词中兴的大背景之下去看待，就将获得一些新的视野和更为客观的认识。

---

① 梁清标的文学成就一向为人忽略，严迪昌的《清词史》仅给他不到一页的篇幅，相关论文也只有王音的《浅论梁清标之〈棠村词〉》（《社会科学论坛》2005年第6期）这一篇。

② （清）徐世昌：《大清畿辅先哲传》卷一，台北明文书局1985年版，第194页。

③ （清）沈雄：《古今词话·词话》，见唐圭璋《词话丛编》，中华书局1986年版，第816页。

④ （清）陈廷焯：《白雨斋词话》卷三，见唐圭璋《词话丛编》，中华书局1986年版，第3827页。

第一节　从“馆阁气象”到“台阁俗气”——清前庙堂词风之流变

一般认为，诗歌之体有庙堂、山林之分，二者既成对立之势又相互融合、渗透。所谓庙堂文学，指的是身居辇毂之下的官僚文人所创作的能体现官方意识、堂皇气象的文学作品，其体“昉于《雅》、《颂》，其语和而庄，其义宽而密，其作者为周公、召公、尹吉甫之徒”①，是中国文学史上一种呈规律性、周期性出现的文学现象。

庙堂文学在诗、文、词三大文体中均有体现。由于词体兴起较晚，因此表现朝堂气象的相关词作出现时间要迟于诗、文，在作品数量上也有所不逮，但三者在艺术宗尚、表现内容上却是异流同源、相似之处良多。近世论者往往注目于诗、文，而忽略了庙堂体词。实际上，庙堂体词在词史上的地位不容小觑，它的每一次勃兴几乎都引起了词坛的变革，在词体雅化进程上有着重要的推进作用。

在敦煌曲子词中已有“颂扬”类主题②，其中亦有粗具庙堂气息者，如这首《浣溪沙》：“好是身沾圣主恩，紫襕初著耀朱门。合郡人心衔喜贺，拜明君。　　竭节尽忠扶社稷，指山为誓保乾坤。看著风前双旌拥，贺明君。”其中既有对紫袍玉带的炫耀，又有称颂明君圣主的词句，当是出自达官之手，可视为后世庙堂词之滥觞。不过，在曲子词中这样的作品极少，大部分还是以歌儿舞女、商人游子等下层人民的生活、情感为主，基调比较俚俗。

中唐以来，文人填词者渐多，如刘禹锡、白居易等人均是官场中人，其词语言雅洁清秀，远过于曲子词，但在题材内容上还保留着民歌般的自然风韵，尚未形成士大夫意识。晚唐五代的韦庄、冯延巳都位至宰相，然而国运飘摇，其词作多愁苦之音，尚不具备富丽堂皇的馆阁气象。

---

① （清）周镐：《鹿峰先生诗序》，《犊山类稿》，转引自蒋寅《〈清初庙堂诗歌集群研究〉序》，吉林大学出版社2007年版。

② 任二北在《敦煌曲初探》中把曲子词的主题分为二十类：民间疾苦、怨思、别离、旅客、感慨、隐逸、爱情、伎情、闲情、志愿、豪侠、勇武、颂扬、医、道、佛、人生、劝学、劝孝、杂俎等。文艺联合出版社1954年版，第1页。

北宋初期，天下无事，庙堂体词拥有了茁壮成长的土壤。况周颐评点宋初词坛时说：“北宋词人声华藉甚者，十九巨公大僚。”① 晏殊、欧阳修、宋祁等人皆是此中佼佼者，时人以为他们的创作带有一种“馆阁气象”，不独诗文如此，词章亦然②。所谓“馆阁气象”指的是盛宋文化孕育出的一种盛世格调和人文气象③。晏殊的创作一向被认为最有此风度，吴处厚曾云：“公每吟咏富贵，不言金玉锦绣，而唯说其气象。”④ 类似的评论还有《二老堂诗话》“白乐天诗”条、欧阳修的《归田录》、张镃的《仕学规范》等。通过上述记载可以感知晏殊的“馆阁气象”带有太平宰相之风范，其雍容华贵在神而不在貌。以其《浣溪沙》为例：“小阁重帘有燕过，晚花红片落庭莎，曲阑干影入凉波。　一霎好风生翠幕，几回疏雨滴圆荷，酒醒人散得愁多。”词中摹写了酒醒人散后的感受，是繁华热闹之后的反思，略带哀愁，总体格调清贵而闲雅，不愧为“善言富贵者”。其他作家的词作中也不乏承平之音：宋祁人称“红杏枝头春意闹”尚书，此语宛似盛宋的写照；其“至如今，始惜月满、花满、酒满”同样带有文臣之富贵气。欧阳修对帝京景象的描写处处渲染着太平，《北宋词史》云：“歌咏升平，以后成为宋词的一项重大题材，欧阳修词肇其端。”此外，他的《渔家傲》写军功，有句：“战胜归来飞捷奏，倾贺酒，玉阶遥献南山寿。”寓豪迈于堂皇正大的“朝廷气象”中，流露出对国力的极度自信，与后世边塞词之音容悲壮有别。

在历代庙堂词人中，北宋士大夫最受君主尊重，其词作所流露出来的

---

① （清）况周颐：《蕙风词话》卷一，见唐圭璋《词话丛编》，中华书局 1986 年版，第 4418—4419 页。

② 王兆鹏在《唐宋词史论》（人民文学出版社 2000 年版）、《宋南渡词人群体研究》（台北文津出版社 1992 年版）等书中认为宋词分为六期，第一代词人群即是以柳（永）、范（仲淹）、张（先）、晏（殊）、欧（阳修）等为代表的台阁词人群，刘扬忠《唐宋词流派史》（中国社会科学出版社 2007 年版）第三章第三节为“宋词流派初分：晏欧台阁词风与柳永俚俗格调的对立”，亦认为晏欧有台阁词风。

③ “馆阁气象”一词源自吴处厚《青箱杂记》卷五：“本朝夏英公亦尝以文章谒盛文肃，文肃曰：‘子文章有馆阁气，异日必显。’”“王安国常语余曰：‘文章格调，须是官样。’岂安国言官样，亦谓有馆阁气耶？”中华书局 1985 年版，第 46 页。关于馆阁气象的相关论述参阅陈元锋的博士论文《北宋馆阁翰苑与诗坛研究》，复旦大学，2003 年；以及其论文《论北宋诗歌的“馆阁气象”》，《东岳论丛》2005 年第 3 期。

④ （宋）吴处厚：《青箱杂记》卷五，中华书局 1985 年版，第 46 页。

“馆阁气象”也最为健康、自然、高贵。它表现为一种“宏深开阔的规模和典雅雍容的意态”[①]，既不镂金错彩亦无谄媚之色。其平正典雅的主基调为后世台阁词树立了榜样。

晏、欧等人的庙堂词在北宋词“雅化”进程中有着非凡的意义，而徽宗年间以大晟词人为代表的庙堂词人走得要更远一些。北宋徽宗年间外敌环伺，但内库充盈，朝野上下并不知道国运已日薄西山，反而对“太平盛世”的认同比以往更强烈。大晟词人群体就在这种社会心理定势中应运而生。历来言及这一群体者无不指出其“谀颂”特征，与前朝后代相比，其“谀颂”更具职业性。大晟府是官方乐府机构，承担着宣传、教化作用，《宋史·乐志》云：“宜令大晟府议颁新乐，使雅正之声被于四海。”“有旨：依月用律，月进一曲。”如此看来，官方对大晟词人的创作不但有内容方面的“雅正”要求，而且有工作量上的要求。受淫糜世风的影响，词人率多“以盛德大业及祥瑞事迹制词实谱”，并很快蔚然成风，形成新的台阁风气。大晟府以外的台阁词人也大抵有这样的特点，如王安中官至尚书右丞，其《绿头鸭·大名岳宫作》、《菩萨蛮·犒饮兵将官》、《鹧鸪天·百官传宣》、《御街行·赐衣袄子》等莫不流露出庙堂意识及谀颂特点。对于以大晟词人为代表的庙堂群体应辩证地看待，他们在词艺方面注重炼字炼句，力求谋篇布局的精致工整，为后世奠定了“雅词”创作的基本格式，这一功绩不可抹杀；但其内容方面阿谀奉承、品格不高则不免为人所诟病[②]。生活在北宋末南宋初的吴聿就曾说：“近世应制，争献谀词。褒日月而谀天地，恐不至。古者赓载相戒之风，于是扫地矣。”[③] 不过，“谀”只是旁观者的印象，受北宋末年的表面繁华所蒙蔽，有相当一部分庙堂词人坚信自己所宣扬的是真正的“盛世风光”，心中充满了自豪感，笔下一派理直气壮的神情，并不自以为“谀”。其格调虽与宋初庙堂词人的“馆阁气象”不可同日而语，但较之明初台阁词之“奴相”犹有过之。

明代台阁词历来被认为取法于北宋大晟词人，赵尊岳在《杨文敏公词提要》中即云：“词笔亦富丽，多应制之作，犹大晟月节之余音也。”杨文

① 陈元锋：《论北宋诗歌的“馆阁气象”》，《东岳论丛》2005年第3期。

② 诸葛忆兵：《徽宗词坛研究》，北京出版社2001年版，第32—64页。

③ （宋）吴聿：《观林诗话》，中华书局1985年版，第1页。

敏即杨荣，其他台阁词人还有杨士奇、杨溥、王鏊、倪谦等内阁大员[①]。“三杨”的台阁体诗文名声极恶，而其台阁词尤不可读。我们不用多加评论，只要一观其词作即知。宣德三年（1428），杨士奇在随同明宣宗游览西苑万岁山时，满怀感恩戴德之心写下了《清平乐》十首，其十云：“施恩宣化，一统函夷夏。端拱垂衣几务暇，光被普天之下。簪缨护从游巡，乾坤万物皆新。荡荡太平熙皋，吾皇万岁千春。”几乎句句都是口号。该词绝非例外，其他词人之作多类于此。台阁词本属于雅文学范畴，但读三杨的词作却能感到一股浓浓的“台阁俗气”[②]，《四库全书总目提要》说它“至宏正之间而极弊，冗塌肤廓，几于万喙一音”，诚为确评。

当读者在鄙薄其奴颜婢膝的同时，不能不从字缝中读出深深的惧意。众所周知，明代帝王以倡优蓄臣子，稍不如意便付之斧钺，胡惟庸、蓝玉两狱，株连死者多达四万。洪武朝“京官每旦入朝，必与妻子诀。及暮无事则相庆，以为又活一日”[③]。“三杨”之中，杨士奇两次入狱，杨溥坐牢十载，都几度濒临于死。屠刀悬顶，君臣关系变成了主奴关系，士人的心态被扭曲，他们气格尽失，喋喋为谀，生恐一字不当丢了性命。这就是明初台阁词产生的原因之一。

从晏欧到大晟词人，再到三杨，作者的品格越来越低，谀媚之态越演越烈，词作格调也每况愈下。通过历代庙堂词的流变，似乎可以总结出这样一条规律，在真正的太平盛世中，庙堂文学表现为一种堂堂之气，如晏、欧的“馆阁气象”即是如此。在朝纲混乱、君主暴虐之代，庙堂文学遂呈现出“奴性”、“谀媚”等特征。从这一角度看，庙堂文学几乎成了衡量世风、士风的一个晴雨表。

---

① 张仲谋云：“明代永乐至成化年间，诗文方面有台阁体，词亦有台阁体。不是另有一班人马，而是同一个台阁文人群体对各种文体的全面渗透与制控。”见《明词史》，人民文学出版社2002年版，第86页。

② 冯小禄在《明代台阁体三题》中认为宋濂、李东阳等人提倡的台阁气，实际上是一种“浓浓的台阁俗气”，“他们把对政治和礼教的要求复制到一切社会生活中，让人类生活政治化、礼教化，如此强悍而固执的作风，才足以说明其文体之台阁。台阁体之为台阁体，不仅在于其职司之台阁，写作类型化的台阁公文，还在于其习气之台阁，将一切诗文的主题和情志类型化为公文。政治型文化产物的台阁凭借其在社会生活的强势地位，对俗世诗文写作也有官方的要求。”《天中学刊》2006年第1期。

③ （清）赵翼：《明祖晚年去严刑》条引《草木子》，《二十二史札记》卷三十二，中国书店1996年版，第469页。

清初是中国历史上最为纷繁复杂的一段岁月，刀光剑影之下本不适合庙堂文学的生长。袁行云先生在评点清诗时说："《贰臣传》名辈，风雅好士，不主颂扬，当日风气盖如此。"① 马大勇先生亦云："清代'盛世元音'的大倡并不始自贰臣群落，可以告采风者曰'穷苦诸父老，天下且太平'（陈维崧《王阮亭诗集序》）的风雅声要俟康熙二十年（1681）左右'三藩之乱'平定而王渔洋登坛树帜业已稳定时方能大力鼓吹。"今观清初贰臣词，尽管在气度、格调上与同时代的寒士词不同，但若与前朝台阁诸老相比，富贵安闲之态还远远不足。唯独梁清标之《棠村词》是个例外。这种"特别"促使我们进一步追寻其真实的人格及创作心理。

第二节 梁清标的"大臣矩度"

前代史籍中载有顺治帝对龚鼎孳和梁清标不同气质的评价，一条出自王晫的《今世说》："（上）在禁中叹曰：'龚某真才子也。'"另一条出自《清朝野史大观》："江南提督马逢知素桀骜，所在不法。上令陛见，逢知念故事，当赴兵部行跪拜礼，乃托所知者托清标求免，清标面叱不少假借，逢知气折。上闻之，谓侍臣曰：'梁尚书不愧大臣矩度。'"② 顺治目光犀利，定位很准。龚鼎孳昔日乃复社名士，才子气较浓；而梁清标出自台阁世家，久任枢密，举手投足中深合大臣法度。

梁清标其家乃河北正定望族，不但家世显赫，有"三世一品"、"一堂荣五代"之辉煌；而且子孙中不乏文学之士，是考察明清北方文学世族的典型案例。梁氏之兴始于清标曾祖梁梦龙，《明史》言其"以才办称"，曾历官光禄大夫、太子太保、吏、兵两部尚书，谥贞敏。著有《史论编》、《海运新考》等。清标祖梁忠、叔祖梁慈皆官锦衣卫千户③。嗣父梁维基曾任户部员外郎、南雄知府；生父梁维本官礼科都给事中；叔父梁

① 袁行云：《清人诗集序录·梁清标》，文化艺术出版社 1994 年版，第 206 页。

② 佚名：《清宫遗闻》，《清朝野史大观一》卷一，上海书店出版社 1981 年印行本，第 3 页。此事流传甚广，《正定县志》以及高珩所撰《皇清诰授光禄大夫保和殿大学士兼兵部尚书苍岩梁公墓志铭》皆有记载。

③ 据刘金库《"南画北渡"：梁清标的书画鉴藏综合研究》考证，梁清标乃梁维本第五子，其祖梁忠，后过继给梁维基。中央美术学院博士论文，2005 年，第 15 页。

维枢官工部郎中，补授山东武德道，著有《玉剑尊闻》、《姓谱日笺》、《内阁小识》、《君子日笺》等。长兄梁清宽官吏部侍郎，著有《啸云楼诗集》；堂兄梁清远官刑部主事、户部右侍郎，著有《瘿史》、《雕丘杂录》、《证道闲钞》[①]。另有同族异宗之梁云构，福王时为兵部尚书，入清后任户部左侍郎，著有《豹陵集》等。

如此门第不但赋予了清标一派贵胄气度，还以其家风、家学影响着他的人生形态。

清标一生虽小有波折，但总体来说仕途坦荡。他自幼颖异，八岁时随嗣父维基赴南雄任，“江船夜泊，雷雨猝至，舟几覆矣，踉跄登岸，独与一老仆偕行泥淖中十余里，遥望一灯荧然，趋抵一舍，灯光忽没，因就宿焉。黎明，乃遇江浒封翁，惊喜知有神明默相也”[②]。这一遭遇因迷信附会而变得神奇，家人认为他有“公辅之器”，清标自己也不免作如是想。带着这样的心理暗示，清标的成长道路十分顺利。他科名早达，23 岁即成进士。但就在次年（1644），明王朝在农民起义军与八旗铁骑的内外交困中轰然倒下。清标先是被迫“从贼”，后来又降清，补原官，成了贰臣。这一段惨痛经历对于大多数人来说都是难以磨灭的，在清标的诗文集中亦可读出黍离之感，但在数量以及情感的强度上均弱于龚鼎孳、吴伟业等贰臣。明清之际，江南世家大族死节殉难者良多，正定梁氏却不以节义称，除清标之外，其叔父梁维枢、同族异宗的前辈梁云构亦是贰臣[③]。两个兄长清宽、清远是清初第一批进士，也属于较早出仕者[④]。入清以后，清标步步高升，历官国史院侍讲学士，秘书院学士，礼、吏部右侍郎，

---

① 刘金库言，梁清远乃清标之弟。误。清远生于万历三十六年（1608），而清标生于泰昌元年（1620），清远为兄，清标为弟。

② （清）高珩：《皇清诰授光禄大夫保和殿大学士兼兵部尚书苍岩梁公墓志铭》，转引自刘金库《“南画北渡”：梁清标的书画鉴藏综合研究》附录，中央美术学院博士论文，2005 年。以下简称《梁公墓志铭》，出处同此。

③ 梁维枢，字慎可，号西韩。吴伟业《佥宪梁公西韩先生墓志铭》云：“（崇祯十七年，维枢）擢任工部主事，从尚书吴桥范文贞公请也。范公忧神京孤注，增楼橹、庀戎器，公襄其劳。无何，庙社沦胥，婴城被执，誓以必死。皇清定鼎，即旧官录用。”见《吴梅村全集》卷四十二，上海古籍出版社 1999 年版，第 891—892 页。梁云构，字匠先，号眉居。崇祯元年（1628）进士，官至签都御史，福王时授兵部侍郎。豫亲王多铎攻南京，云构等迎降。入清授通政司参议，迁大理寺卿，擢户部左侍郎。乾隆年间入《贰臣传》乙编。

④ 梁清宽、梁清远皆是顺治三年（1646）进士，这是清朝第一次开科取士。

兵、刑、户、礼部尚书，保和殿大学士；先后处理过三藩之乱、郑成功海上之役等重大事宜；“誉望端凝，不矜不伐”[①]，人咸谓其“持大体”，顺治也曾多次当众夸赞他“才望简畀”、“才品素著”、“不愧大臣矩度”[②]。这些出自至尊之口的评语对清标来说是充分的肯定、是莫大的荣耀；极大地强化了他的台阁意识，同时也为其个性的发展限定了方向。为了不负圣望，他必须极力维护自己的台阁形象，至死不休。据《苍岩梁公墓志铭》记载，清标疾革之际，犹殷殷念及故乡累岁荒歉，需加周恤之事。这一大臣气十足的遗嘱为其四十余年的台阁生涯画上了最后一笔。

与龚鼎孳之锋芒毕露相比，清标为人谨慎持重，“中分泾渭而外无圭角”[③]，属于典型的封建官僚式性格。其台阁风度有如下特点：

其一，在政治权术上，清标自有一套明哲保身的策略。当面对一些敏感性事件时，他循规蹈矩，谨小慎微；当面对一般性事务时，则兢兢业业，为民谋利。他世事洞明，平日里成其德业，危急时刻又不致遭祸，处处留有余地以自全，故能历经宦海浮沉而不倒。这种人生哲学在己亥之役上得到完整显现。顺治十六年（1659），“海上郑成功由镇江犯江宁”，连下数镇，气势逼人。清标时为兵部尚书，正主管此事。作为一个贰臣，身处猜疑之境，处理这等满汉相争的民族问题，情形十分凶险，稍有疏忽就会丢了身家性命。当时，另两位贰臣——苏松常镇提督马逢知和退休在家的前礼部侍郎钱谦益就因为有“通海”嫌疑，一被诛，一被系[④]。故明降清官员在复明运动中的心态非常复杂，清标心中也未尝没有期盼郑氏获胜之心[⑤]，但他采取保守态度，不求有功，但求无过，远较钱、马二人谨慎。其所作所为在给事中杨雍建的弹劾书中可见一斑：

---

① （清）汪懋麟：《棠村词序》，见陈乃乾辑《清名家词》第一卷，上海书店出版社 1982 年版，第 583 页。

② （清）高珩：《苍岩梁公墓志铭》，转引自刘金库《“南画北渡”：梁清标的书画鉴藏综合研究》，中央美术学院博士论文，2005 年。

③ 同上。

④ 见清国史馆编《清史列传》之郑成功、梁清标、马逢知、郎廷廷、梁化凤传，台北明文书局 1985 年影印本。

⑤ 陈寅恪：《柳如是别传》第五章“复明运动”：“今观《清史列传》所言，清标身任兵部尚书，其对己亥战役之态度如此冷淡，虽云满尚书伊图奉使云南，当日汉人无权，不敢特有主张，但其不为清廷尽心经画，以防御郑氏，与二十余年后之反对进攻台湾，疑是同一心理。”三联书店 2001 年版，第 1220 页。

> 海氛告警，宵旰焦劳。枢臣职掌军机，于地形之要害、防兵之多寡、战守之缓急，不发一谋，不建一策，仅随事具覆，依样葫芦，不曰今应再行申饬，则曰臣部难以悬拟。既不能尽心经画，决策于机先，又不能返躬引咎，规效于事后。请天语严饬，以儆尸素。①

奏疏写得很生动，“随事具覆，依样葫芦”八字正点到清标的要害。他是在观望，以使自己处于有余之地。被劾后他连镌三级，留任；但较之钱、马二人的遭遇已算万幸。

与己亥之役的消极相比，清标随后为民请命的态度要积极得多。《清史列传》云：

> （顺治十七年）五月，上以岁旱，令部院诸臣条奏时务。清标与李棠馥疏言，兵马往来之地，应用米豆、薪刍、牛酒、羊猪，及锅鬻、槽椿诸物，上官取诸下司，下司取诸民间，赔累无穷。又奸民捏造通贼谋叛，蠹役贪官借端取货，生事邀功。致善良受害，应俱严行敕禁。得旨：（略）着确指其人。于是复奏：迩年地方官藉兵马往来，滥派民间，则有丹徒知县陈经筵，合肥知县岳呈祥等，为巡抚张中元、总督蔡士英所劾。藉通贼谋叛名，鱼肉平民，则有桐城知县叶贵祖，常熟知县周敏等，为给事中汪之洙、巡按何元化所劾。未经劾者不知凡几。故请旨敕禁。惩前以毖后。疏下部知之。

“通海案”牵连士绅多达万人，清标此疏称得上解民倒悬。类似的事还有很多，其《墓志铭》云，顺治十四年（1657），“有武林斥生诬首逆案叩阍，意在婪诈，株连甚众。公确讯，尽得其情，据实奏闻，立置之法，保全者数十家”。康熙三年（1664），朝廷“以选人雍滞下九卿议停罢科目，公力持不可，曰：科目一停，不能即复，条例虽严，他时可改，且选法雍滞，当另议疏通，若停科，则失海内才俊心矣。独为一议，卒得不罢科目”。康熙十九年（1680），“公言秦中数年用兵，疲于转晌。前者

---

① 清国史馆编：《贰臣传乙·梁清标传》，《清史列传》卷七十九，台北明文书局1985年影印本。

运粮入川，一人约费三十金，今又责之水运。闻蜀人云：川中有粮，何必重累秦民。宜加输恤。或云恐川中无粮奈何？公云：副都御史刘如汉、李仙根皆蜀人，可问也。二公对亦如之奏，上遂免秦运”。此皆功德无量之事，显露了清标作为一个汉族知识分子所未泯的良心。对此，我们不可因其大节有亏而有善不录。

总体来说，清标长于治世，而短于治乱，称不上一代名臣。但他拥有丰富的政治经验，历仕三朝，终能全身而退，富贵以终。在清标身后，康熙赠以“宣力有年，勤慎素著”八字[①]，这也是他的盖棺之评。

其二，在人际交往上，清标八面玲珑，左右逢源。高珩说他“生平与人交，和易而久敬之，不立异于人，亦不诡随以阿世”[②]。周旋于各种人事关系间，皆能游刃有余。

作为台阁重臣，清标以其人格赢得了顺、康二帝的尊重与眷顾。顺治破格提拔他为兵部尚书，并当着蒙古诸都长的面说：“此朕新用兵部尚书也。”康熙在亲政后不久就起用了被鳌拜罢斥在家的梁清标，其后又拜为大学士，一直跟随左右。闻其死讯，康熙不无动情地说：“忽闻溘逝，朕心深为轸恻。”[③] 十九年后，犹感叹：“今观汉大臣俱已年迈，继此可用者，难得其人。……昔如魏裔介、李蔚、杜立德、王熙、梁清标等具优。”[④] 此等“知遇之隆”足以令同僚艳羡不已。

作为一个优游辇下四十年的一品大员，清标好与人为善。“凡可以济人之急、拯人于危隐之地，不令人知者甚众”。九卿六部中均有其知交，尤笃师门之谊，“午未两榜同年在林下者近不过数人，公时修馈问，或子孙服官及以他事入都者，莫不周全备至”。“其后人有失意者，就居及薪水月给焉。始终无倦”[⑤]，由此遂建立起一个以同乡、同年、师生为主的

① 清国史馆编：《贰臣传乙·梁清标传》，《清史列传》卷七十九，台北明文书局1985年影印本。

② （清）高珩：《苍岩梁公墓志铭》，转引自刘金库《“南画北渡”：梁清标的书画鉴藏综合研究》，中央美术学院博士论文，2005年。

③ 清国史馆编：《贰臣传乙·梁清标传》，《清史列传》卷七十九，台北明文书局1985年影印本。

④ 《清实录·圣祖仁皇帝实录》卷二四一“康熙四十九年三月辛巳”条，中华书局1985年版，第401页。

⑤ （清）高珩：《苍岩梁公墓志铭》，转引自刘金库《“南画北渡”：梁清标的书画鉴藏综合研究》，中央美术学院博士论文，2005年。

官僚关系网，每每在其遭遇政治危机时发挥作用。据《康熙起居注》记载：十九年（1680）四月二十八日，“大学士、学士随捧折本面奏请旨：上林苑监署丛何中柱、监压刘兴诗俱坐受赃，拟秋后处绞；户部尚书梁清标，因中术为其婿，嘱候补郎中周襄绪转嘱顺天府尹耿效忠，清标等俱拟革职”。清标一生谨慎，但有溺于儿女私情的弱点[①]，这一次为了子女不但放弃了维护多年的台阁形象，自身也陷于险境。此时，“上顾汉大学士问曰：‘尔等之意如何?’大学士李蔚奏曰：‘何中柱、刘兴诗口供俱已承认。’杜立德奏曰：‘梁清标身为大臣，溺爱其婿，不能教训，亦难辞咎。’”李蔚和杜立德俱是清标同乡，杜立德还是清标的同年，关系密切[②]。李蔚仓促应对，说了一句废话；杜立德却以进为退，暗替清标开脱。他表面上作严厉谴责，实际上却避重就轻，把清标贿赂大臣、徇私枉法之罪偷换成了“溺爱其婿，不能教训”之过，如此一来就不至于遭受重惩。于是康熙裁定曰：“梁清标身为大臣，徇私请托，理应照议处分，但念效力年久，着降级留任，并将其事缘由，严旨票出。”[③] 为此清标被降五级，躲过一劫。

作为家长、座师，清标大有长者之风。《墓志铭》云：梁氏“族大丁繁，公视同一体，或悯不能聘丧、不能葬、日用不能自给者，公闻之，辄加调恤，不待其人之来告也。复设义学一区，俾族人子弟肄业于其中”。清标还将其“醇谨”之为官处世经验定为家法，要求子弟“虽步履折旋进退，必合规矩”[④]，以免日后因冒失而罹不测之祸。清标数充会试主考官，门生遍天下。其“待门下士以文章德业相砥励”，徐釚在《庚申除夕和棠村公韵》中感激地说：“丁卯三月，余左迁南归，公赋诗言别，语多郑重。”清标的《蕉林诗集》就是由十四门人分校，四弟、六侄、三甥、

① 梁清标感情丰富，眷眷于儿女之情，从其悼亡词即可见一斑。今再举一首为亡儿所作诗以观其人。《嘉儿生日展其小像为诗哭之》：“前宵忽梦汝，今日是生辰。啼误占英物，魂犹恋老亲。风雨长夜路，图画少年人。玉树看黄土，何由问往因。”嘉儿为其长子允嘉，荫生，先殁。清标一生于家庭上极不幸，先后丧三妻、六子、二女、一婿。

② 李蔚，字坦园，直隶高阳人，顺治三年进士，康熙元年（1662）为弘文院大学士。《清史稿》、《国朝先正事略》等书有传。杜立德，字纯一，直隶宝坻人。明崇祯十六年（1643）进士。顺治元年（1644），以顺天巡抚宋权荐，授中书科中书。康熙九年（1670），改保和殿大学士，兼礼部尚书，进太子太傅。事迹见《清史稿》、《国朝先正事略》等。

③ 《康熙起居注》康熙十九年四月条，中华书局 1984 年版，第 533 条。

④ （清）王晫：《今世说·德行》，东方出版社 1996 年版，第 1 页。

一婿、一侄孙同订而成的。《棠村词集》之刻也有赖于汪懋麟、徐釚等弟子。

清标同时扮演多种社会角色，都很成功。这是因为他拥有良好的平衡术，因此才能在险恶的官场、错综复杂的人事关系中立得住脚。

其三，在兴趣爱好方面，清标也带有些许富贵气息。他“嗜书画古器，鉴别最精”，所藏“金石文字、书画、鼎彝之属甲海内”，是清初书画鉴藏史上的重要人物。书画鉴藏是一项贵族爱好，明清达官多嗜于此。据《清朝野史大观》记载：“清顺治中，张尔唯太守学曾由部郎出守苏州，将出都，孙北海、曹倦圃、龚芝麓三人设宴祖饯，各携所藏书法名画相夸示，太守亦出旧藏江贯道长江万里图卷真迹。三公传观，皆爱不释手，曰：此卷可谓今日压卷矣。太守意得甚。”可见当时台阁之中颇以书画收藏鉴赏为时尚。与明代权相严嵩视收藏为个人财富，旨在显贵掠奇不同，清初高官更关注艺术品的气韵、意境等审美价值，体现出学术品味与一己情操。清标爱好收藏有其家学渊源，据其《宋高宗乘龙渡江图记》题跋所言：“余家旧有《百灵归顺图》一卷，先祖所珍藏者，后叔祖金吾公取以赠李于田司马。盖尝闻之先君子云。余虽不及见，然时往来于怀。乙酉岁（1645）闻此卷在都市，亟购之。归观所绘人物形状，宛然先君子曩昔所言，疑即余家旧物，合浦还珠，延津跃剑，古诚有之。又闻宛陵人刘光阳云此卷数为好古者所赏而卒不售，乃竟归余，岂信有夙缘耶!”由此得知其曾祖梁梦龙、叔祖梁志都曾收藏过字画。清标的堂兄清远也有此癖。

梁清标收藏之丰在当时是数一数二的，前人有言“项家蕉窗梁蕉林，图书之富甲古今”（翁方纲语）。据刘金库考证，其家有历代书法 107 件，绘画 510 件，其中许多都是“千金之品”①，如果没有一定的财力、权势断难置之，贫寒之士只能望洋兴叹。朱彝尊在《书王叔明画旧事》中就曾又羡又妒地写道：“京师故家有藏黄鹤山樵画者，俾人持以售诸市，予适见之，许以钱三十缗，挂于寓居之壁，观其勾皴之法。若下笔作草书，全不修饰而结束入细。华亭董尚书大书其额云：‘天下第一王叔明画。’其装护亦精，用粉绿色官窑轴。子坚粟如玉留之旬日，囊空羞涩，终无以应。俄而，棠村梁尚书以白金五镒购之，神物化去，见之魂梦不可弥忘也。”

① 刘金库：《棠村藏品辑佚目录》，《“南画北渡”：梁清标的书画鉴藏综合研究》，中央美术学院博士论文，2005 年，第 52—70 页。

宋荦云："昭代鉴赏谁第一，棠村已殁推江村。"清标在鉴赏方面有着很高的造诣，尤长于鉴定元人书画，据业内专家判定，正确率达到95%以上[①]。清标曾收藏过一幅何鉴《草堂客话图》，李佐贤在《书画鉴影》中对此画表示怀疑："此幅旧题何鉴草堂客话，系梁蕉林相国笔迹，按筌《名画谱》无征，不知此题何所据。然画笔细入毫芒，无微不至而一丝不乱，工雅兼长，洵属宋人真实本领，元以后无此画境矣。"后经书画鉴定家张晰先生仔细观察，终于在画左方松树干上发现"辛卯何签制"五字款，"细小特甚，以绢色沉黯，李氏未见耳"[②]。从中可见梁清标的水准。

第三节　《棠村词》的庙堂基调与弦外之音

与晏欧的无意间流露不同，清标之创作有着明确的庙堂意识。他尝为汪懋麟言："余世家子，又早达，忝窃六卿已二十年。遭逢盛时，幸四体壮盛，生不识药物。得天不可为不厚。偶然而为诗，不过舒余所欲吐。讵能矫情饰志，谬托为幽忧愁叹之言，以与天下文学憔悴之士较工拙哉？"[③]十分自觉地将自己与贫士划分了界线。以是故，《棠村词》带有鲜明的庙堂色彩，当在情理之中。

然而，清标毕竟是一个贰臣，贰臣的庙堂之什终归会有些特别。前人的某些论述透露了些许信息。申涵光言："（大司马玉立先生）时时引我辈布衣为文字之饮，耳热剧谈，纵横千古。然叩其集板，唯唯。间出一二篇，皆高浑壮丽如盛唐□朝诸作，叩其全，复唯唯。以为先生拒我欤，已而知先生实未始刻其集。"[④]汪懋麟言："先生之诗无虑数十卷，深自秘匿。"[⑤]封建文人多以成书立说为荣，清标家资饶富，并不

① 刘金库：《南画北渡：梁清标的书画鉴藏综合研究》，中央美术学院博士论文，2005年，第98页。

② 转引自陈耀林《梁清标丛谈》，《故宫博物院院刊》1988年第3期。

③ （清）汪懋麟：《蕉林诗集序》，见梁清标《蕉林诗集》，四库全书存目丛书本。

④ （清）申涵光：《蕉林诗集序》，见梁清标《蕉林诗集》，四库全书存目丛书本。

⑤ （清）汪懋麟：《棠村词序》，见陈乃乾辑《清名家词》第一卷，上海书店1982年版，第583页。

乏刻书之资，是什么原因令他对自己的作品讳莫如深？汪懋麟其后又言，“先生所著非一书，凡涉国家大政者绝不示人。而世所得而见者唯其诗而已”①。徐釚亦言：“岭南之役，变乱恍惚。棠村公衮衣持节，宣德威，权大体，成命而返。所著《使粤集》，都道珠江花鸟之胜。”② 清标关于政治内容的有意缺失与异乎寻常的谨慎又是基于什么样的社会土壤、出于何种心理？

下文将重点关注在梁清标沨沨之音的背后，到底隐藏着怎样的灵魂。为此，笔者按照庙堂文学的惯例，将《棠村词》分为颂圣之作、盛世之吟、富贵之篇三部分进行考察。

一 颂圣之作与矛盾心理

清标创作带有庙堂味是在入清之后③，《四库全书总目·蕉林诗集》提要云：“其诗作于明季者多感慨讽刺之言，及入本朝以后，则沨沨乎春容之音矣。”这与其身份的改变有一定关系，明季清标不过是一庶吉士，入清后却平步青云，为天子贵近臣，应制、酬和之章自多。

顺、康二帝都重诗轻词④，因此清标颂圣应制时多赋诗。今考其词集，仅有极少词作是这一主题，但已传达出贰臣的复杂心态。

《绛都春·上幸真定，恭赋》是清标唯一一首应制词，作于顺治十三年（1656）二月随驾南苑之际⑤，同时创作的还有诗《顺治十三年仲春，上驻跸南苑阅武行搜礼，召廷臣四品以上同词臣恭视，赐宴行宫，各赋五七言律、五七言绝句每体一首应制》四首。这一组应制作品虽然体裁不同，但在内容上却无甚大异，甚至某些关键字句都是重复的。下面取一首七绝与《绛都春》作一比较：

---

① （清）汪懋麟：《蕉林诗集序》，见梁清标《蕉林诗集》，四库全书存目丛书本。

② （清）徐釚：《词苑丛谈》卷五，丛书集成初编本。

③ 准确地说，清标的台阁之音从顺治九年（1652）开始大规模奏响。入清伊始，清标就守丧六年，并未进入台阁行列。顺治九年时，他获得了顺治的赏识，在短短数年内接连擢升国史院侍讲学士、充武闱会试主考、詹事府詹事、兼秘书院侍读学士、秘书院学士、礼部右侍郎、兵部尚书。官至一品。随着身份的显贵，其颂圣应制之作也渐增。

④ 康熙是清帝中唯一留有词作者，但也仅有四首。见《御制文》四集。

⑤ 《清实录·世祖实录》卷九十八云：“顺治十三年丙申，二月庚戌朔，丙子，上在南苑，命两翼内大臣侍卫等擐甲胄，阅骑射，召内院汉大学士、翰林及部院尚书以下、四品以上各官从观，复陈围猎，以示群臣。”中华书局1985年影印本，第763页。

七绝《顺治……》

组甲辉光七校屯，宛鸟班晓奉属车尘。围开一骑红云里，遥望黄衣识圣人。

词《绛都春》

霓旌羽葆。看玉勒飞尘，翠华临早。雨洒郊原，风静天街，开驰道。红云昼护龙旗晓。黄衣是、圣人年少。万家环拥，千官拜舞，共瞻奇表。　非小。名城三辅，人何幸得睹、天颜微笑。猎罢长扬，月色甲光，寒相照。残星夜角营门悄。恩浩荡、村墟无扰。雪中黄竹歌成，争传睿藻。

二作主题相同，均是上半部分铺陈盛景，下半部分颂扬圣主；字句之间相似处良多，详见下表：

诗	词
组甲辉光	月色甲光，寒相照
宛鸟班晓奉	千官拜舞
围开一骑红云里	红云昼护龙旗晓
遥望黄衣识圣人	黄衣是、圣人年少

应制之作本不是施展才华的所在，从中也很难窥出作者的真实想法，但以清标的文学水平还不至于将两首作品写得如此雷同，似有应付之嫌。考其年表，顺治十三年（1656），清标刚任兵部尚书不久，正是奋发图强之时，是什么原因令他态度不那么积极？同在扈从之列的另一贰臣吴伟业也作有应制诗四首，然而其后不久，就在《送何省斋》一诗中备述当日“风餐露宿之苦和抑郁悲苦之情怀”，以见应制之不得已①。那么，顺治这一次南苑阅武到底是何用意？贰臣又为何皆情绪不高？

据《清史稿》、《清国史》等资料记载，顺治中期，清兵在与各路反

① 见冯其庸、叶君远《吴梅村年谱》，江苏古籍出版社1990年版，第336页。另，顾师轼《梅村先生年谱》卷四“顺治十三年丙申”条云：“春，上驻跸南苑阅武，行搜礼，召廷臣恭视，赐宴行宫。先生赋五七言律诗，五七言绝句，每已一首应制。圣驾幸南海子，遇雪大猎，先生恭纪七律一首。”《梅村家藏稿》卷九《送何省斋》云：“扈从游甘泉，淅淅惊沙厉。藉草贫无托，仆夫枕以块。霜风帽带斜，头寒缩如猬。”伟业当时心境可知。

清势力的对垒中一直战绩不佳。当时永历帝尚存，百姓心念旧明，郑成功、张名振、李定国等人仍在积极活动。九年（1652）二月，李定国攻桂林，定南王孔有德自焚死。十一月，定国以伏兵杀敬谨亲王尼堪于衡州。十年（1653），郑成功入长江，破京口，驻崇明，大败清兵。十一年（1654）正月，张名振破仪真，泊金山，遥祭孝陵。四月，李定国收复罗定、新兴、石城等县；十月，围广州，十一月攻新会。是月，郑成功取漳州。十二年（1655）五月，张名振复取舟山。六月，郑成功取安平镇及漳州府惠安、南安、同安三县。以上军事行动均给清廷以重大打击。鉴于这种状况，顺治决定大举反扑，此次阅武就是进攻前的号角，有振奋军心之意[①]。当时隐居林下的钱谦益等人还以为顺治此举不过是“荒于游畋，耽于歌乐”，照此下去，“明室复兴可望”[②]。但身居辇毂之下的众贰臣却感知到军事行动的征兆，尤其是梁清标，时任兵部尚书，更加清楚清廷的目标所在，心下不免戚戚焉。如此似可解释其应制时的消极。

此外还有两个佐证。顺治十六年（1659），清标因对郑成功作战时的不作为而受到降级处罚，详见前文。康熙二十一年（1682），姚启圣奏请对台湾用兵，清标又以彗星出现，“凡事不宜开端”为由表示反对[③]。这一系列表现都显露了他对反清势力的微妙态度。

前文提到，贰臣人格之复杂性在于拥有多重角色属性，某些角色之间是相互排斥的，却能共存于同一主体。以梁清标为例，在满汉相争中，他持的是汉人立场，对东南武装抱有同情；按此逻辑，他对发动侵略战争的满族皇帝应怀有敌意。事实恰好相反，读其诗文集，我们能感到他对新主

---

① 从顺治十三年（1656）起，清廷加强了兵力，此年八月，复取舟山，郑成功、张名振皆遭败绩。十四年（1657），清廷遣洪承畴、吴三桂、卓尔布分三路进攻贵州。十五年（1658），清廷再遣罗托、洪承畴、吴三桂、卓尔布分三路进攻云南，李定国败，永历帝出奔。十六年（1659），郑成功、张煌言退入海，所得州县复失。十八年（1661），永历帝为吴三桂所杀，全国绝大部分地区皆在清政府控制之下。纵观顺治年间的满汉斗争，顺治十三年是一个转折点。

② 陈寅恪：《柳如是别传》，三联书店 2001 年版，第 1125 页。

③ 《清史稿》卷四十七《施琅传》云：“二十一年，给事中孙蕙疏言宜缓征台湾。七月，彗星见，户部尚书梁清标复以为言，诏暂缓进剿。”浙江古籍出版社 1998 年版。《圣祖仁皇帝实录》卷一〇三云：“（康熙二十一年七月）己巳，彗星见井宿度，尾长二尺余。”“上谕大学士等曰：天道关于人事，彗星上见，政事必有阙失。其应行应革者，令九卿詹事科道会议以闻。”“尚书梁清标奏：今天下太平，凡事不宜开端，当以安静为主。”“（上）另降谕旨：梁清标所言，凡事不宜开端，当安静，甚得为治之要。近总督姚启圣疏称十月进剿台湾，可暂行停止。”

有一种亲近之情。下面就以另一首颂圣词为线索，探寻是什么原因让他在这一方面背弃了民族立场。

《玉烛新·己酉元日》是一首追怀顺治之作，作于康熙八年（1669）。是时清标由于不当鳌拜意，被解组在家已有三年[①]。因此该词不可能是应制产物，其中的感情当具一定的真实性。

> 雪晴开曙早。看遍布王正，条风拂晓。轻烟丽日椒觞暖，共说丰年佳兆。春衣儿女，喜得岁、樽前频绕。山中卧，击壤清时，追随牧童村老。　　回思当日先皇，正颁赐天厨，云和缥缈。大酺同庆陪鸳鹭，每近龙颜欢笑。孤臣无状，此际包容非小。今何幸、放逐沧浪，尚安覆帱。

方象瑛说清标去职时，“单车就道无戚容”，看来只是表面现象，玩其词意殊怏怏。词中今昔对比强烈，昔日在朝为官，与顺治同庆元旦，时闻笑语，是何等的恩宠[②]；如今罢官，只能“追随牧童村老”，苦乐有天壤之别。结尾是十分台阁化的牢骚：虽然我被放逐山林，但还是感谢圣朝的包容，让我“尚安覆帱”。有过归臣，如此表述可谓温柔敦厚，但弦外之音还是很清晰的：朝政今不如昔，如果“先皇”仍在，自己怎会发生“无故被革”之事。类似的想法早在落职之初就已存在，《罢官口占》一诗有句云：“悲歌中夜思先帝，潦倒余生荷圣朝。”可见清标不止一次把自己的罢官与顺治之死联系在一起，据此，我们可以推导出其潜在思维模式是“怀念顺治＝怀念顺治给他的官职”。从这一角度看，清标对顺治的感情带有功利性，这是由中国文化所决定的。对于中国古人来说，其自身价值的实现很大程度上取决于君主的一双“慧眼”，由此遂强化了臣子对知遇之恩的铭感。受晚明个性解放思潮影响，梁清标乃至整个梁氏家族都对个人价值的实现有着热烈的追求，他们的仕清是主动的选择，与吴伟业的“逼迫万状”不同。幸运的是，清标很快就得到了顺治的赏识，在短

---

① 《苍岩梁氏墓志铭》云：“（康熙六年）三月，京察，解任革职。”《圣祖仁皇帝实录》卷三一云：“（康熙八年八月）辛巳，吏部遵谕旨查覆，原任礼部尚书梁清标、刑部左侍郎石申均系察无故被革，应复还职。从之。”

② 清标《辛丑除夕值先皇鼎湖之变，斋宿署中》有句：“犹忆去年酺赐夜，火山十里醉游人。”

短四年中接连擢升，三十五岁就任兵部尚书。《墓志铭》对任职过程有过详述："值大司马员缺，特旨拜兵部尚书。公惊闻宠命，具疏控辞，其略云：臣于部院诸臣中，才品最下，年亦最少，尚书崇阶，中枢重地，况疆圉用兵，非老成练达，鲜克胜任。臣何人，斯当兹重任，伏乞收回成命，别简贤能。奉旨：中枢重任，卿以才望简畀，着遵旨奉事，不必逊辞。遂入部办事，宿吏黠猾，咸惴惴敛手矣。八月京察，具疏自陈，奉旨：卿才品素著，特简中枢，益殚心供职，不必求退。"可以想见，面对顺治的信任，清标是怎样的感激涕零，而这些是明朝皇帝所没能给他的。

尽管宋元以降，君权被神圣化到了极点，但君臣毕竟也是一种特殊的人际关系，它除了依靠封建纲常伦理来维系外，还需要双方的交流互动。所谓："君之视臣如手足，则臣视君如腹心；君之视臣如犬马，则臣视君如国人；君之视臣如土芥，则臣视君如寇雠。"[①] 清标一生历仕明、清、大顺三朝，降闯是迫不得已，谈不上什么感情；事崇祯仅一年，位卑官小，也无从培养感情；只有与顺康二帝有着较长时间的近距离接触。与崇祯的刻薄寡恩、喜怒无常相比，作为满人的顺治还是比较真率质朴的。他虽也对贰臣有着本能的防范，但同时又向慕汉族文化，因此与汉臣相处还算融洽。清标与顺治之间除了公事来往外，也有一些比较私人化的接触。如清标曾在中夜时分为其讲解四书五经，曾共度除夕，曾一同坐船游西苑，顺治曾教他如何骑马，等等[②]。这些自然可以看作君主笼络臣子的手段，但按照人际交往心理学观点，一方的行为总会引起对方相应的行为反应[③]。顺治的亲善之态使清标产生了亲近之情，顺治去世后，他十分伤感，作有多首悼念之章，除了《玉烛新》外，尚有诗：《恭听先皇遗诏》一首、《辛丑除夕值先皇鼎湖之变，斋宿署中》一首，《六月会葬孝陵恭纪》一首、《有感》六首、《孝陵林下偶成》四首。

---

① （先秦）孟轲：《孟子·离娄下》，见金良年《孟子译注》，上海古籍出版社 1990 年版，第 170 页。

② 清标《有感》之三云："图书东壁已封尘，笔札犹传御墨新。却忆南苑开讲幄，夜分中使召词臣。"之四云："忆昔甘泉扈从时，天闲上驷试教骑。停骖前席垂清问，咫尺龙颜日影迟。"之五云："西苑风蒲太液舟，侍臣笑语奉宸游。湖光无恙遗弓堕，落叶残红满御沟。"

③ 在人际交往心理学中，有一种社会交换理论，代表人物是霍曼斯·莱维特（G. C. HOMANS）。他认为人际交往实质上类似于商品交换。这不仅是物质商品的交换，而且是诸如赞许、声望、爱慕、服务、信息等精神商品的交换。人际关系就是个体或集体彼此寻求满足的需要状态。

通过对上述两首颂圣词的深入分析，我们发现清标徘徊于旧朝新主之间，他对双方的感情都有真挚之处，由此产生了外在行为的矛盾与内在人格的分裂。这种情况在贰臣之中广泛存在。

二　盛世风光与“怨惧”心理

叙写盛世风光是庙堂词的一大主题，北宋欧阳修首开其端，柳永继之而作，成就反在其上。黄裳赞曰：“呜呼！太平气象，柳能一写于乐章，所谓词人盛世之黼藻，岂可废耶?”① 至大晟词人与明代“三杨”的升平之作，未免谀态十足。长期下来，此类词已基本形成了固定模式，陈丽娟总结为“铺陈盛景＋高奏华乐＋颂君庆升平”②。

清代开国之初，全国各大都市受战火蹂躏，均不如往昔之盛，直到康熙年间才逐渐恢复了繁华。梁清标长期为宦京师，也有大量“盛世”之吟。其中一部分作品继承了前人的创作理路，以“赋”的手法描绘城市风物，寄托颂扬主题，辞气安闲，雍容典雅。如《临江仙·初春》写北京城市集的热闹、百姓的安乐：“花市歌楼帘半卷，六街酒碧灯红。家家行乐醉春风。五陵少年，何处系游骢。”虽有一定的夸张成分，但其繁荣景象还是可以想知的。《小重山·清明》写春日风俗：“春水溶溶寒食天。王孙芳草绿、上风鸢。深闺帘幕玉钩闲。人何在，一半傍秋千。堤外打榆钱。酒旗频驻马、杏花烟。莺声啭出画楼前。牢记取，年少有金丸。”清明本是悼念亡者的日子，但却被游赏活动所取代。词中提到打秋千之风俗，《燕京岁时记》云：“《析津志》云：‘辽俗最重清明，上自内苑，下至士庶，俱立秋千架，日以嬉戏为乐。’自前明以来，此风久革。”今据清标小词可知，清初此风犹存，只是转入闺中。《柳腰轻·元夕，是岁始开火树之禁》刻画康熙二十一年（1682）的上元节，市井中是“市楼十里香尘满，金波涌，东风软”，紫禁城中是“列酺宴、三殿鱼龙，沸春城，九天丝管”，反映出平定“三藩之乱”后朝野上下的喜庆气氛。而“璇霄弛禁，银花争绚”云云透露出清初曾有过禁灯之令，可以补史之阙。

① （宋）黄裳：《演山集》卷三十五《书乐章集后》，上海古籍出版社1989年版，第239页。

② 陈海娟：《论宋代元夕词》，苏州大学硕士论文，2004年。

清标另外一部分作品则有所新变，具体而言是在陈盛景、颂时清的同时加入了自我情志。前代台阁词人歌咏升平多是在公开场合，抱有功利性目的，缺乏个人情感。清标则不同，他的创作多数是在私人化状态，据其门人弟子言，“尝为小词，不以示宾客”，从而保证了抒情的私密性。读其词，在都市繁华的背后，总感觉有一层朦朦胧胧的愁情怨意。

先看两首作于康熙八年（1669）正月的词作，它们与前文所举《玉烛新·己酉元日》在时间上相差不远，创作背景、思想感情也很相近，都是抒发无故被罢官的悒郁之情。

东风齐着力·立春

郊外青幡，盘中生菜，人乐时康。惠风布满，春水泻横塘。竞戏鱼龙角抵。朱楼上、小妇笙簧。映钗色，剪花罗裳。　莫问鬓边霜。百年内、能消几个欢场。黛眉巧画，半醉倚银缸。肯负签声烛影。酬良夜、细与平章。喜公道，不分冷暖，惟有东皇。

烛影摇红·十四夜

绮户寒轻，千门不闭楼台晚。丽谯吹歇罢葳蕤，九陌香尘满。何处箫声近远。试华灯、春风庭院。闲身天许，游冶场中，留连歌管。

暗想当年，团栾儿女清宵宴。翠眉低唱漏声沉，绛烛西窗剪。此夕人移物换，频搔首、霜侵鬓短。月明依旧，火树光摇，星桥烟暖。

清标的此类盛世之吟，往往只得半阕，后半即有变徵之音。《东风齐着力》上阕写京畿立春风俗，可与《燕京岁时记》、《燕京岁时纪胜》等书参读，其中“人乐时康”、“惠风布满”都是典型的谀颂专用语。下阕流连花酒，也是台阁中人的惯常生活。行文至此，尚无大异。情绪突变是在结尾处“喜公道，不分冷暖，惟有东皇”，意谓司春之神不理人情冷暖、高低贵贱，吹遍东风，而在人世间，又哪有如此公道之事。这一句是针对其所受的不公正待遇而作的牢骚之语。《圣祖仁皇帝实录》卷二一云：康熙六年（1667）三月，“考察盛京四部及顺天府、奉天府所属官，一等、二等、三等者留任，老疾二员、罢软一员、浮躁一员、才力不及二员俱革职，永不叙用。”以上罪状与清标均不符，但还是被革职。同时去官的还有礼部尚书祁彻白、工部尚书叶成额、兵部左侍郎石图、右侍郎图尔特、刑部左侍郎石申均等。很明显，这是一个排斥异己的冤假错案。清标表面平静，内心里却悲愤难言，遂借“东皇”之名发作出来。

《烛影摇红》与上一首词思路相同，也是先对试灯日有一番摹写，但发牢骚的时间却提前了，在上阕的末尾即抛出“闲身天许，游冶场中，留连歌管”之句。这与柳永当年自称“奉旨填词”差不多。不过柳氏的情绪要更激切一些，清标之怨则若隐若现，温柔敦厚。

康熙八年（1669）八月，清标官复原职，从此步步高升。诗文中的怨情绪逐渐消退，取而代之的是淡淡的愁绪，昭示着其内心世界并不平静。《永遇乐·元日大雪》作于三藩之乱期间：

> 一夕东风，凤城吹雪，河山春蚤。絮起高檐，花飞绮陌，罥毲平铺了。三冬凝望，兹宵才见，共祝岁丰时好。晓来听、清丝天上，妆点璇霄多少。　　朝回谢客，熏炉茗椀，生受琐窗寒峭。香土东华，壮怀销尽，抛却闲烦恼。驱驰岭海，倥偬案牍，赢得风尘人老。问何日、普天洗甲，冶溪独钓。

在写法上，作者依然是先描绘雪中京都、颂扬“岁丰时好”，然后款款加入个人情志。但是，“香土东华，壮怀销尽，抛却闲烦恼”这样的愁绪不同于以往因不得志而生的郁结怨恨，它是一种更为深沉悲凉的心境，是一个年近六旬的老人对自己一生的评价。他一生热衷功名，老来终于位极人臣，可谓求仁得仁，但反而心生颓废无力之感。巧合的是，其他贰臣在生命的末期也作过类似的表述，龚鼎孳云：“少豪妄意功名显。到如今、残棋拍碎，唾壶捶扁。……尘海事，醉余剪。”吴伟业说得更加坦白：“竟一钱、不值何须说。”“纵比鸿毛也不如。”看来这应是贰臣的集体心绪，一种集体的失败感。

就文本而言，伟业的情感浓度最高，近于绝望；鼎孳次之；清标最为语淡墨浅，才一触及，旋即逸去。这是其对待政治话题的特殊方式，无论是怨是愁，当情绪汹涌而至的时候，均不肆然出口，而是先做了一番铺垫，颂百然后怨一。经此一番周折之后所发的牢骚已经没有了火力，真正是哀而不伤，怨而不怒，深合儒家规范了。由此遂形成了“语必和平”的创作特点。我们还记得在其悼亡时采取的是任情路线，一任悲情流淌，决不是这般吞吞吐吐、欲说还休。一个创作主体而有两种抒情方式，必有其特殊的考虑。

本书认为，此种温吞的抒情方式是清标保护自己的手段。清初文字狱为祸之烈耸人听闻，顺治一朝就接连发生了函可和尚“《变记》案”、黄毓祺“复明诗词案”、冯舒“《怀旧集》案”、张缙彦“《诗序》案”、庄廷铣“《明史》案”等①，足以令一代知识分子为之惊心破胆。而贰臣的尴尬身份更令清标噤若寒蝉。且不说清主的时刻提防，即便在乡间也曾发生过“里中奸人构大狱诬公族”之事②。中伤者之心态无非以为一个贰臣家族免不了要与故明有着理不清的关联。在这种情形下，清标又怎敢放声疾呼？可以说，他云淡风轻地发发牢骚已经是冒着很大的风险了。我们终于可以理解他为何不刻诗集，为何填了词却不以示人，其心态与另一贰臣周亮工“一夕，尽举生平著作烧毁之”异曲同工。那是在极度恐惧下才有的举动，周亮工是在九死之余才如此，清标并未经历如此残酷的迫害，但他人的鲜血对他来说就是儆示。四库馆臣曾津津乐道于“其诗作于明季者多感慨讽刺之言，及入本朝以后，则沨沨乎春容之音矣”，但却不曾深思是什么原因令他不作“感慨讽刺之言”。不是因为清初朝政胜于明季，而是因为更雪亮的屠刀已经高悬。从这一层面上来讲，清标的盛世之吟与明初台阁词有相似之处。

三 富贵之篇与享乐心理及其他

受商品经济影响，晚明社会弥漫着一股十分浓郁的享乐风气，至清初不衰。梁清标家资饶富，有稻田千顷，垂杨万株，其人却非富贵俗人。他也爱享乐，但属于“雅享乐”，注重的是内心世界的闲逸超脱，与纸醉金迷、穷奢极侈式的肉体享乐层次有天壤之别。史载清标“生平好学，喜积书，多至数十万卷，日流览其下”③。“于从容退食之暇，后堂丝竹，一切屏绝，帘阁香浓，翛然静坐，吟弄篇什”④。贫寒文士自然无力购置数十万积书，达官俗宦又不懂“吟弄篇什”之趣，唯有清标兼得其福。他在《东风齐着力·十四夜，用胡浩然韵》一词中就流露出此等精神优越感：

① 《明史》案起于顺治十八年（1661），止于康熙二年（1663）。

② （清）汪懋麟：《梁侍郎传》，《百尺梧桐阁文集》卷五，清康熙刻本。

③ （清）汪懋麟：《蕉林诗集序》，见梁清标《蕉林诗集》卷首，四库全书存目丛书本。

④ （清）徐釚：《蕉林诗集序》，见梁清标《蕉林诗集》卷首，四库全书存目丛书本。

百宝灯轮，六街鼓吹，做就繁华。凤城月满，春到万人家。多少朱门贵客，张高会、笑拥名娃。香风送，炉添鹊脑，斗帐低斜。

幽兴亦堪夸。清风里、冻枝绛烛交加。一帘夜色，别自贮烟霞。小擘乌丝写句，迎人意、暖阁梅花。闲消受，霜柑素戋，春饼芹芽。

作者鄙薄“朱门贵客”只知“张高会”、“拥名娃”的粗俗行为，深以自己不随流俗，独自吟诗赏梅的高雅情怀为豪。其实赏梅本身也是带有富贵气息的，因为燕地苦寒，不产梅花，唯官宦人家方可置之，贫士只能望洋兴叹。清标标举此事倒不是炫耀物质上的富有，而是体现了精神世界的充实。

这番富而不俗的心态与宋初庙堂文人暗合，《曲洧旧闻》卷六云：“宋子京修唐书，尝一日逢大雪，添帟幕，燃椽烛一，秉烛二，左右炽炭两巨炉。诸姬环侍，方磨墨濡毫，以澄心纸草某人传。未成，顾诸姬曰：汝辈俱曾在人家，曾见主人如此否？可谓清矣。皆曰：实无有也。其间一人来自宗子家，子京曰：汝太尉遇此天气，亦复何如？对曰：只是拥炉，命歌舞，间以杂剧，引满大醉而已，如何比得内翰。”笔者猜测，清标在作《东风齐着力》时，心中是装有宋祁这一韵事的，因为二人不但情趣相同，而且就在次日，清标就填了一首与宋祁同调同韵的《玉漏迟·十五夜》。

清标在生活方式、审美情趣上推崇北宋庙堂词人，在创作风格上也与之颇有渊源。其弟子汪懋麟云：“公词雅丽浑成，不事雕饰，不摭拾隐僻，得北宋诸贤之遗意焉。”懋麟追随清标日久，所言当不虚也。今考《棠村词》，作者曾先后次韵过李清照、周邦彦、晏殊、晏几道、赵彦端、张先、胡浩然、宋祁、秦少游、许文石等人的词作，其中百分之八十皆是北宋词人，而周、晏、张、宋更是北宋庙堂词人的代表。前文提到，宋初庙堂词人的创作带有“馆阁气象”，其富贵在神不在貌。清标亦有这样的特点，是以前人评价其词作，在下完“雍容华贵”的断言之后，往往还要加上一句“丽句清词”、“生香真色”、“无绮罗香泽之态”作为补充①。

① 柯劭忞等《续修四库全书·〈棠村词〉提要》：“清标所作，丽句清词，雍容华贵，亦未可尽非。”冯金伯《词苑萃编》卷八引陆进云：“棠村词极秾艳，而无绮罗香泽之态，所谓生香真色，人难学也。”

下面通过“题画”、“观剧”两个题材看一下清标富贵而高雅的生活姿态以及偶尔流露的故国之思。

（一）观剧词

在清前观剧词并不多见，至有清一代却大行其道。这与明末清初戏剧演出的大众化以及家乐的勃兴有关。冯班《同人拟西昆体序》云：“余自束发受书，逮及壮岁，经业之暇，留心联绝。于时好事多纨绮子弟，会集之间，必有丝竹管弦，红妆夹坐。”说的是明季之事。程穆衡《吴梅村先生编年诗笺注》云：“癸巳春，同声、慎交两社，各治具虎丘，申订九群同人，至者五百人。……会日，以大舟廿余，横直中流，每舟置数十座，中列优倡，明烛如繁星。令人数部，歌吹竞发，达旦而止。”癸巳是顺治十年（1653），可见观剧之风依然极盛。对于文人来说，观剧然后赋诗几乎成了一项固定的节目。考《全清词·顺康卷》，有半数以上作者写过此类作品，如潘廷璋有《踏莎行·赠歌者朱倩云、陈允大，即席索和，时演浣纱》，刘命清有《望江南·阅杂居》，龚鼎孳有《和苍岩、西樵、阮亭、蛟门饮荔裳园演剧》等。[①] 这些词人的并非都是富贵中人，但贫士对戏剧的接触与了解毕竟有限，杜浚与陈维崧就由于不熟悉关目而发生过笑话。杜浚言：“余因及首席决不可坐。要点戏，是一件苦事，余尝坐寿筵首席，见新戏有《寿春图》，名甚吉利，亟点之，不知其斩杀到底，终坐不安。其年云：亦尝坐寿筵首席，见新戏有《寿荣华》，以为吉利，亟点之，不知其哭泣到底，满座不乐。”[②] 而台阁大老由于养有家乐戏班，有的主人还身兼编剧、导演等职，因此观剧之作更多一些，品鉴也更精。梁清标就曾拥有一个不错的家乐，他本人还曾亲撰词曲以供演唱[③]。其观剧之作约有十余首，这在清初词人中算是比较多的了。

清标的观剧词以突出聚会时的欢快气氛为主。其《春风袅娜·上元王胥庭司马召饮观剧》极尽铺陈之能事，用曹雪芹的话讲就是“繁华热闹到了如此不堪的田地”。词云：

① 潘廷璋，字美含，号梅岩，浙江海宁人。明诸生。入清后弃举业，隐居教授，潜心经学。刘命清，字穆叔，号但月仙，又号虎溪渔叟。江西临川人。明诸生。入清以史馆荐，不应。

② （清）陈维崧：《贺新郎·自嘲用苏昆生韵同杜于皇赋》。

③ 陈维崧《满庭芳·寿大司农梁苍岩先生》有句：“华筵亲献斝，升平法曲，象管昆弦，有尚书红杏，丽句亲填。”

喜良宵烟月，依旧清平。花市暖，晚风轻。有尚书、好客堂开帘卷，故人欢笑，妆点春城。百宝珠轮，九枝青玉，绛烛高烧列画屏。琥珀光浮千日酒，赤瑛盘荐五侯鲭。　谁把燕山旧事，移宫换羽，倩优孟、谱入新声。红牙串，紫鸾笙。歌喉未歇，客欲沾缨。梦里功勋，休嗟陈迹，眼前杯酌，且尽平生。种槐庭院，看年年无恙，红灯绿醑，快聚良朋。

据徐釚《南州草堂词话》记载当时情景："王胥庭司马，张伎设宴，棠村梁公赋《春风袅娜》云云。时华堂竹肉间发，听歌者唱至'看年年无恙，红灯绿醑，快聚良朋'之句，举座起舞。"

《拜星月慢·七夕，何婿生辰观剧》作于家宴之上：

岫爽迎襟，庭柯含雨，一派好天良夜。落叶疏香，缀秋容如画。鹊桥展，喜遇九霄嘉会，散作人间萧洒。玉润悬弧，正云开晴乍。　蚁浮樽、轩槛飘兰麝。新声倚、弄笛红灯下。搬演文武衣冠，成六朝佳话。问天孙、此夕应无价。堪相贺、秦陇烽烟罢。画屏冷、客醉氍毹，看银河欲泻。

该词虽不及前一词热闹，但家人之间的欢宴，轻歌曼舞，其乐融融。或许清标更喜欢这种气氛。

享受声色之好是清标观剧词的另一内容。从古至今，"色艺双绝"一直是评价优伶的基本审美标准。不懂艺术的人往往重色不重艺，《锡金识小录》提到明人："无锡俞是堂宪、安胶峰如山皆有龙阳癖。即富且贵，以重赀购得者不可胜计，大都以色不以技也。"① 梁清标就没有这么俗，他观剧时欣赏的是艺人多方面的才艺。《柳腰轻·观邢郎演剧》是为一位男演员而作：

溶溶三五春宵宴。银烛照，红牙按。紫云筵上，袁绹台畔。不数当年奇艳。奏新声、几度杯停，趁东风、一枝花颤。　信是吴侬妙选。问尹邢、美名谁擅。亸肩扬袖，浅颦低笑，省识芙蓉如面。座中

① （清）黄印：《锡金识小录》卷十《前鉴·优童》，清光绪二十二年刻本。

有、子野情多，每肠回、舞裙歌扇。

邢郎并非梁家的艺人，应是王紫稼一流人物。词中“几度杯停”是赞其歌喉，“亸肩扬袖”是写其身段，“芙蓉如面”是赞其容颜，可见清标享受的是全方位的娱乐。

清标自己也蓄养歌伎，其中一伎名文玉，尤为著名。尤侗曾睹其演《千金记》，事后回忆道：“女伶，晋妓文玉也。戊申，予在宗伯斋头观演此出，作《南乡子》赠之，有‘锦伞将军小黛娥’及‘春草江南细马驮’之句，宗伯颇为称赏。”① 清标的《满庭芳·观女伶演淮阴故事》也是为其所作：

绛烛清宵，彩云华馆，蛮腰细舞回风。婵娟忽变，绣袄染猩红。锁甲艳分雪色，兜鍪小、双颊芙蓉。氍毹映、将军红粉，锦伞黛眉同。　　登坛当日事，衣冠优孟，写出偏工。叹英雄佳丽，一样飘蓬。飞絮落花旧恨，谁怜取、桃李春秾。乘月夜，衣香人面，莫放酒杯空。

上阕对文玉的舞姿大驾欣赏，下阕则因剧情而生身世之感，故有“一样飘蓬”、“飞絮落花”之句。

观剧的目的是娱乐消遣，但有些剧情却能使人心生感慨。在清标词作中留有名目的戏剧共有五部：淮阴故事、《秣陵春》、卫大将军故事、隋末故事、项王诸剧，均与兴衰变乱有关，不禁勾起了他的故国之思。在《越溪春·高司寇召饮，演〈秣陵春〉新剧》一词中，这种情绪最为明显：

二月莺啼风日丽，蒋径暂开扃。主人情重倾杯斝，剪烛花、奏出新声。太史填词，秣陵春色，司寇园亭。　　风流双影分明。搬演小秦青。丽谯三点四点漏滴，华堂斗转参横。多难一身行乐地，俯仰欲沾缨。

《秣陵春》写南唐旧臣徐适与两朝皇帝的遇合，乃吴伟业将出山时所

① （清）李调元：《雨村词话》卷四，见唐圭璋《词话丛编》，中华书局1986年版，第1438页。

作。尤侗评曰："于兴亡盛衰之感三致意焉。"[①] 刘光汉亦云："借南唐之事迹，寄兴亡之感慨。"[②] 清标作为亲历甲申之变者，感触尤深，几欲落泪。"多难一身"这四个字包含了无限隐衷、无限经历。

再如《疏帘淡月·雨后幼平表弟、子谅内弟招饮观剧，演隋末故事》下阕云："叹当日、陈隋竞逐。看萤苑迷楼，皆成荒麓。重演繁华莲镜，光涵冰玉。扬州烟月浑如旧，更谁翻、夜游清曲。"也不是空谈兴亡，而是基于现实而发的感喟。

（二）题画词

据周绚隆考证，题画词始于北宋而盛于明末清初[③]。一般的写法是通过画卷来体现词人与画家或画主的关系，具有较强的应酬动机。以陈维崧的《迦陵填词图》为例[④]，当时才人名士三十余人为之题咏，内容多不脱赏其怀抱、叙写交情等。梁清标则不然，他的题画词多是为自己的藏品而发，常带有一种陶醉感。如《满江红·秋日广陵萧灵曦寄画册，赋此为谢》上阕云：

邗上书来，平添我、小堂秋色。渲染处、烟云满纸，珊瑚架笔。驱驾河阳追懒瓒。赵家粉本今重出。向晴窗、流览顿移情，风萧瑟。

萧灵曦即清初著名画家萧晨，字中素，江苏扬州人。工诗，擅画山水、人物。师法唐、宋人传统笔法，细秀雅淡，设色妍丽，衣纹清劲流畅，功力极深。曾为清标绘过《蕉林书屋图轴》，现存于北京故宫。词中所云画册不详所指，但带给清标的精神享受却是巨大的，这从字里行间均能感受到。结句的"移情"云云，是品鉴过程中的独特体验，清标在《跋董宗伯乐志毅论图》中也描述过这种快乐："今观此图，尤为高脱，尺幅之间，寻味不尽，悠然自远。书摹杨凝式而变化出之。晴窗展玩，觉

① （清）尤侗：《梅村诗余序》，见陈乃乾辑《清名家词》第一卷，上海书店1982年版，第62页。

② 刘光汉：《光汉室丛谈》，转引自靳荣藩《吴诗集览》，四库备要本。

③ 周绚隆：《实用性原则的遵循与背叛——陈维裕题画词的文木解读》，《首都师范大学学报》2000年第6期。

④ 该画是名僧大汕为其年而绘的小像。陈康祺《郎潜纪闻四笔》云："康熙朝，海内老辈传有三图，一为朱竹垞《烟雨归耕图》，一为李秋锦《灌园图》，一为陈迦陵《填词图》。"

清风徐来，尘情为之一涤矣。”

如果说萧晨带给清标的是欣喜，仇英带给他的则是狂喜。仇英，字实父，号十洲，太仓人。工人物、山水、花鸟、楼阁界画，尤长于临摹。与沈周，文征明和唐寅合称“明四家”，亦称“天门四杰”。其作品在生前即价值不菲，至清初越发炙手可热。清标曾得到过他的一幅《箜篌图》，遂作《三姝媚·题仇十洲箜篌图》以记其事。词中对该作品描摹至细，甚至注意到了箜篌弦是以朱砂绘就这一细节，可以想见其手不释卷，反复观赏之状。末尾云：“向梦里、相逢偏早”更是道出了梦寐以求终于如愿的满足感。此外，在《柳腰轻·题陶侣侄所持王生山茶蛱蝶图扇》、《渔家傲·题王烟客摹黄鹤山樵画册》等词中都流露出品鉴之乐。

书画鉴赏点缀了清标的富贵生活，给他带来了精神上的愉悦，但偶尔也会触发他的故国之思。清初文人的“论宋”往往就是“论明”，宋诗风的勃兴也与此等民族情结有关。清标也好收宋元书画，其在《宋高宗乘龙渡江图记》中就有一段别样的“论宋”文字：

> 天下神物离合聚散讵偶然哉！而余窃有慨乎宋事焉。尝考靖康之祸，始于小人误国，驱除异己，苟且富贵，以致中土鼎沸，乘舆播迁。青城之役，三光晦蚀，赵氏不绝者如线。康王始而务质，继得还京，再遣使金，磁州人诛王云留康王，金人踪迹之，又如相州，遂免于难，然而危殆者数矣，岂非天哉！群臣劝进，天与人归，一时将相辐辏，如李纲、赵鼎、岳少保、韩蕲王诸人皆挺生以佐中兴者。信而用之，中原可复，仇耻可雪，独奈何身睹丧乱之由，而复蹈七秦之辙也。嗟乎！此其故莫可究诘矣。乘龙渡江一事，史册不载，或疑当时附会以征瑞应之符，涉怪诞不足信。然天佑赵氏而存其祀，仓卒渡江，绵历数者百余年，此岂易得之于戎马喋血之余、庙社丘墟之日乎？群灵效顺理固然矣。余宝爱斯卷，恨不及质之先君子，而又重有感于兴亡之迹。每一披览，未尝不欷歔而太息也。①

因篇幅所限，一般的书画序跋都不太长，清标此跋却近千字，似乎如

① （明）姜绍书：《韵石斋笔谈》卷下，四库全书本。

鲠在喉，不吐不快。其表面是有慨于南宋之偏安，实际上却是在抨击南明错过了“中原可复，仇耻可雪”的良机，“复蹈七秦之辙也”。这才是“每一披览，未尝不欷歔而太息”的真实底蕴，否则一段前朝历史决不会引发这么大的情绪波动①。

清标作为前明进士，岂无毫厘故国之思。但他为人谨慎，又惧于笔祸，已将之隐藏得极深，故在其诗文集中很少能直接看到相关内容，然而在“观剧”、“题画”这两个享乐题材中却时而显现。这是因为情感越是被压抑就越有宣泄的冲动，在娱乐作品中偶尔倾泻一下隐情，在作者看来更具隐蔽性。

小　结

在本章开头提过，从庙堂词中可以反观一个朝代的世风、士风，通过梁清标的《棠村词》，清初的朝政大纲、新主面貌、种族矛盾都得到一定程度的展现，而一个贰臣在如此时世中的心波荡漾尤为值得关注。在雍容华贵外表下的怨与惧，在颂扬声中的矛盾心态，在享乐途中的故国之思，都使得其庙堂文学创作远较前代为复杂。

就艺术性而言，《棠村词》不及北宋馆阁词人的气度恢弘，难跻一流队伍。但就词史发展而言，还是有其贡献的。唐宋以来，词体地位一直不尊，至清初，词学界却掀起了声势浩大的“尊体”之风，甚至连帝王都参与进来。② 有论者以为“‘尊体’乃清代词学发展与词风重振之最重要

---

① 由这幅画想到了南明痛史的还有另一贰臣高珩，他在《泥马渡江图为同年梁玉立题》一诗中历数前代南度偏安之局，最后总结：“永嘉建炎亦自好，配天宗祀仍逾百。乃舌凡事让昔人，此后偏安那可得。杜鹃血洒碣石裂，骢裹骨朽金台坼。落叶寒潮带夕阳，还君此图泪沾臆。”见《栖云阁集》卷二，四库全书存目丛书本。

② （清）康熙《御选历代诗余序》云：“词亦何可废欤？……更以词者继响乎诗者也，乃命词臣辑其风华典丽、悉归于正者为若干卷，而朕亲裁定焉。夫诗之扬厉功德、铺陈政事固无论矣。至于《桑中》、《蔓草》诸什，而孔子以一言蔽之曰：‘思无邪’。盖蕙茝可以比贤者，嘤鸣可以喻友生。苟读其词而引申之，触类之，范其轶志，砥厥贞心，则是编之含英咀华，敲金戛玉者，何在不可以‘思无邪’之一言该之也。……推此而沿流讨源，由词以溯之诗，由诗以溯之乐，即箫韶九成，其亦不外本人心以求自然之声也夫。”见沈辰垣等编《历代诗余》卷首，上海书店 1985 年版。

因素，也是其核心意义之所在。”[①] 清标也不乏尊体之论，其序丁澎《扶荔词》云：“至其写闺房之委曲，摹旅况之萧森，畅叙樽垒，流连赠答，事存乎闾巷妇子之微，而情系处君臣友朋之大。寄寓闳而托兴婉，抑何其乐而不淫，怨而不怒耶。”其侄梁冶湄曰：“叔父家法，自理学经济诸书外，稗官野史，不许子弟流览。然使其涉猎诗词者，所以发其兴观群怨，使知古来美人芳草，皆有寄托也。故得从间窃观蕉林集，凡乐章小令，必一一从纨素间志之。”[②] 这是攀附诗骚，强调雅正寄寓以尊体。又言：“诗尚沉雄，忌纤靡，词贵轻婉，戒浮腻。较然分途，若枘凿然。此诗不可类乎词，犹词之不可似乎诗也。世鲜有能辨之者。……求其声调谐合，而不戾于古者，菊庄徐子其弁冕乎。”[③] 这是从辨体的角度尊体。其以词体表现颂圣、盛世风光等严肃题材，追求典雅庄重的词风，同样也是尊体。

① 颜妙容：《清代词学尊体之论述研究》，台湾“国立”中山大学中国文学系博士论文，2004 年。

② （清）沈雄：《古今词话·词评下卷》引梁冶湄语，见唐圭璋《词话丛编》，中华书局 1986 年版，第 1037 页。

③ （清）丁澎：《菊庄词序》引梁清标语，见陈乃乾辑《清名家词》第四卷，上海书店 1982 年影印本，第 126 页。

第十章

其他贰臣词人合论

前文述及的四位词人虽在人格与词作上具有一定的代表性，但贰臣词人实各具个性，如不进行整体盘点，将无法把握群体之面目。除却避免以点盖面的考虑外，梳理其他贰臣的生平、个性、词作还有助于填补词史空白。因为清词本非显学，贰臣词人由于背负“恶名”，更是罕有人提及，这就令这群人始终处于云深之处。基于以上原因，本书将以里籍为单位，展开研究。

清代文学的一个重大特征是地域性突出，阳羡、浙西、桐城各派皆以地名。道光人李淦在《燕翼篇·气性》中将天下分为三个区域，具体论述了风土对居民个性的影响。其云：“地气风土异宜，人性亦因而迥异。以大概论之，天下分三道焉：北直、山东、山西、河南、陕西为一道，通谓之北人；江南、浙江、江西、福建、湖广为一道，谓之东南人；四川、广东、广西、云南、贵州为一道，谓之西南人。北地多陆少水，人性质直，气强壮，习于骑射，惮于乘舟，其俗俭朴而近于好义，其失也鄙，或愚蠢而暴悍。东南多水少陆，人性敏，气弱，工于为文，狎波涛，苦鞍马，其俗繁华而近于好礼，其失也浮，抑轻薄而侈靡。西南多水多陆，人性精巧，气柔脆，与瑶僮苗蛮黎蜒等类杂处，其俗尚鬼，好斗而近于智，其失也狡，诡谲而善变。”这一划分还是比较符合中国地域文化特征的。本书以此为据，将贰臣词人按照籍贯划分为南方、北方两个地域群①。

第一节　南方贰臣词人群体

东南地区蜿蜒着中国最大的河流——长江，其地属于亚热带气候，温

---

① 西南仅有一位贰臣词人，因此本书将西南与东南合并，统称南方。

热多雨，文学以词采见长。早在先秦时期，屈原、宋玉等人所创作的楚辞就繁富华丽，后世誉之为“逸响伟辞，卓绝一世”，“其影响于后世之文章，乃甚或在三百篇以上”。① 西晋灭亡后，南朝文学以其声律和谐、文笔侧艳而有别于北朝。至晚唐五代，词体兴起，从此以往，江南一带一直是词坛中心②。据唐圭璋先生《两宋词人占籍考》统计，宋代东南词人共计595人，占总数的68.6%，苏、浙、皖三省共有词人348位，占总数的40%。靖康之难后，政治中心的南移更助长了江南填词之风。元代东南词人共计79人，占总数的57.24%；江南词人53人，占总数的38.4%；明代东南词人共计1071人，占总数的85.8%；江南词人948人，占总数的75.96%，故有“词萃吴中”之说。③ 有着如此浑厚的词学文化积淀，清代长江流域词学之成果更为丰硕，这从阳羡、浙西、常州三大词派皆在江南就可见一斑。

贰臣之中以南方词人为最多，共有10人，除了龚鼎孳、吴伟业、曹溶三大家外，其他词人亦各具面目。

一 南京籍词人：宋征璧、吴刚思

明代的行政区按两京、十三布政司划分，其中南京省包括今天的江苏、安徽、上海，是当时的经济与文化中心。据余意先生统计，明代南京省共有词人563人，位居全国第一。

贰臣之中南京籍词人共计4名，无论是数量上，还是成就上均占优。

1. 宋征璧

历来言及明末清初词坛者必以“云间派”列其首。宋征璧是云间主将之一，其家乃是松江望族，伯父懋澄、兄存标、从弟敬舆、征舆、从子思玉、嗣子祖年皆有文名，人称“芝兰玉树，近生庭阶”④。征璧原名存

---

① 鲁迅：《汉文学史纲要》，人民文学出版社2006年版，第31页。

② “江南”是一个比较模糊的概念，在不同的时代、有着不同的界定。明清时期的江南，主要指处于太湖流域的苏州、松江、常州、嘉兴、湖州、杭州、太仓州、镇江、江宁等八府一州之地。参见王卫平《明清时期江南城市史研究——以苏州为中心》，人民出版社1999年版；李伯重《简论“江南地区”的界定》，《中国社会经济史研究》1991年第1期。

③ 本节关于宋、元、明词人数据统计皆转引自余意《“词学吴中”与明代词学之重建》，华东师范大学博士论文，2006年，第10—15页。以下不注。

④ 谢伯阳、凌景埏：《全清散曲》，齐鲁书社1985年版，第208页。

楠，字尚木，又字让木，号幽谷朽生，别署歇浦村农，江苏奉贤人。少年时为膏粱子弟，意气洋洋，时人呼其与从弟征舆为“大小宋”。有知兵之名[①]，尝于崇祯末年，与陈子龙、夏允彝捐赀招募水师，以拒寇雠[②]。著有《左氏兵法测要》二十卷，并与陈子龙、徐孚远同选《皇明经世文编》，多载“议兵食，论形势”，有关“国之大计”之作，可见其用世之志。柳如是《戊寅草》有《赠宋尚木》一诗：“揽君意气盛，使我心志长。正说示区理，植思去所妨。静默有深态，神锋匪萧浪。峥嵘散条纪，慷慨恣霸王。与论天下事，历历为我伤。斯人信龙蠖，良会多彷徨。策奇及涤体，俯仰何洋洋。读书兼射猎，不屑夷门傍。”其当日风采如是。

征璧科名晚进，六入科场，方于崇祯十六年（1643）成进士，授中书舍人，充翰林院经筵展书官，奉差督催苏松四府柴薪银两，未复命，以国变归里。入清后，宋氏子弟出处各异：存标隐居不仕；征舆应试于清，官至左都御史；征璧则是先隐后仕，“逾十年始出”[③]。当其未出也，有《南歌子・寄友》一词：“濯足清流浅，垂纶百尺潭。清风明月惯成三。且与良朋斗酒醉双柑。　　贫贱诚吾志，波澜总未谙。中年好道足幽探。忘却一身沦落在江南。”玩词意，有终焉之志。顺治十二年（1655），征璧与族兄之绳同被清廷征召[④]。很明显，统治者看中的是松江宋氏的家族声望以及二宋的影响力，希望借此打击江南士人的反抗意识，其用意与征召太仓吴伟业相同。此后征璧历官秘书院撰文中书舍人、礼部员外郎、清膳司郎中、广东潮州知府。卒于任所。

征璧著述颇丰，于诗有《抱真堂诗稿》、《含真堂诗稿》，于词有《三秋词》、《歇浦倡和香词》，于曲有《棣萼香词》等。其诗风在易代前后有所不同，这一点时人皆知。王崇简为《抱真堂诗稿》作序云：“三十年来，尚木之遇予知之；尚木之诗之变予知之。此或尚木越数千里而问序于

---

① （明）陈子龙《答归德侯朝宗》云：“此处尚有孝廉宋征璧，字尚木，善兵略。”《安雅堂集》卷十七，四库全书本。

② （清）计六奇《明季南略》卷七“陈子龙疏募练水师”条云：“六月十九日，陈子龙疏言：‘时寇破恒、代，渐逼京师；臣妄意联络海舟直达，可资应援。因与长乐知县夏允彝、中书舍人宋征璧等捐赀召募。’”续修四库全书本。

③ （清）吴伟业：《宋尚木抱真堂诗序》云：“君累不得志，计偕六上始收。不幸遂遭末造，忧生伤乱，逾十年始出。”《吴梅村全集》卷二十八，上海古籍出版社1999年版，第674页。

④ （清）宋琬《尚木兄诗序》云：“岁乙未，诏起君田间，拜仪部尚书郎。”《安雅堂文集》卷一，续修四库全书本。

余之意乎。”这种变化在其词作中同样存在。

征璧填词甚早，据其自言：“予自髫岁，习短长调。既而奉先生之言，忸怩不复理绮语。兵火以来，荷锄草间。时值暮春，邂逅友人于东郊，相订为斗词之戏，以代博弈。”① 由此可知其大规模填词是在崇祯中、末年。所谓“斗词之戏”指的是云间诸子的词唱和，参与者有陈子龙、李雯、宋存标、征璧、征舆、敬舆、思玉、祖年、钱穀等，内容不脱诗酒流连，风情浪漫。征璧的唱和之篇结集为《歇浦倡和香词》，有词36首；加上《瑶华集》、《今词苑》、《清平初选》所收词19首，现存词共计55首。皆作于仕清之前。其中三分之二作于明亡前，风格绮艳，大有江南温山软水风貌。《虞美人·初夏闺词同子璧作》堪为代表：

小池吹绉冰纹浅，淡绿新荷卷。昼长人静翠屏闲，惟有多情双燕画梁间。　　香肌不胜熏金兽，削玉身材瘦。琐窗银剪一声声，为爱生绡叠雪五铢经。

王士祯读该词叹曰：“裁云镂雪，近在广平一家。”②

另三分之一作于明亡之后，哀感顽艳，有异从前。《念奴娇》是顺治四年（1647）之作，词前有小序：“丁亥暮春，同大樽、舒章二子集子建荒圃。是日春雪乍霁，庭兰放花。大樽示予上元篇。已而跳崇岗，俯清流，感叹瑗公。既相与极论诗文，予因即席赋《念奴娇》长调，故有‘阳春郢雪’之语。明旦接读和章，至‘空赠金跳脱’未尝不愧其意也。乃未几而大樽亦效彭咸，则‘湘水波澜’、‘重临幽涧’，竟若为谶云。”

悬崖欹石，自一番、相见倍增愁叹。湘水波澜犹带冷，何事重临幽涧。万种凄迷，魂消楚侍，际此情何限。东风暗逐，衡皋相思日晚。　　曾记夙昔瑶阶，和琅玕比翠，亭亭瑶干。长是烟膏并雨腻，辜负黄昏清旦。三径无人，芳香依旧，紫蒂摇银汉。阳春郢雪，冈弦交付纤腕。

① （清）宋征璧：《唱和诗余再序》，《云间三子新诗合稿、幽兰草、倡和诗余》，辽宁教育出版社2000年版，再序第3页。

② （清）王士祯：评宋征璧《虞美人·小池吹绉冰纹浅》，《倚声初集》卷九，清初大冶堂刊本。

瑗公是夏允彝的号。《明史》记载："允彝字彝中，华亭（今属上海松江）人。赐冠举于乡。好古博学，工属文，暇时偶作印章。是时东林方讲学苏州，张溥、杨廷枢等慕之，结文会，名曰复社。允彝与周邑陈子龙等结几社相和。清兵陷南京，欲结义民抗之，闻友人侯峒曾、董淳耀、徐汧等皆死，乃赋绝命词，投水死。"征璧与允彝既是同乡又是几社同仁，相交甚厚，惊闻其死讯十分悲痛，遂作词悼之。"湘水"、"幽涧"云云皆影射其投水之事。该词在云间诸子中反响强烈，陈子龙、宋存标、宋征舆、钱縠皆有和词。

征璧另有《摸鱼儿·送春》一词，作于顺治元年至顺治七年（1644—1650）间，仿的是辛稼轩的《摸鱼儿·送春》体，词云：

但魂消，黯然离别，春归直恁容易。送春还是留春好，争奈留伊无计。春去未，且准备香车宝马临琼砌。暮春天气。费几许留连，柳昏花暝，晓夜恣萦系。　　三春恨，恰恰无端风雨，高楼盼断春霁。十千曾醉乌程酒，日日画桥沉睡。君莫悔，君不见黄莺紫燕东风里。相牵北地。还倦倚旗亭，教休忘了，南浦渭城泪。

本书第三章曾分析清初人对稼轩《摸鱼儿·送春》一词怀有特殊感情，词人往往以送春为名抒写亡国之恨，这首词也是如此。作者表面上写自己因春归而百般痛苦，实际上暗伤朱明，故字字沉痛。其弟征舆也有同题同调之作，其中有句"春果暮，君不见东风日日摇芳树"，"休回顾，君不见落红万点皆尘土"，已坦然接受了明亡这一事实。征璧却万分不舍，"黄莺紫燕东风里。相牵北地。还倦倚旗亭"这一句分明在讥讽那些投靠清廷者，当然也包括征舆在内，结句"教休忘了，南浦渭城泪"是谆谆教导其弟，莫要忘了故明。有论者以为征璧诗词文赋中，"了无故国之思"，由此可知不确。

征璧以上两首长调并非绝响，其易代后的词作如《南歌子·寄友》、《满庭芳·寒食》、《水调歌头·忆吴志洐令成都》、《水龙吟·元宵》、《风流子·虎丘》、《留客住·荒村》等，都大有萧疏之意。

王士祯云："（云间数公）不欲涉南宋一笔，佳处在此，短处亦坐此。"① 云间诸子崇南唐北宋，黜南宋，因此其词作以小令为主，长调罕

① （清）王士祯：《花草蒙识》，见唐圭璋《词话丛编》，中华书局1986年版，第685页。

见。笔者以征璧词为中心，兼及其他云间词人，发现其填长调多在易代之后。而在大小宋笔下更是出现了拟和稼轩之作，词风亦由绮丽转为凄婉。以是观王氏之言，未免绝对。而究其嬗变之由，当与龚鼎孳、曹溶等人同，乃是词人在易代的挫伤下逐渐感觉到艳体小令的不足，有意无意间向一种新词风靠拢。

2. 吴刚思

《全清词·顺康卷》之《吴刚思小传》云："吴刚思，字德乾，一字见止，号修蟾，江苏武进人。明崇祯十六年（1643）进士，官知县。有《远山阁词五刻》。"小传对刚思仕宦情况语焉不详，本书第一章第二节已经考辨。有关刚思的记载不多，《觚剩》言其家四代进士，"四代进士，则武进吴刚思，而刚思母丁氏乃观察亮之媵，三子并贵，柔思壬戌进士，简思辛未进士"①。著有《远山阁集》②。

刚思现存词不多，仅 8 首，但在当日还是比较活跃的。龚鼎孳词集中有《蝶恋花·湖上春雨，用吴修蟾倦绣韵》、《清平乐·春情，和吴修蟾韵》、《满庭芳·雨中花叹，和吴修蟾韵》、《百字令·和吴修蟾雨中春恨》、《惜余春慢·追春，用吴修蟾饯春韵》、《齐天乐·湖上午日，用吴修蟾和周美成韵》，可见一斑。从现存词来看，其词风轻婉纤艳，不脱明人怀抱。《临江仙·春慵》云：

> 花露滴香吹梦散，宵寒似有如无。火留三分暖香炉。晓光红夺烛，慵态玉凝酥。　　欲问浅深花色艳，夜来莺睡如初。可怜春半事俱疏。闷多情便损，娇细步来徐。

《倚声初集》言此词"当令杜陵内史以慧心写之"，杜陵内史即晚明画家仇英侄女仇珠，工人物山水。诚然如此，刚思此词虽无寄托，词境不阔，但描摹殆尽，笔致细腻，宛若工笔画。

二　浙江籍词人：陈之遴、方大猷

宋、元两代，浙江词学一直领先于其他省，直到明代才被南京省

① （清）钮琇：《觚剩》卷四，清临野堂刻本。

② （清）吴一清等纂修：《北渠吴氏族谱》卷首，清光绪三十二年木活字本。

超越。

浙江籍贰臣词人共有 3 人。

1. 陈之遴

在浙江，海宁陈氏号称“海内第一望族”，有“一门三阁老，六部五尚书”的美誉。陈之遴就是三阁老之首，他字彦升，号素庵，崇祯十年（1637）进士，入清官至弘文院大学士，加少保兼太子太保，与陈名夏同为南党党魁。权倾一时。

之遴才气纵横，有《浮云集》十一卷，后附词作 99 首。其《拙政园诗余序》云：“湘苹爱余诗愈于长短句，余爱湘苹长短句愈于诗，岂非各工其所好耶。”徐灿眼光精准，陈词确实不及其诗，但却很有文献价值。据曹溶言，诗集《浮云集》刻于戍所，多晚年之作，非全本也，而其词作却保存得比较完整，一生中的重大事件都有所反映。

之遴在明代为官时间甚短。他成进士后，授翰林院编修，升中允，刚及一年，就因其父祖苞事削职回籍，永不叙用。据《明史》记载，祖苞为顺天巡抚，清兵进犯时因“守备怠驰”而失城，下狱服毒死。崇祯怒其漏刑，遂祸及之遴[①]。这一巨变对之遴打击甚大，他在《浪淘沙》中写道：

> 游未中年已倦游，愁为情性不知愁。春残几阅花悲喜，红老难商燕去留。　真落魄，强风流。一番沤梦醒扬州。樱桃院宇芙蓉帐，更向瑶空结蜃楼。

之遴生于万历三十三年（1605），降清时已是不惑之年，与词中所云“未中年”不符，因此创作时间应在明季革职之后。“春残几阅花悲喜”是说自己一年内的遭遇太过悬殊。他于崇祯十年（1640）春高中榜眼，其父也“抚蓟奏捷”，可谓喜上加喜；然而好景不长，崇祯的一怒令这个家族蒙受灭顶之灾，之遴不但失去了父亲，而且失去了进官之阶。这对一个积极进取的封建文人来说，其痛苦可知，故云“愁为情性不知愁”。而“红老难伤燕去留”之句则流露出作者对这一切的不能

① 崇祯果于诛杀，为政 17 年，换了 50 个大学士，被杀高官不计其数。以祖苞之案论，同时被杀的还有蓟镇总监邓希诏、分监孙茂霖，保定巡抚张其平、山东巡抚颜继祖，蓟镇总兵吴国俊、陈国威，山东总兵倪宠，援剿总兵祖宽、李重镇及他副将以下，至州县有司，凡 36 人。

接受。

此后，之遴放废几达十年。他表面上优哉游哉，内心深处对崇祯却不能无怨。是以明亡后，他虽也有“招魂一曲商歌阕，伤心两把啼痕血”（《忆秦娥·三月》）、“梦魂只合黄尘住。怕向江南去。玉箫金管杂琵琶。还有持杯听唱后庭花”（《虞美人·芜城》）这样的哀叹，但在感情的深度与浓度上却及不上龚鼎孳、熊文举等贰臣。作于甲申（1644）四月的《燕京杂诗》对崇祯大有讥诮之意，其二云：“未歌玉树已亡陈，不筑阿房亦覆秦，一旅卒然挥白梃，九州强半着黄巾。求为黔首悲龙种，别有蛾眉辱马尘。痛忆文皇南下日，大廷幽谷尽忠臣。”以为崇祯不如建文也。其六云：“烈皇亦是英明后，辛苦兴邦反丧邦。”言崇祯所谓的“精明图治”反倒加快了明亡的脚步。其七云：“片石才看勒汉铭，几番烽火照彤庭。腹心未见恢河套，肩背何缘割大宁。千帐美人歌夜月，四郊残鬼哭秋星。”言崇祯所用非人也。董潮读罢这一组诗评曰“局外快心之语多，故国旧君之感少”①，亦不算冤枉了他。这种心态在词作中同样存在，《满江红·感兴次韵湘苹韵二首》就带有一种局外观棋之感。其二云：

> 万紫千红，自合有，飘零时节。看世事、梦梦难问，不须悲切。龙战十年犹未了，乾坤洒尽玄黄血。但寒风、吹卷五陵云，西山缺。
>
> 中夜舞，而今歇。诉往恨，邀明月。望江南欲赋，锦笺还叠。一代河山何许事，天心只等花开灭。叹围棋、赌墅是何人，东山业。

比较之下，湘萍的原唱次韵的是民族英雄岳飞的《满江红》，其中的忠贞悲愤与岳词并无二致②。而之遴的和词却无此意绪。上阕作者以一种

---

① （清）董潮：《东皋杂钞》，丛书集成初编本。

② 徐灿的《满江红·感兴》是其代表作，词云：“过眼韶华，凄凄又、凉秋时节。听是处、捣衣声急，陈鸿凄切。往事堪悲闻玉树，采莲歌杳啼鹃血。叹当年、富贵已东流，金瓯缺。　风共雨，何曾歇。翘首望，乡关月。看金戈满地，万山云叠。斧钺行边遗恨在，楼船横海随波灭。到而今、空有断肠碑，英雄业。”孙康宜分析道：“在徐灿的爱国词作中，她有意选择在传统上易与忠君爱国思想产生联想的令牌来填词，诸如《满江红》（因抗金英雄岳飞而知名）及《永遇乐》（爱国词人辛弃疾的典型）风格。”见《词与文类研究》附录三《柳如是和徐灿的比较：阴性风格或女性意识?》，北京大学出版社 2004 年版，第 190—191 页。

冷静乃至冷漠的口吻来述说明亡之事实，朝代更迭就如花开花落一样不可避免，因此也就“不须悲切”。下阕写到了自身。“中夜舞”用祖逖典，言自己的经世之心从此可以放下了，“东山业”用谢安典，表面上是说将归隐山林，但细玩味就会发现还有其他意思在。昔日谢安隐居东山，苻坚伐晋时，他却指挥弟石及兄子玄等应机征讨，所在克捷，最终官拜宰相。之遴以安石自拟，其欲出之意已很明显了。谭献对陈、徐二人的唱和词作出评价：“兴亡之感，相国愧之。”① 诚然如此。

顺治二年（1645），清兵南下，之遴迎降，授秘书院侍读学士。《金菊对芙蓉·赠友》就作于这一年，其中有句：“行年四十，乃知三十九年都错。富贵功名如此矣，何必酒阑花落。”不但志得意满，而且有后悔为明人之意。当时还盛传他请发明陵以充军饷，虽不知真假，但之遴欲改换门庭、与前明划清界限之心却是路人皆知。

入清之后，之遴凭着机智敏练，很快坐上了南党党魁的位置。他于顺治五年（1648），迁礼部侍郎；六年（1649），加右都御史；八年（1651），擢礼部尚书；九年（1652），授弘文院大学士。当时一切时政因革厘定，俱出其手。然其内心中却并不平安喜乐，随着官位的擢升，政治斗争也越来越激烈，北党、满人都对他虎视眈眈。御史张煊曾告发他与陈名夏、洪承畴密谋叛逃；李应试之案中，满大臣弹劾他不发一言，明哲保身；议总兵任珍罪时，之遴因持异议而坐罪；陈名夏被处死后，宁完我别摘南党四十一人，录御前，欲一同治罪，之遴即在其列，幸顺治没有追究。这一系列宦海扬波都令之遴倍感疲惫，并现于词作中。《虞美人·有感》云：

> 少年也道空门好。且待浮名了。玉堂潦倒几何春。犹佽婆娑双鬓滞京尘。　　狂澜一叶茫无据，何不收帆去。桃花源里乱如麻，还是太平时节有烟霞。

“狂澜一叶茫无据”是为词眼，正道出了之遴踯躅仕途的心理感受。他也想收帆归去，但被浮名所系，还没有决心真迈出这一步。

《红楼梦》中有一副对联“身后有余忘缩手，眼前无路想回头”，宛似之遴写照。他眷恋官场的结果是在党争中失败。据《清史列传》记载：

① （清）谭献：《箧中詞》卷五，续修四库全书本。

“十三年（1656），上幸南苑，召诸大臣入对，谕之遴曰：‘朕不念尔前罪，屡申诰诫，尝以朕言告人乎？抑自思所行亦曾少改乎？’之遴奏曰：‘上教臣，臣安敢不改？特臣才疏学浅，不能仰报上恩。’上曰：‘朕非不知之遴等朋党而用之，但欲资其才，故任以职。且时时教饬之者，亦冀其改过效忠耳。’因责左副都御史魏裔介等嫔阿缄默，裔介退，具疏劾之遴植党营私，当上诘问，但云‘才疏学浅’，良心已昧；并言之遴讽礼部尚书胡世安举知府沈令式，旋为总督李辉祖所劾，是为结党之据。给事中王桢又劾之遴市权豪纵，昨蒙诘责，不思闭门省罪，即于次日遨游灵佑宫，逍遥恣肆，罪不容诛。之遴疏引罪，有云：‘南北各亲其亲，各友其友。’上益不怿，下吏部严议，命以原官发盛京居住。”这次谪戍对之遴来说不遑晴天霹雳，他在《一剪梅·偶成》中写道：

> 寒蛩啼送一天愁。人自东流。水自西流。古人谁似我淹留。白老江州。苏老黄州。　　半生沉梦醒浮沤。春兴妆楼。秋兴书楼。何时黄菊映归舟。扬子江头。西子湖头。

该作拟和的是南宋蒋捷的《一剪梅·一片春愁待酒浇》，词情哀苦，思归之情甚切，大有悔不当初之意。然而作者虽云“半生沉梦醒浮沤”，却没有真正从黄粱梦中醒来。十三年（1656）冬，之遴复被招还，他在归途中作《入塞》一诗：“已分沙场骨，今朝入汉关。功高惟计杀，身贵却愁闲。手抉边云出，髯携塞雪还。中宵惊梦觉，鼙鼓震阴山。”得意洋洋，全忘了出塞时的凄惶。

归朝后，之遴并没有吸取教训，他认为自己的“盛京之戍”不过是“功高惟计杀”，属于小人陷害。为了在政治角逐中获胜，他贿结内监吴良辅，殊不知此举正犯清廷大忌。顺治震怒，降谕：“陈之遴受朕擢用深恩，屡有罪愆，叠经贷宥。前犯罪应置重典，特从宽以原官徙往盛京，后不忍终弃，召还旗下，乃不思痛改前过，以图报效，又行贿赂，交结犯监，大干法纪，深负朕恩。本当依拟正法，姑免死，着革职，并父母兄弟妻子流徙盛京，家产籍没。”① 这次降罪彻底结束了之遴的政治生命，面对着百口发配之惨，他追悔莫及，《蝶恋花》一词云：

---

① 《清世祖实录》“顺治十五年四月辛卯”条，中华书局1985年影印本。

半世浮荣弹指过。生死悲欢，一任天公做。泪点雨声相应和。回肠却被愁闷撑破。　　笑杀休休臣一个。峻坂霜蹄，扶起还重蹉。回首故园心胆堕。都缘误向黄扉坐。

之遴的塞外残生清苦而落寞，他不适应“霜生温室内，冰凝锦衾间”（《寒甚》）的北方气候，不适应“触雪求薪远，穿冰得水难”（《苦寒》）的贫寒生活；盼归成为他最坚定的信念，他将居处命名为“旋吉堂”，以期否极泰来，遗憾的是，此生他终未能再入汉关。

2. 方大猷

方大猷之遇尤惨于之遴，最后竟不得善终。大猷，字欧余，又作欧虞，一字允升，号崦蓝。浙江乌程人。善书画，山水学董其昌，间为倪、黄，多湿笔。崇祯十年（1637）进士，官直隶井径道。福王时，以大猷降附李自成定入从贼案。顺治元年（1644）五月降清，随侍郎王鳌永招抚山东。七月擢山东巡抚，颇多作伥之举，曾镇压青州起义，并率兵与南明对峙。后因事降密云兵备道，八年（1651）授江南按察使，管河务，寻以荆龙决口逾期削衔留任。十年（1653），河决，给事中周体观、林起龙等交章劾大猷耗帑误工状，方兴为剖辩，得免议。十三年（1656），总督李荫祖疏劾大猷科敛婪取数十款，得旨：鞫治诏革职，下抚按逮讯得实，计赃论绞。越四年，死于狱。①

大猷著有《涂鸦词》，现存词6首，风调萧疏，作者形象鲜明，大有“烈士暮年，壮心未已”的味道。

《南歌子》云：

蓬鬓惊堆雪，衰容艳拒霜。莫持琼管弄表商。吹得万千林叶，一时黄。　　谁道春如剪，裁成百样芳。那知秋色似干将。天外群峰处处，割愁肠。

虽是写“老”、写“愁”，却是老而不朽、愁而不颓。

《卖花声》云：

① 清国史馆编：《贰臣传乙 · 方大猷传》，《清史列传》卷七十九，台北明文书局1985年影印本。

矮屋盖新茅。墙短台高。庄家四五便相招。篱下黄花霜后叶，秋色堪描。　　堤外吼声骄。万里风涛。千钧苦担有人挑。且读南华经一卷，真个逍遥。

大猷在明代尝为管河道，练习河务。顺治二年（1645）汴梁决口未塞，小宋口、曹家寨、流通集诸处先后冲决，清廷委任其治河，十年间卓有成效。该词即作于此间。下阕“千钧苦担有人挑”一句令人想起袁枚的“一肩担尽古今愁”，不过子才颇有“释迦基督担荷人类罪恶之意”，而大猷之言自得自满，有舍我其谁之味。

三　江西籍词人：熊文举、李元鼎

江西词学一直很发达，在宋代有晏殊、晏几道、欧阳修、王安石、姜夔等巨擘，在明代词人数量仅次于南京、浙江两省。清初贰臣词人中江西籍的共有李元鼎、熊文举 2 人，关于他们的生平及部分词作前文已有述及，本章将作补充。

1. 熊文举

新建熊文举在贰臣词人中辈分较高，龚鼎孳、曹溶等皆是他的后辈。文举，复社中人，崇祯四年（1631）进士，官淝水令，曾三次击退农民起义军的进攻。九年（1636），以军功卓异，内召司铨①。十七年（1644）三月十九日，李自成进北京，崇祯自缢，文举“欲自行其志，两为门人救解”②。廿日，百官哭门，手捶误国之权阉，昧死号呼，为大行皇帝请含敛，梓宫礼，皆其首倡。③ 作于此间的《甲申秋日和同志杂诗》不胜亡国之悲，其一云：“悲歌风雨壮千愁，拟吊田横海未浮。白草久迷秦塞月，青烽吹断汉宫秋。无人洒血题鹃梦，有客锥心过凤楼。谁谓采薇殷阜远，挥锄犹认故陵侯。”

---

① （清）熊文举《雪堂先生集选》卷五《纪事诗》云：“乙亥腊之十七日，流寇数万围金斗，环攻八日，士民兵勇力挫其锋，至廿四日始遁。”卷四《舒固卿曾貌予看花待漏及振衣华山松下读书桃源独钓等图括诗一章谢之》诗后注曰：“余令肥水，三次却敌全城，以军功卓异，内召司铨。”卷七《封事余抄序》云：“崇祯九年三月，某以合肥令召人，为天官尚书郎。”四库禁毁书丛刊本。

② （清）杨廷鉴：《雪堂先生集选序》，四库禁毁书丛刊本。

③ （清）熊文举：《雪堂先生集选》卷四，四库禁毁书丛刊本。

入清后，文举大有离心情绪，他“屡请挂冠，开人所不敢开之口”[①]。其《闻征书屡下率尔志怀写呈同社》云：“出处何关道，风烟不散愁。侣除身世网，羞与稻粱谋。夜色辞金气，秋云淡月钩。邵平瓜自好，何必旧封侯。”不出之意甚坚。无奈清廷正要利用这批故明旧臣，决不允行。顺治二年（1645），授右通政，迁吏部侍郎。三年（1646），称疾辞官[②]。八年（1651）闰二月，吏部列荐，诏起用。文举本不想应，老亲惧祸，督促出山，遂于八月补吏部左侍郎。[③] 九年（1652）秋，以丁忧去官[④]。康熙元年（1662），起为兵部左侍郎。二年（1663），以病乞假归。从此不复入春明。

在短短数年任职期间，文举所疏陈之事多系民生。据《清史列传》记载，南明覆灭后，“文举疏陈四事：‘一江浙闽粤等处，明季加派赋额，宜悉蠲贷；一福王所授官多市井冒滥，虽已投诚，不可委用；一山林隐逸，有清望素著，潜修博学者，请下郡县征举；一国家初定，凡率先效顺，历著勤劳者，请特加优异。’得旨：允行”。“江西自叛镇金声桓蹂躏之后，逋赋积壅，诏悉蠲崇祯五年以前积逋。文举请广皇恩，断自七年以前。又以有司丈量荒地，奉行无实，或借端苛索，请敕抚按请厘严剔。又言：‘大臣不知进退大节，无以率下僚。请敕励群臣，毋贪持禄位，颓病者致仕，亲老者终养，敦名节以肃官常。’九年，请谕各省大吏，约束守令，禁幕客家人招摇，及纵蠹役为民累。又江右甫经兵灾，无贡生应考学之人，武生杂流俱缘委署。应请命抚按学臣察革，择举人之文行兼优者充之。诸疏下所司议行。”可见其良心未泯。

文举于清初诗名极盛，时人以为可与江左三大家齐肩[⑤]。钱谦益称：“雪堂之诗，意匠郁陶，兴会森发，未尝不取材三唐，而于金人赵闲闲

① （清）杨廷鉴：《雪堂先生集选序》，四库禁毁书丛刊本。

② 清国史馆编：《贰臣传乙·熊文举传》，《清史列传》卷七十九，台北明文书局1985年影印本。

③ （清）熊文举《雪堂先生集选》卷五《早寒》诗下注云：“不孝勉强出山，实奉先君子严命。”四库禁毁书丛刊本。

④ （清）熊文举《雪堂先生集选》卷七《别龚芝麓太常序》云：“壬辰秋日，余奉讳徒跣南归。”四库禁毁书丛刊本。

⑤ 梁溪邹漪编有《五大家诗钞》，所谓五大家，指的是钱谦益、吴伟业、龚鼎孳、熊文举、宋琬。

(秉文)、元裕之(好问)诸家尤博采而深造焉。”[①] 今观其诗，多颠沛困顿之境，悲凉感伤之情，乃乱世之音也。其词虽也写兴亡，但哀艳清绮，与诗境迥异。这从前文所引数首词即能感知。文举未刻词集，词作传世不多，仅13首。总体来说，小令优于长调。王士祯评曰：“新建词不矜奇斗丽，犹有晏氏父子之遗。”[②] 兹以《蝶恋花·和萧竹屋》观之：

> 海棠烟湿东风软。记得当时，絮语朱栏畔。燕子未归空目断。惜花又过春多半。　何处楼台翻玉管。明月当头，那解伤心怨。已是风鬟云鬓乱。推窗莫遣嫦娥看。

萧竹屋即宋代词人萧允之，其原词如下：

> 十幅归帆风力满。记得来时，买酒朱桥畔。远树平芜空目断。乱山惟见斜阳半。　谁把新声翻玉管。吹过沧洲，多少伤春怨。已是客怀如絮乱。画楼人更回头看。

两词相较，笔者更欣赏熊词。因为萧词写客情，直白少蕴；而熊词借女子相思寓亡国之境中的憔悴自我，情旨朦胧，若即若离，更耐咀嚼。[③]

2. 李元鼎

吉水李元鼎的辈分犹在熊文举之上。文举《石园诗集序》云：“忆昔壬申(1632)春，谒选长安。是时吉水李梅公先生正副典选，卓然有裴王之誉。文举以乡里后辈旅见，先生独心赏而勖励之。”关于元鼎之生平事具《贰臣传》：

> (元鼎)明天启二年(1622)进士，官至光禄寺少卿。流贼李自成陷京师，元鼎从贼，授伪光禄寺少卿。本朝顺治元年，睿亲王定京师，元鼎投诚，授太仆寺卿。二年(1645)二月裁太仆寺缺，命为原官。四月迁本寺卿。寻转太常寺卿。七月擢兵部右侍郎。八月疏

---

① (清)钱谦益:《雪堂先生集选序》，四库禁毁书丛刊本。

② (清)王士祯:《倚声初集》卷十一，清大冶堂刊本。

③ 词中暗含“朱明”二字。

言："臣乡襟江带湖，据金陵上游，控闽粤而连浙楚。旧有江西巡抚控制全省，又有南赣巡抚分理。承平无事且不可一日缺人，况又地方多事，非得人料理，恐残兵余寇再肆蹂躏。恳恩遴简重臣二员，速往受事。"下所司知之。三年（1646）疏言："吉安一郡，只臣一人受职盛朝，负固之兵视臣家为仇雠，倡乱之众以臣家为鱼肉，致臣弟逼死，臣母惊病，家口流离，尽皆散失。今吉安已复，恳恩给假归省。"疏下吏部，以枢务正繁未许因私请假。得旨：着照旧办事。四月，因元鼎曾荐私人倪先任于顺天巡抚柳寅东听用，后获劫盗刘杰等，称先任是其同党，鞫实，先任正法。部议元鼎职系枢臣，辄送匪人听用，虽称不知为盗，未可遽信，应拟斩；寅东不查来历收用先任，后虽斥退，亦拟杖。特恩免元鼎、寅东罪，姑革职。八年（1651）闰二月，吏部尚书谭泰、陈名夏等遵旨荐举人材，称元鼎历任清勤，前缘事褫革，非赃私可比，请录用，以备驱使。诏起送来京。八月复原官。十年（1653）以总兵任珍前任兴安，擅杀妻妾，惧罪，遣人至京行贿，至是事败，兵刑二部株连得罪者十余人，元鼎议罪尤重，应绞，恩诏仍免死，杖徒折赎，未几死。

从这份官方简历上看，元鼎入清后仕途多厄，几濒于死，这与其妻族为明宗室不无关系①。

元鼎著有《石园全集》三十卷，其中诗二十一卷、文八卷、诗余一卷。卷首有钱谦益、熊文举、宋荦、黎元宽、文德翼、陈弘绪、薛正平、薛更生、萧士玮、禹航严、文启祥、刘同升等人之序。其诗邓之诚评曰："不落王、李、钟、谭窠臼，追摹欧、梅，颇具意境。"② 其词集名《随草诗余》，多是与远山夫人的酬唱。聂先评曰："吾乡梅公侍郎之词极为艺林推重。"③ 邓孝威评曰："文江词清真淡雅而无富缛之累，深微高邈而无肤浅之讥，体格朴雅而风神自尔秀畅，胸怀磊落而气韵复极安闲，其得《花间》之正传者乎。"④《随草诗余》诸体，以亲情词写得最好，前文已

① 关于其妻朱中楣的相关信息详见本书"夫妻词"一节。

② 邓之诚：《清诗纪事初编》，转引自钱仲联《清诗纪事》，江苏古籍出版社1987年版，第2351页。

③ （清）聂先：评《文江酬唱》，《百名家词钞》，清康熙绿荫堂刻本。

④ （清）邓孝威：评《文江酬唱》，见聂先、王曾孙《百名家词钞》，清康熙绿荫堂刻本。

述；除此之外，其评论时事的小词也有皮里阳秋之妙。《南歌子·和秋宵寓沧浪亭闻捷四首》其二云：

> 烽火连南北，嫖姚将是谁。戟门飨士费牛椎。王师过后，鹅鸭乱猜疑。　　鼍鼓翻银浪，砧声锁翠眉。飞舸犹恨会兵迟。看取秋清月明，捷来时。

顺治年间，清兵与反清武装在江南争斗甚紧，元鼎此词就是记其中一次战役。词以直笔记叙了清军扰民之状：犒赏士兵吃的是百姓的耕牛，部队走后尚鸡犬不宁；以曲笔委婉道出清军抓走了不少青年劳动力，以至于“砧声锁翠眉”，思夫之故也。结句更是隐含担忧，不知清军得胜归来乡里又将是怎样的不安。该词无一句主观议论，而谴责之意再明显不过，可当词史读之。

四　广东籍词人：陈衍虞

陈衍虞，字伯宗，号园公，又称玄公，曾署园道人，广东海阳人。崇祯十五年（1642）举人，官兵部职方司主事。入清历官番禺教谕、广西平乐县知县、海阳令。衍虞是清初潮州著名的诗人，附名复社，又与同志结京社、晋社、偶社，盟友众多，皆一时名流。著作等身，年臻耄耋，人称“岭海文献”，且一门子弟多能诗，以诗学传家。著有《莲山诗集》。黄仲琴言其诗：“高迈似孟襄阳，俊婉似王龙标，长歌古风，直割少陵半席，而拱挹之，凡数变，变而益工。”①

衍虞现存词 10 首，多酬酢之篇，词风较为清健。《祝英台近·送孙徵庵还武水》云：

> 凤山青，韩水碧。烟雨暗南陌。再到并州。何事又离愁。垂杨好系征帆，东风摇曳，奈何倩、柔丝无力。　　乡思迫，携赤文，满奚囊。望剑光千尺，云水苍茫。新燕波中掠。杜鹃声里人归，都付与、长空月色。

① 黄仲琴：《陈衍虞象传》，《岭南学报》第 3 卷第 4 期。

衍虞不以词名，此词算不得极佳，其余词多类于此。

第二节　北方贰臣词人群体

茹纶常《梅崖刺史遗集序》云：“近世之论诗者，每有南北之分。誉之则谓南多风雅，北多雄健；訾之则谓南多卑靡，北多伧父。”这种诗风的差异是建立在风土之别上的。山东、山西、河南、河北、四川、陕西、甘肃等省份多属平原，地势辽阔，民风淳朴，是中国上古、中古时期的文化中心，近古以来，文学一途不及东南。宋代北方词人共有 214 人，占全国的 24.68%，尚不及浙江一省多（216 人）。尽管数量有限，成就却不容小觑。豪放派的代表人物苏轼、辛弃疾都来自北方，他们以雄健词风为宋词开辟了一条新的道路。元代建都于北方，词人普遍尊崇苏辛，词风亦带有北方色彩。其北方词人共有 50 人，占全国的 36.23%。明词以柔靡为主，北方填词者少，共有 114 人，占总数的 9.13%。

贰臣词人中北方籍的共有 8 人，人数少于南方贰臣词人，成就亦不及。

一　河南籍词人：彭而述、王铎

河南是北方重镇，自秦汉迄北宋前期的一千多年时间里，一直占据着中国文化的中心位置。夏、商、东周、东汉、魏、西晋、北宋等朝代都建都于此，各界精英更是层出不穷，钱仲联先生曾说：“唐诗大家胥出中州。”北宋以后，随着政治中心的转移，河南的中心位置有所动摇。以词学而论，宋代有贺铸、陈与义、朱敦儒、史达祖等名家，元明两代就显荒芜，至清初复振。陈水云先生在《论康熙年间河南词人群的词学思想》一文中认为河南词人群与西泠、阳羡及浙西派共同构成了清初南北词坛的中兴局面①。严迪昌先生的《清词史》则具体论述了周在浚、傅世垚、刘榛等河南词人在稼轩风的鼓荡过程中的积极作用。其实河南词人偏好稼轩，在贰臣词人那里已开滥觞。王铎所留词作太少，已难见面目；彭而述之词却气势浑雄，有苏辛风貌。

---

① 陈水云：《论康熙年间河南词人群的词学思想》，《河南商丘学报》2000 年第 3 期。

1. 彭而述

彭而述，字子篯，号禹峰，河南邓州人。著有《读史亭诗集》16卷附诗余、《文集》22卷、《读史外篇》8卷、《宋史外篇》4篇、《续读史外篇》8篇、《续史新志》、《读史别志》、《读史异志》，另有《明史断略》、《滇黔草》、《南游文集》不传。

据汪琬言，而述"长身修髯，声若洪钟，一饮能尽数升，一食能尽一彘肩"①。夙有奇负，好谈兵事，有磨盾横槊之气，不可一世之慨。举子时"参熊文灿军，张献忠势穷伪降，禹峰力言其伪，乞即诛之以杜后患。文灿意在苟安，受其降。献忠旋降旋叛，卒成大祸。由不用禹峰谋也"②。"成进士时，思陵校武，命射，九发九中"③。入清后，而述开扩西土，颇有战功，是以乾隆网开一面，未置诸《贰臣传》，而是收入了正传。传曰：

> 彭而述，字子篯，河南邓州人。明崇祯进士，官阳曲知县，母忧归。顺治初，英亲王徇湖广，荐为提学佥事，迁永州道参议。孔有德定湖南，荐而述授贵州巡抚，予兵三千以行。次靖州，降将陈友龙叛，围州城，而述夜开西门出，营山下，选劲骑乘雾冲阵，贼溃且走，副将贺进才战死。城兵大噪，欲与友龙合，而述拔众退守宝庆，告有德益师，与贼相持紫阳河上。永州陷，劾免官。吴三桂征水西土司安坤，而述谋曰："乌蒙、乌撒、镇雄、东川四府与水西为唇齿，土司陇安籓又与安氏婚媾。今四府虽名内附，狼子野心，势必顾惜其种类。以水西之强，而安籓与四府附之，安坤未易制也。莫如先定四府，馘安籓，然后西南可无患。"三桂用其策，诛安坤。迁广西右布政使。三桂荐为云南左布政使，而述乞归，三桂留之，会有诏召，遂行，出会城三十里，一夕无疾卒。④

① （清）汪琬：《彭公子篯传》，《钝翁前后类稿》卷二十，四库全书存目丛书本。

② （清）沈德潜：《清诗别裁集》，上海古籍出版社1984年版，第47页。沈德潜认为而述是成进士后方入熊文灿幕的，误，而述是崇祯十三年（1640）进士，这一年文灿坐献忠事已被逮入狱，旋斩。

③ （清）沈德潜：《清诗别裁集》，上海古籍出版社1984年版，第47页。

④ 清国史馆编：《贰臣传乙·彭而述传》，《清史列传》卷七十九，台北明文书局1985年影印本。

对于贰臣来说，出处问题是一大关捩。《清史列传》并未交代而述仕清之心理动机，毛奇龄在《读史亭集序》中说他是“会遭丧乱（明亡），尽毁所为文，切齿杀贼，以殄米脂柳涧之蘖，因之受英王之聘”。这一说法值得商榷。而述对农民起义军恨之入骨不假，崇祯十年（1637）张献忠、李自成先后进攻邓州，彭氏一族有数十人遇难①；但清兵一入关就开始剿杀残明势力，其狼子野心昭然若揭，而述不会天真地认为清朝真是要“为故明臣子复君父之仇”，并抱着这个信念出仕。关于仕清之始末，而述在《仕楚纪略》自言道：

> （甲申）冬月，故兵部尚书张缙彦视师河南，疏予为本省方面，予投铨部呈复辞去。……（乙酉九月），避居二别山上。十月间乃为故人姚应衡泄姓名于佟（当地清兵总督），物色之亟。乃出谓佟公曰：“某筮仕晋阳，母骨瘗平阳，遭时多故，踉跄南北，赖圣人举义旗，为中原雪耻除凶，救民水火之中，虽陷胸决脰以报生成古人不辞。顾某所以艰难百折至此者，为母氏合防计也。若遽与人家国痗，厥初心矣。”往返晓譬百端，继以声泣，终弗听。期以葬母后子情稍尽即来楚未晚，而公请视楚学之疏已上矣。事在乙酉十月十六日也。予由鄂达襄之路既已荆棘豺虎不可行，又迫于佟公之命，即披发入山将置母灵何地。不获已，躃踊舟中，呼母而哭，欲沉江者屡。家人救之，不果死，乃受校卫之任。

而述的这篇文字带有自辩性质。由文中可知他对清军怀有敌意，故一再推辞出仕。这种感情是汉族知识分子对外族侵略者的一种本能反应。而述日后身居显要，仍未完全消除心中的排斥感。他在洪承畴幕府中时写有《邵兵纪事》一文，记录了鳌拜之兄邵布泰的种种丑态：“人不幸见之，若有父兄深毒刺骨者，反唇掀鼻不知何语，辄狺狺半晌不休。”“督抚以下隶之，人把其骭或扪其足跗，啖以儿豭、肥牛腱，爪颐淋漓，粲然喜，喉中磔磔有声。”所谓“不知何语”、“狺狺半晌”

① （清）彭而述：《贼屠邓纪事》云：“丙子二月十四，贼首革里眼屠邓西乡，双子座族姓约略丰在者为予父行及兄弟行不下三四十人或作灰烬。”《读史亭文集》卷十五，四库全书存目丛书本。

者，满语也；喜啖牛羊，“爪颐淋漓”亦满人日常习惯，而述却十分看不惯，极嘲讽之能事。对于故明，而述还怀有一定感情。李定国与孔有德激战于永州，他坐视不救，其动机就很值得怀疑。在其诗文中也一直不乏黍离之思[①]。

尽管有爱有憎，而述还是出仕了，形势所迫是一方面原因，而最根本的原因在于他无比强烈的功名心。他并不讳言这一点，尝言：“丈夫龙骧虎奋，应策功竹帛，当高帝时取封侯，而乃碌碌公等，偕赵国十九人捧铜盘饮鸡狗马之血，则其人必不传。”[②] 仕途失意时又叹曰：“生即逢高帝，而自知骨相不称，不能割茅土，仍不若退为文章犹得比封君，与万户侯等。”[③] 清初的乱世在他看来正是建功立业之机，因此也顾不得出处了。这种心态在贰臣武将中非常常见，文臣中也不是没有，只是无人能像而述这么直白。

而述其人为明清之际的一位奇男子，其诗亦矫矫不群。相传王铎读其诗未终卷，就大惊曰：“不图今日复见巨鹿之战。”[④] 笔者读其《桂林行》、《四战歌》等诗亦觉亲临战场。《四库全书总目提要》评曰：“而述久历边陲，所为诗文，皆雄奇峭拔，不受前人羁勒，而不免才多之患。朱彝尊《序》谓：‘其人所应有尽有，人所应无不尽无’，斯评当矣。”其词现存11首，风格一如诗作，有金戈铁马之音。如“大别山头杜宇血”（《江城子·春怀》）、“平阳坂，汾水驿，铁戈声”（《水调歌头·清明》）、“跨款段，曾无宁宇，铁骑如簇，突入旧渔阳。铜马黯、御河浑，惨淡梨花雨”（《蓦山溪·自叙》）都真有其事，雄健处不减稼轩。《满庭芳·春酒独酌》一词历数其一生所打硬仗，堪称词史。

春酒帘纤，东风尖侧，树头鸟啼诉黄昏。一杯孤酌，往事动心魂。

① 如前文所举的《金人捧露盘·燕台怀古》，又如《卫藩旧邸遇酒南将军》：“又是悲秋日，初筵动旅情。若能为楚舞，何处得秦声？翠羽当轩媚，红妆耀甲明。兴亡无限感，洒泪忽沾缨。”《长安晤张谯明赵锦帆夜话有作》：“相逢莫厌酒杯频，共醉铜驼陌上尘。乱后犹存天宝客，诗名况是建安人。秦珠海贝新丰市，舞袖香车别院春。往日园陵松柏尽，可堪回首一沾巾。”

② （清）毛奇龄：《读史亭集序》，见彭而述《读史亭集》，四库全书存目丛书本。

③ 同上。

④ （清）彭而述：《拟山园文集序》，《读史亭集》卷二，四库全书存目丛书本。

忆昔长沙，宝庆铜镳响，贼压昆仑。那更堪、瑶人苗女，蹂躏五溪浑。幕中出胜算。雕弧羽箭，斩馘纷纷。归来和湩乳，饮至簌东勳。而今十年去也，头白了，囊日军门权撇下，雕虫老蠹，斗酒对孤村。

而述仕途坎坷，“屡进屡迟，戎马者越十年”[①]，友人皆代为惋惜，王原尝叹：“公之才抱，盖未尽展也。”[②] 赵进美亦言：“贯甲鸣镝，万夫皆废。人皆谓班定远、马伏波之俦，而造物者抑之。”[③] 而述更是每每有不得志之感，该词表达的就是这一情绪。上阕“宝庆铜镳”、“贼压昆仑”云云指陈龙友之役、莫扶豹之役、水西之役，乃是而述一生所建功勋；过片“幕中出胜算”，傲睨一切；下阕介入失意之情，“头白孤村”大有英雄迟暮之感。

《水调歌头·忆兄》写乱世中的兄弟情，也十分感人：

文杏飞残雪，杨柳织初莺。当时岘首南去，作客夫人城。歌听铜鞮冶女，醉看接篱太守。连袂走难兄，群盗纷如猬，汉汉啮长鲸。　我羁旅，君归去，各飘零。一朝君去泉下，有弟独吞声。十七年来一梦，每遇东郊，寒食风雨不胜情。伯道复无后，天意不分明。

2. 王铎

王铎，字觉斯，又字觉之、觉四，号嵩樵、石樵、痴庵，河南孟津人。生得“伟貌修髯，望若神人。能弯弓数百石”。善书，师法羲献[④]。与彭而述为刎颈之交，但二人的气质颇不相类。而述的湖海气较浓，王铎则较具书生气。他个性温和，“不为崖岸斩绝之行，不附翕热噂沓之党”[⑤]。好学不倦，“读书一过辄上口，乃孜孜如下学。焚膏继晷，恒兀兀不辍。避地青徐，驱鹿车凡十五乘，蓬蓬然皆简蠹，中多生平所未见者。

① （清）毛奇龄：《读史亭集序》，见彭而述《读史亭集》，四库全书存目丛书本。

② （清）王原：《读史亭集序》，见彭而述《读史亭集》，四库全书存目丛书本。

③ （清）赵进美：《读史亭集序》，见彭而述《读史亭集》，四库全书存目丛书本。

④ （清）彭而述：《拟山园文集序》，《读史亭文集》卷二，四库全书存目丛书本。

⑤ （清）钱谦益：《皇清宫保大学士孟津王公墓志铭》，《牧斋有学集》卷三十上，上海古籍出版社1996年版，第1103—1106页。

每旅店蓐食趺坐，手一编，不则即靡隃麋，吮不律，作诗或文”①。

王铎日后以弘光朝大学士率众降于清，时论对其诋毁百端②。彭而述《读朱五溪来书忆及旧事》言：“底事伤心问甲申，玄黄战血腻征尘。江东王气天心去，惹得儿童说孟津。”可见当日声名之恶，童子皆知。后世读者亦据此而认定他是奸佞之徒。然考其生平行事，似无如传闻之不堪，下文以史书为据辨之。

王铎是天启二年（1622）进士，改庶吉士，授编修。与东林党人倪元璐、黄道周交厚，时人有“三珠树”之称③，在政治上亦倾向于东林。六年（1626），顾秉谦等攀附魏忠贤，修《三朝要典》，忠贤慕铎名，“授心腹以十幅屏，语公曰：‘书此揆席可立跻。’公投绢于地，厉色曰：‘纵迟我十年宰相，何至缘宦竖以梯荣耶！’遂假归”④。崇祯十一年（1638），任礼部右侍郎，“与杨武陵（嗣昌）廷争用兵一事，疏凡数十上，欲借上方马剑斩张禹之头。亲知皆摇手丧胆，恐旦夕不测。而烈皇帝知其忠且谅其无他，不问”⑤。不久，进讲《中庸》“唯天下至圣”章，旁及时事，“力言加派，赋外加赋，白骨满野，敲骨剥髓，民不堪命，有司驱民为贼，室家离散，天下大乱，致太平无日”。崇祯“切责其敷衍支吾不能发挥精义。铎惶惧俯伏案前待罪”⑥。十七年（1644）三月擢礼部尚书，未赴而李自成陷京师，福王招为太子少保，户部尚书、文渊阁大学士⑦。福王荒淫，复有马士英、阮大铖辈助之，朝纲混乱。王铎上《谨揭为选择淑女速当严禁，不可太滥事》、《为用刑当慎、饮酒当节，圣心最宜敬谨事疏》、《谨揭为国赋万不可加、急宜停止疏》、《停织造》、《减苏杭税》

---

① （清）彭而述：《拟山园文集序》，《读史亭文集》卷二，四库全书存目丛书本。

② 参见《爝火录》、《南渡录》等明季野史。

③ （清）黄道周《题王觉斯初集》云：“壬午庶常凡六，六人惟王觉斯、倪鸿宾与我最乳合，盟肝胆，孚意气，砥砺廉隅。又栖止同笔，研为文章。爱焉者呼三珠树，妒焉者呼三狂人。”《拟山园选集》卷首，四库禁毁书丛刊本。

④ （清）孟常裕纂修，徐元灿增补：《名硕》，《康熙孟津县志》卷三，康熙四十七年刻本。

⑤ （清）彭而述：《拟山园集序》，《读史亭文集》卷二，四库全书存目丛书本。

⑥ 清国史馆编：《贰臣传乙・王铎传》，《清史列传》卷七十九，台北明文书局1985年影印本。

⑦ 关于王铎在弘光朝的作为，详见扈耕田、杨晓塘《王铎与弘光政治》一文，《洛阳大学学报》2001年第1期。

等疏止之[①]。“十二月，刑部尚书解学龙治从贼狱，仿唐制六等定罪。庶吉士周钟曾为贼（李自成）草《劝进表》，又上书劝贼早定江南，与率先从逆之光时亨仅列二等，拟缓决。（马）士英传旨令再议。学龙谋之铎，欲缓周钟、光时亨死。伺士英注籍，上之，且请停刑。铎即拟俞旨褒以详慎平允。士英闻之大怒，削学龙籍而置铎不问。”[②] 次年（1645）二月，王铎见弘光政权腐败不堪，六请告归。三月，王之明冒充太子，福王令百官验对，诸臣各怀私心，相顾未决，王铎曰：“我敢任其伪，不必再谳。”[③] 叱下狱。盖其曾任经筵讲官，识得太子也[④]。五月，多铎克扬州，史可法殉国。福王走芜湖，留铎守江宁。王铎彷徨无计，与钱谦益、赵之龙等文武数百员出城迎降。入清后，以原官礼部尚书管弘文院学士，充《明史》副总裁。授官之日，“先生欷歔泣下曰‘吾之壮也，且幽折三十年，志未明。今老矣，不能报恩’”。所谓不能报恩，并不是说自己力不从心，而是明言不能为清廷效力。果然，他仿徐庶入曹营故事，“颓然自放，守宗伯七年不迁。每与诗友酒徒，招歌僮、设果饵，酒酣歌吴骚，按节迭和，每至鸡鸣不寐，宾客潜散亦不顾。……或以啬精神养重劝先生，先生辄笑而不答，人终不识其意。然常称病，病辄杜门数十日。友人以酒肴谒，则剧谈达曙”[⑤]。他有意寻死，自虐其身，“衣垢不澣，病不循医”[⑥]，终卒于顺治九年（1652）。遗命“敛以布衣，勿封树”[⑦]。与吴伟业以圆石为碑同一用意。

纵观其一生，除了降清一事为时人诟病外，尚不失一个有良知的读书人。降清后的王铎痛苦万端，几甚于吴伟业。他尝云：“衰老余生，

---

① （清）王铎：《奏疏》，《拟山园选集》卷八、卷九、卷十、卷十一，四库禁毁书丛刊本。

② 清国史馆编：《贰臣传乙·王铎传》，《清史列传》卷七十九，台北明文书局1985年影印本。

③ （清）谈迁：《国榷》卷一〇四，续修四库全书本。

④ 《弘光实录钞》云：“（方）拱乾……回奏，皆曰伪。而大学士王铎自云：‘在东宫三年，识认极真’，尤言其伪。上（弘光）特称之曰：‘具见忠诚大节’。”

⑤ （清）张缙彦：《觉斯先生家庙记》，《依水园后集》卷一，转引自张升《王铎年谱》，上海书画出版社2007年版，第17页。

⑥ （清）钱谦益：《故宫保大学士孟津王公墓志铭》，《牧斋有学集》卷三十上，上海古籍出版社1996年，第1103—1106页。

⑦ （清）张缙彦：《觉斯先生家庙记》，《依水园后集》卷一，转引自张升《王铎年谱》，上海书画出版社2007年版，第17页。

遭际坎坷，殊无快意事，无快意时，无相对快意之人之物。……夫古今来侏儒何限，不侏儒亦何限，不知造化小儿何独妒于老我，摧残之，窘辱之，而拂乱之，生死不自为。得其留以告天下后世，天下后世读而怜其志者，只此数卷诗文耳。”① 王铎有《拟山园集》八十二卷，不可谓不富，但他没有伟业般哀艳的诗笔，他的苦痛也就少了许多读者来解读。其实他的诗成就颇大，侯方域评曰：“孟津材极博厚，气极雄拔，求之章法，不能无间。”前人谓此说：“深于视孟津者。”② 王铎还著有《拟山园词集》，现存词16首，风格也颇为苍健。《南柯子·雨花台上远望》作于弘光朝：

山色何人扫，十分不流。眼中无复景阳楼。几叶孤帆东下，蓼花洲。　　说法今何在，闲花满地秋。游人还惹古今愁。飞去白云依旧，古松留。

雨花台是“金陵十八景”之一，相传梁朝时云光法师在此讲经说法，感动苍天，落花如雨，始得名。王铎凭台远望，望的是天下形势，词中提到了陈后主所营的景阳楼，似乎在影射现实，大有忧患之意。

《梅花引·漫兴》作于入清后，诉说的是身为贰臣的痛苦：

晓风酸，野云残。一夜幽怀人倚栏。意千般。意千般。壮志悲歌，空谈宝剑环。　　半生鹿鹿头添雪。牢骚空对檐前月。想青山。想青山。知己难言，溪边流水闲。

“宝剑环”用的李陵之典，事见前文，既点出自己身份，又暗示思归不得。整首词欲说还休，悒郁牢骚，真实地再现了王铎的晚年心态。

二　山东籍词人：高珩、赵进美

山东是北方词学比较繁荣的城市，在前代有稼轩、易安这等巨擘，在

① （清）王金龙：《诸同人尺牍·长兄觉斯家报》，《大愚集》卷二十附，转引自张升《王铎年谱》，上海书画出版社2007年版，第253页。

② 转引自钱仲联《清诗纪事》，江苏古籍出版社1987年版，第1349页。

清初复有王士祯、宋琬、曹贞吉等骄子。

1. 高珩

高珩，字葱佩，别字念东，自号紫霞道人，山东淄川人。在贰臣之中，高珩的官职并不是最大，但享寿最永，年八十六无疾而终。[①] 临终遗令："勿讣闻，勿受吊，勿作佛事。"[②] "不具遣疏，不请祭葬及谥于朝，不求碑志传记于世之名辈。"[③] 这样的葬制令人想起吴伟业的僧服入殓、圆石为碑，王铎的不立碑、不封树。实际上，三人动机迥异。王铎、伟业是出自身仕两朝的歉愧，高珩却是因信奉二氏，简于身后事。

据唐梦赉言："（先生）赋性简远，幼不饰衣履，从先祠中得释典残板，即反复究绎，得其大旨。"[④] 尽管高珩自幼好佛，但少年时期的他自视甚高，并不恬退。据其自言："予总角时即与钟子为笔砚交，劘切艺林，睥睨当世士，期各以文章驰驱海内。"[⑤] 用世之志甚切。崇祯十六年（1643），高珩举礼部，赐同进士出身，改翰林院庶吉士。次年（1644）甲申事变，降闯[⑥]。五月，清军进京，高珩拟归故里，出城被劫，留滞通湾[⑦]。顺治二年（1645），清廷招之，授检讨。三年（1646）请告南归。在这动乱的年月中，高珩基本上呈现出一个正统文人的精神面貌。《南乡子》一词对国破家亡报以深深的遗憾："烟雨暗神州。渔唱三更燕子愁。披发天阍天亦泣，啾啾。妖血冬青晕未收。　梦破数春秋。江海常催日月流。一枕凉飔千古恨，悠悠。直化无情恨始休。"

其后，高珩复起，历官国子监祭酒、秘书院侍讲学士、少詹事、国史院学士、礼部侍郎、吏部左右侍郎，后以议奏部例独为一议，左迁太常寺少卿，进大理寺少卿，迁宗人府府宗，升都察院左都御史、刑部左

① （清）王士祯《诰授通奉大夫刑部左侍郎念东高公神道碑铭》："公素无疾，丁丑（1697）十一月，忽饮食稍减，忽诸子孙前语之曰：吾将逝矣。己所不欲者，勿以施诸人，天之所恶者勿以行诸己。尔辈勉之矣。洒然而暝。"见高珩《栖云阁文集》附录，四库全书存目丛书本。以下简称《高公神道碑铭》。

② （清）王士祯：《高公神道碑铭》，见高珩《栖云阁文集》附录，四库全书存目丛书本。

③ （清）赵执信：《栖云阁集序》，见高珩《栖云阁诗集》卷首，四库全书存目丛书本。

④ （清）唐梦赉：《紫霞先生传》，见高珩《栖云阁文集》附录，四库全书存目丛书本。

⑤ （清）高珩：《钟一士词序》，见《栖云阁文集》卷五，四库全书存目丛书。

⑥ （清）计六奇：《从逆诸臣》，《明季北略》卷二十一，中华书局 1984 年版。

⑦ 《甲乙史》云："（甲申）初五日，庶吉高珩、李呈祥，访王鳌永议号，鳌永曰：今日行所当行耳，高、李出城被劫，因留滞通湾。"转引自《明季北略》卷二十，中华书局 1984 年版。

侍郎，直步卿贰。尽管仕途顺畅，但经历过沧桑巨变的高珩已不复是当年那个欲与天下英雄一较短长的轻狂少年了，他“栖心空寂，淡于禄位”[①]，“不问迁除”[②]，少交游，平日里行的是佛子之事，好禅悦，“凡二氏之文有求必应，不立畛畦”，且自言：“附于随喜赞叹者也”[③]。但在为官任事时则显现出儒家救世之心。据王士祯《高公神道碑铭》记载，其为祭酒时“道德尊严而科条宽简，士皆宜之”。其为大理寺卿时，“会有朝官得辠应法，司杖遣者或下石将以毙之。公力持之曰：‘辠人法不应死，故从宽典予杖脱，重杖而毙，岂法之平哉？’卒得免。”其为府丞时，奉命赴潇湘祭神农、虞帝二陵，见楚俗多溺女不举，“公语当事者，严为科禁。又倡立放生池。淮安岁饥，捐私钱粮火数百石赈之”。其为刑部左侍郎时，当时定例“官员负官钱而家尽绝，其家口没为官奴。公察知胥吏负官钱而家产尽绝，有豁免之例，欲比例引之。同官持不可。公曰：‘胥吏作奸犯科，尚得邀恩捐豁，况职官乎。此定例时漏略，非法之平也。’竟毅然引之。得谕旨遂着为令。自时厥后，全活无算。公恒谓：‘即事之活人有限，立法之活人无穷。’其持论公正宽平类如是。”释家的慈悲为怀与儒家的兼济天下在他那里得到了统一，“于是天下谓儒而兼释者必曰高侍郎”[④]。由于高珩廉慎不欺，顺治也开始关注他。尝召见便殿，“命讲易乾卦，赋诗称旨。从容问君臣才品孰可大用者。公逊谢至再，敬对曰：‘以臣所知，王伯勉可任吏部尚书，姚文然可任户部尚书，魏象枢可任左都御史。’上颔之。厥后姚、魏二公皆至尚书，王公前没，未及大用。”[⑤]

正当春风得意之际，高珩却突然“请急归乡里”，是什么原因促使他作出这个决定，史籍未载，笔者认为与其佛学思想有关。《金刚经》认为“一切有为法，如梦幻泡影，如露亦如电，当作如是观”，高珩对佛学颇有造诣，又亲眼目睹了官场的倾轧，早有归田之想。这一点从诗词中可以

① （清）赵执信：《栖云阁诗集序》，见高珩《栖云阁诗集》卷首，四库全书存目丛书本。

② （清）唐梦赉：《紫霞先生传》，见高珩《栖云阁文集》附录，四库全书存目丛书本。

③ （清）盛百二：《栖云阁文集后序》，见高珩《栖云阁文集》卷首，四库全书存目丛书本。

④ 同上。

⑤ （清）王士祯：《高公神道碑铭》，见高珩《栖云阁文集》卷首，四库全书存目丛书本。

寻绎到线索。《水调歌头·每自熟肉衙衕赴署，必过厂门。门侧有大槐，南有大泽》云：

> 大泽龙蛇死，秋色散菰蒲。一夜雷惊天漏，极目讶江湖。那管阴晴如戏，且趁乾坤相借，科斗诧天吴。吾亦随缘住，小艇代茅庐。　绿天开，槐安近，果皇都。沉酣高卧，紫衣朱盖便长驱。醒说蚁穴非真，梦道人间是幻，生死总模糊。谁竟开双眼，乃笑淳于乎。

该词作于北京任上。作者十分清醒自己处于什么位置，皇都不过是槐安国，紫衣朱盖也只是南柯一梦，之所以还滞留于此，只是随缘罢了，该行则行，该止则止。词中无悲无喜无怨无怒，有的是十二分的冷静，颇具“诸法皆空”之味道。这种顿彻在古今宦海还不多见。

《告归》一诗作于辞官之日：“拭目忻然笑，而今始是归。朝来着箬笠，昨已卷朝衣。招手青山近，同心白鸟飞。到家樽酒在，先上钓鱼矶。”充满了归田的喜悦，如一篇小小的《归去来辞》。《途中偶成》是归途之篇，作者深为自己能看破红尘、急流勇退而喜：“愁深勉自解，遂与世人同。杜口云山外，投身车马中。世惟卿相乐，人被鬼神蒙。自笑吾真悟，红尘不负公。”

归里后，高珩过着一种陶渊明式的隐居生活，田园、佛道就是他的全部。唐梦赉说他谢病后：“与黄冠老衲游。虽宾从杂沓，蒲团跏趺若不闻也。”① 王士祯所撰《高公神道碑》云：“城东门外有菜圃，林木翳然，筑酒堂三楹，破茅不补，椽桷不斩。素木为几，椶皮为屩。束书行灶，翛然独往。置小舟池中，与客觞咏，泝洄上下，自以为濠濮之趣，不减江湖。棘篱无门，苦竹蔽亏，人望之如方壶员峤，时行吟于野，或跨驴入市，舍者不避席，炀者不避灶，夷然自适，乡人化之，亦忘机如海鸥焉。常访道东浙，喜会稽山水，慨然思王谢支许之风，归上云栖后返。”王晫《今世说》亦称：“高念东，家般阳，每风日晴和，自跨一驴出，遇嘉石浓荫，即系驴而卧，见者不知其为贵人也。”作于这一时期的《行香子》二首充分表达了作者平静满足的心态：

---

① （清）唐梦赉：《紫霞先生传》，见高珩《栖云阁文集》附录，四库全书存目丛书本。

其一

浅浅茅屋。隐隐城隅。乍阴阴、嫩柳扶疏。枝堪系马，叶可藏乌。对一樽酒，一轴画，一床书。　　露洗新梧。燕引新雏。卧南窗、好梦谁乎。登堞紫翠，平楚蘼芜。望几重山，几重树，几重湖。

其二

小小幽窗。短短匡床。更萧萧、弄影新篁。谁家燕子，掠絮飞扬。正梨花谢，桃花淡，菜花黄。　　抛卷斜阳。闲步何妨。对平池、一抹天光。薄（蒲）团小坐，沉水微香。似世鸿蒙，人嵇阮，梦羲皇。

康熙十八年（1679），魏象枢举荐其出山，高珩疏辞，不允，乃任刑部左侍郎管右侍郎事。其热心依旧，“司属佟某以谳狱失出，当罢。公恻然曰：‘佟有老母在，吾不忍其以罢官伤母心。吾代任之耳。’遂镌一级。佟泣曰：‘高公古人也。’”① 下直辄与友朋饮酒赋诗禅喜。这次复出，高珩是十分不情愿的，他在《警悟》中写道：“未证无生理，难辞有漏身。寿元愁积算，乐即病为邻。觉路怜岐路，前因悟苦因。阿谁同宝筏，翘首向迷津。”流露出对仕途的厌倦。一年后，高珩以老病乞骸骨归②，从此潜心佛道。王士祯说：“公归田，坐卧一小阁，不接宾客。几上唯梵夹，旁行金刚净名数卷外，不复观他书，常和寒山子诗以见意。预作生圹，春秋佳日携亲故觞饮其中。”③ 十年之后卒。

高珩为山左名家，有倚马之才。其著作传世者，有《栖云阁诗》十六卷，赵执信选定；《拾遗》三卷，宋弼选定。《四库全书总目提要》评其诗“多率意而成，故往往近元、白《长庆集》体”。这是从文字的角度来谈的，如从内容上看，高诗多萧然淡远之致，有渊明之风。如写田居的《村居》、《掩关》、《宿南阳村舍二首》、《早春》、《二月》、《问友人山游》等诗，皆“使人有遗世务、弃尘埃之想”④；而《感兴》、《坟》、《僻

① （清）王士祯：《高公神道碑铭》，见高珩《栖云阁文集》附录，四库全书存目丛书本。

② 同上。

③ 同上。

④ （清）盛百二：《栖云阁文集后序》。兹举《偶成》观其诗风：“我爱王右丞，倚杖柴门外。临风听暮蝉，此语良有味。浩然见君心，胸中无一累，事事是真如，万物欢来会。移境惟此心，哀乐将谁对。不见汉家王，闻乐反垂泪。”见高珩《栖云阁文集》，四库全书存目丛书本。

怪自笑》、《尔尔》等诗超然物外，笑谈生死，也有渊明式的旷达。清初贰臣信奉佛教者良多，但钱谦益、龚鼎孳、赵进美等人是把佛教当作解脱之法，带有实用性目的，而高珩对佛学的领悟要更深一些。

高珩还著有《栖云阁文集》十五卷，为乾隆人陆耀、盛百二选订。面目与诗集有异，呈现出儒者本色。盛百二评曰："于说经则有左右逢源之乐，至国计民生风俗之所系必痛切言之，直痌瘝利害之，切于脱肤而不能自已焉。其气滔滔汩汩如长江大河一泻千里，港汉洲渚无不到。"①

高珩词集名《栖云阁词集》，据其自言："不佞迩来欲办寒灰枯木生活，守绮语戒，不复作垓头弱草轻狂。"② 由此可知其年少时亦作风花雪月之语，但这部分词作多已散佚。据现存40首词观之，格调豪宕，内容多感悟语，与诗集同源。《临江仙》六首是其中代表作，词前有小序："子瞻诗云：劝尔一杯聊复醉，人间富贵海茫茫。酒酣击剑，广之以歌，泣下沾襟，亦复绝缨大笑，无以冰炭置我肠也。"六首皆檃括苏轼之诗，今取三首观之。

其一

亭长归来屯万乘，大风云起飞扬。数行泣下美人裳。楚歌为若舞，何似在乌江。　铜雀双鸾春宛转，挂钗便到分香。西陵歌吹为谁长。一杯聊复醉，啼笑海茫茫。

其三

送客白衣看短剑，羽声击筑相将。雪园寒月倦游梁。夷门虚左地，春暮绿芜长。　香水吴宫多少恨，鱼肠酒后如霜。姑苏麋鹿亦荒凉，一杯聊复醉，恩怨海茫茫。

其六

不尽江湖铁绰板，商歌玉树秋江。莓苔因雨上宫墙。金仙留剩泪，百度续沾裳。　汾水年年秋雁去，雷塘杨柳含霜。渔歌樵唱下斜阳。一杯聊复醉，兴废海茫茫。

作者冷眼看古今兴亡啼笑，理性远多于感性。在创作上有鲜明的诗化

① （清）盛百二：《栖云阁文集后序》，见高珩《栖云阁文集》卷首，四库全书存目丛书本。

② （清）高珩：《大雅堂词稿序》，《栖云阁文集》卷五，四库全书存目丛书本。

倾向，虽然句式参差，但所用语言、意境、内容皆是诗的。

与其诗一样，高珩的一部分词也有粗率之弊。如这首《阮郎归·京邸守岁》：

天涯薄宦又蹉跎。灯前且放歌。两丸自古快如梭，守他做甚么。便齐肩，彭大哥，还嫌岁不多。即令守住又如何，看看鬓欲皤。

基调是达观的，但词中有大量口语，词味不浓，不能算是一首好词。

2. 赵进美

《赵公礼堂墓志铭》云："博山赵氏自有明来以文学世其家，海内攻诗古文词者，莫不奉韫退、秋谷两先生为山斗。"韫退是赵进美的字，一字嶷叔，益都人。关于他的生平，赵执信《中大夫福建提刑按察使司按察使先叔祖父韫退赵公暨元配张淑人合葬行实》、王士祯《诰授中大夫福建提刑按察使司按察使清止赵公墓志铭》、《续修博山县志·艺文志》等书都有记载。其中执信为进美之侄孙，所记最为翔实，特辑录如下：

（公）幼沉敏，七岁从先曾王父宦游，塾诵之余，辄为诗古文词，曾王父见之出以示客，咸大惊，称圣童。……庚辰成进士……授行人，奉使江右。丁甲申之变，侨居金陵，阻兵乱不得归。……皇清定鼎，乙酉乱定，乃获间关以返。先是，抚按已列荐于朝，召补太常寺博士，一时知名士翕然相倚重。……甲午转礼科左给事中，主湖广省试，得人才之盛为是科冠。……乙未春，南宫发榜，台臣有以违例取士为言者，复有沈姓为蜚语侵闱中。公抗疏请严加覆试，并磨勘试卷，且有亵大典而惑众听及视科场为奇货语，颇犯嫌忌。明年出为江西按察使司副使，分巡西道。江右新附山贼未靖……（巡抚）张公用公策据要害而驰檄招之。贼惧，悉降，官其魁数人，而解散其众。未几海寇围江宁，沿江戒严，彭蠡以南人心汹汹，不自保守。令请为计，公曰："无庸。视事如常，不废游宴而阴勒将士守。"令疑之，公曰："海寇之不能越彭蠡明矣，山贼将窃发，第防之。"不数日，贼寇永丰。公曰："暮闻警即遣兵夜赴之，戒以诘旦至。"至，与贼战，大败之。擒其魁，鞫得先所招降官会城者交通状。驰白巡抚，悉斩之。而江宁围犹未解，巡抚征各郡兵戍彭蠡，公私计郡城空虚，而兴国贼未被创，势必与永丰、新淦余党合。乃上书南赣巡抚苏公，请发劲卒五百，顺流趋吉安。至之明日，兴国贼千人掠庐陵之富田，杀一巡检。僚属请往援，公不听，曰："是将赴永丰山中耳。"选骁将赣兵入山，邀之行鸟道，三日果与贼遇。乘晓雾薄之，贼惶骇不知所为，遂大溃。擒斩殆尽，夺其俘获。既而戍兵返，贼党离绝，次第尽平之。……甲寅三逆骚动，公义不避难，乃赴部补江南镇道，改浙江杭严道。……闽经叛乱，多大狱，积案牍无论数百。公昼讯囚，夜治爰书，手定狱词。凡三阅月而系人一空。众称神明。……村氓有合谋杀人者，百余家皆当坐罪。公力申救，仅论死数人。……壬申冬偶感风寒，卧病四十日……竟不起，年七十有三。

从以上事迹看，进美个性平和而不失精明干练，较之高珩要更入世一些，然其萍飘四海，亦不算得志。王士祯尝赠诗曰："风尘憔悴赵黄门，岭表迁移役梦魂。昨见端州书一纸，说诗真欲到河源。"进美于诗服膺宋之严羽、明之徐昌穀、王元美，著有《清止阁集》，诗8卷，词1卷。其诗几经变格。赵执信云："公童年为诗颇好华艳，登第后，师友渐靡，遂践信阳、历下之庭。"[①] 王士祯亦云："公少为诗清真绝俗，得王、孟之趣。……丙戌后官京师，与龚芝麓尚书、曹秋岳侍郎诸公唱和，一变而高华尚声调。"[②] 进美现存词20首，皆作于顺治十五年（1658），风调柔媚纤巧，并未随诗风一起变征。《生查子·吹箫》云：

雕栏百尺悬。玉树微风起。深夜紫箫声，壁月凉如洗。　　悠扬峡路猿，呜咽清溪水。余响逐行云，乱落秋声里。

《倚声初集》评曰："清止髫年，作《立地成佛》传奇，妙谐丝肉，兼通禅悦。此居庐陵近作也，犹想见思曼少年风致也。"

进美在词集卷末写道："戊戌（1658）季夏酷暑，薄书之暇，偃卧小楼，挥汗如洗，笔砚屏弃。午食后无所用心，辄倦卧思寐。因戏占小令，

① （清）赵执信：《先叔祖韫退赵公行实》，《饴山堂文集》卷十，四库备要本。

② （清）王士祯：《诰授中大夫福建提刑按察使司按察使清止赵公墓志铭》，转引自钱仲联《清诗纪事》，江苏古籍出版社1987年版，第1591页。

日一首。风雨稍凉，即辍不作。凡得二十首云。”由是知20首皆游戏之作也。多数笔触不离女性形体，无甚言外之意，然造语天然，尚存《花间》风韵。聊取佳者观之。《谒金门·采莲》云：

风力紧。吹散半川香粉。翠盖拥波似锦。画桡分叶进。　共指鸳鸯睡稳。笑入双涡红晕。浣女乍逢还借问。横桥归路认。

三　山西、直隶籍词人：程康庄、高尔俨

1. 程康庄

程康庄，字坦如，号昆仑，山西武乡人。崇祯八年（1635）拔贡，官别驾。入清后，最初不仕。据毕振姬《耀州知州程公墓志铭》言：“甲午诏举隐逸，抚军上其名主爵。乙亥通守镇江镇江南徐。”甲午是顺治十一年（1654），其出仕时间与吴伟业、宋征璧、宋之绳等人相仿佛，都是出于清廷对遗民的宏观控制。徐世昌言其“治讼不少偏，民甚赖之。公余与诸生赋诗论文无虚日。在都与王渔洋、宋荔裳诸人相唱和”①。吴伟业亦云：“南徐幕府初开，军国异容，主客狎进。程公一儒者，左支右掣，日不暇给。顾以其间为诗古文词，与贻上邮筒唱酬于烟江相望之内。常登焦山，披草搜《瘗鹤铭》遗迹，为冲波撼击，缺蚀不完，别购善本，磨悬崖而刻之。拉贻上同游，相视叫绝。各赋一诗纪其事。江干之人艳称之。”② 后擢陕西耀州知州。著有《昆仑诗选》2卷、《昆仑文选》4卷、《衍愚词》1卷，合刻为《自课堂集》，前有钱谦益、吴伟业、王士禄、陈维崧等人序。

关于其诗词成就，邓之诚《清诗纪事初编》云：“康庄少负奇才之目，及官镇江，风流好事，宾客总集。时王士祯官扬州推官，与之唱和，刻为《过江集》。一时文士盛誉康庄，实非士祯之比。诗文皆学钟、谭，词则艳体。”康庄大规模填词是在江南之时，又与王渔洋、邹程村等人相唱和，词风确实近于广陵一路。如《菩萨蛮》8首，咏青溪遗事画册，就是广陵唱和之什。当时同唱者还有王士祯、董以宁、彭孙遹、邹祗谟等。

---

① （清）徐世昌：《晚晴簃诗汇》，中华书局1990年版，第639—640页。

② （清）吴伟业：《程昆仑文集序》，《吴梅村全集》卷二十九，上海古籍出版社1999年版，第683页。

程氏“乍遇”一篇云：

> 小姑居处朱楼起。鸟啼声隐杨花里。香气出罗衣。能留峡蝶飞。远出青可见。绣领遮团扇。小立看鸳鸯。心怜双浴后。

如此文章可当“香艳”二字。然“香艳”却不足以概括《衍愚词》之整体风貌。如《朝中措·平山堂同阮亭，次欧公原韵》写的是江南景致，意境却极开阔：

> 千山晴色绘秋空。云影大江中。昔日遗踪何处，只余白草悲风。踟蹰四顾，荒城落照，破寺疎钟。风物向南差胜，江湖却羡渔翁。

《生查子·旅夜闻雁》直吐胸臆，隐隐流露出二朝为臣的无奈，也有苍凉之意：

> 壁月广庭辉，雁度人声静。为想稻粱谋，出户看联影。　　寒入小窗虚，灯暖孤檠冷。倚枕听哀音，一夜悲蓬梗。

《桂枝香》是康庄唯一一首长调：

> 吴头楚尾。恰把酒茫茫，凭栏无已。眺望山形依旧，江涛如此。夕阳落遍晴帆远，挂谯楼、西风影里。伯符兄弟，寄奴宾客，飞扬飚起。　　凭谁信、英雄不死。但满目苍凉，暮云平矣。虎踞龙争，铁瓮俨然雄峙。兵闻北府畴为用，只京口、沽来酒美。旗亭月满，夹堤喧市，紫箫声沸。

该词借古伤今，与吴伟业的《满江红》怀古系列极为神似。

严迪昌先生尝云：“（古代词人）实有二副或多副手笔，话题变更，极易换一副词貌。”① 康庄即是如此，故以“艳体”目之未免失

① 严迪昌：《严迪昌先生论学书札十六通》，《严迪昌先生纪念文集》，吉林文史出版社 2006 年版，第 134 页。

之偏颇。

2. 高尔俨

高尔俨，字岱舆，直隶静海人。《清史·贰臣传》云其：“明崇祯十二年进士，授编修。福王时，以尔俨曾降附流贼李自成，定入从贼安。本朝顺治二年四月，以庶子李若琳荐，授秘书院侍讲学士。七月，迁礼部右侍郎。五年，调吏部右侍郎。六年，诏加右都御史衔。八年三月，转吏部左侍郎。八月擢补本部尚书，加太子太保。九年，侍宴中和殿，赐貂镶朝衣一袭。十年正月，御史吴达劾尔俨任匪人滥竽，漫无铨别，且以部事批决于家，不宜任冢宰。下部察奏，以所劾无据，免议。二月，引疾乞休，上允之。寻谕吏部曰：‘尔俨存心醇谨，行事和平。近告病谢事，其病朕已悉知，内院事务殷繁，高尔俨仍以太子太保补弘文院大学士，其力疾入院办事，毋以疾辞。’十一年，以病解任。寻死。”①

尔俨于甲申之变前有《渐堂初集》行世，后毁于战火，入清后诗文不复结集。在其身后，子恒懋汇集为《古处堂集》四卷。《四库全书总目提要》评曰：“是集大抵应酬之作，亦尚明季之余习。”②《古处堂集》卷四收词18首，《全清词·顺康卷》、《全清词·顺康卷补编》均未收录。鉴于此，本书抄录词名如下，以备学者查询：《如梦令·春睡》、《菩萨蛮·落花》、《阮郎归·赴试月夕》、《阮郎归·别丁鹏搏》、《浪淘沙·别李□五》、《浪淘沙·秋景图赠岨石吴令君别》、《西江月·咏雪》、《醉花阴·秋思》、《南柯子·端阳前一日为家弟诞辰王心东□致虚见过》、《雨中花·怀人》、《南乡子·春闺》、《蝶恋花·候王心东归》、《千秋岁·元宵》、《满路花·秋闺》、《满江红·春思》、《凤凰台上忆吹箫·秋思》、《壶中天·谢胡孟求表叔梅花之约》、《贺新郎·夏景》。

尔俨词楚楚可观，有宋人风致。其《满江红·春思》云：

> 媚色牵人，自难禁，春情飞越。正摇思，恹恹倚枕，小窗梦徹。蝴蝶不知春欲去，子规声里芳心歇。断送了，嫩蕊与娇花，东风劣。
>
> 欢会少，多离别，去后事，何时说。似游丝千丈，萦回难辍。芳

---

① 王钟翰：《清史列传·列传二十五》，中华书局1987年版，第6616、6617页。

② 《四库全书存目丛书·集部》第199册，齐鲁书社1997年版，第766页。

草凄凄无限恨，落红点点如啼血。最苦是、翠被晚香，残灯灭。

欲说还休，幽恨无穷。

小　结

至此，本书已对全部18位贰臣词人进行了鸟瞰，在去除了“大白脸”式的奸臣面具后，展现在笔者面前的是一个个鲜活、复杂的生命，他们有的倔强，有的柔弱，有的圆滑，有的冲动；面对出仕，有人悔恨，有人麻木，有人如鱼得水。这些都导致了词风的差异，具体地说，或豪放，或婉约，或多面，或前后不统一。

说起词风，它受许多因素左右，诸如个性、际遇、时代风尚等。本章既是从地域而始，在末尾就简论地域文化对贰臣词风的影响。这种影响包括两个方面，其一是里籍地的影响。梁启超云：“燕赵多慷慨悲歌之士，吴越多放诞纤丽之文，自古然矣。”① 一方水土养一方人，不同的风物将产生不同的地域文化。对于贰臣词人来说，东南籍词风多婉约，北方籍词风多豪放，正与地区差异一致。其二是寄居地的影响。大丈夫志在四方，很少有人足不出里门。异域文化势必会在创作中有所体现，唐代张说谪岭南，诗风为之一变，人谓得江山之助，就是一个典型例子。贰臣词人有的在异域一住大半生，几乎到了“直把他乡作故乡”的地步。首先映入其眼帘的是另一派风物，龚鼎孳等人唱和的所在地北京秋水轩：“下临城濠，疏柳行列；开轩而眺，西山郁苍直入窗户，其下清流潆洄，可鉴眉须。”② 这样大开大阖的景致自会激发出疏朗的词作。而曹溶开府大同，面对着“堠雪翻鸦，城冰浴马”之景，产生出荒凉萧杀情怀的词作也是十分自然的事。其次，居住日久，异地文化也会进入词人的心扉，对于贰臣来说主要有京都文化、边塞文化、江南文化三种。梁清标的台阁词与京都文化有着极为密切的关系，曹溶的边塞词植根于边塞文化，程康庄以山

① （清）梁启超：《中国地理大势论》，见刘梦溪主编《中国现代学术经典·梁启超卷》，河北教育出版社1996年版，第707页。

② （清）汪懋麟：《秋水轩诗集序》，《百尺梧桐阁集》卷三，上海古籍出版社1980年版。

西人咏江南千年往事，也是受到了该地文化的激发。贰臣词人多有词风嬗变者，如龚鼎孳、曹溶的前期词作柔媚风流，后期则转为豪放，诱因之一就是异地的风物文化。

这一点对贰臣外的词人同样适用。遗憾的是，目前清代文学地域文化研究大热，却多集中在里籍方面，寄居地的研究相对冷落一些。

结　语

本书从文学、文化的角度出发，在宏观上对清初贰臣词进行了立体式的观照，在微观上选择某些较具代表性的词人，对其人格、心态进行重新剖析，并在如下方面用力较多：

其一，在政治、道德占据话语权的传统批评体系中，对贰臣的评价多是程式化、脸谱化的，误解与偏差在所难免。本书力图在社会—历史批评范式下，以一种人文化的视角去观照这一特殊群体。对全部 18 位词人进行生平考辨，重点分析了吴伟业、曹溶、龚鼎孳、梁清标 4 位较具代表性的贰臣，目的不在于是非评判，而是致力于还原其“人”的面目。采用文献梳理和以诗证史、以词证史等研究方法，以求知人论世、知事论人；分析了贰臣与非贰臣身份者之间的微妙关系。

其二，鉴于贰臣文学一直没有进入研究界的视野，对历代贰臣文学进行了形态扫描，并将目光重点集中在清初贰臣词上。在词学发展的整体脉络下把握清初贰臣词，分析其词学特征与词史地位，因何繁盛、发展轨迹又是如何，与前代贰臣词有何异同，与当代词家、词派、后世词学之间的关系如何。这些工作前人尚鲜有涉足。以一些词学现象、词学事件为媒，对重点作家的词风词貌、词学理念展开讨论；对一部分词作进行断代；挖掘某些尚未浮出水面的词学活动，如易代之初贰臣词人在北京所发起的天庆寺唱和等。从地域文学的角度论析贰臣词人的创作，研究贰臣词与清初诗学、史学、佛学之间的交融整合。

限于时间、学力，对清初贰臣词这一课题的研究尚有许多暗而不明、郁而不发之处，行文至此，深以为憾。但愿日后能有所进益，以弼补缺漏。

参考书目

B

《北游录》，（清）谈迁著，中华书局 1960 年版。

《白雨斋词话》，（清）陈廷焯著，人民文学出版社 1959 年版。

《百名家词钞》，（清）聂先辑，康熙绿荫堂刻本。

《百尺梧桐阁集》，（清）汪懋麟著，上海古籍出版社 1980 年版。

《北京图书馆藏珍本年谱丛刊》，北京图书馆出版社 1999 年版。

《变态心理学派别》，朱光潜著，商务印书馆 1999 年版。

《变态心理学》，［美］劳伦·B. 阿洛伊、约翰·H. 雷斯金德、玛格丽特·J. 玛诺斯著，汤震宇、邱鹤飞、杨茜译，上海社会科学院出版社 2005 年版。

C

《陈子龙柳如是诗词情缘》，孙康宜著，李爽学译，陕西师范大学出版社 1998 年版。

《尺牍新钞》，周亮工辑，岳麓书社 1986 年版。

《词话丛编》，唐圭璋编，中华书局 1986 年版。

《词话丛编续编》，朱崇才编，人民文学出版社 2010 年版。

《词籍序跋萃编》，施蛰存主编，中国社会科学出版社 1994 年版。

《词曲史》，王易编，上海书店 1989 年影印本。

《词学论著总目（1901—1992）》，林玫仪主编，台湾“中央研究院”中央文哲研究所筹备处 1995 年版。

《词学史料学》，王兆鹏著，中华书局 2004 年版。

《词学通论》，吴梅著，华东师范大学出版社 1996 版。

《词与文类研究》，[美] 孙康宜著，北京大学出版社 2004 年版。

《词苑丛谈校笺》，（清）徐釚编著，王百里校笺，人民文学出版社 1998 年版。

《词综》，（清）朱彝尊、汪森编，上海古籍出版社 1999 年版。

D

《东白堂词选初集十五卷》，四库全书存目丛书本。

《东林始末一卷附四库提要、补正》，（清）蒋平阶编，丛书集成新编本。

《读史亭诗集十六卷文集二十二卷》，（清）彭而述著，四库全书存目丛书本。

E

《贰臣人格》，张仲谋著，长江文艺出版社 1996 年版。

F

《浮云集》，（清）陈之遴著，四库全书存目丛书。

《复社纪事》，（清）吴伟业著，丛书集成新编。

H

《洪业——清朝开国史》，［美］魏斐德著，江苏人民出版社 1998 年版。

《胡云翼说词》，胡云翼著，华东师范大学出版社 2004 年版。

《花草粹编》，（明）陈耀文编，景印文渊阁四库全书本。

《花间集校》，李一氓校，人民文学出版社 1958 年版。

《蕙风词话·广蕙风词话》，（清）况周颐原著，孙克强辑考，中州古籍出版社 2003 年版。

J

《江西诗派研究》，莫砺峰著，齐鲁书社 1986 年版。

《金元词论稿》，赵维江著，中国社会科学出版社 2000 年版。

《金元明清词精选》，严迪昌编选，江苏古籍出版社 1992 年版。

《金元明清词选》，夏承焘、张璋编选，人民文学出版社 1983 年版。

《近三百年名家词选》，龙榆生选著，上海古籍出版社 1979 年版。

《禁书·文字狱》，王彬著，中国工人出版社 1992 年版。

L

《历代诗话》，（清）何文焕辑，中华书局 1984 年版。

《历代诗话续编》，（清）丁福保辑，中华书局 1983 年版。

《龙榆生词学论文集》，龙榆生著，上海古籍出版社 1997 年版。

《柳如是集》，（清）柳如是著，周书田校辑，辽宁教育出版社 2001 年版。

M

《明词纪事会评》，尤振中编，黄山书社 1995 年版。

《明词汇刊》，赵尊岳辑，上海古籍出版社 1992 年版。

《明代文学批评史》，袁震宇、刘明今著，上海古籍出版社 1991 年版。

《明末农民战争史》，顾诚著，中国社会科学出版社 1984 年版。

《明末清初文人结社研究》，何宗美著，南开大学出版社 2003 年版。

《明清词研究史》，陈水云著，武汉大学出版社 2006 年版。

《明清文学批评》，张健著，国家出版社 1972 年版。

《明清文学史》，戚世隽、董上德著，中山大学出版社 1999 年版。

《明清之际江南词学思想研究》，李康化著，巴蜀书社 2001 年版。

《明清之际士大夫研究》，赵园著，北京大学出版社 1999 年版。

《明清时期江南城市史研究——以苏州为中心》，王卫平著，人民出版社 1999 年版。

《明季党社考》，[日] 小野和子著，李庆、张荣湄译，上海古籍出版社 2006 年版。

《明史》，（清）张廷玉等编，中华书局 1974 年版。

N

《南明史略》，谢国祯著，上海人民出版社 1957 年版。

《南明史》，顾诚著，中国青年出版社 1997 年版。

《南明史 1644—1662》，［美］司徒琳著，上海书店出版社 2006 年版。

《女性词史》，邓红梅著，山东教育出版社 2000 年版。

P

《彭燕又先生文集三卷诗集一卷》，（清）彭宾著，四库全书存目丛书本。

Q

《曲洧旧闻》，（宋）朱弁著，丛书集成初编本。

《栖云阁集》，（清）高珩著，四库全书存目丛书。

《迦陵论词丛稿》（修订本），叶嘉莹著，河北教育出版社 1997 年版。

《千古文字狱：清代纪实》，杨凤城著，南海出版公司 1992 年版。

《千年词史》，郭扬著，广西人民出版社 1987 年版。

《千秋兴亡：清朝》，葛剑雄著，长春出版社 2000 年版。

《钱牧斋先生年谱》，金鹤冲著，1932 年影印本。

《清初遗民社会》，孔定芳著，湖北长江出版集团 2009 年版。

《钦定词谱》，（清）王奕清编，中国书店据清康熙五十四年内府刻本影印 1983 年版。

《钦定四库全书总目（整理本）》，四库全书研究所整理，中华书局 1997 年版。

《清代松江府望族与文学研究》，朱丽霞著，上海古籍出版社 2007 年版。

《清朝文学》，张宗祥著，三联书店 1988 年版。

《清朝文字狱》，郭成康、林铁钧著，群众出版社 1990 年版。

《清词纪事会评》，尤振中编，黄山书社 1995 年版。

《清词论说》，艾治平著，学林出版社 1999 年版。

《清词史》，严迪昌著，江苏古籍出版社 2001 年版。

《清代词学》，孙克强著，中国社会科学出版社 2004 年版。

《清代词学的建构》，张宏生著，江苏古籍出版社 1999 年版。

《清代前中期词学思想研究》，陈水云著，武汉大学出版社 1999 年版。

《清代人物传稿》，何龄修主编，中华书局 1994 年版。

《清代七百名人传》，叶冠格编，中国书店 1984 年版。

《清代史》，萧一山著，辽宁教育出版社 1997 年版。

《清代文学批评史》，王连熙著，上海古籍出版社 1995 年版。

《清代文学批评史》，青木正儿著，杨铁婴译，中国社会科学出版社 1988 年版。

《清代文学研究》，汪龙麟著，北京出版社 2001 年版。

《清代文字狱》，孔立著，中华书局 1980 年版。

《清代文字狱档》，上海书店出版社 2007 年版。

《清代学术思想的变迁与文学》，马积高著，湖南出版社 1996 年版。

《清代职官年表》，钱实甫著，中华书局 1980 年版。

《清钱夫人柳如是年谱》，胡文楷著，台湾商务印书馆 1985 年版。

《清人诗集序录》，袁行云著，文化艺术出版社 1994 年版。

《清诗纪事初编》，邓之诚编著，上海古籍出版社 1984 年版。

《清诗史》，严迪昌著，浙江古籍出版社 2002 年版。

《清史稿》，赵尔巽等编，大众文艺出版社 1999 年版。

《清国史》，清国史馆编，中华书局 1993 年版。

《区域文化视野中的宋词研究——以江南区域为中心》，薛玉坤撰，苏州大学 2003 届博士论文。

《全金元词》，唐圭璋编，中华书局 1979 年版。

《全明词》，饶宗颐初纂，张璋总纂，中华书局 2004 年版。

《全明词补编》，周明初、叶晔编，浙江大学出版社 2007 年版。

《全清词·顺康卷》，全清词编纂研究室编，中华书局 1994 年版。

《全清词·顺康卷补编》，张宏生编，南京大学出版社 2008 年版。

《全宋词》，唐圭璋编，中华书局 1965 年版。

《全唐五代词》，曾昭岷、曹济平、王兆鹏、刘尊明编撰，中华书局 1999 年版。

S

《诗余图谱》，（明）张蜒、谢天瑞撰，据北京图书馆藏明万历二十七年谢天瑞刻本影印。

《石云居全集》，（清）李元鼎著，四库全书存目丛书本。

《社事始末》，（清）杜登春著，丛书集成新编本。

《宋诗特色研究》，张高评著，长春出版社 2002 年版。

《绥寇纪略》，（清）吴伟业著，上海古籍出版社 1992 年版。

《宋明理学与文学》，马积高著，湖南师范大学出版社 1989 年版。

T

《唐宋词史论》，王兆鹏著，人民文学出版社 2000 年版。

《唐宋词综论》，刘尊明著，中国社会科学出版社 2004 年版。

《填词图谱》，（清）赖以那撰，清查继培《词学全书》本。

W

《万历十五年》，黄仁宇著，三联书店 2006 年版。

《晚明思想史论》，嵇文甫著，东方出版社 1996 年版。

《晚明诗歌研究》，李圣华著，人民文学出版社 2002 年版。

《晚明文学思潮研究》，吴承学、李光摩编，湖北教育出版社 2002 年版。

《王铎年谱》，张升著，上海书画出版社 2007 年版。

《吴梅村全集》，（清）吴伟业著，上海古籍出版社 1990 年版。

《吴熊和词学论集》，吴熊和著，杭州大学出版社 1999 年版。

X

《西北之文》，（清）毕振姬著，山右丛书初编本。

《血光之灾　清代文字狱纪实》，周宗奇著，中国青年出版社 1998 年版。

Y

《御订全金诗增补中州集》，四库全书本。

《砚庐诗》，（清）朱之俊著，四库未收书本。

《阳羡词派研究》，严迪昌著，齐鲁书社 1993 年版。

《倚声初集》，（清）邹祗谟、王士祯辑清顺治十七年刻本。

《御选历代诗余》，文渊阁四库本。

《云间三子新诗合稿、幽兰草、倡和诗余》，（清）陈子龙等撰，辽宁教育出版社、新世纪万有文库 2000 年版。

《元代文人心态》，么书仪著，文化艺术出版社 1993 年版。

Z

《中国词史》，许宗元著，黄山书社 1990 年版。

《中国词史论纲》，金启华著，南京出版社 1992 年版。

《中国词学大辞典》，马兴荣、吴熊和、曹济平主编，浙江教育出版社 1996 年版。

《中国词学批评史》，方智范、邓乔彬、周圣伟、高建中著，中国社会科学出版社 1994 年版。

《中国词学史》（修订本），谢桃坊著，巴蜀书社 2002 年版。

《中国历代词学论著选》，陈良运主编，百花洲文艺出版社 1998 年版。

《中国女性文学史》，谭正璧著，百花文艺出版社 2001 年版。

《中国清代文学史》，马子富、刘丽红著，人民出版社 1994 年版。

《中国文学批评史》，郭绍虞著，百花文艺出版社 1999 年版。

《中国文学批评史新编》，王运熙、顾易生编著，复旦大学出版社 2001 年版。

《中国古代文学地理形态与演变》，梅新林著，复旦大学出版社 2006 年版。

《自课堂集》，（清）程康庄著，山右丛书初编本。

《自卑与超越》，［奥］A. 阿德勒著，黄光国译，作家出版社 1987 年版。

《增订晚明史籍考》，谢国桢著，上海古籍出版社 1981 年版。

后　记

本书是在我的博士论文基础上修改而成。翻阅着旧文字，往日情景从墨迹中渐渐浮现。

一幕是初识敬圻师。读研时我和几个同学旁听敬圻师的本科课“红楼梦与儒家文化”，偌大教室，座无虚席。上课铃还未响起，敬圻师已至。我还记得她那天穿了一件风衣，戴同色的长丝巾，形容飘逸。敬圻师上课互动颇多，气氛热烈。课间学生要擦黑板，她不肯，坚持要自己擦。当时是晚间课，下课时已是夜色苍茫。我向她请教关于红楼索隐派的问题，她一边解答一边拉着素不相识的我去她家取相关资料。这些年我萍飘异地，年岁渐长，揽镜自照时常会想起敬圻师。一个人老了还能这么优雅，一个人老了还能这么单纯，原来老并不可怕。希望多年后我鬓染秋霜时，也能如此。

一幕是在锦池师家中上课。先生身体不好，但治学严谨，有一字之疑，必核原文。有时看着他慢慢走向书房找书，我和魏永生师兄常说那是不言之教。师母若在家，必飨以水果、糕点。小狗豆豆有时也来旁听，冬寒时，它偎依在我脚旁，小小的身体暖呼呼的，一点也不闹。毕业多年，恩师、师母身体康健，令人欣慰，只是小狗豆豆已不在人世了。

旧日墨迹中还有许多亲切的面容。

感谢我的硕士导师杜桂萍教授。当初，我跨专业读研，基础十分薄弱，蒙先生收于门下，从点点滴滴教起，逐渐将我带入了学术的殿堂。先生为人热忱真诚，无论是学习上还是生活上，均对我关爱有加。师恩深重，尽在不言中！

感谢邹进先教授、傅道彬教授、关四平教授在开题、论文修改方面的帮助指导。感谢刘扬忠、诸葛忆兵、刘锋焘、陈大康、李汉秋五位先生在博士论文评阅、答辩过程中的指点，此次书稿修改，助益良多。尤其感谢刘锋焘先生的关怀。

感谢《学术交流》的曹金钟先生、吉林大学的马大勇先生的无私相助。感谢师兄魏永生，挚友李秀敏、于文哲伉俪，你们的友谊点缀着我的人生。

感谢家人给我最宽广的爱，这是我在这人世间得到的最宝贵的东西。

感谢哈尔滨工业大学为本书提供了出版经费，特别感谢科技处的杨钢老师、中国社会科学出版社的任明编辑对此书出版的促成。

让我虔诚地对所有爱我的人说一声：谢谢！

刘　萱

2013 年 11 月 30 日